A vida de

LIMA BARRETO

Francisco de Assis Barbosa

A vida de LIMA BARRETO

(1881-1922)

10ª edição

JOSÉ OLYMPIO
EDITORA
Rio de Janeiro, 2012

EDITORA JOSÉ OLYMPIO LTDA.
Rua Argentina, 171 – 2º andar – São Cristóvão
20921-380 – Rio de Janeiro, RJ – República Federativa do Brasil
Tel.: (21) 2585-2060
Printed in Brazil / Impresso no Brasil

Atendimento e venda direta ao leitor:
mdireto@record.com.br
Tel.: (21) 2585-2002

ISBN 978-85-03-00744-3

Notas de revisão: Beatriz Resende
Capa: Interface Designer/Sergio Luizzi
Ilustração: Cássio Loredano

Texto revisado segundo o novo Acordo Ortográfico da Língua Portuguesa.

CIP-Brasil. Catalogação-na-fonte
Sindicato Nacional dos Editores de Livros, RJ.

Barbosa, Francisco de Assis, 1914-1991
B197v A vida de Lima Barreto / Francisco de Assis Barbosa; notas de revisão
10ª ed. de Beatriz Resende. – 10ª ed. – Rio de Janeiro: José Olympio, 2012.

ISBN 978-85-03-00744-3

1. Barreto, Lima, 1881-1922 – Biografia. 2. Escritores brasileiros – Biografia. I. Título.

CDD – 928.699
12-2026 CDU – 929

SUMÁRIO

Terceira Parte
MOCIDADE

Quarta Parte
INTERMEZZO

Quinta Parte
MATURIDADE

Sexta Parte
DECLÍNIO

EPÍLOGO

APÊNDICE

NOTA DA EDITORA
Dados biobibliográficos do autor

Biógrafo, historiador, ensaísta, editor e homem de jornal, Francisco de Assis Barbosa nasceu em Guaratinguetá, São Paulo, a 21 de janeiro de 1914. Fez os primeiros estudos no Ginásio Nogueira da Gama da sua terra natal, concluindo-os no Ginásio Municipal São Joaquim, Lorena, SP. Veio em 1931 para o Rio de Janeiro, onde se matriculou na Faculdade de Ciências Jurídicas e Sociais da então Universidade do Rio de Janeiro, diplomando-se em 1935. Ainda estudante, fez sua iniciação no jornalismo, como redator de *A Nação* (1934), sob a direção de Azevedo Amaral. Dessa militância, destacam-se os períodos em que trabalhou em *A Noite* (1938-1945), *Diretrizes* (1942-1945), *Correio da Manhã* (1944), *Diário Carioca* (1950), *Última Hora* (1952-1954) e nas sucursais de *O Estado de S. Paulo* e *Folha de S. Paulo* (1945-1950).

Fundador da Associação Brasileira de Escritores (ABDE), foi um dos promotores do I Congresso Brasileiro de Escritores, reunido em São Paulo em 1945, tendo sido secretário-geral do conclave. Consultor literário da Livraria Editora Zélio Valverde (1944), assessor de W. M. Jackson Editores (1949), assessor editorial da Encyclopaedia Britannica do Brasil (1967), integrou o corpo de editores da Enciclopédia Mirador Internacional.

Como documentarista, trabalhou na elaboração do *Manual bibliográfico de estudos brasileiros* (1949), dirigido por William Berrien e Rubens A. Borba de Morais, organizou e chefiou o Serviço de Documentação da Presidência da República, ao tempo do governo do presidente Juscelino Kubitschek (1956-1961). No serviço público, exerceu ainda os cargos de técnico de educação e redator de anais e documentos parlamentares da Câmara dos Deputados. Aposentou-se como procurador de primeira categoria do estado do Rio de Janeiro.

Sócio efetivo da Sociedade Capistrano de Abreu (1960), sócio efetivo do Instituto Histórico e Geográfico Brasileiro (1962), participou de várias bancas examinadoras na Universidade de São Paulo, e em outras universidades. Foi convidado especial ao VI Colóquio Internacional de Estudos Luso-Brasileiros, seção de História, reunido nas Universidades de Harvard e Columbia, EUA (1966). Em 1968 foi professor visitante da Universidade de Wisconsin, Madison, EUA, onde ministrou um curso de história das ideias políticas no Brasil e dirigiu um seminário sobre as eleições brasileiras na Primeira República.

Em 1970, foi eleito para a vaga de Augusto Meyer, cadeira nº 13, da Academia Brasileira de Letras, onde foi recebido por Marques Rebelo, a 13 de maio de 1971. Em 1974, recebeu na Academia o acadêmico Carlos Chagas Filho. No mesmo ano, em companhia de Afonso Arinos de Melo Franco, como representante da Academia, e a convite do governo da República Federal da Alemanha, visitou diversos centros de cultura daquele país.

Foi membro do Conselho Federal de Cultura, passando a integrar a Câmara de Letras em 1975; foi eleito presidente da Comissão de Literatura de São Paulo em 1976 e membro do Condephat (São Paulo) como representante do Instituto do Patrimônio Histórico e Artístico Nacional (1976).

De 1987 a 1990, foi diretor e coordenador editorial da *Revista do Brasil*, onde organizou números especiais sobre Sérgio Buarque de Holanda, o Centenário da República no Brasil, o bicentenário da Inconfidência Mineira e o bicentenário da Revolução Francesa, publicou vários editoriais e o ensaio "Pedro II e a queda da Monarquia" (*Revista do Brasil.* Ano 4 – nº 8/89).

Em 1977, ingressou na Fundação Casa de Rui Barbosa como diretor do Centro de Estudos Históricos. Tornou-se depois Diretor do Centro de Pesquisa, permanecendo na Casa de Rui Barbosa até o falecimento.

Por seus trabalhos literários, recebeu o prêmio Sílvio Romero, da Academia Brasileira de Letras, pelo ensaio: *Romance, conto e novela no Brasil* (1950), publicado em francês sob o título *Le Roman, la nouvelle et le conte au Brésil* (1953), e o Prêmio Fábio Prado, da Sociedade Paulista de Escritores, pelo livro *A vida de Lima Barreto* (1952). Além das obras mencionadas, publicou os seguintes livros: *Brasileiro tipo 7,* novela, 1934; *Os homens não falam demais,* reportagens, em colaboração com Joel Silveira, 1944; *Testamento de Mário de Andrade,* entrevistas e reportagens, 1954; *Retratos de família,* biografias, 1957; *Machado de Assis em miniatura,* biografia, 1957; *Achados do vento,* ensaios, 1958; *Dom João VI e a siderurgia no Brasil,* ensaio histórico, 1959; *Juscelino Kubitschek, uma revisão na política brasileira,* biografia; *Alguns aspectos da influência francesa no Brasil,* ensaio,

1962; *João Pinheiro*, documentário biográfico, 1966; *História do povo brasileiro* (fase nacional, vols. 4, 5 e 6), em colaboração com Afonso Arinos de Melo Franco e Antônio Houaiss, 1968; *Santos Dumont, inventor,* biografia para jovens, 1973; *Rui Barbosa e a queima dos arquivos*, em coautoria com Américo Jacobina Lacombe e Eduardo Silva, 1988.

Além de ter deixado inúmeros artigos, conferências e textos publicados em *separatas*, organizou a obra de diversos autores, preparando os textos e prefaciando as edições: *Viola de Lereno,* de Domingos Caldas Barbosa, edição do Instituto Nacional do Livro, 1944; *Obras de Lima Barreto,* 17 volumes, em colaboração com Antônio Houaiss e M. Cavalcanti Proença; *Ideias políticas de João Pinheiro.* Cronologia, introdução, notas biográficas e seleção de textos de Francisco de Assis Barbosa. Brasília, Senado Federal/Rio de Janeiro, FCRB, 1980.

Ideias políticas de Francisco Mangabeira. Cronologia e seleção de textos de Francisco de Assis Barbosa. Brasília, Senado Federal/Rio de Janeiro, FCRB, 1980. 3 volumes.

Memorando dos 90, de Alceu Amoroso Lima. Entrevistas e depoimentos coligidos e apresentados por Francisco de Assis Barbosa. Rio de Janeiro, Nova Fronteira, 1984.

Raízes, de Sérgio Buarque de Holanda, 2ª ed. Organização e introdução de Francisco de Assis Barbosa. Rio de Janeiro, Rocco, 1989.

Intelectuais na encruzilhada. Correspondência de Alceu Amoroso Lima e Antônio de Alcântara Machado (1927-1933). Organização e introdução (datada de agosto de 1990).Rio de Janeiro, Academia Brasileira de Letras, 2001.

Merecem destaques os prefácios e posfácios de obras como:

Novelas paulistanas, de Antônio de Alcântara Machado, 1961; *Eu,* de Augusto dos Anjos, edição comemorativa do cinquentenário da publicação, 1963; *Memórias,* de Brito Broca, obra póstuma, 1968; *Brasil: de Getúlio Vargas a Castelo Branco,* de Thomas E. Skidmore, 1969; *Memória da Sé,* de Fernando da Rocha Peres, 1974; *A diplomacia do marechal*, 2ª ed., de Sérgio Corrêa da Costa, 1979; *Literatura como missão*, de Nicolau Sevcenko, 1983.

OBRAS DO AUTOR

BRASILEIRO TIPO 7 (notícia dum homem importante). *Rio de Janeiro, Editora Record, 1934.*

OS HOMENS NÃO FALAM DEMAIS *(Reportagens, em colaboração com Joel Silveira). Rio de Janeiro, Alba Editora, 1942. 2ª edição, idem, 1945.*

ROMANCE, CONTO E NOVELA NO BRASIL *(1839-1949). Separata de* Cultura, *nº 3, Ministério da Educação e Saúde, 1950. Prêmio Sílvio Romero da Academia Brasileira de Letras, 1951.*

A VIDA DE LIMA BARRETO *(1881-1922). Rio de Janeiro, Livraria José Olympio Editora, 1952. Prêmio Fábio Prado, da Sociedade Paulista de Escritores, 1953. 2ª edição, José Olympio, 1956. 3ª edição, Civilização Brasileira Editora, 1965. 4ª edição, Edições de Ouro, 1967. 5ª edição, José Olympio/INL, 1975. 6ª edição, José Olympio/INL, 1981. 7ª edição, Belo Horizonte, Itatiaia/USP, 1988.*

LE ROMAN, LA NOUVELLE ET LE CONTE AU BRÉSIL (1839-1949). *Paris, Pierre Seghers, Éditeur, s.d. [1953].*

TESTAMENTO DE MÁRIO DE ANDRADE E OUTRAS REPORTAGENS. *Rio de Janeiro, Ministério de Educação e Saúde, 1954. Cadernos de cultura do Serviço de Documentação.*

RETRATOS DE FAMÍLIA. *Rio de Janeiro, Livraria José Olympio Editora, 1956. 2ª edição, idem, 1968.*

MACHADO DE ASSIS EM MINIATURA. *São Paulo, Companhia Melhoramentos, 1957.*

ACHADOS DO VENTO. *Rio de Janeiro, Instituto Nacional do Livro, 1958.*

DOM JOÃO VI E A SIDERURGIA NO BRASIL. *Rio de Janeiro, Biblioteca do Exército, 1959.*

JUSCELINO KUBITSCHEK, UMA REVISÃO NA POLÍTICA BRASILEIRA. *Rio de Janeiro, Livraria José Olympio Editora, 1960.*

ALGUNS ASPECTOS DA INFLUÊNCIA FRANCESA NO BRASIL. *Rio de Janeiro, Livraria José Olympio Editora, 1962.*

JOÃO PINHEIRO *(DOCUMENTÁRIO BIOGRÁFICO). Belo Horizonte, Edição do Arquivo Público Mineiro, 1966.*

HISTÓRIA DO POVO BRASILEIRO *(FASE NACIONAL), vols. 4, 5, e 6. Em colaboração com Afonso Arinos de Melo Franco e Antônio Houaiss. São Paulo, J. Quadros Editoras Culturais, 1968.*

SANTOS DUMONT, INVENTOR. *Rio de Janeiro/Brasília, Livraria José Olympio Editora/INL-MEC, 1973.*

RUI BARBOSA E A QUEIMA DOS ARQUIVOS. *Coautoria com Américo Jacobina Lacombe e Eduardo Silva. Brasília, Ministério da Justiça/Rio de Janeiro, FCRB, 1988.*

FAB OU CHICO

Eu já o conhecia quando nos encontramos em São Paulo, no Congresso Nacional de Escritores. Era o começo de 1945. Lá fora, o fim da guerra. Aqui dentro, o fim da ditadura. Chico tinha vindo de *Diretrizes*. Ali, ao lado do Joel Silveira, ganhou fama como repórter. Suas entrevistas ficaram famosas. Algumas se tornaram documentos históricos.

No Congresso, logo se distinguia. Não era de ficar na sombra. Sua voz sonora ecoava na secretaria. Fazia a chamada e estava sempre lá, visível, atuante. Era o seu jeito de ser. Paulista de velha cepa, de Guaratinguetá, como Brito Broca, fez toda a sua vida no Rio. Bacharel em Direito, o jornal anos a fio consumiu suas energias.

Na faculdade começou a abrir o seu círculo de afeições e admirações. Estava entre os fiéis do Gilberto Amado. Como Odylo Costa, filho. Como Odylo, aproximou-se de Virgílio Alvim de Melo Franco. Por aí também, pelo jornal *Política & Letras*, nossos caminhos se cruzaram. Não era boêmio, o Chico. Não o era pelo menos nesse tempo, posterior à fase da Lapa de Luiz Martins e R. Magalhães Júnior.

Veio depois a *Última Hora*, de Samuel Wainer, que eu tinha tido como chefe de redação no *O Jornal*. O novo jornal nos convocou. Samuel nos deu o título de redatores-principais. Dividíamos tarefas, numa trabalheira que começava cedo. Sempre às sete horas da manhã, sem folga no sábado e às vezes com plantão no domingo. Chico, pontualíssimo, estava sempre disposto.

Já tinha testemunhado antes o seu incansável labor, na Assembleia Constituinte de 1946. Um leão, o Chico. Ninguém lutou mais pela valorização da categoria profissional. Colou no Café Filho e enfrentou uma frente oposicionista de peso. Passional, se encontrava resistência, aí é que se empenhava mesmo. Eu dizia de brincadeira que ele era um colérico, na classificação de Kretschmer.

Assim o classifiquei quando brigamos numa certa manhã. Com o trânsito difícil, cheguei cinco minutos atrasado, ali na Praça Onze. Ele ia entrando no táxi, para me substituir na entrevista política que me cabia a mim. Ao me ver, não se conteve. Dormíamos poucas horas e tínhamos os nervos à flor da pele. Ele bateu a porta do carro com estrondo e me virou as costas.

Cada um para o seu lado, chegamos a um requinte que muito nos divertiria mais tarde, em nossas comuns reminiscências. Como dividíamos a sala, tomei a iniciativa de levantar uma divisória que nos impedia de nos ver um ao outro. Só falávamos o indispensável, matéria profissional. Mas a briga e a divisória não duraram muito. Um domingo o Chico apareceu na minha casa na Gávea, com um dicionário que me deu de presente.

Passamos juntos a tarde e nunca mais deixamos de nos entender. Ele procurador, eu advogado substituto, nos encontramos no serviço público. Ele tinha um sagrado horror ao foro. Trabalhava como sempre, dedicado, sério, exaustivo. Mas nada de defesa oral. Viveu momentos de pânico, que exagerávamos de brincadeira. Sua cultura jurídica, dizia, devia muito aos meus conselhos. E contava que lhe dei a chave da sabedoria, apontando-lhe duas armas para os pareceres: o Carlos Maximiliano e o bom-senso.

Pilhéria, claro. Nada podia eu lhe ensinar. Chico se aplicava, competente, fosse no que fosse. Lima Barreto ressuscitou na sua pesquisa. Tomou gosto pela História do Brasil, de que se tornou um especialista. Trabalhou, operoso, em favor das glórias alheias, ilustres ou modestas, obscuras ou brilhantes. Andava meio triste nos últimos anos, o nosso Chico. Boné na cabeça, a farta e bela cabeleira, ainda rimos muito quando nos encontramos pela última vez. Daí a dias, morreu. Em São Paulo, como era de seu desejo.

*Otto Lara Resende**

*Resende, Otto Lara. "FAB, ou o Chico". In: *Chico Barbosa*. Rio de Janeiro: Fundação Casa de Rui Barbosa, 1992. p. 5-6. Catálogo da exposição realizada em setembro de 1992, pela Fundação Casa de Rui Barbosa, em homenagem a Francisco de Assis Barbosa.

A PROPÓSITO DA OITAVA EDIÇÃO

Esta é a oitava edição de *A vida de Lima Barreto*, de 1952. É a primeira a ir a público depois da morte de seu autor, Francisco de Assis Barbosa, em 8 de dezembro de 1991, e traz o livro de volta à José Olympio, editora de origem.

O corpo da primeira edição só sofreu modificações ao ser preparada a quinta edição, de 1975, quando as citações passaram a ser remetidas às *Obras de Lima Barreto*, organizadas por Francisco de Assis Barbosa, em 1956, com a colaboração de Antônio Houaiss e M. Cavalcanti Proença. Até hoje, parte expressiva da obra de Lima Barreto, como os quatro livros de crônica, os dois volumes de correspondência e a crítica contida em *Impressões de leitura*, não foi reeditada, e por essa razão optamos por manter as referências bibliográficas de origem, apesar de estarem as *Obras de Lima Barreto* há muito esgotadas.

Passados cinquenta anos, *A vida de Lima Barreto* permanece sendo o mais expressivo modelo de biografia escrito no país. Trabalho minucioso de pesquisa que ocupou grande parte da vida do autor, o livro reconstitui a trajetória e a obra de um literato cuja figura física mal se podia conhecer, retratada não mais do que umas três vezes durante sua existência.

O esforço e dedicação de Francisco de Assis Barbosa ao escritor carioca começou pelo resgate dos originais deixados no guarda-comidas da casa de Todos os Santos, após ganhar a confiança da família, especialmente da irmã, D. Evangelina de Lima Barreto, que se tornou importante fonte de informações. Em seguida veio o deciframento de diversos manuscritos organizados por Lima Barreto em amarrados, como o texto do *Diário do hospício* e as anotações, espalhadas por várias cadernetas, que formaram o *Diário íntimo*. Diante de um escritor que dizia de sua própria caligrafia ininteligível: "A minha letra é um bilhete de loteria. Às vezes me dá muito, outras vezes tira-me os últimos tostões da minha inteligência.",[1] a tarefa não há de ter sido fácil. Como o texto

[1]BARRETO, Lima. "Esta minha letra...". *Feiras e mafuás. Obras completas*, vol. X. São Paulo, Brasiliense, 1956, p. 293.

indica, a consulta aos contemporâneos em conversas ou correspondência foi extensa. A consulta a periódicos continuou sendo, muitas vezes – e a leitura da biografia o mostra bem –, um trabalho detetivesco. O resultado de tudo isso foi não só *A vida de Lima Barreto*, mas a possibilidade de dar ao público leitor as *Obras de Lima Barreto*, em 17 volumes.

A verdade é que estamos diante de bem mais do que a biografia do autor de *Triste fim de Policarpo Quaresma*; o que temos aqui é um dos mais importantes estudos da vida literária brasileira no período. E mais: *A vida de Lima Barreto* retrata a história da cidade do Rio de Janeiro no início do século XX, analisa as relações entre intelectuais e a sociedade, produz um agudo balanço da política no país e influencia decisivamente os estudos literários.

Até a publicação desta biografia, a fortuna crítica de Lima Barreto se resumia à crítica que lhe foi contemporânea, alguns prefácios, um ou outro estudo breve. Nosso cânone literário continuava resistindo a incorporar o romancista. Foi somente depois de sua edição e a das *Obras completas* – que contou com prefácios dos principais críticos literários, historiadores, sociólogos e filólogos de então – que os estudos literários sobre a obra de Lima Barreto começaram a atrair, realmente, estudiosos.

O interesse de Francisco de Assis Barbosa por tudo que se escrevia, estudava, pesquisava, filmava ou encenava em torno de seu biografado permaneceu por toda sua vida. A cada nova edição de *A vida de Lima Barreto*, procurava indicar o estado dos estudos sobre a arte barretiana, acompanhando cada dissertação, cada tese, cada tradução realizada. O curioso é que, nesse movimento, Chico Barbosa, como o chamávamos, criou uma espécie de *família*, abrigando, em peculiar fraternidade, todos nós que nos deixamos contaminar por sua paixão. Em torno de Chico Barbosa gravitaram, por muitos anos, gerações de pesquisadores e professores que se ocupavam da obra de Lima Barreto. O agradecimento de Nicolau Sevcenko em *Orfeu extático na metrópole* expressa bem a orfandade em que ficamos desde que perdemos esse interlocutor atento:

> Perda abaladora para mim foi a do querido amigo e conselheiro oportuno, o professor Francisco de Assis Barbosa. Desde o meu trabalho anterior de pesquisa, sobre o Rio de Janeiro, o professor Francisco passou a me apoiar e estimular em todos os sentidos, numa atitude desprendida feita dessa generosidade de erudito

> devotado aos estudos da cultura brasileira, que lhe era tão típica e fazia dele um modelo e amparo inestimável aos pesquisadores. Ele faleceu no dia em que veio a São Paulo, decidido a lutar contra todas as suas limitações físicas, para examinar este meu trabalho.[2]

Consola-nos, hoje, verificar que, ao ser lançada uma oitava edição de *A vida de Lima Barreto*, de tal maneira cresceu o interesse por Lima Barreto em múltiplas áreas dos estudos acadêmicos, que não é mais possível fazer, nos limites de uma apresentação, como era de agrado do autor, o balanço dos estudos e pesquisas em curso.

A seção de manuscritos da Biblioteca Nacional abriga os originais de Lima Barreto, em grande parte listados por Darcy Damasceno, no vol. 105 de *Anais da Biblioteca Nacional*, de 1985. Os documentos mencionados como pertencentes à "Coleção do Autor" estão hoje no Arquivo Francisco de Assis Barbosa da Biblioteca Guita e José Mindlin, em São Paulo.

Rio de Janeiro, outubro de 2002
Beatriz Resende

---

[2]SEVCENKO, Nicolau. *Orfeu extático na metrópole*. São Paulo, Companhia das Letras, 1992, pp. 13-14.

A PROPÓSITO DA SEXTA EDIÇÃO

No ano do centenário de seu nascimento, a 13 de maio deste ano, a fortuna crítica de Lima Barreto atinge o seu ponto culminante. Repetem-se as edições de seus romances mais conhecidos. Em 1979 saiu a vigésima segunda edição do *Triste fim de Policarpo Quaresma*. Esse mesmo romance fora traduzido e publicado em inglês no ano anterior pelo editor Rex Collings, em excelente tradução de Robert Scott-Buccleuch, sob o título *The Patriot*. Ao mesmo tempo, aparecia a edição em espanhol de *Dos novelas: Recuerdos del escrebiente Isaías Caminha/El triste fin de Policarpo Quaresma*, na Biblioteca Ayacucho, Caracas (Venezuela), coleção que reúne os autores mais representativos de toda a América Latina, na qual a literatura brasileira ocupa um lugar de honra, através de Machado de Assis, Manoel Antônio de Almeida, Gilberto Freyre, Mário de Andrade, Sérgio Buarque de Holanda e tantos mais.

Recordações do escrivão Isaías Caminha, traduzido e publicado em russo (*Zapiski arkhivariussa*, 1965), numa edição de 50 mil exemplares, aparecerá em língua alemã. A tradução fora o derradeiro trabalho dentre os muitos serviços prestados à cultura brasileira pelo saudoso Willy Keller, falecido em maio de 1979, e que pôde concluí-la, já enfermo, nos últimos dias de sua afanosa existência. Radicado no Brasil desde 1933, por achar inviável viver debaixo da opressão nazista, Willy Keller deixou a marca inconfundível da sua presença brasileira no Recife, em São Paulo e no Rio de Janeiro, dedicando-se a princípio à divulgação do nosso teatro. Quantas peças traduziu? Muitas, e dentre elas, as de Joraci Camargo, Nelson Rodrigues, Pedro Bloch, Guilherme de Figueiredo, e outros. Passou para o alemão o grande poema de João Cabral de Melo Neto, *O cão sem plumas*, e, de um modo realmente notável, a obra de ficção de Graciliano Ramos. Keller gostaria de ter traduzido pelo menos três romances de Lima Barreto, mas só ficou no primeiro, que era por sinal o da sua predileção, *Recordações do escrivão Isaías Caminha*.

Na área universitária, tanto no Brasil como no exterior, cresce o interesse pelo estudo da obra de Lima Barreto. Da quinta para a sexta edição deste livro, concluíram-se as seguintes teses: na Faculdade de Filosofia, Letras e Ciências Humanas da Universidade de São Paulo – "Elementos para uma estética sociológica: um estudo de Lima Barreto", por Ciro J. R. Marcondes Filho (mimeo, 1975); na Universidade da cidade de Nova York – "Social themes and political satire in the short stories of Lima Barreto", por Vicent Paul Duggan (xerox, 1976); na Universidade de Roma – "Oposições binárias na obra literária de Lima Barreto", por Vanessa Escobar de Andrade (mimeo, 1977); *O profeta e o escrivão: estudo sobre Lima Barreto*, de Carlos Erivany Fantinati (São Paulo, Ilha-Hucitec, 1978), ensaio que teve uma primeira redação na tese de doutoramento defendida em 1974 na antiga Faculdade de Filosofia, Ciências e Letras de Assis, hoje Instituto de Letras, História e Psicologia – campus de Assis – da Universidade Estadual Paulista Júlio de Mesquita Filho, Unesp.

Suponho que existam muitas outras teses no Brasil e no exterior, já concluídas ou em elaboração, que não chegaram ao meu conhecimento. Solicito aos seus autores a gentileza de remeter-me um exemplar, para que figurem na bibliografia de Lima Barreto, que estou levantando, para ser um dia publicada, se encontrar editor.

Além dos escritos universitários, não posso omitir alguns estudos do mais alto interesse, surgidos nos últimos anos, a começar pelo magistral artigo de Antonio Candido, "Os olhos, o barco e o espelho", no Suplemento Cultural de *O Estado de S. Paulo*, ano I, nº 1, 17.10.1976. Osman Lins, o saudoso e querido amigo, que escreveu *O espaço romanesco em Lima Barreto*, citado no prefácio da 5ª edição, dedicou um belo capítulo ("Não silenciou sobre o seu tempo") ao criador de Policarpo Quaresma e Isaías Caminha, inserido no seu *Do ideal e da glória: problemas inculturais brasileiros* (São Paulo, Summus, 1977), espécie de testemunho literário do grande inovador de *Avalovara*.

Outras valiosas contribuições: a de Alfredo Bosi, a parte relativa a Lima Barreto de "As letras na Primeira República", no volume *O Brasil Republicano*, III, 2, "Sociedade e instituições civis (1889-1930)", da obra coletiva, em curso de publicação, sob a direção de Boris Fausto (São Paulo, Difel, 1977, 307-310); o ensaio de O. C. Louzada Filho, "A mão e a enxada: a síntese incompleta de Lima Barreto", em *Almanaque*, cadernos de literatura e ensaio (São Paulo,

Brasiliense, nº 4, 1977, 80-86); e, mais recente, em sua forma definitiva, um trabalho de maior fôlego, o de Sonia Brayner, parte de um todo, "Lima Barreto: mostrar ou significar?", que integra a análise em profundidade do nosso romance brasileiro nos anos 1880-1920, num livro polêmico da melhor categoria intelectual, *Labirinto do espaço romanesco* (Rio de Janeiro, Civilização Brasileira, 1979, 145-176).

O meu velho companheiro de *A Noite*, dos bons velhos tempos, Carvalho Netto, publicou em 1977 o seu livro de memórias, *Norte: oito quatro*, em que traça um excelente perfil de Lima Barreto, de quem foi amigo. Há ainda a registrar dois livros de cunho popular: o de H. Pereira da Silva, *Lima Barreto, escritor maldito* (1976) e o de João Antonio, *Calvário e porres do pingente Afonso Henriques de Lima Barreto* (1977). Um fato inusitado, alegre e saudável, iniciativa de jovens universitários, foi a adaptação teatral de *Policarpo Quaresma*, por Buza Ferraz, encenada pela Grande Companhia Tragicômica Jaz-O-Coração, com mais de 100 representações em Brasília e Belo Horizonte, com dois meses de cartaz em São Paulo e um no Rio de Janeiro (1978).

Ao entregar ao público a sexta edição de *A vida de Lima Barreto*, renovo o apelo formado linhas atrás, relativamente às teses de mestrado e doutoramento, dirigindo-me por igual a todos que escrevem e se interessam pela biografia póstuma do grande romancista.

Rio de Janeiro, janeiro de 1981.
F. A. B.

A PROPÓSITO DA QUINTA EDIÇÃO

A primeira edição de *A vida de Lima Barreto* é de 1952. As citações desta quinta edição são remetidas às *Obras de Lima Barreto*, por mim organizadas em 1956, com a colaboração de Antônio Houaiss e M. Cavalcanti Proença, o grande Proença, grande entre os maiores. Essa paciente tarefa de transposição das citações fiquei a dever a outro amigo muito querido (como os outros dois), Olavo Aníbal Nascentes. Mais um agradecimento indispensável: à Maria Emília Amaral de Melo e Cunha, que fez a colação do texto da Limana (ver apêndice) com o manuscrito, para corrigir muita coisa que havia escapado nas quatro edições anteriores.

Tem sido incerta, com altos e baixos, a fortuna crítica do grande precursor do modernismo. Não que fosse "desprezado em vida", como bem observou Otto Maria Carpeaux, na *Pequena bibliografia crítica da literatura brasileira* (1ª ed., 1949; 4ª ed., 1968). A crítica contemporânea não se omitiu diante da obra do romancista: João Ribeiro, Medeiros & Albuquerque, Oliveira Lima, Nestor Victor, Jackson de Figueiredo, Tristão de Ataíde, Agrippino Grieco (quantos mais?), todos escreveram sobre os seus livros.

Houve de fato nessa fortuna crítica hiatos mais ou menos longos. Era difícil encontrar editor, as edições quase sempre malcuidadas, até que a Brasiliense adquiriu os direitos autorais e começou a divulgar com regularidade as *Obras de Lima Barreto*, a partir de 1956, não de toda a coleção, mas de volumes avulsos, de preferência os romances e os contos.

A verdade é que Lima Barreto só passou a figurar em histórias de literatura e compêndios escolares na década de 1930. Creio que a primazia coube a Agrippino Grieco, *Evolução da prosa brasileira*, 1933. Veio depois Sousa da Silveira, nos *Trechos seletos*, não na primeira mas na segunda edição, 1934, e assim mesmo por sugestão de Manuel Bandeira. O terceiro foi talvez Nelson Werneck Sodré, que lhe dedicou algumas linhas na *História da literatura brasi-*

leira, seus fundamentos econômicos, 1938, linhas ampliadas e desenvolvidas nas edições posteriores.

Seguem-se dois ensaios importantes: o de Olívio Montenegro, em *O romance brasileiro*, 1938, e o de Astrojildo Pereira, em *Interpretações*, 1944. Lúcia Miguel Pereira estendeu-se num dos capítulos, "Prenúncios modernistas", ao tratar com entusiasmo da obra do escritor, em *Prosa de ficção (de 1870 a 1920)*, 1ª ed., 1950; 3ª, 1973. Menos extenso e menos entusiasta é o estudo de Eugênio Gomes, inserto em *A literatura no Brasil*, vol. II, 1ª ed., 1955; 2ª, 1969, obra coletiva dirigida por Afrânio Coutinho.

De qualquer modo, Lima Barreto ingressava na área universitária. Na *História da literatura brasileira*, 1955, de Antônio Soares Amora, e sobretudo na *História concisa da literatura brasileira*, 1960, de Alfredo Bosi, as recensões são cuidadosas, acompanhadas de notícias biobibliográficas. Para orientação dos estudantes, Tristão de Ataíde, sempre fiel à memória do escritor, publica o *Quadro sintético da literatura brasileira*, 1956, dando relevo a Lima Barreto.

Inicia-se desde então uma série de pesquisas e estudos universitários, primeiro no estrangeiro, depois no Brasil. Na Inglaterra, o pioneiro foi Robert L. Scott Buccleuch, da Universidade St. Andrews, antigo professor associado na Universidade Nacional de Brasília (1962), autor de uma versão inglesa de *Triste fim de Policarpo Quaresma* (*The Patriot*), que aguarda editor. Presentemente, Robert A. Oakley, professor de espanhol e português da Universidade de Birmingham, trabalha num estudo: "Realidade e ficção em Lima Barreto".

Nos Estados Unidos da América, no Colóquio de Estudos Luso-Brasileiros, reunido em Washington D.C., 1950, dois *scholars* norte-americanos, Raymond Sayers e Ralph E. Dimmick, tinham apresentado comunicações sobre Lima Barreto. Gregory Rabassa, da Universidade de Columbia, continuou os estudos iniciados por Sayers, em *O negro na literatura brasileira* (tradução e notas de Antônio Houaiss, 1958), ao publicar *O negro na ficção brasileira* (tradução de Ana Maria Martins, 1965), com um capítulo sobre Lima Barreto. Há ainda a assinalar a tese de doutoramento, defendida em 1968 na Universidade de Wisconsin, Madison, EUA, por Robert D. Herron, *The individual, society and nature in the novels of Lima Barreto*, tese de 732 páginas. Estou informado de que, no momento, existem mais dois trabalhos em elaboração: o de Sylvia

Harron, na Universidade de Los Angeles, UCLA, e o de Vera Regina Teixeira Müller-Bergh, em Yale.

Na Itália, uma brasileira, Vanessa Escobar, escolheu Lima Barreto como tema para tese de doutoramento na Universidade de Roma, sob a direção da professora Luciana Stegagno Picchio, em cujo livro *La Letteratura brasiliana*, 1972, verdadeiramente notável, reconhece a ilustre escritora a garra do romancista e encarece o significado social e humano da pungente mensagem do intérprete dos subúrbios cariocas.

Na Tchecoslováquia, iniciativa que se deve a Zdenek Hampl, eminente romancista e sincero amigo do Brasil, apareceu em 1974 a versão de *Triste fim de Policarpo Quaresma* (*Mutny Konec Snazivého Policarpa*), com um prólogo de Jarmila Vojtísková.

Muitos são os estudos aparecidos no Brasil nos últimos anos e, dentre eles, dois se revestem da mais alta qualidade ensaística: o de Osman Lins, *O espaço romanesco em Lima Barreto*, 1974, e o de Carlos Nelson Coutinho, "O significado de Lima Barreto na literatura brasileira", in *Realismo e antirrealismo na literatura brasileira*, 1974.

No Rio de Janeiro, Sônia Brayner vem-se ocupando com a técnica do romance em Lima Barreto, como professora da Faculdade de Letras da Universidade Federal. E já publicou com artigo promissor de futuras pesquisas: "A mitologia urbana de Lima Barreto" (*Tempo brasileiro, 33/34, 1974*). Mencione-se ainda o projeto de ensaio do professor Gesner Garcez, que obteve menção honrosa num concurso do Departamento de Cultura do hoje quase extinto estado da Guanabara. Trata-se de um estudo crítico e comparativo das edições de Lima Barreto.

Voltando a São Paulo, trabalham em Lima Barreto o professor da Faculdade de Filosofia, Ciências e Letras de Assis, SP, Carlos Fantinatti, e o aluno do Departamento de História da Universidade de São Paulo, SP, José Salvador Faro. Para o exame vestibular unificado de 1975, *Triste fim de Policarpo Quaresma* é um dos livros-texto obrigatórios.

Em resumo, *and last but not least*, no caminho aberto por este livro, uma das minhas mais gratas recompensas foi o convívio com os estudantes da Universidade Estadual de Londrina, PR, em maio de 1973. A convite do Diretório Central dos Estudantes, lá estive durante três dias, fazendo palestras, visitando aulas e debatendo Lima Barreto. Foi tudo para mim uma festa que culminou com a representação de um auto escrito por Marcelo Eiji Oikawa, Marília Andrade e Nilson Monteiro Meneses, intitulado A.*B.C. de Lima Barreto*. A eles dedico esta quinta edição de *A vida de Lima Barreto*.

Rio de Janeiro, outubro, 1974.

PREFÁCIO DA PRIMEIRA EDIÇÃO

Longe de ser a análise em profundidade que está a pedir uma figura complexa como a de Lima Barreto, este livro talvez um pouco extenso não passa, na verdade, de singela narrativa biográfica, entremeada de alguns episódios da vida brasileira, mais de perto relacionados com o autor do *Triste fim de Policarpo Quaresma.*

Não tenho pretensões a crítico literário, nem me julgo tão conhecedor da psicologia humana, qualidades que me parecem indispensáveis a quem se aventura a interpretar, em livro definitivo, o drama de um grande escritor. Bem mais modesto foi o meu intento. Repórter que tem feito do jornalismo diário o seu ganha-pão, tratei apenas de aproveitar, com a máxima honestidade, o material a mim confiado pela família do escritor, quando o editor Zélio Valverde, por volta de 1945, me incumbiu de organizar as *Obras completas de Lima Barreto.*

Além dos livros publicados em vida do autor, da novela *Clara dos Anjos* e dos artigos de jornal (estes mandados copiar, na sua quase totalidade, de jornais e revistas da época, pelo escritor R. Magalhães Júnior), o empreendimento editorial, infelizmente malogrado, incluía um apreciável contingente de manuscritos inéditos, a saber: o *Cemitério dos vivos*, romance apenas iniciado; os fragmentos do *Diário íntimo* e a correspondência de Lima Barreto, correspondência ativa e passiva, num total de aproximadamente trezentas cartas e bilhetes.

Fiquei assim de posse de vasto material – manuscritos, notas, trechos esparsos do *Diário íntimo,* cartas, cadernos de recortes de jornal, documentos enfim de várias naturezas, que constituem hoje a Coleção Lima Barreto, incorporada à Seção de Manuscritos da Biblioteca Nacional.

Pertencendo Lima Barreto à categoria dos escritores que mais se confessam através de suas obras, conforme já observou Astrojildo Pereira, e tendo o próprio romancista dito certa vez que tudo o que escrevia eram capítulos das suas memórias, completei a arrumação do trabalho, dispondo em ordem cronológica as suas confissões e, sempre que pude, com as palavras mesmas do escritor.

Se algum mérito houver, o que cabe a outros e não a mim reconhecer, será produto da paciência e da habilidade de quem armou o jogo de *puzzle* que resultou nesta biografia.

Minha vida de jornalista absorvido permanentemente com o trivial da política, que tão pouco entusiasmo oferece, dificultou-me bastante a elaboração final de *A vida de Lima Barreto,* recomeçado inúmeras vezes, depois de longos intervalos em que as notas mal alinhavadas e os capítulos por concluir jaziam na minha gaveta de repórter.

Começado em 1946, só agora, em fins de 1951, pude entregar os originais ao editor. Cinco anos para escrever o que poderia ter sido escrito em seis meses – sem falar, é claro, no tempo consumido em pesquisas e depoimentos! Ao terminá-lo, agora, sinto que o livro está incompleto. Dá-me a sensação de reportagem inacabada.

Quero aqui deixar os meus agradecimentos a todos quantos contribuíram, com notas, informações ou simples esclarecimentos, para que pudesse levar a bom termo o meu trabalho. Em primeiro lugar, devo lembrar o nome de Zélio Valverde, que me sugeriu o livro, pondo-me desde logo em contato com os irmãos ainda vivos do escritor – Evangelina, Carlindo e Eliézer Henriques de Lima Barreto.

Em seguida, desejo testemunhar a minha gratidão aos amigos e contemporâneos de Lima Barreto, que tão gentilmente me acolheram: Dr. Antônio Noronha Santos, professor Manuel Ribeiro de Almeida, ministro Mário Tibúrcio Gomes Carneiro, jornalista Mário Galvão, comandante Carlos Pereira Guimarães, professor Everardo Backheuser, jornalista Bastos Tigre, professor Álvaro Osório de Almeida, Dr. Eduardo Jacobina, jornalista Emílio Alvim, escritores José Vieira, Mário Sete, Agrippino Grieco, Lucilo Varejão, Leo Vaz e tantos outros.

Seria injusto se esquecesse, por outro lado, os depoimentos dos escritores Ribeiro Couto, Enéias Ferraz, Sérgio Buarque de Holanda, Astrojildo Pereira, Jaime Adour da Câmara, Amando Fontes, Gondin da Fonseca e do pintor Emiliano Di Cavalcanti, a colaboração de R. Magalhães Júnior, como também a boa vontade de um Edgar Leuenroth, recebendo-me carinhosamente em São Paulo, onde colocou à minha disposição a sua coleção de jornais e revistas, ou de um João

Dioclécio Ramos, médico no interior de São Paulo, facultando-me dados inéditos sobre a permanência de Lima Barreto em Mirassol.

Ao livreiro-antiquário Carlos Ribeiro, devo também uma palavra de agradecimento.

Na parte que diz respeito às alucinações mentais do escritor e das suas repetidas estações de cura no Hospício Nacional e no Hospital Central do Exército – subsídio importantíssimo para a interpretação da obra de Lima Barreto – não posso omitir a prestimosa assistência dos Drs. Adauto Botelho, Cunha Lopes, Odilon Gallotti, Maurício de Medeiros e Humberto Gotuzzo, deste último principalmente.

Merece especial referência a contribuição do Dr. Luís Filipe Vieira Souto, autor de interessante biografia de Manuel Feliciano Pereira de Carvalho, o Patriarca da Cirurgia Brasileira, e que, segundo tudo está a indicar, teria sido o bisavô do romancista.

Agradeço a todos os que, diretores ou funcionários de bibliotecas, arquivos ou repartições, emprestaram o seu concurso, direta ou indiretamente, à feitura deste livro: Drs. Eugênio Gomes e Josué Montello, diretores da Biblioteca Nacional; Drs. José Honório Rodrigues e Medeiros Lima, diretores de divisão da mesma instituição: Dr. Américo Jacobina Lacombe, diretor da Casa Rui Barbosa; Dr. Heitor Peres, diretor da Colônia de Alienados Juliano Moreira; coronel Spolidoro dos Santos, diretor do Arquivo do Exército; Dr. Rubem Pimentel da Mota, diretor da Divisão de Produção do Departamento da Imprensa Nacional; Prof. Gildásio Amado, diretor do Externato do Colégio Pedro II; Sr. Luís Rolland Filho, funcionário do Arquivo da Escola Nacional de Engenharia; D. Isabel de Mendonça Manes, escrivã do 1º Ofício da 1ª Vara Criminal (Tribunal do Júri) do Rio de Janeiro; D. Zilda Galhardo de Araújo, chefe da Seção de Periódicos da Biblioteca Nacional.

Agradeço ainda aos escritores Viana Moog e Múcio Leão, que me facultaram o acesso aos arquivos do Ministério da Fazenda e da Academia Brasileira de Letras, respectivamente.

Por fim, devo ainda uma palavra de gratidão aos meus amigos M. Cavalcanti Proença e Jesus Belo Galvão, que se encarregaram bondosamente de uma leitura prévia de *A vida de Lima Barreto*. E mais uma a Adalardo Cunha, pelo carinho com que escoimou as provas deste livro.

Quanto às *Obras de Lima Barreto*, malogrado que foi o empreendimento de Zélio Valverde, elas começaram a ser publicadas pela Gráfica Editora Brasileira, a partir de 1949, então sob a direção de A. H. Robertson, um sincero amigo do Brasil, que tanto interesse demonstrou na melhor divulgação dos livros do criador de Policarpo Quaresma e Isaías Caminha.

A. H. Robertson não reside mais no Brasil. Abandonou a atividade editorial, para ocupar um posto na Organização das Nações Unidas. Deixo aqui uma palavra de saudade ao bom amigo e outra de reconhecimento pelo muito que fez em memória de Lima Barreto.

Rio de Janeiro, dezembro de 1951.
Francisco de Assis Barbosa

PRIMEIRA PARTE

INFÂNCIA

1

ORIGENS

"... foi com orgulho que verifiquei nada ter perdido das aquisições de meus avós, desde que se desprenderam de Portugal e da África."

GONZAGA DE SÁ, p. 40

EM 1869, LOGO DEPOIS DO aparecimento do manifesto do Centro Liberal, começou a circular *A Reforma.*[1] Porta-voz da oposição democrática, o jornal escolhera para epígrafe uma frase de Tácito – "Resumendae libertati tempus" –, que tão bem lhe simbolizava o programa. "Não se admitem testas de ferro", avisavam os redatores, no alto do cabeçalho, como que desejando tudo muito claro e muito limpo. Com este pensamento, certa ou erradamente, entendeu a direção, confiada a Francisco Otaviano, que todo artigo político deveria trazer por baixo a assinatura do autor. Opinião livre, mas responsável.

O *Jornal do Commercio* criticou a inovação, mas Otaviano não tardou em dar a resposta adequada. No dia seguinte mesmo, veio a explicação, que encerrava, nas linhas adiante transcritas, uma verdadeira declaração de princípio: "Esse sistema nos pareceu necessário como exemplo e como argumento para afastar de nossas colunas editoriais a calúnia e o insulto. Se assinamos e tomamos a responsabilidade de nossas opiniões e censuras, temos o direito de exigir que todos os artigos enviados à *Reforma* venham com a força moral da convicção de seus autores."[2]

Imprimiram-se os primeiros números na tipografia de Francisco Sabino de Freitas Reis. Comprou-a mais tarde o Centro Liberal, e o jornal passou a ter, por volta de 1870, a sua própria oficina. Não se sabe se antes ou depois disso, já ali trabalhava João Henriques de Lima Barreto. O certo é que, tido e havido como excelente profissional, o jovem tipógrafo passara-se da oficina do *Jornal do Commercio* para a d'*A Reforma*, aos 19 anos de idade, pouco mais ou menos.[3, NR1]

Para a folha fundada por Plancher, entrara simples aprendiz, mal saído do Imperial Instituto Artístico, pertencente a Henrique Fleiuss, que imprimia *A Semana Ilustrada*, de saudosa memória. Aí João Henriques havia aprendido o ofício com Mestre Faulhaber, alemão de nascimento, radicado no Brasil, provavelmente desde o mesmo ano em que o fizeram os irmãos Fleiuss e Carlos Linden, fundadores do Instituto.

São imprecisos os dados sobre o aprendizado técnico de João Henriques, mas do Instituto Artístico é possível e justo que se diga alguma coisa. Estabelecido, a princípio, no Largo de São Francisco de Paula, instalou-se depois com maior comodidade nos terrenos da Chácara da Floresta, próximo ao Convento da Ajuda. Os irmãos Fleiuss organizaram, então, uma escola de aprendizes tipógrafos, ampliada mais tarde com uma seção de gravuras em madeira (xilografia). O curso era de três anos. Se, no primeiro, o aluno trabalhava sem receber ordenado algum, já no segundo percebia uma gratificação de 120 mil-réis, que no terceiro aumentava para 240.[4]

O Instituto era bem aparelhado e possuía excelente equipe de profissionais gráficos, compositores, gravadores e impressores de primeira ordem. Basta compulsar a coleção d'*A Semana Ilustrada*, para se verificar que não há nenhum exagero em tal afirmativa.

Nesse ambiente, que era, por assim dizer, o mais adiantado da época, em matéria de tipografia, João Henriques fez a sua iniciação técnico-profissional.

NR1 – O *Diário íntimo*, volume publicado nas *Obras completas* e importante fonte complementar à biografia de Lima Barreto, foi organizado por Francisco de Assis Barbosa a partir de cadernetas esparsas. Em minucioso trabalho, o biógrafo reuniu uma primeira parte, organizada ainda como "diário", apesar da forma fragmentada, anotações de cadernos diversos contendo esboços de romances e contos, observações, recortes. Algumas anotações pessoais, feitas em folhas soltas, foram incluídas.

Foi, portanto, com fumaças de operário qualificado que o aprendiz de Mestre Faulhaber começou a trabalhar nas oficinas do *Jornal do Commercio*, de cuja corporação se desligaria, entretanto, alguns anos depois, por entender que estava sendo vítima de injustiça.

O mundo é muito velho, e casos como este do tipógrafo João Henriques se têm repetido com monótona frequência. A atitude do rapaz, demitindo-se de um jornal de prestígio, para ficar sem emprego, embora com o orgulho satisfeito, revela, desde logo, o seu temperamento inconformado e rebelde.

Com a morte de um colega, vagara-se o posto de chefe da oficina. Convencido de que merecia a promoção, João Henriques pleiteara o lugar. O patrão recusou-se a atendê-lo, alegando uma série de razões: era muito moço, não podia passar à frente de outros mais antigos na casa. E o rapaz de sangue quente, vencido mas não convencido, preferiu abandonar o emprego a receber ordens de um chefe menos competente do que ele.[5]

Pediu as contas e foi oferecer-se na oficina d'*A Reforma*, jornal que defendia a regeneração dos costumes políticos e onde devia existir melhor compreensão da justiça humana. Raciocinara assim, com certeza, ao pensar nas palavras do manifesto publicado diariamente no órgão do Partido Liberal, pugnando pela reforma eleitoral, pela reforma judiciária, pela abolição do recrutamento militar e da guarda nacional e, por fim, pela emancipação dos escravos.

João Henriques era mulato, quase preto. Nascera liberto, é verdade, mas trazia na pele o estigma da cor. Ora, o Partido Liberal defendia a abolição da escravatura e, vindo a liberdade, cairia por terra a barreira intransponível do preconceito de raça. Os homens que assinavam o manifesto tinham autoridade perante a nação. Falavam grosso: "Ou a Reforma ou a Revolução!"

Com o fim da guerra do Paraguai, o reinado de D. Pedro II entrava num período de agitação. É que viera a paz externa, sem a solução da política interna. Só os cegos não viam a crise, que o Imperador agravara, entregando o poder aos conservadores.

O momento era, de fato, decisivo para a sorte das instituições, como diziam políticos e jornalistas, usando os mesmos "chavões" de sempre. Sucediam-se as questões de toda ordem. Religiosa, com a luta entre bispos e maçons. Social, com o abolicionismo nascente. Política, com a irrupção violenta da propaganda republicana.

João Henriques era liberal, por sentimento e convicção. Trabalhava no jornal do partido e seguia à risca a orientação dos chefes, homens que sinceramente admirava, como Francisco Otaviano, Cesário Alvim e Afonso Celso.

Afeiçoara-se sobretudo ao terceiro, que firmara o próprio prestígio político muito jovem ainda. Com apenas 30 anos, estava à frente do Ministério da Marinha, em plena guerra do Paraguai, no último gabinete presidido por Zacarias de Góis e Vasconcelos. Por seu turno, o mulato conquistara a estima e confiança não só de Afonso Celso, como dos demais diretores. De simples compositor, passara a chefe da paginação, acompanhando pelos artigos d'*A Reforma* a marcha liberal para a reconquista do poder, o que se iria verificar alguns anos mais tarde, com a formação do gabinete de 5 de janeiro de 1878, sob a chefia de Cansanção de Sinimbu. Jamais se arrependerá de ter deixado o emprego do *Jornal do Commercio* pelo d'*A Reforma*.

Filho de uma antiga escrava, Carlota Maria dos Anjos, e de um português, madeireiro na Rua da Misericórdia, que não reconhecera a paternidade, João Henriques tinha ambição de subir. Frequentara o Instituto Comercial da Corte, antiga Aula do Comércio, onde formou a base dos seus estudos de humanidades. Ali aprendeu francês com o professor José Francisco Halbout. E então, durante o dia, aproveitando as horas de folga, estudava os preparatórios. Queria entrar para a Escola de Medicina, diplomar-se, fazer-se "doutor", respeitado e admirado por toda a gente. Sonhava, queimando as pestanas nos livros.[6]

Ambicioso e afetivo ao mesmo tempo, ampliou depois os seus projetos com a ideia do casamento. De há muito frequentava a casa dos Pereira de Carvalho, na Rua Formosa, e lá conhecera, menina ainda, aquela que lhe havia de ser a esposa e a mãe de seus filhos. Grande era a casa e acolhedora, com numerosos agregados, nascidos de antigos escravos e que, por viverem tratados com mimos, sob a proteção dos Pereira de Carvalho, "corria, de boca em boca, serem filhos dos varões da casa."[7]

Chamava-se Amália Augusta – ou simplesmente Amália – a eleita do tipógrafo. Era mulata como ele, e é muito simples a sua história.[8]

Impossível determinar com exatidão como, quando e por que João Henriques conheceu os Pereira de Carvalho. Num dos seus romances, Lima Barreto remonta às origens da família ilustre, outrora abastada, descendente de um alferes de milícias, senhor de terras no estado do Rio, lá para as bandas de São Gonçalo:

"Pouco depois da Maioridade, com a morte do chefe da casa, filhos e filhas se transportaram para a Corte, procurando aqueles empregarem-se nas repartições do governo. Um dos irmãos já habitava a capital do Império e era cirurgião do Exército, tendo chegado a cirurgião-mor, gozando de grande fama. Para a cidade não trouxeram nenhum escravo." Venderam grande número e deram carta de alforria aos de estimação. Com eles só vieram os libertos que eram como da família.[9]

Dentre os libertos estava Geraldina Leocádia da Conceição, mãe de Amália Augusta, e que pertencia à segunda geração de escravos da família. Maria da Conceição, de quem era filha, nascera na África e fora transportada para o Brasil num navio negreiro. Essa bisavó africana parece ter sido o modelo do escritor, ao gizar a figura de Mãe Quirina, numa bela página que deixou inacabada: uma preta velha, de mais de 100 anos, com a "cabecinha pequena, empastada de cabelos brancos, tecidos como uma rama de algodão, alvejando tristemente no fundo do rosto, encovado, chupado, inteiriçado, onde dois olhinhos castanhos quase sem brilho passeavam languidamente, dolorosamente".

Tivera muitos filhos, e de várias cores. Uns morreram. Outros se espalharam pelos quatro cantos do país, ao sabor das vicissitudes do cativeiro. "Era da África, de nação moçambique" – completa o escritor, denunciando logo em seguida o parentesco –; "viera ainda rapariguinha para aqui, onde tivera por seu primeiro senhor os Carvalhos de São Gonçalo; conhecera D. João VI, e, sobre ele, desconexamente, contava uma ou outra coisa avaramente guardada naquela estragada memória."[10]

Mas quem eram afinal esses Pereira de Carvalho?

De um deles – Manuel Feliciano Pereira de Carvalho – muito há que escrever. Foi um médico notável.[11] Cirurgião-mor do Exército, diretor da Faculdade de Medicina, presidente da Academia Imperial de Medicina, conselheiro de S.M., o Imperador. É chamado o Patriarca da Cirurgia Brasileira.

A seu respeito, informa Luís Filipe Vieira Souto, em documentada biografia, que foi o primeiro cirurgião brasileiro a fazer "a aplicação do novo aparelho do célebre Souberain, para assim, por meio do clorofórmio, poupar as dores cruciantes dos operados". "Empregou com o mesmo fito" – conta ainda Vieira Souto – "o éter, de que deixou memória importante, e ensaiou também o querosene, que segundo alguns experimentadores era de valia, sendo que de início disse ele não ser um anestésico."[12]

Bateu-se Manuel Feliciano contra os castigos corporais aplicados a praças do Exército, o que era muito comum naquele tempo, e propôs à Academia Imperial de Medicina a organização de uma sociedade de beneficência médico-farmacêutica, que teria por fim, no dizer de Alfredo Nascimento, "formar uma caixa para socorro dos seus membros, que, por idade avançada ou invalidez, carecessem de socorros. A ela pertenceriam todos os médicos, cirurgiões e farmacêuticos, nacionais ou estrangeiros, e dela não poderiam fazer parte os que concorrem para o descrédito da medicina e dos que a exercem, nem os que fizessem anúncios de remédios de sua invenção, e quantos por modo grave comprometessem a dignidade profissional".[13]

Da bondade do grande cirurgião, contam-se episódios como este: um escravo tentara suicídio, cortando o ventre a faca. Levado à mesa de operações, na Santa Casa, com os intestinos à mostra, fora salvo pela perícia de Manuel Feliciano. No dia seguinte, ao visitar os doentes da sua enfermaria, depara o médico com os olhos tristes do negro fixados na sua fisionomia.

– Então, como vai isso? – teria perguntado, sem contar naturalmente com a reação do escravo, que veio, num desabafo, lá do fundo da alma do infeliz:

– Vou mal, doutor. Muito mal. Se o senhor não me podia dar a liberdade, para que me deu a vida?

– Bem, rapaz! – respondera *incontinenti* Manuel Feliciano – já que Deus quis que eu te desse a vida, eu te darei também a liberdade.

Dali mesmo, interrompendo a visita, saiu ao encontro do Provedor da Santa Casa, a quem declarou estar pronto a pagar a carta de liberdade do negro operado.[14]

Como cirurgião-mor do Exército, Manuel Feliciano fez a campanha da guerra dos Farrapos, de 1842 a 1845, seguindo para o Rio Grande do Sul, com as tropas comandadas por Caxias. Ao tempo da guerra do Paraguai (1865), foi dos primeiros a marchar para a frente de batalha, deixando a direção da Faculdade de Medicina, para cumprir o seu dever de soldado. De lá só regressaria em agosto de 1867, doente e alquebrado, para morrer poucos meses depois.

Na véspera da partida, havia operado em plena campanha, num hospital de sangue, "sustentado por duas pessoas". Não queria abandonar a luta em meio, só o fazendo a instâncias de Caxias, que enalteceu em Ordem do Dia os grandes serviços prestados por Manuel Feliciano durante a guerra.

De volta à pátria, não era só a doença, agravada por uma infecção contraída na guerra, o que o afligia. A saúde fora, de resto, sempre precária, pois sofria de uma lesão cardíaca, congênita. Além dos padecimentos físicos, o que mais o atormentava agora era a lembrança do filho único, capitão do 1º Corpo do Exército, que tombara vítima do *cholera-morbus* nos pantanais do Paraguai.[15]

Velho e só, de que lhe valiam as honras que o Imperador lhe concedera? Os elogios de Caxias? As glórias da vida profissional?

Manuel Feliciano Pereira de Carvalho nunca fora, na verdade, um homem feliz. Desquitara-se ao voltar da campanha dos Farrapos. Do casamento, tivera apenas uma compensação: aquele filho, que tinha o seu nome, e que acabava de perder. Cheio de mágoa, o velho cirurgião-mor penou os últimos meses da vida, pensando sempre no ente querido, cuja ausência era permanentemente avivada pelas crianças, agregados da família, filhos daquela mesma Geraldina Leocádia, de quem falamos linhas atrás. Era uma penca de quatro: Amália, Jorge, Carlos e Bernardino. Todos eles tratados como se fossem netos, justificando assim os rumores que corriam de boca em boca e que os apontavam como "filhos dos varões da casa".[16]

Através da ficção, Lima Barreto como que procurava explicar o próprio caso, remontando às origens obscuras da sua família. E isso não acontece apenas em *Clara dos Anjos*. Nas notas que deixou de um romance apenas esboçado, *Marco Aurélio e seus irmãos*, parece fora de dúvida que ele pensava no pai ao falar do nascimento de um dos personagens, Miguel da Costa, fruto "da mancebia de uma 'cabrocha' com um português, minhoto tenaz e paciente, estucador de ofício".

De fato, Miguel da Costa em muito se assemelha a João Henriques. Aos 14 anos, abandonando a mãe – "estava nos costumes do tempo" – tornara-se operário litógrafo, adquirindo por esforço próprio "pequena instrução, mas segura". Mais tarde, "protegido por uma influência do tempo", conseguira empregar-se numa repartição pública, casando-se por volta dos 25 anos.

Das reminiscências familiares, no entanto, foram as recordações da casa dos Pereira de Carvalho as que calaram mais no fundo da memória do escritor. Em *Clara dos Anjos*, como em *Marco Aurélio e seus irmãos*, Lima Barreto descreve o ambiente patriarcal do velho sobradão carioca, onde Amália Augusta nasceu e formou o seu caráter.

Manuel Feliciano – o padrinho – estava no fim. Era como um fantasma, a ruminar suas amarguras "nas sombrias salas do seu casarão da Rua de São Pedro, com a leitura dos clássicos latinos e dos poetas portugueses". A lembrança do filho – morto na campanha do Paraguai (fora ferido em Ponche Verde, informa com precisão o romancista) – atormentava a velhice do cirurgião-mor, que vivia "cheio de misantropia e professando um amargo nirvanismo desesperador".[17]

Amália ia fazer 6 anos, quando Manuel Feliciano morreu. Pouco tempo depois, com o falecimento do cirurgião-mor, os filhos de Geraldina Leocádia são entregues aos cuidados dos irmãos e irmãs do velho Manuel Feliciano.[18]

Os Pereira de Carvalho não os deixariam ao desamparo. A verdade é que a nenhum deles faltou carinho. Todos foram educados e encaminhados para a vida, sempre sob a tutela da família que até o nome ilustre emprestara aos bastardinhos. Assim aconteceu, por exemplo, a Amália Augusta Pereira de Carvalho – como se assinava em solteira a mãe de Lima Barreto – que recebeu excelente educação, a melhor que seria possível às mocinhas da sua condição, chegando mesmo a tirar diploma de professora pública, depois de passar pelos bancos do Colégio Santa Cândida, na Rua do Areal.

Segundo a tradição da família, João Henriques conhecera-a muito antes, porém, quando Amália era ainda uma menina. Visitando a casa dos Pereira de Carvalho, nascera o namoro com o clássico aperto de mão e os não menos clássicos encontros às escondidas. Aos 15 anos, a mocinha foi pedida em casamento.

O noivado, entretanto, sacudiria os nervos à flor da pele de João Henriques, a ponto de perturbar-lhe as faculdades mentais. O compromisso assumido como que se lhe afigurava muito acima das suas minguadas possibilidades financeiras, antevendo os embaraços que a nova situação imporia, a ele, simples tipógrafo, sem maiores recursos, tirando a noiva do conforto em que vivia, para uma existência cheia de privações. Ao seu temperamento exaltado, as coisas pareceram subitamente insolúveis, e a vida, um fardo pesado demais.

Com as emoções do pedido de casamento veio também um estranho sentimento de culpa, que a imaginação do tipógrafo deformava em previsões cruéis de infelicidade, pobreza e desgraça, quem sabe lá! Manifestou-se então a crise nervosa, de modo quase imprevisto, obrigando João Henriques a um longo tratamento.

Afonso Celso compadeceu-se do noivo infeliz, internando-o por conta própria na Casa de Saúde e Convalescença de São Sebastião.[19] Foi este, ao que se presume, o primeiro gesto de simpatia do futuro Visconde de Ouro Preto para com o jovem empregado da oficina d'*A Reforma*.

Após uma temporada de seis meses de hospital, o médico recomendara ao doente uma estação de repouso em Caxambu. Afonso Celso ofereceu-lhe dinheiro para que pudesse completar a cura. Mas João Henriques – valho-me aqui das memórias da família Lima Barreto – não precisou utilizar-se da generosidade do amigo e protetor, por uma circunstância toda fortuita. Um bilhete de loteria fornecer-lhe-ia o suficiente para as despesas da viagem e permanência na estação de águas.

Voltando de Caxambu, João Henriques casou-se logo depois.[20] Não podia mais esperar. Com o auxílio de Afonso Celso, seu padrinho de casamento, ou, quem sabe, mesmo sem nenhum auxílio (o bilhete premiado daria para tudo), montou um pequeno colégio para meninas, o Santa Rosa, nas Laranjeiras, onde foi residir com a esposa.

Jamais havia imaginado ser tão feliz! Tinha tudo ou quase tudo o que desejara na vida. Agora, podia continuar a estudar, fazer os exames de preparatórios no Imperial Colégio de D. Pedro II, matricular-se enfim na Escola de Medicina.[21] De resto, era Amália a primeira a estimulá-lo nos projetos de fazer-se "doutor", desejosa de que o marido se elevasse, assim, ao nível dos "nhonhôs" da casa de Manuel Feliciano.

Já que não pudera ascender a posições pelo nascimento ou pela fortuna, havia de conquistá-las certamente pela inteligência e pelo saber.

NOTAS

1. O primeiro número d'*A Reforma* é de 12-5-1869. O manifesto saíra publicado em folheto da Tipografia Americana, no Rio de Janeiro, em março do mesmo ano, conta Joaquim Nabuco, no seu livro *Um estadista do Império*. Era assinado por José Tomás Nabuco de Araújo, Bernardo de Sousa Franco, Zacarias de Góis e Vasconcelos, Antônio Pinto Chichorro da Gama, Francisco José Furtado, José Pedro Dias de Carvalho, João Lustosa da Cunha Paranaguá, Teófilo Benedito Otoni e F. Otaviano de Almeida Rosa.
2. *A Reforma*, n. de 20-5-1869.
3. Segundo informação do próprio Lima Barreto, seu pai nasceu a 19-9-1853. *Diário Íntimo*, p. 213.
4. Informação de D. Evangelina de Lima Barreto. Nada encontramos a respeito de Mestre Faulhaber. Há no Rio de Janeiro pelo menos dois ramos Faulhaber, distintos um do outro. O primeiro, descendente do antigo bibliotecário da Escola Nacional de Música, filho de Manuel de Araújo Porto Alegre Faulhaber, também musicólogo. O segundo é o da firma Faulhaber & Irmãos, perfumistas estabelecidos na Rua Larga, desde muitos anos. De um e de outro ramo, não conseguimos obter qualquer indicação acerca de Faulhaber, mestre tipógrafo. Quanto ao Instituto Artístico, da firma Fleiuss, Irmão & Linden, sabe-se que foi fundado em 11-1-1860. Em dezembro do mesmo ano, iniciou a publicação da revista *A Semana Ilustrada*.
5. Foi a tradição que ficou na família, segundo o depoimento de D. Evangelina de Lima Barreto, que ouvira do próprio pai a história da sua demissão do *Jornal do Commercio*.
6. O mesmo sentimento de Isaías Caminha: "Ah! Seria doutor! Resgataria o pecado original do meu nascimento humilde, amaciaria o suplício premente, cruciante e onímodo de minha cor..." *Isaías Caminha*, p. 53.
7. "O cochicho – completa o escritor – não era destituído de fundamento, naquela família, ainda abastada, composta de irmãs e irmãos que se compraziam, tanto uns como as outras, em tratar filialmente aquela espécie de ingênuos que viam a luz do dia, pela primeira vez, em sua casa. As senhoras, então, eram de uma meiguice de verdadeiras mães." *Clara dos Anjos*, p. 88.
8. Às fls. 119 do livro 19 de batizados da paróquia do SS. Sacramento da Antiga Sé do Rio de Janeiro, consta o seguinte assento: "Aos 19 dias do mês de julho de 1862, nesta matriz do Santíssimo Sacramento, o Reverendo Coadjutor Manuel Dias do Couto Guimarães batizou solenemente e pôs os Santos Óleos à inocente Amália, nascida em 21 de abril do corrente ano, filha natural de Geraldina Leocádia da Conceição, e neta materna de Maria da Conceição, natural desta Corte; foi padrinho o Bacharel Tenente Manuel Feliciano Pereira de Carvalho. E para constar lavrei este assento que assino. Pe. Coadjutor Albino Pinto Ferreira."

9. *Clara dos Anjos*, pp. 87-88.
10. Col. Lima Barreto. Seção de Manuscritos da Biblioteca Nacional. "Posso ser rebolo (minha bisavó era)..." "Sobre o *football*", artigo de Lima Barreto. *Brás Cubas*, Rio de Janeiro, 15-8-1918, reproduzido no volume *Vida urbana*, p. 147 (o local citado está à p. 149).
11. Manuel Feliciano Pereira de Carvalho, chamado o Larrey e também o Velpeau brasileiro, nascido a 8-6-1806 e falecido a 11-11-1867, no Rio de Janeiro, era de ascendência lusitana, apesar dos traços acentuadamente negroides da sua fisionomia, o que mostra que o sangue africano também se misturou em Portugal, conforme ensinam Leite de Vasconcelos e Gilberto Freyre. É de notar-se, de resto, a parecença entre Lima Barreto e o seu suposto bisavô, comparando as fotografias de ambos; o mesmo talhe de boca, as mesmas ventas grandes e fortes e, sobretudo, os mesmos olhos. "Português, branquidade e documento", artigo de Gilberto Freyre. *O Cruzeiro*, Rio de Janeiro, 4-11-1950.
12. Estas e outras citações foram tiradas do livro de Luís Filipe Vieira Souto, *Estudo biográfico sobre o Dr. Manuel Feliciano Pereira de Carvalho*, trabalho de farta documentação, com o qual o autor conquistou, em 1930, o "Prêmio Manuel Feliciano", instituído desde 1883 pela congregação da Faculdade de Medicina do Rio de Janeiro, em homenagem ao Patriarca da Cirurgia no Brasil.
13. "Cerca de 80 anos depois, é, no fundo e na sua essência, o que visa o novo Sindicato Médico e o objetivo da sua Casa do Médico", acrescenta o autor. V. "Manuel Feliciano", por Alfredo Nascimento. *Revista Siniátrica*. Ano XXIV, n°s. 11 e 12. Rio de Janeiro, novembro e dezembro de 1931, pp. 121-124. Este artigo foi escrito baseado na documentação recolhida por Luís Filipe Vieira Souto, na obra acima citada.
14. Luís Filipe Vieira Souto. *Ob. cit.*
15. Luís Filipe Vieira Souto. *Ob. cit.*
16. Informação de D. Evangelina de Lima Barreto.
17. Col. Lima Barreto. Seção de Manuscritos da Biblioteca Nacional. V. *Diário íntimo*, pp. 54-55.
18. No aviso fúnebre, publicado no *Correio Mercantil*, de 12-11-1867, mencionam-se os seguintes irmãos e irmãs de Manuel Feliciano: Joaquim José Pereira de Carvalho, Antônio Lourenço Pereira de Carvalho, Inácia Leocádia Pereira de Carvalho, Rosa Joaquina Pereira de Carvalho e Maria Benedita Pereira de Carvalho. Um dos irmãos, segundo Luís Filipe Vieira Souto, atendia pela alcunha de "Bengalão", e era funcionário da Polícia da Corte.
19. É a atual Casa de Saúde São Sebastião, na Rua Bento Lisboa, que naquele tempo se chamava Rua da Pedreira da Candelária. Era dirigida pelos Drs. Felício dos Santos e Júlio de Moura, e cobrava a seguinte tabela: primeira classe – quartos e sala para um só doente: 5$ a 20$ diários; segunda classe – salas para doentes livres: 3$ a 5$;

terceira classe – enfermarias para escravos: 1$6 a 3$. V. *Almanaque Laemmert*, 1879. Segundo nos informou o Dr. Simões Correia, diretor da Casa de Saúde São Sebastião, os livros de assentamentos mais antigos desapareceram, por volta de 1905, em consequência de um incêndio, que destruiu os arquivos daquele estabelecimento hospitalar.

20. No livro 7 de termos de casamento da Freguesia de São José, fls. 125, consta o seguinte: "Aos 7 de dezembro de 1878, nesta matriz, com papéis correntes e alvará do Exmo. Juiz de Órfãos, assisti ao sacramento do matrimônio que perante mim e as testemunhas abaixo assinadas celebram, justa Tridentinum e Constituição do Bispado, João Henriques de Lima Barreto, filho natural de Carlota Maria dos Anjos, natural e batizada nesta freguesia, com Amália Augusta, filha natural de Geraldina Leocádia da Conceição, natural e batizada na freguesia do Sacramento desta Corte: de que fiz este assento. O Vigário João Procópio de Natividade e Silva. Afonso Celso de Assis Figueiredo. Antônio Nunes Galvão."

21. "... a conselho de meu pai, que estudou medicina...", escreveu Lima Barreto em carta a Carlos Viana, de 13-2-1904. Col. Lima Barreto. Seção de Manuscritos da Biblioteca Nacional. V. *Correspondência*, I, p. 50.

2

FIM DE REGIME

"Nasci sem dinheiro, mulato e livre."

VIDA URBANA, p. 119

ESSA FELICIDADE DOS PRIMEIROS tempos de casados não ia durar muito. Seria ilusória e passageira, como tudo que é belo e frágil, no dizer do poeta. Em breve, viriam os aborrecimentos, as dificuldades de dinheiro, a doença. Por fim, a morte desfaria o lar construído por João Henriques.

Desde o casamento, quer dizer, desde dezembro de 1878, residiam os Lima Barreto na Rua Ipiranga, nº 18, na mesma casa em que funcionava o Santa Rosa, o pequeno colégio para meninas, fundado e dirigido por Amália Augusta.

Não seria evidentemente uma escola para gente rica. Nem por sombra poderá ser comparado aos grandes educandários da época, como os de Mme. Gueslin e de Mrs. Williams, que ensinavam não só as matérias básicas do curso de humanidades, mas também "costura, flores de todas as qualidades e toda sorte de trabalhos de agulha".

Longe disso, o modesto Santa Rosa limitava-se ao cultivo das primeiras letras. Mesmo assim, merecia a honra de figurar entre os noventa e quatro colégios para meninas na lista publicada pelo *Almanaque Laemmert*, ainda que sem o nome de sua diretora.[1] É que Amália Augusta somente recebeu o certificado de habilitação, como professora, em fevereiro de 1880, e isso talvez explique a omissão.[2]

Já então a desventura havia penetrado naquela casa. Amália quase morrera com o nascimento do primogênito (setembro de 1879), e a criança, batizada às pressas, não durou mais que oito dias. Chamou-se Nicomedes esse primeiro rebento, decerto em lembrança do santo, que tanto sofreu em vida e que, depois de morto, teve o corpo jogado no rio.

Se o nome do primogênito obedecera a esses ditames, o do segundo filho foi escolhido para homenagear o futuro padrinho, o senador Afonso Celso de Assis Figueiredo. À combinação Afonso Henriques ocorre à memória o primeiro rei de Portugal, mas foi bem outra a intenção do tipógrafo. Ligando seu segundo nome ao primeiro do compadre ilustre, João Henriques pretendera simplesmente pagar uma dívida de gratidão.

Por influência de Afonso Celso, fora admitido na Imprensa Nacional, que tinha, na ocasião, título menos pomposo: Tipografia Nacional. Nomeado operário de primeira classe, com o salário de 5 mil-réis por dia, um ano antes do fechamento d'*A Reforma* (os liberais estavam de novo no poder), nas vésperas do casório, passara a chefe de turma, ganhando mais 1 mil-réis.[3] Sem esta ajuda, talvez tivesse que adiar o casamento, cujas testemunhas foram Afonso Celso, que então ocupava o Ministério da Fazenda, e Antônio Nunes Galvão, administrador da Imprensa Nacional.

O dinheiro do emprego público, somado ao salário do jornal, chegava perfeitamente para garantir ao casal uma vida decente, naquele Rio de Janeiro provinciano de pouco mais de 300 mil habitantes, o Rio do tempo da revolta contra o imposto do vintém, onde um par de botinas de verniz do melhor couro da Rússia custava a bagatela de 7 mil-réis, e um maço de cigarros não ia além de 120 réis.[4] Além disso, havia o Colégio. Contaria João Henriques com o reforço da mulher. O Santa Rosa era pequeno, mas sempre dava para auxiliar as despesas.

Pouco a pouco, todos esses planos se foram derruindo. Salva, por milagre, do parto do primeiro filho, Amália Augusta sofrera um sério traumatismo, seguido de paralisia das pernas, o que a obrigara a andar de muletas durante meses. Jamais se restabeleceria por completo. Já não era mais a mesma, porém continuava a dirigir o Colégio e a dar filhos a João Henriques quase de ano em ano. Depois de Nicomedes, com um ano e pouco apenas de intervalo, vieram mais dois: Afonso (1881) e Evangelina (1882).

Afonso Henriques nasceu numa sexta-feira, 13. Treze de maio de 1881.[5] Dia e número aziagos, dirão os supersticiosos, com riso amarelo. E mais seguros ficarão da má sina do menino, ao saberem que veio ao mundo na data em que se comemora Nossa Senhora dos Mártires, embora tivesse como protetora, à hora do batismo, Nossa Senhora da Glória, de quem João Henriques era devoto.[6] Não verificamos qual a posição dos astros nesse dia, mas não deveria ser lá muito favorável, pois essa força misteriosa e desconhecida que se chama destino sempre conspirou contra Afonso Henriques de Lima Barreto.

Para enfrentar as dificuldades domésticas, o tipógrafo não media sacrifícios, trabalhando dia e noite. Desistira de estudar Medicina. Compreendera bem depressa que esse era um projeto que jamais poderia ver concretizado. Tinha agora preocupações mais urgentes: os filhos, a esposa. A esposa principalmente.

A saúde da companheira, saúde que se ia tornando cada vez mais delicada, causava-lhe de fato apreensões. Por ela não pouparia sacrifícios. Como o médico aconselhasse banhos de mar, a família mudou-se mais para perto da praia, indo morar na Rua Dois de Dezembro, no Flamengo. Depois, para a Rua das Marrecas, próximo ao trabalho de João Henriques, pois a Imprensa Nacional ficava a dois passos dali, na Rua da Guarda Velha. De mais a mais, os banhos da praia de Santa Luzia eram tão bons ou melhores que no Flamengo. Foi na Rua das Marrecas que nasceu o quarto filho do casal, que recebeu o nome de Carlindo (1884).

Amália Augusta já não podia lecionar. O pequeno colégio das Laranjeiras teve de ser fechado. Os filhos e os afazeres domésticos tomavam-lhe todo o tempo. Mesmo assim, ajudava o marido quanto podia. Certamente lavava, cozinhava, costurava para fora. A figura da mãe jamais sairá da memória do pequeno Afonso, com os seus "tristes vestidos" e aquele olhar, que o mirava sempre, "fosse em que circunstância fosse, onde havia, mesclados, terror, pena, admiração e amor".[7]

O certo é que a vida se complicava. Amália já estava de novo grávida, esperando o quinto filho. Combalida, após tantas canseiras, talvez não resistisse por muito tempo. João Henriques, homem extremamente afetuoso, mostrava-se inquieto, sem saber o que fazer. Amigos de ambos lembraram o clima dos subúrbios, onde a vida era mais tranquila e também mais barata.

Boca do Mato tinha "fama de possuir bons ares, para curar moléstias do peito".[8, NR2] O tipógrafo não discutiu. Arrumou os seus tarecos e para lá transportou a família. Amália porém não suportou os novos ares mais do que vinte e quatro horas. E João Henriques teve que sair novamente à procura de casa para morar. A primeira que encontrou foi em Catumbi. Alugou-a *incontinenti*, transferindo-se para ela com a mulher e os filhos. Nessa casinha de Catumbi, nasceu Eliézer, o caçula (1886).

Essas constantes mudanças dão bem uma ideia do estado de espírito de João Henriques, preocupado com a doença da mulher, que se agravava dia após dia. Só pensava numa coisa: salvar Amália, custasse que sacrifício custasse. Deu um balanço no orçamento, cortou as despesas supérfluas, e tratou de arranjar uma casa melhor, em Paula Matos. Tentaria agora o clima da montanha. E instalou-se ali, na Rua Santo Alfredo, num lugar maravilhoso, como o nome bem o indica: Paraíso.

De nada adiantaria o novo sacrifício. A pobre Amália morreu poucos meses depois (dezembro de 1887), vítima de uma tuberculose galopante. Aos 35 anos de idade, o tipógrafo João Henriques de Lima Barreto estava viúvo, com quatro filhos pequenos. O maiorzinho, Afonso, não havia completado 7 anos. E o menor, Eliézer, nem fizera 2.

A morte de Amália há de descer como uma sombra no coração do filho mais velho. Sombra que nunca mais se dissipará.

Morta a sua Amália, João Henriques não quis ficar em Paula Matos, onde tudo recordava a presença amada. Mudou-se para uma casa na Rua do Riachuelo, esquina de Resende. Colocou os filhos maiores em colégios da vizinhança. Afonso foi para a escola pública de D. Teresa Pimentel do Amaral; Evangelina, para o internato de Mlle. Perret. E a vida foi andando para a frente.

Depois de golpe tão duro, João Henriques ia pouco a pouco repondo as coisas nos lugares. A princípio, tudo era desânimo, desesperança, desalento, mas João Henriques reage, procurando afogar, no trabalho, a sua mágoa e

---

NR2 – Mesmo na edição das *Obras completas*, nem sempre constam, na publicação de *Feiras e mafuás*, as fontes originais das crônicas. Esta indicação da *Revista Sousa Cruz*, revista elegante e de edição cuidadosa, é fundamental para que se perceba a importância que Lima Barreto vai adquirindo, no jornalismo carioca, ao final de sua vida.

tristeza. Vê-se que são grandes as aperturas de dinheiro, nos meses seguintes à morte da esposa, pelo empréstimo que contraiu na Associação de Auxílios Mútuos dos Empregados da Imprensa Nacional. No mês de julho de 1888, recebeu apenas 18$300, sendo descontado em 157$200 do seu magro salário.[9]

É dessa época a publicação do *Manual do aprendiz compositor*, de Jules Claye, que João Henriques traduziu do francês.[10]

Na verdade, não se trata de uma tradução pura e simples. O autor teve o cuidado de adaptar as lições do famoso tipógrafo ao meio em que vivia, enriquecendo-as de notas e exemplos peculiares, como a citação do verso de Machado de Assis: "Bailando no ar gemia inquieto vaga-lume", para exemplificar a maneira de tipograficamente compor poesias em português. Como este, muitos outros poderiam ser citados, e que demonstram o cuidado da edição brasileira do trabalho de Claye, que, por muitos anos, serviu de orientação profissional aos aprendizes da Imprensa Nacional, a quem é dedicado. Lá estão, no pequeno livro, os mapas de caixa da Imprensa Nacional de Lisboa e do Rio, sem falar num excelente guia de revisão, até hoje adotado oficialmente naquela repartição, é claro que com algumas modificações.

Os acontecimentos políticos do último ano da Monarquia, porém, vieram alterar por completo a vida do tipógrafo João Henriques. Em fins de 1888, organizara-se a resistência liberal. A 23 de novembro, os senadores do partido dirigem uma circular aos diretórios das províncias e do município neutro, convocando-os para um congresso, que se reunirá no Rio de Janeiro, em maio do ano seguinte. Sinimbu, Lafaiete, Otaviano, Afonso Celso estão à frente do movimento. Pensou-se, desde logo, em lançar um jornal para a grande campanha. E, em dezembro, a *Tribuna Liberal* estava na rua.

João Henriques também fora convocado, para tomar conta das oficinas do novo órgão, montadas na Rua Nova do Ouvidor.

Uma vez reunido, o Congresso Liberal reajustou o programa do partido, pedindo agora: o alargamento do voto pelo escrutínio secreto, sendo considerado eleitor todo cidadão que soubesse ler e escrever; reforma da administração provincial; direito de reunião; casamento civil obrigatório; plena liberdade de cultos; temporariedade do Senado e reforma do Conselho de Estado, além de liberdade e melhoramento do ensino.[11]

Rui Barbosa divergira, em parte, do programa, com o seu famoso voto em separado, pela federação, no que foi secundado por dezoito congressistas, Cesário Alvim inclusive.

Sem deixar o emprego público, João Henriques trabalhava de noite na *Tribuna Liberal* e, muitas vezes, levou até à oficina do jornal o pequeno Afonso, que ficava na rua, brincando, enquanto o pai ia paginando as crônicas literárias de Valentim Magalhães e os artigos políticos de Carlos de Laet.

"... pouco antes de vir a república – escreveu o romancista, recordando essa fase da primeira infância – eu brincava, com outros meninos, cujos destinos não sei, de *marche aux flambeaux*, quando meu pai era paginador da infausta *Tribuna Liberal* e eu vinha passar a noite ao seu lado."[12]

Naquela rua de tantas recordações, Rua Nova do Ouvidor, Lima Barreto viu pela primeira vez o Príncipe Ubá, um dos tipos populares mais interessantes do Rio, e aprendeu cantigas de roda, das que evocaria mais tarde numa série de crônicas de jornal:

Menina, quando tu fores
Escreve-me pelo caminho.
Se não tiveres papel,
Nas asas de um passarinho.

Da boca, fazei tinteiro,
Da língua, pena aparada;
Dos dentes, letras miúdas,
Dos olhos, carta fechada.[13]

Poucos dias após o encerramento do Congresso Liberal, o partido é chamado novamente a governar, ficando o Visconde de Ouro Preto encarregado de organizar o Ministério, que durou no poder cento e sessenta dias.

Na sessão de 11 de junho, Afonso Celso comparece ao parlamento para comunicar à nação o nome dos novos ministros. Lê o seu programa de governo em meio a uma tempestade de apartes. Em dado momento, exclama o deputado Pedro Luís: "– É o começo da República", ao que o presidente do Conselho retruca com energia: "Não; é a inutilização da República."

O tumulto cresce e se generaliza, passando do recinto às galerias. Respondendo a Ouro Preto, o padre João Manuel termina o seu discurso com um "Viva a República". O primeiro-ministro ergue-se da cadeira impetuosamente e proclama sob aplausos dos liberais: "– Viva a República, não! Não e não! Viva a monarquia brasileira, tão democrática, tão abnegada, tão patriótica, que seria a primeira a conformar-se com os votos da nação e a não lhe opor o menor obstáculo, se ela, pelos seus órgãos competentes, manifestasse o desejo de mudar de instituições."[14]

Palavras. Palavras. A Monarquia tinha os seus dias contados. Estando os liberais em minoria nas duas câmaras, o Congresso teve que ser dissolvido. Elegeu-se outro, com maioria liberal. E Ouro Preto, aparentemente vitorioso, inicia a execução do seu programa de governo, visando a refrear a onda revolucionária, pela aplicação dos mesmos princípios defendidos pelos adversários do regime.

A tática não daria resultado, pois a agitação já estava nas ruas.

À propaganda republicana, cada vez mais intensa, uniu-se o descontentamento dos militares. Ouro Preto era considerado inimigo das classes armadas, apesar de ter sido ministro da Marinha, num dos momentos mais difíceis da guerra do Paraguai, e de, quebrando a praxe, entregar a um general e a um almirante as pastas da Guerra e da Marinha, até então tradicionalmente exercidas por civis.

Veio afinal a República. A *Tribuna Liberal* não fecha as portas. Continua lutando. Preso Ouro Preto, o jornal não se intimida e previne, em artigo de fundo, que "somente se calará pela violência". A 19 de novembro, divulga que a redação tem recebido inúmeras cartas anônimas, prometendo ataques ao jornal e ameaçando a vida dos que ali trabalham. Essas cartas, diz a notícia, são atiradas na "cesta dos papéis inúteis". E mais adiante: "Nossa vida e propriedade poderão ser destruídas de um momento para outro; enquanto não o forem, saberemos cumprir nosso dever."

Nesse mesmo dia, Ouro Preto era deportado para a Europa, a bordo do navio alemão *Montevidéu*.

A *Tribuna* publica amplo noticiário do embarque. Conta que, pela manhã, Quintino Bocaiúva fora buscar o ex-primeiro-ministro em um *coupé* no quartel do 1º Regimento de Cavalaria, conduzindo-o até o Arsenal de Guerra, que apresentava "aparato bélico anormal": baterias Krupp em posição de combate, metralhadoras Nordenfeldt, canhões rápidos Hotchkiss. "Apesar de ninguém saber a que horas seguiria o navio – continua o noticiarista –, de não ter havido participação alguma e do receio de qualquer violência dos ditadores, foi enorme o concurso de amigos" que foram "estreitar em seus braços" o chefe liberal que partia para o exílio.

Entre esses, lá se encontrava João Henriques de Lima Barreto, modesto correligionário do Visconde de Ouro Preto, mas nem por isso menos corajoso ou menos dedicado que os outros. Enfrentava, assim, a perseguição dos republicanos, sem temor de perder o emprego da Imprensa Nacional, onde exercia as funções de mestre de composição, desde a reforma de julho de 1889, decretada por Ouro Preto.

Dia a dia, a *Tribuna Liberal* aparecia mais agressiva. A 28 de novembro, a direção do jornal informa que a circulação havia triplicado do dia 15 em diante. "Isto prova que a virilidade do povo brasileiro, se porventura entibiase por momentos, cedo recobra seus meios de ação", concluía o redator. Noutro local, anuncia-se a implantação do terror, com o fuzilamento dos marinheiros. Um marujo, que se recusara a arriar o pavilhão imperial, a bordo do *Parnaíba*, fora morto a tiros de revólver por um dos oficiais do navio. A linguagem é sempre dura, um verdadeiro desafio aos homens que estavam no poder, que fizeram a revolução em nome da Ordem e do Progresso.

No seu aniversário, a 1º de dezembro, a *Tribuna* abre novamente as baterias contra o governo revolucionário. No alto da primeira página, informa que a tiragem da edição atingira a bela soma de 22.500 exemplares. A cidade andava cheia de boatos de que o jornal seria atacado a qualquer momento. Praças de cavalaria e infantaria guardavam a redação.

No dia anterior, Carlos de Laet fora preso em sua residência, conduzido de bonde até a polícia, para dar explicações. Falava-se em conspiração contra o regime, e o órgão monarquista era apontado como o ninho dos agitadores. Segundo ele próprio, relatando a sua prisão, prestou o seguinte depoimento, perante a autoridade:

"Minha vida é regular como um cronômetro. Acordo e, depois do banho frio e do almoço, ocupo-me a lecionar meus filhos, evitando tocar na História do Brasil, que tem coisas muito tristes. Em seguida, entre o meio-dia e as duas horas da tarde, desço a Rua do Ouvidor e vou à *Tribuna Liberal* escrever um ou mais dos artigos de oposição que você tem lido. Saio às quatro ou cinco horas e ordinariamente volto a jantar com a família, em casa, dali saindo entre as sete e oito da noite, outra vez para a *Tribuna*, a fim de rever provas e escrever mais algumas notícias. Da *Tribuna*, às dez ou onze da noite, não raro mais tarde, quando o exige o serviço, torno para casa e durmo como um justo até a manhã seguinte."[15]

Mas a verdade é que as coisas não andavam para brincadeiras. Pesavam sobre a *Tribuna Liberal* sérias ameaças, após a denegação pelo Supremo Tribunal do *habeas corpus* impetrado a favor de Silveira Martins, do qual fora Carlos de Laet um dos signatários. O líder gaúcho seguira também para o degredo. Além disso, o motim de 18 de dezembro, no 2º Regimento de Artilharia, em São Cristóvão, inspiraria ao governo provisório novas represálias e maior vigilância aos "conspiradores". Foram presos vários líderes monarquistas. "O Conselheiro Tomás Coelho, ex-ministro da Guerra e senador, passou pela Rua do Ouvidor a pé, sem chapéu, metido dentro de uma escolta de oitenta praças."[16]

Tudo isto se passava sem uma palavra de protesto. A própria *Tribuna Liberal* fora intimada a "não dar notícia que pudesse alvorotar o espírito público", conforme declaração de um sobrinho do Marechal Deodoro, portador da mensagem do governo, a Carlos de Laet.[17] Mas não ficou nisso. A 23 de dezembro, é dada à publicidade a chamada "lei dos suspeitos", punindo os "que promoverem por palavras, escritos ou atos a revolta civil ou a indisciplina militar".

No mesmo dia, o proprietário da *Tribuna*, Antônio de Medeiros, era demitido, pelo ministro da Fazenda, Rui Barbosa, do emprego que exercia, desde 1885, na Imprensa Nacional. A 25, a *Tribuna* suspende a circulação, não sem publicar a entrevista de Carlos de Laet com Quintino Bocaiúva, na qual o ministro do Exterior confirma "que nas disposições do decreto contra os conspiradores a palavra *escritos* se referia a toda e qualquer publicação pela imprensa".[18]

Era a rolha. Já não havia mais liberdade.[19]

Em certas repartições, como na Imprensa Nacional, a pressão contra os monarquistas foi tremenda. João Henriques era visado, dada a sua condição de compadre do Visconde de Ouro Preto. Dizia-se, à boca pequena, que a reforma da Imprensa fora feita sob medida, para recompensar os que haviam prestado serviços à *Tribuna Liberal*. João Henriques era um deles. Fora promovido, aumentado em seus vencimentos.

Há um curioso documento no arquivo de Rui Barbosa, que denota a vigilância dos republicanos sobre o humilde funcionário, que servia à causa do Partido Liberal. O documento, embora sem data e sem assinatura, não custa crer constituísse denúncia de algum funcionário da Imprensa, prejudicado em seus interesses, e era dirigido ao jornalista que chefiava a campanha contra Ouro Preto e que seria mais tarde o seu substituto na pasta da Fazenda.

Assim rosnou o delator:

> *"Exmo Sr. Conselheiro Rui Barbosa. É verdade tudo quanto diz o Sr. Galvão,*[20] *relativamente aos méritos pessoais e técnicos do Sr. Lima Barreto, mas também não é menos verdade que: 1º) o Sr. Lima Barreto foi encarregado de montar as oficinas da* Tribuna Liberal, *sendo para isso dispensado de horas e até dias de serviço da Imprensa Nacional; e para ocupar o lugar de paginador da mesma oficina, como tem sido até aqui, foi também sempre dispensado nas oficinas do Estado uma hora antes de ali findar o trabalho pelo regimento da casa. 2º) Tanto o Sr. Lima Barreto deveria receber essa recompensa, que dias antes de ser chamado o Sr. Visconde de Ouro Preto para organizar o gabinete de junho, já o Sr. Galvão estudava o projeto de reforma, há menos de um mês publicado,*[21] *que elevava os vencimentos do chefe da composição de 250$ a 300$ mensais. 3º) Que não sendo esse o único que deve ser recompensado pelos serviços prestados à* Tribuna Liberal, *também a referida reforma elevou de 4:200$000 os vencimentos do ajudante de administrador, com a declaração de que para este lugar só poderia ser nomeado quem tivesse habilitações técnicas provadas, tanto quer dizer quem provar que já ali esteve exercendo quase esse lugar de fato, ou para melhor quem se chamar Antônio de Medeiros, que daí saiu com licença dada pelo Conselheiro João Alfredo, para, contra o expresso no Código Comercial, ser sócio solidário do Sr. Visconde de Ouro Preto na* Tribuna Liberal. *O Sr. A. J. Cardoso Pereira de Barros, que atualmente exerce o encargo de administrador ajudante suspira há muito tempo pela sua aposentadoria, e esta ser-lhe-á dada; quando estiver para efetuar-se a mutação*

à vista da retirada do atual gabinete, para então receber a recompensa prometida ao Sr. Medeiros, que logo que se organizou o atual Ministério, pediu demissão do lugar que exercia na Imprensa Nacional (licenciado pelo Sr. João Alfredo), para não ficar sendo subalterno e sócio solidário do Sr. de Ouro Preto. E se assim não fosse como se explicaria a elevação dos vencimentos desses dois lugares e de outros protegidos, e o ter ficado na mesma o chefe da revisão, que é também liberal e muito distinto, de merecimentos literários e reconhecida probidade? – É porque esse não entrou na organização da Tribuna *e parece não andar por lá em cheiro de santidade."*[22]

Com a demissão de Medeiros,[23] a sorte de João Henriques estava lançada. Mas não esperou que o demitissem. Ele mesmo se despachou. Um dia, chegando ao trabalho à hora de costume, foi advertido por um colega de que o seu nome estava na "lista negra". Acabava de vestir o paletó de alpaca e se dispunha a iniciar a tarefa cotidiana. Dando de ombros, perguntou:

– Ora essa, por quê?

– Você não é monarquista? Não foi ao bota-fora de Ouro Preto? Não foi?

– Sim. Sou monarquista. Fui ao embarque de Ouro Preto. E que é que tem isso?

– Tem que você vai ser demitido. O Rui Barbosa vai demiti-lo, talvez hoje mesmo.

João Henriques não vacilou. Tirando o paletó, respondeu ao colega intrigante:

– Pois não terá esse gosto. Eu mesmo peço a minha demissão.

E ali mesmo redigiu o requerimento ao novo ministro da Fazenda, desligando-se definitivamente da Imprensa Nacional, onde havia trabalhado doze anos a fio.[24]

NOTAS

1. *Almanaque Laemmert*. Rio de Janeiro, 1881.
2. Na verdade, somente a 13-6-1883 conseguiria Amália Augusta licença para abrir e dirigir externato de instrução primária, conforme se lê no Título de Capacidade que lhe foi conferido pela Inspetoria-Geral de Instrução Primária e Secundária do Município da Corte, passado a 1-5-1883. (Documento pertencente ao arquivo do autor.)

3. V. Relação do Pessoal Amovível da Tipografia Nacional, março e abril de 1878, no Arquivo do Departamento da Imprensa Nacional. O último número d'*A Reforma* circulou a 31-1-1879.
4. Diz o *Almanaque Laemmert*, de 1881: o município neutro tem 101.544 km^2 e 274.972 habitantes, segundo o recenseamento de 1872, 30.918 casas, sendo 1.873 desabitadas. População escolar, de 6 a 15 anos: 41.514; 22.237 meninos e 19.277 meninas. Não obstante, além das escolas municipais, os colégios de meninos eram em número de 65 e os de meninas, 94. Quanto aos demais dados, foram colhidos na *Gazeta de Notícias*, números de dezembro de 1879.
5. No livro 9, fls. 71v., de assentamentos de batismo da Matriz de N. S. da Glória, encontra-se o seguinte: "Aos 13 dias do mês de outubro de 1881, nesta Igreja Matriz de N. S. da Glória, o Reverendo Manuel Lourenço Pereira de Magalhães, meu coadjutor, solenemente batizou o inocente Afonso, nascido nesta freguesia no dia 13 de maio do corrente ano, filho legítimo de João Henriques de Lima Barreto e Amália Augusta Barreto, fluminenses. Foi protetora N. S. da Glória e padrinho o Senador Afonso Celso de Assis Figueiredo. De que fiz este assentamento. O vigário, Cônego Manuel da Costa Honorato."
6. "A Glória, do alto do outeiro – recordou o romancista –, com o seu séquito de palmeiras pensativas, provocou-me pensar e rememorar minha vida, cujo desenvolvimento – conforme o voto que os meus exprimiram no meu batismo – se devia operar sob a alta e valiosa proteção de Nossa Senhora da Glória." *Gonzaga de Sá*, p. 39.
7. *Isaías Caminha*, p. 80, e p. 57.
8. A referência pertence ao próprio Lima Barreto. V. "A estação", trabalho publicado postumamente na *Revista Sousa Cruz*, Rio de Janeiro, números de dezembro de 1926 e janeiro de 1927. V. *Feiras e mafuás*, p. 145.
9. V. Relação do Pessoal Amovível da Imprensa Nacional, julho de 1888.
10. *Manual do aprendiz compositor*, por Jules Claye. Traduzido da língua francesa, por J. H. de Lima Barreto, chefe de turma da Imprensa Nacional. Rio de Janeiro, Imprensa Nacional, 1888. 139 pp.
11. *Visconde de Ouro Preto*, por Afonso Celso, pp. 46-47.
12. "O meu almoço". Artigo n'*A Notícia*, Rio de Janeiro, 3-6-1920. *Feiras e mafuás*, p. 285.
13. "... estas quadrinhas, que sempre ouvi e recitei em criança..." Afora os contos de Perrault, fixou também na memória as "histórias humildes do Compadre Macaco, de Mestre Simão e da Comadre Onça, dos meus pobres 7 anos de idade", confessou no mesmo artigo "As mágoas e os sonhos do povo". *Hoje*, Rio de Janeiro, 20-3-1919. Todos esses artigos estão reunidos no volume *Coisas do Reino do Jambon*, pp. 241 e segs. Uma dessas histórias, aliás, vem no *Policarpo Quaresma*, sob o título: "O macaco perante o juiz de Direito", pp. 53-54.

14. Afonso Celso. *Ob. cit.*, p. 426.
15. *Tribuna Liberal*. Número de 20-12-1889. As demais citações foram tiradas do mesmo jornal.
16. *Fastos da ditadura militar no Brasil*, por Frederico de S. [Eduardo Prado], 1ª série, p. 29.
17. V. o trabalho de Carlos de Laet, intitulado "A Imprensa", no 2º volume d'*A década republicana*, pp. 67-191.
18. Frederico de S., *ob. cit.*, pp. 112-113.
19. Contra a supressão da liberdade de imprensa, naquele período, só se registrou um protesto: o do Apostolado Positivista do Brasil, pela voz de seu diretor, Miguel Lemos, na seção livre do *Jornal do Commercio*, de 26-12-1889.
20. Antônio Nunes Galvão, administrador da Imprensa Nacional, que foi também demitido pelo governo provisório. Esse primeiro período faz presumir que a delação não se resume apenas a esse documento.
21. V. *Regulamento, Instruções e Regimento Interno para a Imprensa Nacional, a que se refere o Decreto nº 10.269, de 20 de julho de 1889*. Rio de Janeiro, Imprensa Nacional, 1889, 72 pp. O Regimento traz a data de setembro, e possivelmente foi dado à publicidade um mês depois, em plena campanha do *Diário de Notícias*, dirigida por Rui Barbosa, contra o ministério Ouro Preto.
22. A cópia desse documento foi-nos facultada pelo diretor da Casa Rui Barbosa, Américo Jacobina Lacombe, a quem agradecemos.
23. Antônio de Medeiros continuou a luta, depois do fechamento da *Tribuna Liberal*, tirando um novo jornal, *Tribuna*, a 1-7-1890, assaltado e empastelado na noite de 29-11-1890, por um grupo de militares à paisana. Do assalto resultou a morte do revisor Romariz. Lima Barreto aproveitou o episódio no conto que intitulou "A sombra do Romariz". *Gonzaga de Sá*, pp. 213-215.
24. Depoimento de D. Evangelina de Lima Barreto. João Henriques foi exonerado da Imprensa Nacional a 11-2-1890. A tudo isso, acrescente-se o fato da visita do Imperador à Imprensa Nacional, um dia antes da proclamação da República. O *Diário Oficial*, do dia 15, publica a seguinte notícia: "*Visita* – Sua Majestade o Imperador, acompanhado dos seus semanários, visitou ontem, às 2 1/2 horas, a Imprensa Nacional. Em companhia do Sr. administrador, por quem foi recebido, e do Dr. diretor do *Diário Oficial*, Sua Majestade percorreu todas as oficinas, examinando os serviços e manifestando-se satisfeito sobre os melhoramentos realizados. Sua Majestade retirou-se às 3 1/2, tendo sido acompanhado até à porta pelo Sr. administrador, todo o pessoal da central e Dr. diretor do *Diário Oficial*."

3

PRIMEIROS ANOS

"Isto foi quando eu tinha seis anos. Meu pai tinha enviuvado e nós morávamos em uma casa muito pobre da Rua do Riachuelo!"

FEIRAS E MAFUÁS, p. 266

A MAIS FORTE IMPRESSÃO de Lima Barreto, nos primeiros anos da vida, foi sem dúvida a morte da mãe. Sem os carinhos de Amália, o mundo como que se fechou para o menino "taciturno, reservado e tímido" que era, embora com rompantes de alegria, saindo "a correr, a brincar, a cantarolar, pela casa toda, indo do quintal para as salas, satisfeito, contente, sem motivo e sem causa", tal como o Horácio do conto "O filho da Gabriela",[1] certamente o autorretrato do escritor aos seis anos de idade. E, sem as carícias e os abraços maternos, "fechou-se em si e nunca mais teve crises de alegria".[2]

A identificação do autor com o personagem não será difícil. A verdade é que Afonso se sentia igualmente abandonado e sem defesa. Tudo como que era dirigido, planejado e feito contra ele. "Aos sete anos – confessa-se no *Diário íntimo* –, logo depois da morte de minha mãe, quando fui acusado injustamente de furto, tive vontade de me matar."[3]

Reagirá sempre assim, com extremada violência, ante as injustiças do mundo e as incompreensões das pessoas que o cercam. Com violência às vezes desmedida e inconsequente.

Guardou para sempre a imagem da mãe morta. Assim descreveu a cena que os seus olhos de menino retiveram na memória, ao mesmo tempo que deplorou as consequências da perda de Amália na sua vida sem carinho e sem amor:

"– Só me lembro dela no caixão quando meu pai, chorando, me carregou para aspergir água benta sobre o seu cadáver. Durante toda a minha vida, fez-me muita falta. Talvez fosse menos rebelde, menos sombrio e desconfiado, mais contente com a vida, se ela vivesse. Deixando-me ainda na primeira infância, bem cedo firmou-se o meu caráter; mas, em contrapeso, bem cedo me vieram o desgosto de viver, o retraimento, por desconfiar de todos, a capacidade de ruminar mágoas sem comunicá-las a ninguém – o que é um alívio sempre; enfim, muito antes do que era natural, chegaram-me o tédio, o cansaço da vida e uma certa misantropia."[4]

Com Amália, Afonso aprendera o á-bê-cê.[5] Depois da morte da mãe é que vai para a escola pública de D. Teresa Pimentel do Amaral, na Rua do Resende, nº 143-A. Há de recordar sempre, com simpatia, a professora tão boa e a escola tão modesta, "das suas duas salas de aula, daquelas grandes e pesadas carteiras do tempo".[6]

Foi aluno aplicado, levava as lições a sério. E ainda, como o Horácio do conto, devia ir para o colégio "calado, taciturno, quase carrancudo". Não gostava de brincar, conta a sua irmã Evangelina. Horácio também não gostava, e "se, pelo recreio, o contágio obrigava-o a entregar-se à alegria e aos folguedos, bem cedo se arrependia, encolhia-se e sentava-se, vexado, a um canto".[7]

Vivia sem agrados, o menino esquisito. Em matéria de beijos, só se lembra de os ter recebido de uma velha mendiga, que vinha esmolar aos sábados à sua porta. Esperava toda a semana pela velha dos beijos, a quem entregava às escondidas o tostão que o pai lhe dava e que era, para isso, ciosamente guardado.[8]

Com os de casa, tomava atitudes de gente grande, como se fosse um homenzinho. Certa vez, ao ver a irmã castigada por uma criada, exigiu do pai que a despedisse. O episódio é curioso. Depois do falecimento da esposa, João Henriques contratara os serviços de uma ama, D. Clemência.[9]

Afonso recebera-a como a uma intrusa. Não admitia que a mãe fosse substituída, e a pobre Clemência, na sua rudeza e na sua ignorância, não soubera vencer a resistência do menino rebelde. Um dia, regressando do colégio, Afonso encontrou a irmã trancada num quarto às escuras. Protestou contra aquilo e abriu a porta, libertando-a do castigo. Quando João Henriques chegou para o jantar, já ninguém se lembrava do incidente, menos Afonso, que se dirigiu ao pai e, todo compenetrado, descreveu o que acontecera, terminando por dizer:

– Meu pai, a Clemência tem que deixar esta casa. É demais aqui.

Aos sete anos, Afonso assistiu com o pai aos festejos da Abolição. A princesa Isabel assinara a Lei Áurea no dia do seu aniversário. João Henriques levou o filho ao Largo do Paço e à missa do Campo de São Cristóvão, para testemunhar o grande acontecimento. O menino ficou deslumbrado. Mais tarde, reconstituiu todas aquelas impressões que lhe ficaram, confusas e desordenadas, numa página de memória, que vale por um precioso testemunho.

"... dias antes da data áurea – escreveu Lima Barreto, sobre o 13 de Maio –, meu pai chegou em casa e disse-me: a lei da abolição vai passar no dia de teus anos. E de fato passou; e nós fomos esperar a assinatura no Largo do Paço.

"Na minha lembrança desses acontecimentos, o edifício do antigo Paço, hoje repartição dos Telégrafos, fica muito alto, um *sky-scraper*; e de lá de uma das janelas eu vejo um homem que acena para o povo.

"Não me recordo bem se ele falou e não sou capaz de afirmar se era mesmo o grande Patrocínio.

"Havia uma imensa multidão ansiosa, com o olhar preso às janelas do velho casarão. Afinal a lei foi assinada e, num segundo, todos aqueles milhares de pessoas o souberam. A princesa veio à janela. Foi uma ovação: palmas, acenos com lenços, vivas...

"Fazia sol e o dia estava claro. Jamais, na minha vida, vi tanta alegria. Era geral, era total; e os dias que se seguiram, dias de folgança e satisfação, deram-me uma visão da vida inteiramente festa e harmonia.

"Houve missa campal, no Campo de São Cristóvão. Eu fui também com meu pai; mas pouco me recordo dela, a não ser lembrar-me que, ao assisti-la, me vinha aos olhos a *Primeira Missa*, de Vítor Meireles. Era como se o Brasil tivesse sido descoberto outra vez... Houve o barulho de bandas de música, de bombas e girândolas, indispensável aos nossos regozijos; e houve também préstitos cívicos. Anjos despedaçando grilhões, alegorias toscas passaram lentamente pelas ruas. Construíram-se estradas para bailes populares; houve desfiles de batalhões de escolares e eu me lembro que vi a princesa imperial, na porta da atual prefeitura, cercada dos filhos, assistindo àquela fieira de numerosos soldados desfiar devagar. Devia ser de tarde, ao anoitecer.

"Ela me parecia loura, maternal, com um olhar doce e apiedado. Nunca mais a vi e o imperador nunca vi, mas me lembro dos seus carros, aqueles enormes carros dourados, puxados por quatro cavalos, com cocheiros montados e um criado à traseira."[10]

Não só Afonso, mas toda a meninada do colégio da Rua do Resende vibrou com o 13 de Maio!

"Eu tinha então sete anos – continua o romancista com suas lembranças – e o cativeiro não me impressionava. Não lhe imaginava o horror; não conhecia a sua injustiça. Eu me recordo, nunca conheci uma pessoa escrava. Criado no Rio de Janeiro, na cidade, onde já os escravos rareavam, faltava-me o conhecimento direto da vexatória instituição, para lhe sentir bem os aspectos hediondos.

"Era bom saber se a alegria que trouxe à cidade a lei da abolição foi geral pelo país. Havia de ser, porque já tinha entrado na consciência de todos a injustiça originária da escravidão.

"Quando fui para o colégio, um colégio público, à Rua do Resende, a alegria entre a criançada era grande. Nós não sabíamos o alcance da lei, mas a alegria ambiente nos havia tomado. A professora, Dona Teresa Pimentel do Amaral, uma senhora muito inteligente, a quem muito deve o meu espírito, creio que nos explicou a significação da cousa; mas com aquele feitio mental de criança, só uma coisa me ficou: livre! livre!

"Julgava que podíamos fazer tudo que quiséssemos; que dali em diante não havia mais limitação aos propósitos da nossa fantasia.

"Parece que essa convicção era geral na meninada, porquanto um colega meu, depois de um castigo, me disse: 'Vou dizer a papai que não quero voltar mais ao colégio. Não somos todos livres?"[11]

Ainda a propósito da Abolição, conservou Lima Barreto esta curiosa reminiscência:

"Dos jornais e folhetos distribuídos por aquela ocasião, eu me lembro de um pequeno jornal, publicado pelos tipógrafos da Casa Lombaerts. Estava bem impresso, tinha umas vinhetas elzevirianas, pequenos artigos e sonetos. Desses, dois eram dedicados a José do Patrocínio e o outro à princesa. Eu me lembro, foi a minha primeira emoção poética a leitura dele. Intitulava-se 'Princesa e Mãe' e ainda tenho de memória um dos versos:

"Houve um tempo, senhora, há muito já passado..."[12]

Isto foi com o 13 de Maio. Do 15 de Novembro, quase nada tem que recordar. "Da tal história da proclamação da república – disse – só me lembro que as patrulhas andavam, nas ruas, armadas de carabina e meu pai foi, alguns dias depois, demitido do lugar que tinha."[13]

Seria a sua aversão ao regime, ou, mais propriamente, aos homens que o encarnavam, o que tornaria tão pobres as suas recordações da queda da Monarquia? É bem possível.

"Eu, há mais de vinte anos – escrevera noutra oportunidade –, vi a implantação da República. Vi-a com desgosto e creio que tive razão."[14]

Ao contrário, há sempre um halo de ternura nas recordações dos últimos anos da monarquia. É sempre com simpatia que se refere à Princesa Isabel ou ao Imperador. Dir-se-ia que os sentimentos de João Henriques contaminaram o filho na primeira infância, educado num clima de veneração aos grandes do Império. O pequeno Afonso Henriques, sempre levado pelo pai, assistiria extasiado não somente aos festejos da assinatura da Lei Áurea, mas, também, o que aconteceria pouco depois, à chegada de Pedro II da sua penúltima viagem à Europa.

"Não me lembro bem de tudo – relembra o escritor, com indisfarçável carinho. – Sei só que ficamos na Rua Primeiro de Março; que havia muita gente; que o Largo do Paço estava coalhado de povo; mas não havia cordão, nem um bandão de policiais e militares de todos os matizes.

"Pedro II não se dava ao luxo de temer atentados e desembarcou numa lancha comum que, se não me falha a memória, naquelas épocas, se chamava 'bonde marítimo'."[15]

Com isso, Lima Barreto procurava atingir, embora indiretamente, a ostentação policial com que na República sempre foi cercado o chefe de Estado, além da dissipação dos dinheiros públicos. O escritor chegou, doutra feita, a fazer uma comparação, que é sem dúvida digna de registro, entre a vida modesta do imperador e o luxo dos hábitos do presidente da República.

"D. Pedro II – diz ele –, que tinha por avós não sei quantos reis e imperadores, tinha três ridículas casas, no Rio de Janeiro, que eram da coroa ou da nação; e uma em Petrópolis, que era dele. Um nosso presidente qualquer, bacharel qualquer e filho de um coronel qualquer, tem quatro ou mais palácios suntuosos, recebe de vencimentos anualmente quase tanto quanto a antiga dotação imperial; o Estado paga a sua famulagem, enquanto a dele, o imperador pagava e, por muito favor, custeia unicamente o seu feijão com carne-seca, prato de luxo que ele não dispensa porque é hoje iguaria de potestade."[16]

De fato, esse saudosismo monárquico era uma das extravagâncias do escritor revolucionário, que tudo recusava ao regime republicano, a ponto de dizer sem rebuços: "... o Brasil é uma vasta 'comilança'.

"Esse aspecto da nossa terra para quem analisa o seu estado atual, com toda a independência de espírito, nasceu-lhe depois da república.

"Foi o novo regímen que lhe deu tão nojenta feição para os seus homens públicos de todos os matizes.

"Parecia que o império reprimia tanta sordidez nas nossas almas.

"Ele tinha a virtude da modéstia e implantou em nós essa mesma virtude; mas, proclamada que foi a república, ali, no Campo de Sant'Ana, por três batalhões, o Brasil perdeu a vergonha e os seus filhos ficaram capachos, para sugar os cofres públicos, desta ou daquela forma."[17]

A crítica podia ser menos contundente, porém ainda há mais: "Uma rematada tolice que foi a tal república. No fundo, o que se deu em 15 de novembro foi a queda do partido liberal e a subida do conservador, sobretudo da parte mais retrógrada dele, os escravocratas de quatro costados.

"Isso de Benjamim Constant, Lopes Trovão, Silva Jardim foi uma isca que os matreiros, 'bois de coice' e 'rapa-cocos' outros de igual jaez, se serviram para 'forrar' a opinião da força e se apossarem do poder."[18]

São palavras duras, que revelam talvez o ressentimento, vindo de longe, com a derrocada que ocasionou na vida paterna a implantação da República. É bem de imaginar-se a situação de João Henriques, perdendo, ao mesmo tempo, o lugar na Imprensa Nacional e o emprego na *Tribuna Liberal*. Nessa hora de aflição, o tipógrafo valeu-se dos Pereira de Carvalho, a cuja casa amiga foi bater. Lá sabia que os filhos podiam ficar, como se fossem pessoas da família. E foi o que sucedeu.

Pouco mais de um mês durou o *chômage*. Em março de 1890, graças à boa vontade de Cesário Alvim, então no Ministério do Interior, João Henriques conseguira ser nomeado escriturário das Colônias de Alienados da Ilha do Governador, que o governo republicano acabara de criar, ampliando e reformando o Asilo de Mendigos da Ponta do Galeão. Antigo militante do Partido Liberal, o ministro era seu velho conhecido do tempo d'*A Reforma*, e dispôs-se a consertar o desastre que fora, para o tipógrafo, a queda do regime monárquico.[19]

Naquele ano, João Henriques não levaria os filhos de mudança para a ilha. Afonso e Evangelina ficaram no Rio, para não interromper os estudos. O menino ia adiantado. Era inteligentíssimo. O pai não escondia o contentamento e, ao fim do ano, recebia com emoção a notícia do prêmio escolar que a professora havia conferido ao pequeno estudante: um belo volume encadernado e com gravuras d'*As grandes invenções*, de Luís Figuier, com uma transbordante dedicatória de D. Teresa Pimentel do Amaral:

"Afonso, guarda esse livro como uma lembrança de quem se orgulha de ter desenvolvido um pouco tua grande inteligência, da qual muito espera nossa cara Pátria; lendo-o, procurarás imitar as virtudes e a força de vontade dos grandes vultos, que aí se apresentam etc."[20]

Já podia, agora, prestar os exames da Instrução Pública, tirar os primeiros preparatórios. O filho não teria a mesma sorte do pai, pensava João Henriques. Seria doutor! E o antigo tipógrafo da *Tribuna Liberal* procurou o compadre, que regressara havia pouco do primeiro exílio. O Visconde de Ouro Preto recebeu-o com a cordialidade dos velhos tempos, no seu escritório da Rua do Rosário, e concordou em custear a educação do afilhado.[21]

O menino matriculou-se no Liceu Popular Niteroiense, um dos melhores do tempo, frequentado pela gente rica. Os colegas de Afonso se chamavam

Otávio Kelly, Américo Ferraz de Castro, Manuel Ribeiro de Almeida, Ricardo Greenhalgh Barreto, Caio Guimarães, os irmãos Sauerbronns Magalhães, Carlos Pereira Guimarães. Todos vão se destacar, mais tarde, na magistratura, no jornalismo, na carreira das armas, no magistério.

O Liceu ficava no Largo da Memória, num casarão de esquina com a Rua Nova, dando para uma grande chácara e de fachada toda revestida de azulejos. Era dirigido por Mr. William Henry Cunditt,[22] que ali vivia com a família. Todos tomavam parte no ensino. Cunditt era viúvo, tinha duas filhas, Annie e Gracie, ambas professoras.

Escocês de origem, era homem dos seus 50 anos bem vividos, com grossas suíças vermelhas emoldurando o rosto largo, onde brilhavam olhos azuis, irrequietos e inteligentes. Viera para o Brasil por volta de 1860. Fora cônsul da Inglaterra no Rio de Janeiro, mas, desde que aqui chegara, esse homem singular, que se dizia sobrinho-neto do Almirante Nélson, entregou-se à lida de fundar e dirigir colégios. Deixou fama de grande educador. Tinha, de fato, uma atividade assombrosa. Não tinha parada. Fiscalizava as aulas, substituía os professores faltosos e ainda lecionava fora. Dirigia o Liceu, com cerca de sessenta alunos, entre internos e externos, aos quais aplicava, quando necessário, cascudos e puxões de orelhas. O regime não era, contudo, dos mais severos. A um ou outro, mais insubordinado, o "velho Cunditt", como era chamado, deixava de pé, no refeitório, à hora do jantar.

Miss Annie saíra ao pai. Tomava conta do curso primário, dava aulas de inglês prático e, quando, em 1893, Mr. Cunditt morreu, encarregou-se ela própria da direção do colégio. Afonso afeiçoou-se à nova professora com um sentimento verdadeiramente filial.[23]

Poderia Miss Annie ocupar no seu coração o lugar de Amália? É difícil dizer. Bem podia ter sido, para ele, como a D. Ester, professora de Isaías Caminha, o foi para o seu personagem autobiográfico, a quem este amava com "tanta força d'alma" que teve "ciúmes dela, dos seus olhos azuis e dos seus cabelos castanhos, quando se casou".[24] Miss Annie, registre-se a coincidência, casara-se ao tempo em que Afonso frequentava o colégio. E também tinha olhos azuis e cabelos castanhos.

No Liceu Popular, o menino ficará até 1894, completando o curso secundário e parte do suplementar. Educação completa, como se vê, a que não faltariam rudimentos de música, embora o aluno evitasse as "coisas que tocassem em amor, em arte e emoção". É que desejava ser "um homem enérgico, inacessível a tudo isto, engenheiro, talvez, a construir pontes, máquinas, cais ou coisas semelhantes".[25]

Mas essa energia não passava de um reflexo da vontade paterna. Era, na realidade, um menino contemplativo, vivia metido consigo mesmo, fugindo sempre dos brinquedos, que nunca amou. Enquanto os colegas pulavam sela ou faziam exercícios de barra fixa, durante o recreio, ele procurava o "mais afastado dos bancos", sob uma das mangueiras da chácara, e ia ler o seu Júlio Verne, ou simplesmente devanear, olhando as nuvens, a recordar as aventuras do Capitão Nemo, de Roberto Grant, do Dr. Lindenbrock, de Miguel Strógoff.[26]

Ao entrar para o Liceu, João Henriques lhe dera toda a coleção de Júlio Verne, que Afonso passava aos colegas mais chegados, como Manuel Ribeiro de Almeida, por exemplo, que travou conhecimento com as *Cinco semanas em um balão* e as *Vinte mil léguas submarinas*, através do seu esquivo companheiro do colégio.[27]

Além de Miss Annie, dois professores serão sempre lembrados: Francisco Varela e Frutoso da Costa. O primeiro, Chico Varela, era um homem impetuoso, palrador, que ensinava História Geral e do Brasil, falando sempre com orgulho no seu parentesco com Fagundes Varela. Andava cheio de canivetes. Tinha a mania de colecionar armas, e um dia, por ocasião da revolta de 1893, apareceu no colégio com uma carabina.

O outro não era menos pitoresco. Frutuoso lecionava Francês e Latim. Esse preto mineiro estudara para padre, mas não chegara a ordenar-se. "Tudo nele – diz o próprio Lima Barreto – era desgosto, amargor; e, às vezes, deixávamos de analisar a *Seleção*, para ouvirmos de sua feia boca histórias polvilhadas dos mais atrozes sarcasmos. Os seus olhos inteligentes luziam debaixo do *pince-nez* e o seu sorriso de remoque mostrava os seus dentes de marfim de um modo que não me atrevo a qualificar."[28]

Nas aulas de Francês, Frutuoso aborrecia-se, não raramente, com a leitura arrastada e indiferente dos alunos que não se mostrassem empolgados com as belezas de *Athalie*. Ficava então desesperado. "... Tirava os óculos de aro de ouro, agarrava o *Théâtre Classique*, chegava bem perto dos olhos esse trecho da tragédia bíblica de Racine e declamava-o com entusiasmo eclesiástico de um patético sermão da Páscoa:

Je jouissois en paix du fruit de ma sagesse;
Mais un trouble importun vient, depuis quelques jours,
De mes prosperités interrompre le cours.
Un songe (me devrois-je inquiéter d'un songe?)"[29]

O "padre" Frutuoso não admitia brincadeiras na aula. Quer nas de Francês, quer nas de Latim. Dirigia-se aos alunos com severidade:

– Sente-se aí, menino!

– Estou sentado, professor – dizia o aluno, arregalando os olhos de espanto.

– Está sentado, hein? Os macaquinhos também sentam. Os bichinhos também sentam. Mas não como os meninos bem educados devem sentar-se. Sente-se direito.

E mandava conjugar o verbo *doceo, docere.*[30]

Afonso sofria com a vida do internato. Era dos tais que só a contragosto recitavam o verbo *docere*. Jamais se conformaria com a disciplina das aulas e dos estudos, com os gritos e as palmatórias dos professores, os horários certos para tudo, controlados pelo apito dos bedéis e pelo olhar policial dos decuriões.

Certa vez em que apertaram as saudades de casa, resolveu fugir do Liceu. Idealizou um plano como os heróis de Júlio Verne, e um belo dia surgiu no sítio da ilha. João Henriques repreendeu-o severamente. E o menino mais sucumbido ficou com as palavras do pai, em quem tanto confiava, julgando-se irremediavelmente incompreendido. Pensou então no suicídio pela segunda vez, conforme registrou no *Diário íntimo*, nesta assombrosa confissão:

"Armei um laço numa árvore lá do sítio da ilha, mas não me sobrou coragem para me atirar no vazio com ele ao pescoço."[31]

NOTAS

1. *Clara dos Anjos*, p. 213.
2. *Idem, ibidem.*
3. *Diário íntimo*, p. 135.
4. "O único assassinato do Cazuza", *Gonzaga de Sá*, p. 182.
5. *Bagatelas,* p. 62.
6. *Bagatelas*, p. 60.
7. *Clara dos Anjos*, pp. 213-214. E mais o seguinte trecho de *Isaías Caminha*, p. 46: "Fugia aos brinquedos, evitava os grandes grupos, punha-se só com um ou dois, à parte, no recreio do colégio; lá vinha um dia, porém, que brincava doidamente, apaixonadamente. Causava com isso espanto aos camaradas: 'Oh! o Isaías brincando! Vai chover...'" Note-se ainda o depoimento de Manuel Ribeiro de Almeida: "Não me lembro de ter visto o Barreto brincando no colégio."
8. "Todos os sábados, eu pedia a meu pai um tostão para dar a uma pobre velha que me ia esmolar, à porta da minha rótula paterna. Dei-lhe sempre a esmola e ela me beijava. Desses beijos, tenho eu ainda grandes saudades. Ela era velha, esquálida; mas, assim mesmo, ainda e sempre me lembrei dos seus beijos..." *Feiras e mafuás*, p. 266.
9. "Em menino, logo após a morte de minha mãe, houve uma senhora idosa, Dona Clemência, que assessorava a mim e a meus irmãos, e ensinou-me um pouco de catecismo, o 'Padre-Nosso' a 'Ave-Maria' e as 'Salve-Rainha', mas bem depressa nos deixou e eu não sabia mais nada dessas obrigações piedosas, ao fim de alguns meses." *Bagatelas*, pp. 96-97.
10. "Maio". Artigo de Lima Barreto. *Gazeta da Tarde*, Rio de Janeiro, 4-5-1911. V. *Feiras e mafuás*, pp. 255-256. Sobre a Princesa Isabel, registra-se ainda o que escreveu o romancista por ocasião do seu falecimento: "... li com tristeza a notícia da morte da Princesa Isabel. Embora eu não a julgue com o entusiasmo de panegírico dos jornais, não posso deixar de confessar que simpatizo com essa eminente senhora." *Marginália*, p. 35.
11. *Feiras e mafuás*, pp. 256-257.
12. *Idem, ibidem.*
13. *Bagatelas*, p. 50.
14. *Coisas do Reino do Jambon*, p. 80.
15. *Coisas do Reino do Jambon*, p. 111.
16. *Feiras e mafuás*, pp. 125-126.
17. *Marginália*, pp. 79-80.
18. *Coisas do Reino do Jambon*, p. 110. Note-se que essas invectivas contra a República são de épocas distintas, conservando entretanto a mesma característica.

19. João Henriques foi nomeado escriturário a 5-3-1890. Ao assumir a direção d'*A Reforma*, em janeiro de 1872, Ouro Preto escreveu uma carta ao Senador Nabuco de Araújo, comunicando-lhe que a redação do jornal se compunha dele, Ouro Preto, "e dos Srs. Drs. Dias da Cruz, Prado Pimentel, Bezerra de Meneses, Teófilo Otoni, Carlos Afonso, Cesário Alvim e de Joaquim Serra". (V. Documento nº 57, lata número 390, do Arquivo do Instituto Histórico e Geográfico Brasileiro.)
20. O exemplar em apreço encontra-se na Col. Lima Barreto. Seção de Manuscritos da Biblioteca Nacional.
21. Na Col. Lima Barreto encontra-se o seguinte bilhete: "Niterói, 4 de março de 1893. Il Sr. Barreto. Em cumprimento de suas ordens, mandarei seg.ª feira o meu filho ao escritório do Exmo. Sr. Visconde de Ouro Preto receber o trimestre de seu filho Afonso, meu aluno. (a) William Cunditt." V. *Correspondência*, I, p. 33.
22. Nasceu em 7-10-1841. Morreu em 24-3-1893. Está sepultado no Cemitério dos Ingleses, no Rio de Janeiro.
23. "Otávio Carneiro". Artigo de Lima Barreto. *O Estado*, Niterói, 9-3-1920. V. *Feiras e mafuás*, p. 259. Annie Cunditt Guimarães, nascida em 15-2-1866, faleceu em 1936, tendo deixado grande renome na capital fluminense como educadora. Casou-se em 10-10-1891, conforme se lê nos apontamentos da família, conservados em poder da Sra. Vítor Bouças, bisneta de William Cunditt.
24. *Isaías Caminha*, pp. 46-47.
25. Carta a Murilo Araújo, de 26-10-1916, onde há também a revelação: "estudei rudimentos de música, aos nove ou dez anos..." Col. Lima Barreto. Seção de Manuscritos da Biblioteca Nacional. V. *Correspondência*, I, p. 275.
26. *Histórias e sonhos*, p. 132.
27. Informação do próprio Manuel Ribeiro de Almeida.
28. *Bagatelas*, p. 60.
29. *Coisas do Reino do Jambon*, pp. 247-248
30. Depoimento de Carlos Pereira Guimarães.
31. *Diário íntimo*, p. 135.

4

PONTA DO GALEÃO

"... naqueles dias ansiosos e satisfeitos da minha meninice, isenta ainda de qualquer visão amarga do mundo e do desespero do meu próprio destino."

FEIRAS E MAFUÁS, p. 64

ALUNO INTERNO, Afonso ia todos os sábados para a Ilha do Governador, onde a sua família passou a residir, desde os primeiros meses de 1891, quando João Henriques foi promovido a almoxarife das Colônias de Alienados.[1] Vinha buscá-lo um empregado das Colônias, Zé da Costa, que era ali uma espécie de homem dos sete instrumentos: cocheiro, carpinteiro, catraieiro e pajem.[2]

Para o menino da cidade, que morara em casas pequenas de aluguel, mudando constantemente de um bairro para outro, às vezes longínquos, e que depois passou a viver metido num internato, cuja reclusão sempre detestou, a ilha era a própria imagem do paraíso. Assim a descreve Lima Barreto:

"As árvores, os pássaros, cavalos, porcos, bois, enfim todo aquele aspecto rústico, realçado pelo mar próximo, enchia a minha meninice de sonho e curiosidade."[3]

Nessa época, a Ilha do Governador era ainda uma roça. "Vivendo, por assim dizer, isolada do Rio de Janeiro – informa ainda o próprio escritor –, quase sem comunicações diárias com o centro urbano, abandonada pelos seus grandes proprietários, devido à decadência de suas culturas perseguidas atrozmente pela saúva, estava toda ela entregue a moradores pobres, apanhadores de suas frutas semissilvestres, como caju, lenhadores e carvoeiros, pescadores e alguns roceiros portugueses que tenazmente se batiam contra a implacável formiga, fazendo roças de aipim, de batatas-doces, de quiabos, de abóboras, de melancias, e até de melões."[4]

Eram duas as Colônias de Alienados, para as quais fora nomeado João Henriques: a de São Bento e a Conde de Mesquita. A primeira ficava num antigo convento dos frades beneditinos, edificação quase secular, no alto de um morro, de onde se avistavam os recortes das montanhas do Rio de Janeiro e grande parte da ilha. A cerca de três quilômetros, na extremidade da ponta do Galeão, erguia-se a Colônia Conde de Mesquita, num velho casarão, construído, nos começos do século XIX, para residência de verão do príncipe-regente, fronteiro a um renque de lindas e colossais mangueiras.[5]

A casa de João Henriques,[NR3] segundo a descrição que dela nos deixou o romancista, "era uma velha habitação roceira, vasta e cômoda, com grandes salas e amplos quartos", edificada num lugar denominado Carico. O sítio que a cercava "tinha de frente cerca de quatrocentos metros de um bambual cerrado e verde que suspirava quando de tarde a viração soprava do mar. De fundo, possuía cerca de oitocentos metros e toda a sua área era coberta de capoeirões e cheio de formigueiros, que permitiam a custo qualquer cultura e, das fruteiras, só deixavam medrar os cajueiros que eram o orgulho de minha residência. Nunca os vi tão belos e talvez nunca mais chupe cajus tão doces com tanta volúpia."[6]

Como se vê, a descrição é quase a mesma da que fez o romancista da morada de Policarpo Quaresma, no sítio do Sossego, "risonha e graciosa nos seus muros caiados", com "vastas salas, amplos quartos, todos com janelas, e uma varanda com uma colunata heterodoxa", ainda que "edificada com a desoladora indigência arquitetônica das nossas casas de campo".[7]

NR3 – O pesquisador André Luiz dos Santos, autor da dissertação "A casa do louco"(UERJ, 2001), localizou, em 2000, a casa do sítio do Carico, na Ilha do Governador, em área militar. A antiga residência pertence hoje ao Parque de Material Bélico da Aeronáutica, no Galeão, agora identificada por placa com referência ao escritor. Também por esforços do estudioso, foi restaurado e reinaugurado pela Prefeitura do Rio de Janeiro o busto de Lima Barreto, na Praça Calcutá, na Ilha do Governador.

Não teria sido ideado o sítio do Sossego à imagem e semelhança do sítio do Carico? E o personagem, o admirável Policarpo Quaresma, na sua paixão pela agricultura, não teria sido em parte inspirado pelo próprio pai do escritor? São perguntas que terão, a nosso ver, resposta afirmativa, tal a evidência de episódios vividos por João Henriques, alguns dos quais relatados pelo seu próprio filho.

Com efeito, o antigo tipógrafo, transformado repentinamente em capataz de enfermeiros de doidos, experimentara, a princípio, a sensação de um homem exilado na sua própria pátria. Era ele um monarquista, um homem marcado, que devia pagar o crime de ter sido fiel, mais do que ao regime deposto, ao seu velho amigo e compadre, o Visconde de Ouro Preto. A este, político influente e titular do Império, prenderam e deportaram. A ele, humilde tipógrafo, tiraram o emprego, o pão com que dava de comer aos seus filhos.

É bem verdade que, nesse transe, não lhe fora a sorte de todo adversa. Tivera a boa fortuna de contar com a generosidade de Cesário Alvim, um dos grandes da República nascente, que estendera a mão amiga para proteger o mestre de composição da Imprensa Nacional, caído em desgraça. Mas não passava de um salvado de incêndio! Pensamentos como este buliam com o orgulho de João Henriques, deixando-o ainda mais taciturno do que era. Começava então a remoer a mágoa nunca esquecida – a esposa morta – e mais os reveses que se foram amontoando desde o início da viuvez. Essa amargura tornava-o não somente triste ou macambúzio, como também mal-humorado e irascível. E é bem possível, conforme depõe um dos guardas das Colônias de Alienados, que serviu sob as ordens de João Henriques, que ele por isso mesmo procurasse o álcool como derivativo.[8]

Note-se que João Henriques sempre foi um funcionário modelar, respeitado indistintamente por superiores e subalternos. Mesmo que se tome ao pé da letra o depoimento do guarda, a verdade é que o alcoolismo jamais prejudicou a atividade funcional do almoxarife e, depois, a do administrador das Colônias de Alienados, responsável pela custódia e alimentação de pelo menos duas centenas de loucos. Havia muito o que fazer, desde o simples controle de objetos entrados, da fiscalização da cozinha, da prestação de contas do dinheiro empregado na compra de gêneros, até a assistência moral que deveria necessariamente oferecer aos pobres enfermos. Em tudo a presença de João Henriques se fazia notar, pois de tudo queria participar, de tudo queria estar a par: quantas calças, quantas camisas, quantas japonas fabricava o alfaiate; quantas portas consertava, quantas fechaduras colocava o carpinteiro, e assim por diante.[9]

Como medida terapêutica, um certo número de doentes trabalhava. Uns, nas oficinas das Colônias, dedicando-se a misteres de carpintaria ou alfaiataria. A maior parte, porém, ia para o campo, capinando ou semeando, fazer um pouco de agricultura. João Henriques os acompanhava, e foi daí, com certeza, que tomou gosto pela coisa.

A terra arenosa da Ilha do Governador era ingrata. Havia de contrapeso a praga das saúvas. Mas isso pouca importância teria para um homem que precisava fugir do passado e criar um mundo novo, onde pudesse viver com novas preocupações e novos anseios de vitória.

Aí está precisamente em que João Henriques se identifica com Policarpo Quaresma. Ambos tinham "sofrido a miséria da cidade e o emasculamento da repartição pública". Ambos desejavam "tirar da terra o alimento, a alegria e a fortuna". Ambos se empenharam em "plantar, criar, cultivar o milho, o feijão e a batata-inglesa".[10]

Tal como o velho Major Quaresma, João Henriques "planejou a sua vida agrícola com a exatidão e meticulosidade que punha em todos os seus projetos".[11] Começou por ampliar os serviços assistenciais aos doentes, na parte que dizia respeito à agricultura. Comprou livros especializados, assinou revistas técnicas. Quaresma também fizera o mesmo.[12] Tornou-se por fim sócio da Sociedade Nacional de Agricultura e redator da seção agrícola d'*O Suburbano*, jornalzinho que se publicava na Ilha do Governador e era então dirigido pelo seu amigo Pio Dutra.[13]

O antigo tipógrafo estava, de fato, entusiasmado pela agricultura. Recortava tudo que lia a respeito, tomava nota, em cadernos de apontamentos, das suas próprias experiências com o cultivo da batata-inglesa ou da abóbora, guardando também receitas de licores de gengibre ou de refrescos de caju.[14] Era com orgulho que presenteava os médicos do Serviço de Psiquiatria com os melões produzidos nas Colônias.[15]

João Henriques no campo! Deve ser o mesmo espetáculo, magistralmente pintado no *Policarpo Quaresma*. Sem tirar nem pôr. "Era de vê-lo, coberto com um chapéu de palha de coco, atracado a um grande enxadão de cabo nodoso, ele, muito pequeno, míope, a dar golpes sobre golpes para arrancar um teimoso pé de guaximba. A sua enxada mais parecia uma draga, um escavador, que um pequeno instrumento agrícola."[16]

Do antigo asilo de mendigos, que vivia ao abandono, João Henriques fizera um sítio, que apresentava, em fins de 1897, mais de mil árvores frutíferas.[17] A paixão pela agricultura despertara no antigo tipógrafo energias adormecidas. Parecia um outro homem aquele bicho de concha. Passara a receber visitas. Raro era o domingo que não vinha um amigo para o almoço. O Pio Dutra, o Coronel Moura, ou qualquer outro figurão da ilha.[18]

Assim era a vida na Ilha do Governador. Nos primeiros tempos, é bem verdade, a coisa não fora das mais fáceis. Houve contratempos. Logo que para lá se mudou a família Lima Barreto, todos caíram doentes com maleita.[19] João Henriques tratou de recambiar as crianças para o Rio, deixando-as na Rua Formosa, com a gente do Dr. Manuel Feliciano, a quem sempre recorria nas horas difíceis. Mas ele ficou na ilha, e foi dos que mais sofreram com as sezões.

Depois, as coisas entraram nos eixos. O almoxarife parecia não ter mais aborrecimentos. Os filhos cresciam fortes e satisfeitos, sob os cuidados de uma ama, a Prisciliana, ativa e prestimosa, que se tornaria, com o tempo, a verdadeira dona da casa, como que se incorporando compulsoriamente à família. Até Afonso perdera a casmurrice, no clima edênico da Ilha do Governador.

Tempo maravilhoso, aquele! Com os irmãos, o pequeno Afonso corria por toda a ponta do Galeão. Conhecia-a palmo a palmo. Tudo aquilo era seu. "Saía a armar toda a espécie de laços, arapucas, esparrelas, quebra-cabeças, mundéus." Prendia "juritis, sanhaços, tiês, rolas, frangos-d'água, saracuras, sanãs". Caçava "quatis, tatus, lagartos e até filhotes de jacarés".[20] A fauna, observe-se mais esta coincidência, é a mesma de *Policarpo Quaresma*.[21]

O menino adorava todos esses animais, mas a sua loucura eram os pombos. Chegou a juntar dinheiro em um cofre, para um dia comprar um casal dessas aves. Pensava em construir um pombal com os pedaços de um caixão de sabão, mas João Henriques não permitiu que o filho realizasse o projeto: quando se reproduzem muitos, os pombos significam prosperidade, mas, desde que comecem a fugir, indicam que as coisas vão desandar. Supersticioso, o almoxarife respeitava a crendice popular. Pelo sim pelo não, o mais seguro era não lidar com aquela espécie de bichos...[22]

Os companheiros de Afonso eram os irmãos e o velho preto Manuel de Oliveira, um africano que fora recolhido ao tempo em que as Colônias eram asilo de mendigos. De hóspede, passara a pessoa da casa. Tomava conta dos porcos nas horas vagas, pois a sua grande ocupação era pajear as crianças. Esse preto velho, contador de histórias, foi certamente o primeiro amigo de Lima Barreto, a quem tratava respeitosamente de "Seu" Lifonço. "... dava-me sempre mimos – conta o escritor. Era uma fruta, era um bodoque, era uma batata-doce assada no braseiro do seu fogão, ele tinha sempre um presente para mim."[23]

Manuel de Oliveira também aparece no *Policarpo Quaresma* na figura de Anastácio, o preto fiel, que acompanhava o amo de sol a sol, nas suas canseiras pelo campo afora.[24]

Tudo isso sucedia nos melhores tempos das Colônias, quando Afonso ainda cursava o Liceu Popular Niteroiense e vinha todos os sábados passar o fim de semana com o pai e os irmãos. João Henriques, sempre vigilante, acompanhava todos os passos do filho no colégio. Tomava-lhe as lições e com ele conversava como se tivessem a mesma idade. Chamava ao filho "Dr. Afonso".

Por esse pai, tão amigo e inteligente, Lima Barreto há de conservar uma grande admiração de toda a vida. Muito provavelmente dele se lembrou, mais ainda talvez que no retrato de Policarpo Quaresma, ao traçar o perfil do pai de Isaías Caminha. "Meu pai, o seu corpo anguloso, seco, a sua dor contida, que se escapava no seu olhar e na sua fisionomia transtornada. Via-o às tardes, nos dias de bom humor, mudá-la de chofre, fazer-se risonho, vir para mim, sentar-se à mesa, e, à luz do lampião de querosene, explicar-me pitorescamente as lições do dia seguinte."[25] Sim, não há dúvida que são o mesmo pai, um e outro, como o filho deste, Isaías, é o próprio romancista.

O almoxarife estudava com os filhos. Fazia com eles os exercícios de Francês e Inglês. Ajudava-os. Estimulava-os. Foi o pai que fez que Evangelina se inscrevesse no concurso de contos da revista *A Universal*. É que a menina escrevera um trabalho, que lhe parecera bom. Intitulava-se "O noivado da montanha". Seria uma pena perder-se. E, assim, com este título um tanto rebarbativo, foi remetido à redação. Meses depois, a casa toda encheu-se de alegria. O conto de Evangelina obtivera o segundo prêmio, classificando-se em primeiro lugar uma escritora ilustre já consagrada, a Sra. Maria Amália Vaz de Carvalho.[26]

João Henriques não gostava somente de agricultura. Cultivava também as belas-letras, até mesmo com certo requinte. Para o filho mais velho, guardou a edição brasileira da *Divina comédia*, na tradução do Visconde de Vila da Barra, e que foi impressa na Imprensa Nacional, ao tempo em que ali exercera as funções de mestre de composição. Guardara também a obra de Tácito, traduzida por J. L. Freire de Carvalho, um exemplar raro, que pertencera a André Rebouças: "dois volumes cheios de notas curiosíssimas do punho do grande engenheiro".[27]

Sabia realmente muitas coisas aquele homem "de corpo anguloso e seco", lia livros em idiomas estrangeiros, conhecia o nome das estrelas e explicava a natureza da chuva.[28] Narrava cenas e fatos da vida política do Império, episódios em que entrava Cotegipe, Silveira Martins, José Bonifácio, o moço, e Francisco Otaviano.[29] E (por que não?) também o seu padrinho de casamento, o compadre Visconde de Ouro Preto.

O menino gostava de ouvir o pai falar de tudo isto. O quadro descrito no *Isaías Caminha* está perfeito e parece tirado de um filme, com a nitidez das fotografias felizes. Vêem-se os dois, pai e filho, na palestra doméstica, depois do jantar. João Henriques, sentado na cadeira de balanço, a contar "as maravilhosas cousas do movimento da terra, dos antípodas, da gravitação universal...".

– Deus pode parar a terra? – pergunta, em dado momento, o menino cheio de curiosidade e encantamento.

– Pode sim – respondeu-lhe o pai, após alguma hesitação.[30]

Na segunda-feira, pela manhã, Afonso retornava ao colégio. E João Henriques, ao ver a lancha desaparecer, sulcando as águas da baía, talvez pensasse como Gonzaga de Sá, embevecido diante da inteligência do seu afilhado, o pequeno Aleixo Manuel:

"– Hei de fazê-lo um Tito Lívio de Castro!"[31]

E a vida na ilha voltava à sua rotina. Além da maleita, só mesmo a guerra teve força para sacudir a mansa felicidade daquele verdadeiro paraíso. Foi ao tempo de revolta da Armada, quando um contingente de marinheiros rebelados contra Floriano Peixoto ocupou a Ilha do Governador.

Às primeiras notícias da revolta, Afonso encontrava-se no colégio e escreveu ao pai cartas angustiosas. Durante um mês ficou sem poder passar os domingos em casa. Os sábados chegavam e o Zé da Costa não aparecia para buscá-lo. Uma destas cartas, revelando a precocidade do correspondente de apenas 12 anos de idade, diz o seguinte:

> *"Meu pai.*
>
> *Recebi a sua carta de 25 do corrente. As aulas estão funcionando muito mal, isto é, com falta de freqüência. O doutor Frutuoso não pode vir cá. No colégio, só há um professor. O marido de Miss Annie foi hoje para lá (Capital). Correu boato que a Escola Naval estava lá na ilha. Como já lhe disse, o marido de Miss Annie foi para a cidade, Miss Annie não quer me deixar ir, ao princípio ela tinha o pretexto de dizer que não havia condução para ilha, hoje é porque já há aulas, as aulas que se dão muito sumárias. Eu já estou aqui há um mês sem ir lá.*
>
> *Se o senhor tiver alguém que venha a Niterói por necessidade, mande-me buscar. Não mande ninguém de propósito aqui, porque a viagem é cara.*
>
> *Diga a Dona Prisciliana que eu desejava vê-la aqui, para ver as balas passar e arrebentar, como eu as tenho visto daqui do Colégio. Nesta brincadeira tem morrido muita gente. As granadas rebentam por todos os lados, de Niterói, até chegou arrebentar uma no morro que fica nos fundos do colégio. A nossa professora de piano não tem vindo.*
>
> *Lembranças a todos.*
>
> *Seu filho*
> AFONSO"[32]

Diante dessa carta, João Henriques foi em pessoa buscar o menino. A viagem para casa foi acidentada, pois a comunicação por mar entre o Rio e Niterói estava interrompida desde o início do levante. Pai e filho tiveram "que dar uma imensa volta, saltando de trem em trem, vendo rios e cidadinhas sem conta".[33]

Setembro findava, e a luta de Custódio de Melo contra Floriano atingira o auge. Mas Afonso não tomou conhecimento dos petardos que cruzavam os céus da ilha ao retornar ao sítio do Carico, naquele dia de sol limpo e primaveril. "Cheguei em casa – diz ele –, como lhes contava, e logo tratei dos meus pássaros, dos meus laços, pouco se me dando com o duelo que se fazia de terra para o mar e do mar para terra, a tiros de canhão e de carabina."[34]

A revolta continuou, e a ilha acabou sendo invadida pelos homens de Custódio e Saldanha. Um contingente lá desembarcou sob o comando de Eliézer Tavares. Os soldados carregaram gêneros, roupas e medicamentos das Colônias. Mataram um boi, o "Estrela". E depois se retiraram em paz. O menino viu tudo. Na manhã seguinte, João Henriques mudou-se com a família para o Engenho da Pedra, no litoral da Penha. Todos os dias, porém, ia à ilha, levando comida para os duzentos doentes, que não puderam ser removidos das Colônias. Afonso o acompanhava nessas longas excursões.

Da revolução antiflorianista, na Ilha do Governador, Lima Barreto deixou um outro depoimento interessante. "Da Ilha do Governador fez-se uma verdadeira mudança de móveis, roupas e outros haveres. O que não podia ser transportado, era destruído pelo fogo e pelo machado.

"A ocupação deixou lá a mais execranda memória e até hoje os seus habitantes ainda se recordam dolorosamente de um capitão, patriótico ou da guarda nacional, Ortiz, pela sua ferocidade e insofrido gosto pelo saque e outras vexações. Passava um pescador, com uma tampa de peixe, e o capitão chamava o pobre homem:

"– Venha cá!

"O homem aproximava-se amedrontado e Ortiz perguntava:

"– Quanto quer por isso?

"– Três mil-réis, capitão.

"Ele sorria diabolicamente e familiarmente regateava:

"– Você não deixa por menos?... Está caro... Isso é peixe ordinário... Carapebas! Ora!

"– Bem, capitão, vá lá por dous e quinhentos.

"– Leve isso lá dentro.

"Ele falava na porta de casa. O pescador voltava e ficava um tempo em pé, demonstrando que esperava o dinheiro. Ortiz balançava a cabeça e dizia escarninho:

"– Dinheiro! hein? Vá cobrar ao Floriano."[35]

Mas, de todas as suas reminiscências da revolta de 1893, a mais curiosa é aquela que o escritor ligaria, mais tarde, a um episódio de *Guerra e paz*, de Tolstói. Numa das idas e vindas do continente à ilha, em companhia do pai, aconteceu que um soldado se pusera a conversar com João Henriques, afastando-se o menino, que ficou a olhar "o mar encrespado pelo terral, as gaivotas e as belas mangueiras do Galeão". Acabada a conversa, o pai confidenciou ao filho:

"– Você sabe o que aquele soldado queria?

"– Não, papai.

"– Queria que eu lhe dissesse por que esses dois homens (referia-se a Custódio e Floriano) estão brigando."

Afonso impressionou-se com a ignorância do soldado. "Nunca podia imaginar que um homem arriscasse sua vida sem saber por que nem para quê." Isso lhe pareceu, então, apesar da pouca idade que tinha, "estúpido e indigno da condição de homem".[36]

Tinha apenas doze anos. Estava naquele "instante da vida em que se gravam bem as dolorosas impressões", segundo as próprias palavras do escritor. Para ele, a ditadura florianista assemelhava-se a um cataclismo, com o seu cortejo de execuções, fuzilamentos, encarceramentos, homicídios legais, que o horrorizavam.[37]

Vivendo num asilo de loucos desde cedo, o menino hipersensível começou a sentir as injustiças do mundo. Os acontecimentos de 1893 deram-lhe depois uma nova imagem da vida. Estariam os soldados tomados de loucura coletiva?

Assim reagia o pequeno Afonso, à procura de uma explicação para a invasão da Ilha do Governador, para o saque criminoso, para a violência cruel e sem motivo. Os laços, as arapucas, os banhos de mar e os cajus devorados com volúpia não conseguiam fazê-lo esquecer o sacrifício dos humildes e a indiferença dos poderosos, com aquela maravilhosa perplexidade infantil diante das incoerências da vida.

NOTAS

1. Promovido a 20-3-1891.
2. *Feiras e mafuás*, p. 64.
3. *Feiras e mafuás*, p. 226.
4. *Coisas do Reino do Jambon*, p. 287.
5. "Apontamentos para a história das Colônias de Alienados". Série de três artigos de Nemo (será o próprio Lima Barreto?), n'*O Suburbano*, em 15-10-1900, 1-11-1900 e 15-11-1900, respectivamente.
6. *Feiras e mafuás*, p. 62.
7. *Policarpo Quaresma*, p. 115.
8. "Livros de Observações", nº 9, p. 76 e segs. Arquivo da Seção Calmeil do Hospital Gustavo Riedel. Amerino Raposo, escriturário das Colônias, depõe no mesmo sentido. De fato, João Henriques bebia, mas não abusava do álcool. Era, contudo, um ótimo funcionário.
9. A atividade de João Henriques, como funcionário, foi mais de uma vez elogiada, em termos de visita, como a que fez o ministro da Justiça, Amaro Cavalcanti, às Colônias de Alienados, a 4-3-1897, e em diversos relatórios dos diretores Jaci Júnior e Domingos Lopes da Silva Araújo, conforme se verifica em documentos existentes no Arquivo da Colônia Juliano Moreira, em Jacarepaguá, compulsados pelo autor, graças à gentileza do seu diretor, Dr. Heitor Peres.
10. *Policarpo Quaresma*, pp. 120, 117 e 118.
11. *Policarpo Quaresma*, p. 118.
12. *Policarpo Quaresma*, p. 121.
13. O *Suburbano*. Órgão dos interesses locais. Propriedade de A. Rocha & Comp. Diretores: Antônio Hilarião da Rocha, Manuel Cândido da Silva Castro, Antônio de Matos Ferreira e Pio Dutra da Rocha. Publicação quinzenal, nº 1, 1-3-1900.
14. Col. Lima Barreto. Seção de Manuscritos da Biblioteca Nacional.
15. *Idem, ibidem.*
16. *Policarpo Quaresma*, pp. 122-123.
17. V. a propósito o relatório relativo ao ano de 1897. (Arquivo da Colônia Juliano Moreira.)
18. Col. Lima Barreto. Seção de Manuscritos da Biblioteca Nacional.
19. "... creio que em 1890 ou 1891, não havia dia em que não houvesse, na nossa casa, um de cama, tremendo com a sezão e delirando de febre. A mim, foram precisas até injeções de quinino." *Bagatelas*, p. 132.
20. *Feiras e mafuás*, pp. 62, 63.
21. *Policarpo Quaresma*, p. 121.
22. *Coisas do Reino do Jambon*, p. 280.

23. *Feiras e mafuás*, p. 226.
24. *Policarpo Quaresma*, pp. 122-123.
25. *Isaías Caminha*, p. 91.
26. Informação de D. Evangelina de Lima Barreto. *A Universal*. Revista das revistas. Resenha da vida nacional e estrangeira. Diretores: Tomás Delfino e Alcindo Guanabara. Ano I, nº 1, Rio de Janeiro, 20-4-1901. "O noivado da montanha", 2º prêmio do concurso de contos, foi publicado a 10-6-1902, com o título e o nome da autora na capa, onde também aparecia o retrato da atriz Réjane.
27. "Dois sonetos". Artigo de Lima Barreto. *Brás Cubas*, Rio de Janeiro, 18-7-1918.
28. *Isaías Caminha*, p. 45.
29. *Isaías Caminha*, p. 77.
30. *Isaías Caminha*, p. 91.
31. *Gonzaga de Sá*, p. 138.
32. A carta é datada de 28-9-1893. Col. Lima Barreto. Seção de Manuscritos da Biblioteca Nacional. V. *Correspondência*, I pp. 29-30.
33. *Feiras e mafuás*, p. 61.
34. *Feiras e mafuás*, p. 63.
35. *Policarpo Quaresma*, p. 248.
36. *Bagatelas*, p. 274.
37. *Numa e a ninfa*, p. 78.

SEGUNDA PARTE

ADOLESCÊNCIA

1

O SARAMPO POSITIVISTA

"Isto foi nos tempos em que eu era estudante e morava pela Lapa."

BAGATELAS, p. 283

TERMINADO O LICEU, Afonso tinha que enfrentar, agora, as bancas dos exames de preparatórios, para depois ingressar no curso superior, fazer-se doutor, com pergaminho e anel de grau. João Henriques queria ver o menino formado, realizando no filho o seu próprio sonho da adolescência. Parecia traçado de antemão o destino de Lima Barreto: seria engenheiro. Ele mesmo o confessaria mais tarde. Queria construir pontes, máquinas, cais ou coisas semelhantes.

O fato é que, aos catorze anos, o futuro romancista prestava os primeiros exames no Ginásio Nacional – nome com que os republicanos, nos ardores iniciais do novo regime, decidiram crismar o Imperial Colégio de D. Pedro II. Em janeiro de 1895, fez o de Português. E, logo em agosto, o de Francês.

Enquanto isso, preparava-se para os demais, estudando em casa, com o pai. Em princípios do ano seguinte, antes de matricular-se no Colégio Paula Freitas, presta exames de História Geral e do Brasil.[1]

Lente da Politécnica, o professor Alfredo de Paula Freitas estabelecera no colégio, de que era diretor e proprietário, um curso anexo para preparar os jovens que se destinavam à escola do Largo de São Francisco. Assim, mais uma vez, foi Lima Barreto para o internato. Se isto, em parte, o aborrecia, deve-lhe ter dado um certo orgulho íntimo, pois caminhava para a frente, ia de encontro aos próprios desejos e à vontade paterna de vê-lo na Escola Politécnica.

"Quando acabei o curso do liceu – disse Lima Barreto pela boca de Isaías Caminha –, tinha uma boa reputação de estudante, quatro aprovações plenas, uma distinção e muitas sabatinas ótimas."[2] Que era bom estudante no Liceu Popular, atesta-o o boletim de notas, correspondente ao mês de fevereiro de 1895: Francês – 4 boas; Inglês – 2 ótimas, 2 boas e 1 sofrível; História Geral – 7 boas; Matemática – 1 ótima, 4 boas e 1 sofrível".[3]

No Paula Freitas, onde ficou todo o ano de 1896,[4] como aluno interno, não teria comportamento diverso que no Liceu Popular. "Apesar da pouca idade – depõe um dos colegas de então –, Lima Barreto não tinha jeito de menino. Antes parecia um velho. Não gostava de brincar. Enquanto os outros corriam pelo recreio, ele vivia metido nos cantos, com os seus livros e os seus problemas. Raras eram as suas expansões."[5]

Outro depoimento interessante desse mesmo período é o de José Oiticica, revelando-nos, ao mesmo tempo, o gosto dos rapazes da época pelo debate dos temas filosóficos. "Um grupo reduzido de estudantes – conta Oiticica – cursava os últimos anos do Colégio Paula Freitas, uns externos, outros internos. Havia entre estes um positivista, Carlos Costa, e outro que discutia o positivismo do colega; era Lima Barreto."[6]

Frequentaria Lima Barreto, já naquela altura, a capelinha do Apostolado Positivista, na Rua Benjamim Constant? Em 1896, talvez não, dada a sua condição de aluno interno. Mas no ano seguinte, quando começou a morar em pensões, juntamente com outros estudantes, com certeza frequentou. Foi este ano de 1897, aliás, um verdadeiro marco na história da pregação positivista no Brasil. Concluíra-se o templo, cuja construção havia obedecido fielmente ao plano traçado por Augusto Comte. E Raimundo Teixeira Mendes, misto de filósofo e apóstolo, iniciara o seu famoso ensino enciclopédico, dedicado especialmente aos "adolescentes de 14 a 21 anos".[7]

Não será difícil determinar o ano em que Lima Barreto se contagiou do sarampo positivista, tão em moda na época. "... aí pelos quinze anos e mesmo antes..." – é ele mesmo quem o diz – "... não tinha a mínima preocupação literária: havia até abandonado o meu Júlio Verne e todo eu era seduzido para o positivismo e cousas correlatas."[8]

Além desta referência direta, em artigo assinado, outras há, embora indiretas, na obra do romancista, onde se fala da iniciação na doutrina comtista dos estudantes Isaías Caminha e Vicente Mascarenhas, este último personagem central do *Cemitério dos vivos*, livro que Lima Barreto deixou inacabado e no qual, talvez mais do que em qualquer outro, são evidentes as reminiscências autobiográficas.

Isaías recorda com ironia a sua passagem pelo positivismo. Fora conduzido até lá pela mão de um amigo, Abelardo Leiva, entusiasta de Teixeira Mendes, a quem considerava, no fervor da sua admiração, "a primeira cabeça do Brasil, uma inteligência enciclopédica, uma erudição segura, e, sobretudo, um caráter e um coração".[9]

Sendo o *Recordações do escrivão Isaías Caminhas* um *roman à clef*, é o caso de perguntar-se: a quem corresponderá, na vida real, esse Abelardo Leiva, poeta da escola de Castilho, admirador de B. Lopes e Macedo Papança, mas que não faltava às regatas, às quermesses, às tômbolas? Sim, quem será esse Leiva, socialista avançado, secretário do Centro de Resistência dos Varredores de Rua, conservando embora, como homem e como poeta, "sincera admiração pela beleza das meninas e senhoras de Botafogo?"

Em Abelardo Leiva, o escritor retratou possivelmente a Miguel Melo, seu colega da Escola Politécnica, poeta sofrível e que, mais tarde, havia de revelar-se jornalista de mérito. É sabido que, na mocidade, Miguel fora positivista fanático, chegando mesmo a distribuir, na Rua do Ouvidor, os folhetos de Miguel Lemos e Teixeira Mendes contra o privilégio funerário; a favor da liberdade profissional ou contra a vacinação obrigatória, em franca pregação revolucionária pela implantação da ditadura republicana. Em suma, tomava parte ativa em todos os movimentos orientados e dirigidos pelo comtismo brasileiro.

Bem outra seria a atitude de Lima Barreto, em face do positivismo. No Paula Freitas, já vimos como discutia com o colega Carlos Costa, rebatendo os argumentos do jovem iniciado na filosofia comtista. Fora do colégio, de quando em quando, se ia assistir ao culto na igrejinha da Rua Benjamim Constant, em companhia de amigos, era por simples desfastio ou curiosidade de adolescente letrado. Na verdade, achava tudo aquilo sumamente ridículo. E, como Isaías Caminha, não podia reprimir o riso, quando surgia o vice-diretor do Apostolado com a capinha verde aos ombros, "ao som de um tímpano rouco, arrepanhando a batina", segundo descrição do próprio romancista, numa das melhores páginas do seu primeiro livro.[10]

De fato, Lima Barreto jamais pôde compreender a exterioridade do culto positivista, muito embora se tivesse deixado impressionar pela figura realmente notável de Teixeira Mendes. Respeitando o homem, repelia o pregador.

"... ficava assombrado – são impressões que nos confiou através de Isaías Caminha – com a firmeza com que ele anunciava a felicidade contida no positivismo e a simplicidade dos meios necessários para a sua vitória: bastava tal medida, bastava essa outra – e todo aquele rígido sistema de regras, abrangendo todas as manifestações da vida coletiva e individual, passaria a governar, a modificar costumes, hábitos e tradições. Explicava o catecismo. Abria o livro, lia um trecho e procurava o caminho para alusões a questões atuais, repetindo fórmulas para se obter um bom governo que tendesse a preparar a era normal – o advento final da Religião da Humanidade."[11]

Não há dúvida de que Lima Barreto reagia tal qual o seu personagem, ao assistir às prédicas dominicais de Teixeira Mendes. Eram dele os olhos irônicos de Isaías Caminha, diante dos sermões intermináveis do apóstolo. Olhos que só viam o lado grotesco. Para autor e personagem, as palavras, proferidas com tanta convicção, morriam ali mesmo, de encontro às paredes do templo, sem impressioná-los, a ponto de ambos duvidarem da sinceridade dos que as ouviam em êxtase quase religioso.

"... eu achava – comenta Isaías – toda aquela dissertação tão intelectual, tão balda de comunicação, tão incapaz de erguer dentro de mim o devotamento, o altruísmo, 'o esforço sobre mim mesmo em favor dos outros', como dizia o apóstolo, que me quedava a indagar até que ponto o auditório respeitoso estava convencido e até que ponto fingia convicção."[12]

Por seu turno, o depoimento do segundo personagem, Vicente Mascarenhas, parece-nos ainda mais convincente.

"A minha passagem pelo positivismo – diz o protagonista do *Cemitério dos vivos* – foi breve e ligeira. Frequentei o apostolado cerca de um ano; mas, apesar de me ter convencido de muita cousa da escola, eu, até hoje, nunca pude acreditar que aquele conjunto de doutrinas, capazes de falar e seduzir inteligências, fosse capaz de arrebatar corações com o ardor e o fogo de uma fé religiosa.

"Deu-me, entretanto, a frequência daquela curiosa igreja o gosto pelas leituras de autores antigos, dos mestres que todos nós, em geral, só conhecemos de nome ou por citações de citações.

"Lembro-me bem que lá adquiri uma brochura do *Discours de la Méthode*, de Descartes, em tradução. Li-a com atenção, sem fadiga, antes com prazer. O que me encantou no livrinho do filósofo francês foi preconizar ele a dúvida metódica, senão sistemática, a tábua rasa preliminar, para se chegar à certeza."[13]

Nada há de ficção no trecho acima transcrito. Mascarenhas é o próprio Lima Barreto, o mesmo que depois vai investir contra os positivistas brasileiros com uma fúria desmedida e talvez injusta, ao descrever os excessos de Floriano Peixoto, durante a revolta de 1893. É que os comtistas haviam tomado o partido da ditadura. Daí o ódio do escritor que explodiu desta maneira no *Policarpo Quaresma*:

"Eram os adeptos desse nefasto e hipócrita positivismo, um pedantismo tirânico, limitado e estreito, que justificava todas as violências, todos os assassínios, todas as ferocidades em nome da manutenção da ordem, condição necessária, lá diz ele, ao progresso e também ao advento do regímen normal, a religião da humanidade, a adoração do grão-fetiche, com fanhosas músicas de cornetins e versos detestáveis, o paraíso enfim, com inscrições em escritura fonética e eleitos calçados com sapatos de sola de borracha!..."[14]

O leitor de Descartes não podia concordar com as violências que se praticavam em nome de uma religião ou de uma filosofia. Mas nem por isso Lima Barreto deixaria de fazer justiça aos seguidores de Teixeira Mendes. Mais tarde, no fim da vida, virá a reparação, não com elogios descabidos, mas em crítica perfeitamente razoável.

"Não se pode dizer muito mal do positivismo – reconheceu o romancista, num artigo publicado na *Gazeta de Notícias*, em 1921, um ano antes da morte. Ele trouxe vantagem à nossa cultura e às nossas instituições políticas.

"Quanto à cultura, o comtismo republicano, com todos os seus exageros dogmáticos, mostrou bem que toda aquela que não se baseava no estudo da ciência, tendo por princípio a matemática, era inane e não valia nada."[15]

Aí está uma opinião sincera sobre o positivismo brasileiro. Apesar do fanatismo que levou a pregação doutrinária e religiosa às proximidades do ridículo, não se pode negar, é claro, a ação até certo ponto benéfica, política e socialmente falando, dos dois apóstolos Miguel Lemos e Teixeira Mendes, figuras sem dúvida de primeira ordem no plano moral e no plano intelectual, e que tão grande influência exerceram em longo período de nossa vida republicana.

O ano de 1897 fora cheio para o estudante Afonso Henriques de Lima Barreto. Nos meses de janeiro, fevereiro, março e abril conclui todos os preparatórios que lhe faltam no Ginásio Nacional – Inglês, Física e Química e História Natural: faz também os exames vestibulares para a Escola Politécnica – Desenho Geométrico Elementar, Álgebra, Geometria, Trigonometria Retilínea e Álgebra Superior, matriculando-se, por fim, no curso geral de Engenharia Civil. Foi bem-sucedido em todas as provas, embora não conquistasse notas brilhantes.

Depois da vida dos colégios internos, Lima Barreto vai passar, agora, por uma nova experiência: a vida nas pensões de estudantes. O companheiro de quarto, durante os cinco anos em que frequentou a Escola Politécnica, chama-se Nicolao Ciancio, um rapaz italiano, pobre como ele, com um repertório de aventuras de que tinha participado como soldado na campanha da Etiópia, quando as tropas de elite do Rei Umberto I foram espetacularmente derrotadas pelas hordas guerreiras do Negus Menelique.

"Moramos juntos – escreve o bondoso Ciancio, que por sinal nada tinha de guerreiro –, primeiro, naquele velho casarão da Rua do Carmo, esquina da Rua do Ouvidor, em frente ao Beco das Cancelas... e depois na Rua das Marrecas nº 2, 'chez Madame Jeanne Parisot', uma boa velhinha francesa, desesperada com os seus jovens inquilinos, que eram uns quinze ou vinte estudantes.

"– Parreche bichas criadas no mato!"[16] – vivia a reclamar a pobre senhora.

Que faziam esses rapazes no Rio de Janeiro nos fins do século passado? Poucos atrativos oferecia a cidade, mas aos olhos daqueles "bichas criadas no mato" a Capital Federal era um deslumbramento. Os esportes limitavam-se quase exclusivamente às competições de ciclismo ou de *rowing*, mas o jovem

Lima Barreto, ao contrário de muitos colegas, não gostava de regatas. Era porém nadador exímio. Na Ilha do Governador, com os irmãos, praticava também o remo, mas isso em família. Seria incapaz de aparecer em público, em roupa de meia, com pernas e braços de fora, como tantos dos seus companheiros de colégio ou de faculdade.[17]

Não deveriam atraí-lo, por igual, nem as corridas de touros, que constituíam, no Rio de Janeiro daquele tempo, um espetáculo excitante, nem as corridas de cavalos. Mas certamente foi espiar – mera curiosidade! – o Cinematógrafo de Édison, exposto na Rua do Ouvidor pelo prestidigitador Moya, apresentando, entre outras coisas maravilhosas, vistas animadas da chegada do trem de Petrópolis. Um sucesso! O cinematógrafo tinha colossal concorrência. A acreditarmos na notícia publicada na *Cidade do Rio*, a 5 de maio de 1897, cerca de duas mil pessoas visitaram num só dia o "extraordinário invento".

Apesar do sucesso do cinematógrafo, que o carioca deve ter considerado novidade sem maior importância e talvez passageira, os teatros estavam sempre cheios. O Recreio dava em reprise o *Rio Nu*, que esgotara lotações um ano atrás. Era o tempo das grandes revistas e do teatro ligeiro, que proliferou, pouco depois, nos cafés-cantantes como o Jardim da Guarda Velha, com exibição de cançonetistas que deram que falar às nossas avós: Jenny Cooke; a *salerosa* Sofia Camps; Jeanne Cayot, *danseuse cosmopolite*; Lili de Lídia, *gommeuse excentrique* e trapezista *fin de siècle*.

Além das revistas brejeiras e do *music-hall*, havia também o teatro sério, onde Lucinda Simões brilhava como estrela de primeira grandeza. Em companhia do pai, Lima Barreto assistiu à representação da sua "querida Lucinda", como a invocou certa vez, nas expansões íntimas do seu *Diário*.[18] Admirou-a certamente em *Georgette*, na *Casa de Bonecas* ou em *Teresa Raquin*, pois tudo isso viveu a atriz famosa, em pleno esplendor, no palco carioca nos últimos anos do século XIX.

O pequeno Rio de então parecia resumir-se na Rua do Ouvidor. Era a chamada sala de visitas da cidade, onde desfilavam políticos, literatos e moças elegantes. Os cronistas sociais descreviam os vestidos em francês. Era o *chic* da época. "Mme. Daniel Macedo et sa soeur Mme. Herculano Sampaio. La première dame: en foulard gris fantaisie garni de plumes noires. La seconde: en foulard bleu marin à pois. Chapeaux paille entouré de roses. Mlles Adelia et Chiquita Rui Barbosa. Toutes deux: très élégantes et très chics."[19]

Também Lima Barreto descreveu a Rua do Ouvidor, entontecido pelo espetáculo mundano: "Cruzava com mulheres bonitas e feias, grandes e pequenas, de plumas e laçarotes, farfalhantes de sedas; eram como grandes e pequenas embarcações movidas por um vento brando que lhes enfunasse igualmente o velame. Se uma roçava por mim, eu ficava entontecido, agradavelmente entontecido dentro da atmosfera de perfumes que exalava. Era um gozo olhá-las, a elas e à rua, com sombra protetora, marginada de altas vitrinas atapetadas de joias e tecidos macios."[20]

Mas não era só o desfile das "encantadoras" que dava prestígio à Rua do Ouvidor. Ali havia de tudo, conforme disse, ao descrevê-la, um cronista anônimo, empregando, no seu estilo canhestro, todos os cacoetes da moda: "Aí, discussões políticas há entre pessoas que formam grupos distintos nos quais se examina e se estuda por alto as mais elevadas questões que interessam a direção dos negócios públicos; admira-se a nossa elegância feminina em todo o seu esplendor; travam-se diálogos renhidos sobre a superioridade deste ou daquele animal de corridas; joga-se, às claras, nos bichos; fala-se da vida alheia continuamente; namoricos e casamentos se fazem com a maior facilidade; conversa-se sobre o mérito ou a beleza desta ou daquela artista do nosso teatro; entra-se nas confeitarias e cafés, toma-se qualquer coisa; olha-se para as senhoras e palestra-se com algum amigo, encontrado ao acaso, para matar o tempo; sabe-se das últimas novidades literárias; conversa-se sobre a política exterior; é-se vítima da gatunagem e da impertinência dos vendedores de bilhetes; tem-se o que há de bom, elegante, rico, nos diversos estabelecimentos da moda; às vezes, surge uma 'bernarda' – destruição de jornais e correrias, como diversão; quando chove, há lama em quantidade; quando faz sol, há poeira extraordinária; nos domingos, dias santos e feriados, é quase um cemitério; nos outros dias, é o ponto de maior concorrência da nossa bela Sebastianópolis..."[21]

Deixou de acrescentar que, a dois passos dali, ficava a Escola Politécnica, no Largo de São Francisco de Paula, com a estátua de José Bonifácio ao centro de um pequeno jardim, rodeado de quiosques. Junto à Rua do Ouvidor, já existia o Café Java. E, no outro canto da praça, a Confeitaria de São Francisco de Paula vendia deliciosas empadinhas, a duas por um tostão. Dois quarteirões adiante, na esquina da Rua Gonçalves Dias, erguiam-se os Hotéis Ravot e Frères Provençaux, ambos de má reputação, pois ali se reuniam as *cocottes*, polacas e francesas de alto bordo. Havia, por perto, mulheres de outro preço, bem mais baratas, as chamadas "charuteiras", que ainda não tinha desaparecido de todo da Rua Gonçalves Dias, ou as fêmeas de rótula da Rua do Cano, que pendiam das janelas das casas como "descoradas orquideias", para usar de imagem do próprio Lima Barreto.[22]

No entanto, a vida do estudante Lima Barreto limitava-se às aulas e às longas leituras na Biblioteca Nacional, àquele tempo localizada ainda num velho prédio da Rua do Passeio. As mulheres não lhe entravam nas cogitações. Preocupava-o o estudo da filosofia, agora que estava curado do sarampo positivista. E, na sua curiosidade de autodidata, fazia planos, traçava programas, como este que aí vai transcrito letra por letra, tal como foi encontrado nos papéis íntimos do escritor:

> "*Curso de filosofia feito por Afonso Henriques de Lima Barreto para Afonso Henriques de Lima Barreto, segundo artigos da* Grande Enciclopédie Française du Siècle XXème, *outros dicionários e livros fáceis de se obter.*
>
> "*O curso será feito segundo a história do pensamento filosófico, devendo cada época ser representada pela opinião dos seus mais notáveis filósofos. Na passagem de uma época para outra, constituirá o grande objetivo do curso estabelecer a ligação dos dous pensamentos, as suas modificações e o que se eliminou de um e porque essa eliminação foi feita, assim como as reações da ciência e da arte. Dessa maneira, o curso será dividido em quatro partes:*
>
> "*1ª) Filosofia geral. Modo antigo de entendê-la e modo moderno de encará-la. Definição. Divisões. Lógica. Metafísica. Teodiceia. Filosofias particulares das ciências e das artes. O lugar que lhes compete. Fim da filosofia. Utilidade. (2 lições).*
>
> "*2ª) Filosofia antiga. a) Filosofia grega (3 lições). b) Filosofia alexandrina (2 lições). c) Filosofia romana (2 lições). d) Pensamento antigo.*

"3ª) Filosofia da Idade Média. Filosofia árabe. Escolástica. Pensamento medievo (4 lições).

"4ª) Filosofia moderna. Escolas. Filosofias (5 lições).

"5ª) Filosofia contemporânea. Sociologia. Estudo das raças. Teorias (4 lições). Pensamento atual (1 lição).

"6ª) Filosofia chinesa (1 lição).

"7ª) Filosofia hindu (1 lição).

"8ª) Religiões. Crenças religiosas. Animismo. Fetichismo. Politeísmo e monoteísmo. Panteísmo e materialismo (3 lições).

PROGRAMA

"Objeto da Filosofia (I e II). III – Método. IV – Definição e divisões. Psicologia. Lógica. Teodiceia. Moral. Metafísica e Estética. Modos de encará-la; contribuições diversas do socialismo (estudos sociais), donde modificação de sua significação primitiva.

"O resto se fará pelo programa do antigo colégio Pedro II (está no Paul Janet)."

Encimando o plano de aprendizado filosófico, lia-se a frase de Maine de Biran: "No esforço voluntário, a reflexão interior se apercebe de um 'eu' que quer e de um 'não eu' que resiste."[23]

Já se conhecia bem o jovem estudante, sequioso de método, com capacidade didática, mas impaciente, cujas leituras, por essa época, nos são reveladas por Vicente Mascarenhas:

"As minhas leituras literárias eram poucas. Em menino, lia os autores nacionais: Alencar, Macedo, Manuel de Almeida, Aluísio, Machado de Assis; e também os poetas: Gonçalves Dias, Varela, Castro Alves e Gonzaga, de quem soube de cor várias liras da *Marília de Dirceu*. Júlio Verne, porém, era o meu encanto, pois me fazia sonhar no concreto de novas terras, novos mares, novos céus e até novos meios diferentes dos possíveis de admitir, mesmo imaginando.

"Depois dos dezesseis anos, pouco procurei literatura, a não ser *Paulo e Virginia,* o *D. Quixote,* o *Robinson*, que são livros geralmente conhecidos e universalmente prezados."[24]

Vivia, na verdade, mergulhado nos estudos de filosofia, devorando livros que encontrava na Biblioteca Nacional e, depois, na da Escola Politécnica. Aos sábados, tomava a lancha *Esquirol*, que o esperava no Cais, e rumava para a Ilha do Governador, onde passava o domingo descansando, por entre as mangueiras e cajueiros do sítio, para voltar ao Rio na segunda-feira, retomando assim a rotina da vida estudantil.

Não teria tempo de pensar noutra coisa, a não ser em livros. Nicolao Ciancio fala vagamente em "namoricos ocasionais", coisas de rapazes, mas disso nada ficou que pudesse comprovar a veracidade da assertiva, a não ser um soneto publicado n'*O Suburbano*, o jornalzinho da Ilha do Governador. Péssimo soneto este. Os pobres versos sem métrica e sem inspiração falam de uma "flor", que tinha "um quê de etérea e de divina", com voz de "arminho" e cabelos penteados em bandós, a quem o vate bisonho chama "meu norte, a estrela matutina".

Tudo isso, porém, não passava de exercício literário, embora de mau gosto, pois o soneto é realmente dos piores. Intitula-se "Assim..." e tem como epígrafe o primeiro verso do soneto de Arvers.[25]

Evidentemente, fora a sua leitura que sugerira ao rapaz a ideia daquela estranha incursão nos arraiais do Parnaso. De resto, é o próprio Lima Barreto quem confessa, a propósito do soneto de Arvers:

"Li-o aos quinze anos, na Ilha do Governador, em uma casa donde se via o mar e mirava uma praia alva, grande 'como um destino'. Não tinha naquele tempo ninguém que me lesse, pois felizmente ainda não escrevia nada e a minha Beatriz ainda não se cruzara comigo no caminho da vida."[26]

Como se vê, a moça dos bandós nunca existiu, não passando de ingênua e pura literatice.

NOTAS

1. As certidões dos exames de Lima Barreto no Ginásio e na Escola Politécnica encontram-se nos arquivos deste último estabelecimento de ensino, na lata A-19, pasta 30.
2. *Isaías Caminha*, p. 47.
3. A certidão em apreço consta da Col. Lima Barreto. Seção de Manuscritos da Biblioteca Nacional.

4. Matriculado sob o número 79, no livro competente do Colégio Paula Freitas.
5. Depoimento de Mário Galvão, em conversa com o autor.
6. "Lima Barreto, etc.", artigo de José Oiticica. *A Rua*, Rio de Janeiro, em 25-5-1916.
7. *Resumo cronológico da evolução do positivismo no Brasil*, por Teixeira Mendes, pp. 33-34.
8. *Impressões de leitura*, p. 97.
9. *Isaías Caminha*, p. 141.
10. *Isaías Caminha*, p. 141.
11. *Isaías Caminha*, pp. 141-142.
12. *Isaías Caminha*, p. 142.
13. *O cemitério dos vivos*, p. 132.
14. *Policarpo Quaresma*, pp. 192-193.
15. *Feiras e mafuás*, p. 22.
16. "A verdade sobre Lima Barreto", artigo de Nicolao Ciancio. *Vamos Ler!*, Rio de Janeiro, nº 213, 29-8-1940. Por sua vez, escreveu Lima Barreto: "O doutor Nicolao Ciancio, a quem me prende uma estima fraternal de antigos companheiros de quarto quando estudantes..." *Feiras e mafuás*, p. 188.
17. A pudicícia foi traço predominante do seu caráter. Num dos artigos que escreveu sobre o futebol, insurgiu-se contra os "marmanjos que, à falta de outras habilidades superiores para atrair a atenção das damas, se põem por aí seminus a dar pontapés numa bola, a esmurrarem-se e a soltar palavrões". *Feiras e mafuás*, p. 111.
18. *Diário íntimo*, p. 92.
19. *Rua do Ouvidor*, Rio de Janeiro, 20-8-1898.
20. *Isaías Caminha*, p. 83.
21. *Rua do Ouvidor*, Rio de Janeiro, n. 1, 14-5-1898.
22. *Isaías Caminha*, p. 144.
23. *Diário íntimo*, pp. 35-36. Devem ser mencionadas, a respeito, as notas publicadas sob o título "Uma página de filosofia" em *Autores e livros* (suplemento literário de *A Manhã*). Rio, 23-5-1943. Vol. IV, p. 259. São exercícios dessa mesma época, cujos originais pertencem hoje ao Sr. Elói Pontes.
24. *O cemitério dos vivos*, p. 131.
25. *O Suburbano*, Rio de Janeiro, nº 17, 1-11-1900.
26. "Dois sonetos", artigo de Lima Barreto. *Brás Cubas*, Rio de Janeiro, 18-7-1918.

2

ESCOLA POLITÉCNICA

"... e se não me formei, honesta ou desonestamente, foi porque não quis."

BAGATELAS, p. 161

AOS QUINZE ANOS, Lima Barreto requereu os primeiros exames para ingressar na Escola Politécnica do Rio de Janeiro.

Àquele tempo (fins de 1896) vigorava o regulamento baixado pelo Ministro Antônio Gonçalves Ferreira, que deu novos estatutos à velha escola do Largo de São Francisco de Paula. Além dos exames preparatórios, que eram feitos no Ginásio Nacional, exigia-se que o candidato se mostrasse também habilitado em Álgebra, Geometria, Trigonometria Retilínea, Álgebra Superior, Desenho Linear e Elementar. Os exames dessas últimas matérias, por força do regulamento, teriam que ser feitos em qualquer das Escolas Militares, na Escola Naval, na de Minas de Ouro Preto ou na própria Escola Politécnica.

Lima Barreto preferiu fazê-los na Politécnica. Apresentou dois requerimentos no mesmo dia, 19 de outubro de 1896, acompanhados ambos de um atestado, firmado pelo bacharel Antônio Henrique de Noronha, seu professor no Colégio Paula Freitas, responsabilizando-se pela identidade e habilitação do candidato. O primeiro pedia inscrição nos exames de Álgebra, Geometria, Trigonometria e Álgebra Superior, "necessários à matrícula do primeiro ano do Curso Geral". O segundo, complemento do anterior, solicitava que o mandassem inscrever no exame de Desenho Geométrico Elementar.

Na prova oral de uma dessas cadeiras, depois de tirar o ponto, o candidato fora "inopinadamente acometido de uma forte enxaqueca", e não pôde prestar o exame. Requereu segunda chamada. O diretor indeferiu o pedido. Mas Lima Barreto entrou com novo requerimento, datado de 12 de março de 1897, solicitando reconsideração do despacho, nestes termos:

"O requerente, tendo retirado ponto em 6 do corrente, não se pôde apresentar a exame oral, por ter adoecido, não justificando com atestado médico o seu impedimento, porquanto era isso impossível, visto que sendo o incômodo pouco grave de modo a não ser necessária a intervenção do médico, entretanto foi de caráter a impedir a prestação da prova."

Depois de lamentar o indeferimento, "visto que acha-se preparado para fazer exame, tendo feito estudos muito regulares", termina dizendo:

"Julgando que a Comissão Examinadora não se opõe a que o requerente tire novamente ponto para exame oral, pede-vos que, ouvida a Comissão, nos termos do Art. 61, lhe deis agora despacho favorável." Pelo parecer do professor Silva Teles, a Comissão Examinadora concordou com o alegado e o diretor, Osório de Almeida, deferiu afinal o requerimento.

As notas desses exames preparatórios em nada recomendam o estudante. Em Desenho Geométrico Elementar obteve aprovação com grau 2, simplesmente (28-1-1897), acontecendo o mesmo nos exames de Álgebra, Geometria, Trigonometria Retilínea e Álgebra Superior (16-3-1897). Os resultados das provas que prestou no Ginásio Nacional foram, no entanto, um pouco melhores, conforme se verifica pelas certidões, existentes no arquivo da Escola Nacional de Engenharia: Inglês (5-8-1897), aprovado simplesmente; Física e Química (1-4-1897), aprovado plenamente; História Natural (7-4-1897), aprovado plenamente.

No ano anterior, já havia concluído os preparatórios de História Geral e do Brasil (10-1-1896), com idêntico resultado. Os exames de Francês e Português são de 1895: o primeiro, em 5 de fevereiro, e o segundo em 17 de março. Em ambos, não conseguiu mais do que "simplesmente".[1]

Enfim, em março de 1897, Afonso Henriques de Lima Barreto era estudante da Escola Politécnica. O ano letivo começara com grandes manifestações cívicas. Houve, primeiro, a recepção aos marinheiros do Chile, com discursos de José do Patrocínio e dos estudantes Sampaio Correia e Fernando de

Magalhães, em nome da Politécnica e da Faculdade de Medicina. Dias depois, os estudantes de Engenharia promovem um desfile pró-Grécia, contra o massacre de Candia, pelas hordas de Abdul Hamid. E, ainda em maio, o estandarte da Escola tremula de novo, pelas ruas da cidade, à frente do bando precatório em auxílio das vítimas de Canudos, após o malogro da expedição Moreira César.

O primeiro ano do Curso Geral se compunha, então, de três cadeiras e uma aula: 1ª – Geometria Analítica, Cálculo Diferencial e Integral; 2ª – Geometria Descritiva; 3ª – Física Experimental e Meteorologia; e a aula – Desenho Geométrico, Desenho de Aguadas e sua aplicação às sombras.

Lima Barreto não completou, entretanto, o primeiro ano, tanto assim que, a 16 de abril de 1898, depois de pagar uma taxa de 50 mil-réis, requereu nova matrícula nesse mesmo ano. O pedido obteve deferimento, com a informação de que o suplicante, "aprovado na 3ª cadeira do primeiro ano do Curso Geral",[2] podia matricular-se, agora, "nas restantes cadeiras deste ano", o que só fez, entretanto, a 13 de outubro.

Em 15 de fevereiro de 1899, requereu finalmente exame das matérias que lhe faltavam para completá-lo: Cálculo e Geometria Experimental. Mas só conseguiu ser aprovado em Geometria, como se deduz de um novo requerimento, a 1º de maio de 1899, pelo qual, diz Lima Barreto, "faltando-lhe somente a cadeira de Cálculo para completar o primeiro ano, requer matrícula como ouvinte nas cadeiras e aulas do segundo ano", o que foi deferido.

Que cadeiras e que aulas eram essas? As seguintes: 1ª cadeira – Cálculo das Variações e Mecânica Racional; 2ª cadeira – Topografia, Legislação de Terras e Princípios Gerais de Colonização; 3ª cadeira – Química Geral, Química Inorgânica, Processos Gerais de Análise Química; aula – Desenho Topográfico.

Ao mesmo tempo, requeria exame para a cadeira de Cálculo, do 1º ano, "única que falta para completar o dito ano". Deve ter ido ao pau, outra vez, pois entra com idêntico requerimento a 15 de outubro de 1899. Nova bomba. Vai à segunda época, em 15 de fevereiro de 1900. E o fracasso se repete.

Naquele tempo de ensino livre, concediam-se facilidades aos estudantes. O aluno que estava, por exemplo, no segundo ano, podia matricular-se em uma ou duas cadeiras do terceiro; quando no terceiro, tendo apenas duas matérias a completá-lo, matriculava-se em todas as do quarto, conseguindo, assim, "galgar" um ano do curso. Houve casos de alunos que fizeram os cinco anos da Politécnica em apenas três. Chamavam-se "galgos" os autores dessas proezas.[3]

Mas Lima Barreto não era desses, e continuava marcando passo. Positivamente não era um grande estudante. Estava na Escola para satisfazer ao pai, que o queria doutor, com anel de grau e pergaminho. O temperamento rebelde se acomodava, pensando na alegria que isso causaria ao almoxarife da Colônia de Alienados da Ilha do Governador.

Ia pouco às aulas. Era incapaz de se interessar pelas coisas que não amava. Conjugados... Momentos... Teoria do pêndulo... Teorema das áreas... Preferia esconder-se na biblioteca, devorando Kant, Spencer, Comte, Condillac, Condorcet, Le Bon.

Um dos livros que mais o interessaram por essa época foi o *Esquisse d'un tableau historique des progrès de l'esprit humain*. Lia e relia a obra de Condorcet, especialmente um dos opúsculos que a integram: *Réflexions sur l'esclavage des nègres.*[4] Foi daí talvez que lhe nasceu a ideia de escrever uma história da escravidão negra no Brasil.[5] Ideia que nunca chegou a realizar.

Esse pendor pelos estudos de filosofia aproximou o estudante de Oto de Alencar, que era, por sinal, o mais fascinante de todos os professores da Escola Politécnica. Por ele, Lima Barreto teve sempre uma admiração sem limites, a ponto de considerá-lo um gênio, "sem eiva de pedantismo ou de suficiência presumida".[6]

De fato, aquele homem simples, que tudo sabia, deslumbrava toda a rapaziada do tempo. Oto de Alencar era um tipo de inteligência diferente. Geômetra notável, possuía um requintado gosto literário. Misto de sábio e de artista, cultivava a música. Suas aulas fugiam à rotina de ensino universitário, sugerindo ideias novas e abrindo horizontes desconhecidos.

Além disso, coube-lhe iniciar, na Politécnica, a reação contra o positivismo, que dominava quase que por completo a congregação, como herança do tempo de Benjamim Constant. O seu artigo, "Alguns erros de matemática na Síntese Subjetiva de Augusto Comte", publicado na revista da Escola, produziu sensação. Criticar Comte! Que ousadia![7] E isso com certeza contribuiu para completar a admiração que lhe votava o estudante Lima Barreto, que repetia o primeiro ano, ainda em 1900, só por causa de Cálculo.

Para ganhar tempo, o rapaz matriculara-se como ouvinte no segundo ano. E em novembro, num esforço surpreendente, consegue passar não só em Cálculo como em todas as matérias do segundo ano, com exceção de Mecânica Racional. Não contava decerto com esta reprovação. Confiando demais na própria inteligência, vivia lendo filosofia na biblioteca da Escola e, na hora do exame, não tinha as questões na ponta da língua. O professor Licínio Atanásio Cardoso foi implacável. Reprovou-o. Seria esta a primeira de uma série de bombas que há de marcar o estudante pelo resto da vida.

O caturra Licínio Cardoso era o oposto de Oto de Alencar. Positivista de quatro costados, não admitia nada que contrariasse o esquema comtiano. Como professor, celebrizou-se pelo rigor com que julgava os discípulos. Tinha mesmo um certo orgulho nisso. Considerava-se, ele próprio, uma barreira. Reprovou muita gente.

Os estudantes não só o temiam, como o odiavam. Houve quem o ameaçasse de morte, esperando-o, de revólver em punho, nas escadarias da Escola. De outra feita, um aluno, reprovado pela segunda ou terceira vez em Mecânica Racional, atirara-se à rua de uma das sacadas da Politécnica. Mas nem isso comoveu o mestre implacável:

"– Não me dói a consciência porque esse rapaz nada sabia" – escreveu Licínio, no mesmo dia, no seu *Diário*.[8]

O ano de 1901 termina com um fato importante, a fundação da Federação de Estudantes, que vai agitar a mocidade. Everardo Backheuser levantou a bandeira na Politécnica. Convocou os colegas mais influentes, como Heitor Lira, e os que formavam no seu grupo de antigos alunos do Ginásio Nacional, alguns dos quais, Backheuser inclusive, eram socialistas, seguidores de Vicente de Sousa, professor de Latim e fundador da Federação Operária.

Reuniam-se todos na casa de Eduardo Jacobina, na Rua dos Inválidos, onde Heitor Lira fazia as vezes de explicador das lições.[9]

Logo a ideia tomou conta das outras escolas: Medicina, Direito, Ciências Jurídicas e Sociais, Belas-Artes. Herbert Moses, Levi Carneiro, Eduardo Rabelo, Oscar Rodrigues Alves, Aluísio de Castro, todos ingressaram na novel entidade. Heitor Lira foi eleito presidente, e a Federação deitou manifesto. No meio de palavras bombásticas e ingênuas, tinha o documento coisas assim:

"É duvidosa no Brasil a existência de uma opinião nacional; possuí-la é entretanto para todas as nações que não as trabalhadas por fundas divergências étnicas, uma legítima e nobre aspiração. São raras na verdade entre nós as questões que tenham provocado a sua intervenção e é preciso reconhecer que presentemente tudo concorre para nos dividir e separar, por tal forma são as atenções absorvidas pelos interesses e preocupações particulares. O ambiente que as condições atuais parecem não favorecer, cabe a nós criá-lo, estudantes do Brasil. Criemo-lo com a Federação de Estudantes Brasileiros, criemo-lo com o concurso das nossas ideias e das nossas vontades."

Mais adiante, depois de condenar o regionalismo, "que é a caricatura da pátria", e invocar o exemplo "das associações de estudantes que no Velho Mundo procuram propagar a instrução no seio do operariado, facilitando talvez assim a solução do problema social", o manifesto estudantil resumia em poucas palavras o objetivo da Federação:

"Livres de velhos e absurdos preconceitos acadêmicos, sem pretensões inconcebíveis de classe nobre, justifiquemos pela ação inteligente a nossa existência social. É absolutamente necessário que nos façamos conhecer, é urgente que entre os Estados do Brasil se elimine o isolamento quase hostil, cuja manutenção já é profundamente lamentável entre as Repúblicas da América."

Assinam o documento os "grandes" entre os estudantes: Heitor Lira da Silva, como presidente; Manuel Barreto Dantas, pela Faculdade de Ciências Jurídicas e Sociais; Félix Cavalcanti de Albuquerque, pela Faculdade Livre de Direito; M. Pires de C. e Albuquerque, pela Escola Politécnica; Eduardo Rabelo, pela Escola de Medicina; J. Gelabert Simas, pela Escola Nacional de Belas-Artes.[10]

Lima Barreto não formava entre os "grandes", mas nem por isso deixou de tomar parte no movimento. Tinha poucos amigos como Otávio Carneiro, Manuel Ribeiro de Almeida, Bastos Tigre, João Luís Ferreira, Nicolao Ciancio ou José Oiticica, este último seu antigo condiscípulo no Colégio Paula Freitas.

Amável com todos, jamais se entregava à primeira vista. Abria-se com poucos. E, mesmo com os mais chegados, não gostava de intimidades. Quando não estava na biblioteca, juntava-se a este ou àquele grupo, para conversar sobre política, sobre literatura ou sobre a própria Escola. Criticava professores e alunos, sem maldade, mas com ironia. Era a defesa que o ambiente lhe impunha.

Não se acostumara ao "ar" da Escola. Tímido mas orgulhoso, estava sempre prevenido. E via na maioria dos colegas, quase todos filhos de gente graúda, olhares de desdém. Vestia-se pobremente, ao contrário de muitos, um Guilherme Guinle, um Miguel Calmon du Pin e Almeida, um Benjamim da Rocha Faria. Estes só faziam ternos no Raunier e ostentavam chapéu-coco, bengala de castão de ouro e polainas brancas.

Apesar de todo o seu retraimento, Lima Barreto seria eleito para a diretoria do ano seguinte, na chapa encabeçada por Barreto Dantas, estudante de Direito. Afastou-se, porém, da Federação, por discordar da representação dirigida ao Congresso Nacional favorável ao serviço militar obrigatório. Contra essa ideia, que considerava verdadeira monstruosidade, protestou com toda a força das suas convicções solidamente arraigadas, desde os primeiros anos da juventude.[11]

Entre os da sua roda – o "pessoal do contra", na expressão de Everardo Backheuser[12] – figurava Bastos Tigre. Este, sim, era dos seus. Fizera-se amigo daquele jovem bulhento e brincalhão, de grandes bigodes, cujo nome começava a se projetar mesmo fora da Escola. Um era a antítese do outro. Lima Barreto caladão, metido pelos cantos dos corredores ou enfurnado na biblioteca, era conhecido apenas de uns poucos colegas. Tigre, não. Dava-se com todo o mundo. A qualquer pretexto, era chamado para fazer discursos. Foi ele quem, vencendo a timidez do amigo, acabou transformando Lima Barreto em colaborador d'*A Lanterna*, "periódico de ciências, letras, artes, indústrias e esportes".

Era este um jornalzinho de estudantes, fundado e dirigido por Júlio Pompeu de Castro e Albuquerque, aluno da Faculdade de Ciências Jurídicas e Sociais. O Pompeu era um rapaz dinâmico. Tocava sete instrumentos, ao mesmo tempo. Como disse Emílio de Menezes, no seu folhetim semanal d'O *País*, era ele o proprietário, o redator, colaborador, distribuidor, cobrador, escriturário e caixa do jornal.

A Lanterna, que se intitulava em artigo de fundo "órgão oficioso da mocidade de nossas escolas superiores", mantinha uma seção para cada faculdade. Castro Meneses, o Castrúcio, poeta que teve o seu momento, redigia a da Faculdade de Direito. E Bastos Tigre, a da Escola Politécnica. Assinava-se Alfa Linha. Um belo dia, porém, deixou de enviar a colaboração. Pompeu reclamou:

– Que isso, ó Tigre! O número está a sair. Quando mandas o artigo?

Os dois se encontravam na Rua do Ouvidor, junto ao Café do Rio, a que o carioca chamava Cafedório. Tigre amaciou a bigodeira, pensou um pouco e disse ao colega:

– Sabes, Pompeu. Não vou escrever mais a seção. Quem vai fazê-la daqui por diante é o Lima Barreto.

– Mas quem é esse Lima Barreto? – perguntou, agoniado, o diretor-proprietário-distribuidor e caixa.

– Um rapaz muito inteligente. Você vai gostar dele. Bem, até logo. Estou com muita pressa. Tenho certeza de que você gostará do Barreto.

E lá se foi o Tigre pela Rua do Ouvidor afora, na direção da Livraria Garnier. Dias depois, aparece na redação d'*A Lanterna*, que ficava por cima do Café Cascata, um jovem de estatura mediana, roupa simples, surrada, trazendo um artigo.

– Sou eu o Lima Barreto, colega do Tigre. Aqui tem a seção da Politécnica.

Não fixava os olhos no interlocutor, como que temendo uma recusa. Pompeu, loquaz, quis puxar conversa, mas o rapaz era de poucas falas. Despediu-se polidamente e se retirou, como havia entrado, quase sem se fazer percebido. Tomou o diretor d'*A Lanterna* as duas tiras de almaço e começou a ler o trabalho do novo colaborador. Era um comentário sobre a recepção dada pela Politécnica aos marinheiros chilenos. Bem-feito! Com piadas em cima dos professores, do Sampaio Correia, do Castro Barbosa, do Magalhães, do Luís Caetano! Dos estudantes, nem o próprio Tigre escapava... Ótimo!

O rapaz assinava-se Alfa Z. – Coisas de aluno da Politécnica! – disse consigo mesmo o nosso Pompeu, molhando a pena no tinteiro e marcando a matéria – 2 colunas, corpo 8 – para remetê-la, logo em seguida, à tipografia.[13]

A colaboração n'*A Lanterna* vai aumentar o círculo de relações de Lima Barreto. Tigre, Pompeu, a Federação. *A Lanterna* promove naquele mesmo ano um concurso de beleza entre os estudantes, patuscada das boas. Gavroche, pseudônimo sob que se esconde Artur Azevedo, aplaude a feliz ideia numa ode satírica:

> *"É difícil dizer sinceramente*
> *Qual é das senhoritas a mais bela;*
> *Receia toda a gente*
> *Ofender esta, magoar aquela,*
> *E é pena às senhoritas causar pena:*
> *Mas não pode hesitar ninguém por certo*
> *Em dizer, mesmo em voto descoberto,*
> *Qual seja o mais bonito dos rapazes,*
> *E quem se zangue terá dois trabalhos:*
> *O de zangar-se e o de fazer as pazes."*[14]

Vários dos seus amigos são votados no concurso, como Bastos Tigre, Ribeiro de Almeida, Levi Carneiro. Ele próprio obtém 7 1/2 votos! Não é nenhum dândi, mas também não se julga "hediondo nem repugnante". O seu tipo físico deve estar muito próximo do retrato que ele próprio traçou do Isaías Caminha adolescente:

"Os meus dezenove anos eram sadios e poupados, e o meu corpo regularmente talhado. Tinha os ombros largos e os membros ágeis e elásticos. As minhas mãos fidalgas, com dedos afilados e esguios, eram herança de minha mãe, que as tinha tão valentemente bonitas que se mantiveram assim, apesar do trabalho manual a que a sua condição a obrigava. Mesmo de rosto, se bem que os meus traços não fossem extraordinariamente regulares, eu não era hediondo nem repugnante. Tinha-o perfeitamente oval, e a tez de cor pronunciadamente azeitonada."[15]

Esses votos teriam contribuído para torná-lo mais desembaraçado, menos urso? Não se sabe. É bem possível que tivessem efeito contrário, incompatibilizando-o ainda mais com o "ar" da Escola.

Na sua seção d'*A Lanterna* resolvera trocar o pseudônimo. Assina-se, agora, Momento de Inércia. Traça o perfil de colegas e lentes com azedume. A pena é ferina. O sarcasmo já brilha nas suas crônicas. É a reação contra o meio que começa a se processar de modo inevitável.

"Vede o Ortiz[16], por exemplo – escreve o jovem jornalista –, onde ele foi buscar aquele tipo de Têmis? Ele acredita, me parece, que é a própria deusa em pessoa, e que seus óculos azuis se transformaram na clássica venda da justiça. Lossio[17] tem ares de Parca, que cortasse o fio da... camisa da muita aspiração forte [*sic*]. Mas onde Minos impera, servindo ministro-múmias, é na Mesa de Mecânica.[18] É um verdadeiro museu de antiguidades egípcias, a banca da Toronomia (*apud* Licinius). O Oto[19] tem a severa grandeza das trágicas e seculares múmias das pirâmides faraônicas. Parece um Sesóstris cheio de betume e ervas aromáticas e quando fala ouve-se a voz onipotente de um rei da quarta dinastia do antigo Império. Licinius ("hoc opus, hic labor est"), o Atanasius,[20] não é verdadeiramente uma múmia do Nilo, mas no entanto disso se aproxima parecendo um fossilizado corpo de inca ou araucânio que tivesse sido desenterrado das suas terras do deserto de Atacama. O Barbosa,[21] sobretudo, que é da Mecânica o fiel da balança... da Justiça, tem qualquer coisa de um goitacás morto que, acocorado, na sua fúnebre igaçaba, esperasse o paciente dum antropologista. De toda a banca de Toronomia (*apud* Licinius) não é egípcia mas é de múmias de diversas partes do globo. O Oto tem lógica, interroga bem, e o Licínio espírito; – e vejam só – como Ramsés lê agora o Bain e Ataualpa conhece de Stendhal! E o Barbosa sobretudo? Sim, o Barbosa sobretudo não tem lógica nem espírito mas sabe Mecânica. Na banca de Mineralogia, se Têmis não é esquecida, Vênus muito menos o é, prepondera. Ao entrar naquela grave sala dos fósseis e das pedras um esteta ficaria perplexo entre a beleza do fraque bem cortado do Mindelo[22] (que é a Vênus da casa) e a elegância do bigode frisado do Nerval;[23] e, saindo, o esteta de bigode e fraque, diria consigo: 'entre les deux mon coeur balance'."[24]

E assim é que Lima Barreto vai-se tornando conhecido nos meios acadêmicos. Os colegas já o apontam como autor de pilhérias contra os professores. Será ele o Momento de Inércia? É bem possível que já o tenham identificado. Não só os colegas, como os professores. Quem saberá dizer?

Que as suas atividades de cronista não eram ignoradas, mostra-o bem o epitáfio publicado n'*A Lanterna* por Nemo:

> *"Com o seu chapeuzinho ao lado*
> *(Não sei bem se é verde ou preto)*
> *Aqui jaz o decantado*
> *Cronista Lima Barreto...*
>
> *Ninguém, ninguém escapava*
> *À sua crítica mordaz...*
> *Agora que não tem língua*
> *O Barreto nada faz..."*[25]

NOTAS

1. As certidões e requerimentos citados encontram-se no Arquivo da Escola Nacional de Engenharia (lata A-19, *dossier* 30). O autor foi ali atendido pelo funcionário Luís Rolland Filho, cuja gentileza agradece.
2. Deve haver equívoco nessa informação. A cadeira em apreço não parece ser a terceira, mas a segunda, Geometria Descritiva, segundo lemos na informação do requerimento de 15-2-1899, que esclarece ter sido o estudante aprovado na referida matéria.
3. V. reportagem "Aos 90 anos o chanceler de Floriano relembra os engenheiros de 1899", publicada na *Tribuna da Imprensa*, Rio de Janeiro, 27-3-1950.
4. *Bagatelas*, p. 195.
5. *Diário íntimo*, p. 33.
6. *Bagatelas*, p. 62.
7. *Conferência sobre Oto de Alencar*, por M. Amoroso Costa. Rio de Janeiro, Tipografia Leuzinger, 1918, 25 p.
8. *Licínio Cardoso*, por Leontina Licínio Cardoso. Rio de Janeiro, Zélio Valverde, 1944, pp. 85-86.
9. *O professor*, por Everaldo Backheuser. Rio de Janeiro, Agir, 1947, pp. 194-196.

10. Publicado n'*A Lanterna*, Rio de Janeiro, 12-10-1901.
11. "Quando vi pela primeira vez a professora [Deolinda Daltro], a esforçada senhora ia diariamente à Federação de Estudantes Brasileiros interessar-se com o seu presidente (eu tinha, se bem me lembro, um cargo na diretoria) Barreto Dantas, hoje bacharel e juiz no estado do Rio..." *Coisas do Reino do Jambon*, p. 57. Quanto à atitude do estudante, desligando-se da Federação, possui o autor em seu arquivo o rascunho do memorial que Lima Barreto enviou aos seus colegas de diretoria.
12. Depoimento de Everardo Backheuser, em conversa com o autor deste livro.
13. Depoimento de Júlio Pompeu, em conversa com o autor.
14. *A Lanterna*, Rio de Janeiro, 20-9-1902.
15. *Isaías Caminha*, p. 60.
16. Ortiz Monteiro, lente de Geometria Descritiva.
17. Jorge Lossio, lente de Desenho Geométrico.
18. O lente da cadeira era o professor Licínio Atanásio Cardoso.
19. Oto de Alencar, professor substituto.
20. Licínio Cardoso.
21. Luís Carlos Barbosa de Oliveira, lente de Geometria Analítica.
22. General Lima Mindelo, professor interino da cadeira de Mineralogia.
23. Nerval de Gouveia, lente de Mineralogia, Geologia e Paleontologia.
24. *A Lanterna*, Rio de Janeiro, 20-12-1902. Recordando, mais tarde, os professores da Politécnica, o escritor tem palavras amáveis para Ortiz Monteiro e Oto de Alencar: "... o doutor Ortiz Monteiro, que foi meu lente, sempre calmo, metódico, não perdendo nunca um minuto para não interromper a exposição de sua geometria descritiva. A sua pontualidade e o seu amor em ensinar a sua disciplina faziam-no uma exceção no nosso meio, onde os professores cuidam pouco nas suas cadeiras, para se ocuparem de todo outro qualquer afazer. De todos eu queria também falar do Senhor Oto de Alencar, mas que posso eu dizer da sua cultura geral e profunda, da natureza tão diferente da sua inteligência da nossa inteligência, em geral? Ele tinha alguma coisa daqueles grandes geômetras franceses que vêm de Descartes, passam por D'Alembert e Condorcet, chegam até nossos dias em Bertrand e Poincaré. Podia tocar em tudo e tudo receberia a marca indelével do seu gênio. Entre nós, há muitos que sabem; mas não são sábios. Oto, sem eiva de pedantismo ou de suficiência presumida, era um gênio universal, em cuja inteligência a total representação científica do mundo tinha lhe dado, não só a acelerada ânsia de mais saber, mas também a certeza de que nunca conseguiremos sobrepor ao universo as leis que supomos eternas e infalíveis..." "Foi o homem mais inteligente que conheci e o mais honesto de inteligência." *Bagatelas*, pp. 61-62.
25. *A Lanterna*, Rio de Janeiro, 30-12-1902.

3

O PADRINHO

"Os protetores são os piores tiranos."

DIÁRIO ÍNTIMO, p. 34

COMEÇA A CAVAR-SE o abismo. O estudante, pobre mas orgulhoso, era prevenido contra tudo e contra todos. O ambiente da Escola asfixiava.[1] Sofria com a convivência obrigatória dos colegas ricos, de outra condição social que não a sua. Começou então a ver que a origem humilde o tornava diferente dos outros rapazes da sua idade, felizes e despreocupados, que passavam tranquilamente pela Politécnica sem maiores problemas que os de estudar e prestar exames, tirar o diploma de engenheiro civil e ostentar no indicador o vistoso anel de grau azul-safira.

Para estes, filhos de pais ricos, as coisas corriam docemente, deslizavam. Não tinham preocupações de ordem material, não precisavam economizar, vestiam-se nos melhores alfaiates, podiam comprar os livros que quisessem. E, mesmo que não levassem os estudos muito a sério, isso não teria maior importância. Contavam com as relações de família, os empenhos, os "pistolões", que lhes abriam todas as portas, como num passe de mágica.

Nos tempos do colégio – nem no Liceu Popular Niteroiense, nem no Paula Freitas – não sentia Lima Barreto a diferença de classe, como aquele personagem do *Gonzaga de Sá* que, só depois de homem feito, deu-se conta de sua condição, menosprezado por "olhares vesgos e idiotas", que não se despregavam dele "nos cafés, nas ruas, nos teatros".[2]

Foi na Escola Politécnica, não há negar, que a coisa se revelou. Há quem diga que na Escola do Largo de São Francisco de Paula nunca existiu preconceito de raça, invocando, como argumento, a tradição de um mestre negro ilustre, o grande André Rebouças, cuja memória já era venerada nos tempos em que o romancista por lá andou. Ademais, o filho do porteiro Cirilo, preto da cor da noite, cursava as aulas, sem nenhum constrangimento, e chegou mesmo a fazer-se "doutor", como os seus colegas brancos e ricos. Mas esses depoimentos são de brancos,[3] de gente que pouco ou nada sabe das estranhas reações de um homem de cor em contato com eles.

A verdade é que preconceito de cor sempre existiu e ainda existe no Brasil, em maior ou menor escala. O que acontece é que há os que vencem e se acomodam, como há também os que se deixam marcar com cicatrizes mais profundas, quando não sucumbem às restrições e reservas que se lhes impõem. Questão de temperamento. O caso de Lima Barreto é típico, e bem merece um estudo mais profundo, o que somente um especialista poderia fazer.

Quanto ao preconceito de raça, na Escola Politécnica daquele tempo, conta-se um episódio significativo, em que justamente Lima Barreto aparece como uma das personagens. A ser verdadeiro, bastaria para justificar o mal-estar em que vivia o aluno modesto e tímido, desde o momento da sua inscrição no primeiro ano do Curso Geral. O fato é que, ao tomar conhecimento do nome bonito do novo colega – Afonso Henriques de Lima Barreto –, um veterano mal-humorado fizera para o secretário da Escola, Sousa Ferreira, o seguinte comentário:

"– Vejam só! Um mulato ter a audácia de usar o nome do rei de Portugal!"[4]

Certamente, Lima Barreto não ouviu a observação cheia de maldade. Só mais tarde dela tomaria conhecimento. Se a tivesse ouvido, sofreria ainda mais a repulsa estúpida que despertava a simples leitura do seu nome ao colega de tão explosivos sentimentos arianos. Lima Barreto era, de fato, pronunciadamente mulato, sem disfarces, cabelo ruim, pele azeitonada.

Na primeira mocidade, a vida desportiva da Ilha do Governador dava-lhe à fisionomia um ar sadio e às maçãs do rosto uma tonalidade cor-de-rosa. Foi assim pelo menos que o conheceu Álvaro Osório de Almeida, que, sem abandonar o curso de Medicina, que iniciara por volta de 1901 ou 1902, decidira frequentar também a Escola Politécnica, como a experimentar qual seria a sua verdadeira vocação.

Encontravam-se, os dois, no Café Java, quase todas as tardes, durante certo período. Edmundo da Cunha Melo, o Mundinho, e Antônio Noronha Santos completavam a roda. Noronha Santos, estudante de Direito, dominava sempre as conversas com as suas *boutades*. Era um rapaz muito inteligente. Fizera os primeiros estudos em Paris, na École Alsacienne, onde também se educara André Gide. Falava francês correntemente. Tinha espírito.[5] De todos, Lima Barreto parecia o mais amadurecido. Sem os exageros comuns da idade, era discreto e comedido nas palavras. Não amava o brilho. Os seus comentários eram, entretanto, seguros e conscientes, sempre animados por um leve toque de ironia, como se partissem de homem bastante vivido e experimentado.

No trato pessoal, tinha comportamento de *gentleman*.[6] Era, porém, desconfiado e retraído, esquivando-se do convívio de certos colegas de que não gostava. Evitava os contatos desagradáveis, talvez por temor de alguma desfeita, como parece ter acontecido com Miguel Calmon du Pin e Almeida, que o haveria, certa vez, tratado com desprezo. Este incidente marcou, aliás, a inimizade entre o filho do almoxarife das Colônias de Alienados e o rapaz de nome ilustre, para quem o futuro não pouparia benesses, dando-lhe tudo: além de dinheiro, sucesso na política.[7]

Não há dúvida que Lima Barreto sofria por ser mulato e pobre. "É triste não ser branco", segredava numa das páginas do seu *Diário íntimo*.[8] Um dia, porém, desabafou-se em confidência ao companheiro de quarto, o bom Nicolao Ciancio.

Em poucas linhas, o caso pode ser resumido. Uma noite, por falta de céu, deixou de haver exercícios práticos de astronomia. Sem ter o que fazer, um grupo de estudantes desceu ruidosamente a ladeira do Observatório, então localizado nas alturas do morro do Castelo. Eram muitos, e no meio deles Lima Barreto, Bastos Tigre e Nicolao Ciancio. Chegando à planície, o bloco caminhou em direção do Teatro Lírico.

Bastos Tigre, o chefe do bando, lembrou aos companheiros que a Companhia Italiana, chegada ao Rio havia pouco, ensaiava a *Aída*. E propôs que todos pulassem o muro dos fundos do velho teatro para assistirem ao espetáculo, "de carona". Foi o mesmo que uma ordem de comando. Nem o cão enorme que guardava o edifício conseguiu deter a arremetida juvenil. Em menos de cinco minutos, alegres e ofegantes, os rapazes estavam aboletados nas galerias do Lírico, ouvindo Ramfis, que cantava os primeiros acordes da ópera de Verdi:

> *"Si: corre voce che l'Etiope ardisca*
> *Sfidarci ancora, e del Nilo la valle*
> *E Tebe minacciar."*

Todos haviam topado a estudantada. Todos, menos Lima Barreto. Este não tivera coragem de pular o muro. Depois do ensaio geral, Nicolao Ciancio teve de ir sozinho para casa – a pensão de Madame Parisot. E ali chegando, cantarolando, como bom italiano, os últimos trechos da *Aída*, encontrou o amigo deitado, lendo. O diálogo que se seguiu e vai adiante transcrito foi reconstituído pelo próprio Nicolao Ciancio. Ei-lo, sem alteração de uma só vírgula:

"– Por que você não veio?

"– Para não ser preso como ladrão de galinhas!

"– ?!

"– Sim, preto que salta muros de noite só pode ser ladrão de galinhas!

"– E nós, não saltamos?

"– Ah! Vocês, brancos, eram 'rapazes da Politécnica'. Eram 'acadêmicos'. Fizeram uma 'estudantada'... Mas eu? Pobre de mim. Um pretinho. Era seguro logo pela polícia. Seria o único a ser preso."[9]

Eram assim imprevistas as reações do jovem Lima Barreto. Descreveu-as depois o romancista, no exame retrospectivo das humilhações por que passou na adolescência o seu personagem Isaías Caminha. Este também sentia-se um condenado por culpa da cor, proibido de viver, fechado o caminho da vida "por mãos mais fortes que as dos homens".[10]

Pretinho! Mulatinho! Isso doía mais do que uma bofetada! Esta é, pelo menos, a confissão de Isaías Caminha:

"Eu saíra do colégio, vivera sempre num ambiente artificial de consideração, de respeito, de atenções comigo; a minha sensibilidade, portanto, estava cultivada e tinha uma delicadeza extrema que se juntava ao meu orgulho de inteligente e estudioso, para me dar não sei que exaltada representação de mim mesmo, espécie de homem diferente do que era na realidade, ente superior e digno a quem um epíteto daqueles feria como uma bofetada."[11]

Sozinho, no silêncio do quarto pobre da pensão da Rua das Marrecas, devia chorar como Isaías. Nessas horas, vinha-lhe com certeza "um assomo de ódio, de raiva má, assassina e destruidora; um baixo desejo de matar, de matar muita gente",[12] para depois invadir-lhe a alma "uma grande covardia e um pavor sem nome... amedrontado em face das cordas, das roldanas, dos contrapesos da sociedade", sentindo-os por toda parte, graduando os seus atos, anulando os seus esforços, esmagando-o, achatando-o completamente.[13]

Por esse tempo, o estudante continuava dependendo de Mecânica Racional para terminar o ano. A 4 de novembro de 1901, pediria novamente inscrição na cadeira do professor Licínio Cardoso e "em todo o terceiro ano do Curso Geral", o que foi deferido, com a informação de que "o requerente está inscrito nos exercícios práticos do terceiro ano, conforme taxa que pagou na época própria, faltando porém pagar mais 50$000".

A 22 de março do ano seguinte, requer exame de Mecânica e "do conjunto de todo o terceiro ano do Curso Fundamental", mas tendo sido reprovado, mais uma vez, pelo implacável Licínio, não pôde fazer os exames das matérias do terceiro ano. Teria que se conformar em repetir novamente a cadeira e frequentar como ouvinte o terceiro ano.

Maldita Mecânica! Maldito professor! Maldito Licínio Cardoso! Há de pagar por isso! Lima Barreto tem, agora, a seção d'*A Lanterna* e é nela que vai tirar a desforra contra o lente ranzinza.

Ao mesmo tempo, procura consolar-se com um jogo de frases, ironizando os colegas que acreditam no resultado dos exames e se julgam gênios com a conquista dos primeiros lugares. "Pobres rapazes! Como neles cavaram profundo a tradição e o preconceito, que são o sedimento das gerações! Pois não veem que bombas e etc. são ideias feitas, nada atestando quanto à nossa capacidade e valor intelectual?"[14]

Isto escreveu Lima Barreto numa de suas crônicas do jornalzinho universitário. Noutra, porém, vai explodir toda a sua raiva mal contida. É que está virando um estudante crônico, marcando passo. E escreve:

"Crônico! Crônico! E o duro epíteto, e mau, vai com a constância de uma Eumênide, a nos perseguir no leito, no baile, na igreja, através de meses, anos, torturando-nos a vida toda. Os graves burgueses ao isso saberem viram-nos as costas: um criminoso, talvez, pensam. As deliciosas moças riem à socapa e, entre si, tão preciosas criaturas, endossadas por algum primo elegante, apostrofarão: uma zebra! Os lentes exorcizam e excomungam o pobre-diabo... E assim vivemos nós a ouvir sempre dos céus, das árvores, das coisas mudas o duro epíteto: crônico! crônico!"

Logo adiante, na mesma crônica, o estudante encontra consolo, falando em Jesus, Aristóteles, Homero e Descartes, que seriam provavelmente reprovados na Escola Politécnica, onde jamais conquistariam o "canudo nobilitante". E, pensando nos colegas medíocres, aprovados nos exames, conclui o cronista:

"Só tu – grave e equilibrado Pacheco! – só tu não ouvirás durante o existir todo aquele desgracioso vocábulo. Burgueses honestos, lentes austeros, meninas casadoiras! Repeti aos ouvidos de Descartes, de Homero, de Aristóteles, aos meus também, tão agudo dizer e reservai a vossa consideração, as vossas delicadas mãos aos que melhor do que aqueles merecerem."[15]

A verdade é que as reprovações o aborreciam. Não só por ele próprio, mas pelo pai. E, mais de uma vez, dominava-o sentimento de injustiça, o recalque contra o meio hostil, que o abafava. Começava a comparar o seu exame oral com o de outros colegas. Não se podia conformar. Aquilo era perseguição. Tudo porque não nascera no luxo, vivia pobremente, era mulato. Todos esses pensamentos estão contidos num artigo de jornal, escrito muitos anos mais tarde:

"Na Escola Politécnica, é de praxe, de regra até, que todo o filho, sobrinho ou parente de capitalistas ou de *brasseurs d'affaires*, mais ou menos iniciados na cabala crematística do Club de Engenharia, seja aprovado. É bem de ver por que. Os lentes das nossas escolas, com raras exceções, não se contentam com os seus vencimentos oficiais. Todos eles são mundanos, querem fazer parada de luxo, teatros, bailes, com as suas mulheres e filhas. A situação oficial que têm dá-lhes prestígio, fazem-nos 'figuras de proa' e os seus nomes são procurados para apadrinhar as companhias, as empresas, mais ou menos honestas, que os especuladores de todos os matizes e nacionalidades organizam por aí.

"Não é possível que um lente de química orgânica, por exemplo, que, devido às relações que tem com o capitalista Joab Manassés, foi feito, com grandes honorários, presidente da companhia de docas de um porto do Mar de Espanha, consiga do seu coração a violência de reprovar-lhe o filho. O Efraim, o filho de Joab Manassés, vai assim correndo os anos; e, se encontra um lente honesto, procura uma escola outra para fazer o exame que não lhe querem dar."[16]

Lima Barreto, o mulatinho, o filho do almoxarife das Colônias de Alienados da Ilha do Governador, ainda vai enfrentar o velho Licínio Cardoso mais duas vezes: em novembro de 1902 e em fevereiro de 1903. Reprovado sempre, sempre. Era inútil insistir. Ao publicar o *Vida e morte de M. J. Gonzaga de Sá*, dezesseis anos depois, recordará com amarga ironia:

"Não sei grego nem latim, não li a gramática do Senhor Cândido Lago, nunca pus uma casaca e não consegui até hoje conversar cinco minutos com um diplomata bem talhado; sigo, entretanto, o exemplo do severo e saudoso lente de Mecânica da Escola Politécnica, Doutor Licínio Cardoso, que estudou longos anos a alta matemática para curar pela homeopatia.

"O seu espetáculo foi-me sempre fecundo. As reprovações que levei foram justas: antes de mim, todos os que passaram, saíam maravilhosamente; depois... oh! então!

"O seu julgamento é um julgamento de Minos, inflexível e reto, e que tira a sua inflexibilidade da própria ordem do Cosmos; e se, nos atos de minha vida, alguma vez fui justo, devo-lhe a ele, só e unicamente ao seu exemplo, que tive sempre diante dos olhos, durante a minha adolescência atribulada."[17]

Apesar de tudo, João Henriques não desistia de ver o filho formado. A autoridade moral do almoxarife obrigava o estudante desgostoso a prosseguir nas suas tentativas sempre malogradas. Lima Barreto não tinha dúvida de que estava sendo perseguido por Licínio Cardoso, convicção esta que os anos só fizeram confirmar.

Preto, pobre, tinha que ser reprovado sempre.

Sentia-se assim, cada vez mais, humilhado. Contudo, o pai insistia com ele para que continuasse nos estudos. Ignorava decerto o drama em que o filho se debatia. Do contrário não exigiria tanto sacrifício.

Era o próprio almoxarife quem pagava a Escola Politécnica. Ouro Preto, que havia custeado os primeiros estudos do afilhado, já não ajudava mais o compadre João Henriques. Entre os dois – o político outrora poderoso e o almoxarife das Colônias de Alienados – não mais existia a camaradagem dos tempos da Monarquia.

As coisas, agora, eram diferentes. João Henriques tivera que tomar outro rumo. Embora fiel à velha amizade, pouco podia frequentar o escritório de Afonso Celso, quartel-general dos saudosistas do regime deposto, e onde o chefe liberal continuava na sua luta. A política era-lhe a vida. Mas o antigo tipógrafo, pequeno funcionário público, vivia dos vencimentos, tinha que precaver-se.

O Visconde de Ouro Preto propusera a João Henriques fazê-lo administrador de uma sua fazenda em Minas Gerais. O pai de Lima Barreto não quis, porém, aceitar o convite, pensando no emprego público a que teria de renunciar, no montepio, dinheiro certo e seguro de que privaria a família.[18]

Não, o que o compadre lhe pedia era muito, era acima de suas forças. É possível que a recusa tivesse contribuído para arrefecer as relações entre ambos, cortadas, depois, de modo definitivo.

Afonso não conhecia ainda o padrinho ou dele não se lembrava mais. João Henriques sempre falava em levá-lo até o escritório do compadre.

– Você precisa tomar a bênção do seu padrinho. Vamos lá.

Foram os dois finalmente, depois que Ouro Preto regressou do segundo exílio, quando as relações de João Henriques com o compadre importante começavam a esfriar. O encontro foi desastroso e dele o estudante Lima Barreto guardou desagradável impressão para o resto da vida. Quando entrou com o pai no escritório do visconde, este mal levantou os olhos da mesa em que escrevia e é bem possível que uma "ruga de aborrecimento", diante dos incômodos visitantes, se tenha desenhado na "fisionomia empastada" do antigo titular do Império. Há nisso qualquer coisa que faz lembrar Isaías Caminha, entregando a carta de recomendação ao deputado.[19]

– Quem é este? – teria perguntado o visconde, olhando displicentemente para João Henriques. – É o Serafim?

A pergunta era cruel. E terá chocado ao rapaz, que se chamava Afonso em homenagem àquele homem antipático, de suíças, que tão mal os recebia.

O desenvolvimento da conversa não corrigiu a primeira impressão. Ao contrário, agravou-a. Em matéria de política, o afilhado não afinava com o padrinho, a ponto de este observar a João Henriques:

– Este meu afilhado está me saindo um jacobino![20]

Lima Barreto jamais fez qualquer referência direta ou indiretamente a esse encontro com o Visconde de Ouro Preto. Não há, em toda a sua obra, repleta de confissões íntimas, nada que possa lembrar a impressão desagradável que lhe proporcionara o conhecimento com o seu protetor, a não ser talvez aquela cena, acima citada, em que o deputado tenta dissuadir o jovem Isaías Caminha de estudar Medicina.

Vale a pena transcrever o final da conversa. "Houve ocasião – escreve o memorialista – em que ele exprobrou essa nossa mania de empregos e doutorado, citando os ingleses e os americanos. – Todo o mundo quer ser doutor... Corei indignado e respondi com alguma lógica, que me era impossível romper com ela; se os fortes e aparentados, os relacionados para a formatura apelavam, como havia eu, mesquinho, semi-aceito, de fazer exceção?"[21]

No *Diário íntimo*, só uma vez Lima Barreto falou em Afonso Celso, e assim mesmo vaga e imprecisamente. "E os 10$000 do tal visconde! Idiota. Os protetores são os piores tiranos."[22] Que 10 mil-réis eram esses? Com certeza, uma dádiva do padrinho. Da reação tão violenta, vê-se que o afilhado se ofendera com o gesto, ainda que a intenção tivesse sido generosa, marcando desde logo a separação.

Tudo isso, é bem verdade, não passa de simples conjectura. Seja como for, a suposição é de que Lima Barreto rompeu com o Visconde de Ouro Preto nos primeiros anos da sua mocidade. Não o visitaria nunca mais. Nem mesmo quando publicou o seu primeiro livro, em 1909, o *Recordações do escrivão Isaías Caminha*, teve a lembrança de oferecer um exemplar a Afonso Celso.[23]

Ingratidão ou complexo de inferioridade? Fosse o que fosse, o certo é que o escritor vai-se "vingar" de Ouro Preto, da aspereza e do pouco caso com que foi tratado pelo Visconde, criando em dois dos seus romances as mais simpáticas, as mais carinhosas figuras de padrinhos de que há notícias em nossa literatura.

Um deles é o Policarpo Quaresma, cuja afeição pela Olga, sua afilhada, desmancha-se em ternuras, ocupando a moça no velho coração do major "o lugar dos filhos que não tivera nem teria jamais".[24]

Outro é o solene Gonzaga de Sá, que adora o afilhado, o pequeno Aleixo Manuel, que era por sinal filho de um modesto servente da Secretaria de Cultos, e que morava numa esburacada rua suburbana. "Cético, regalista e voltairiano", encarando os homens e as coisas deste mundo com irônica resignação, Gonzaga não se descuidaria da educação do menino.

"Sob a ascendência do padrinho, estudaria muito, aplicar-se-ia nos livros." E o filósofo, conhecedor profundo da alma humana, temia pelo afilhado de condição social inferior, beijando-o e animando-o. Nessas horas, "cheio de pena, de afeto e tristeza", o padrinho pensava consigo mesmo, no seu irremediável pessimismo: "Coitado! Nem o estudo lhe valeria, nem os livros, nem o valor, porque, quando o olhassem diriam lá para os infalíveis: aquilo lá pode saber nada!"[25]

Foi isso exatamente o que Ouro Preto não soube dar a Lima Barreto. O rapaz pedia ternura e compreensão, enquanto o padrinho lhe estendia uma cédula de 10 mil-réis. Ressentido, o afilhado passou a evitar a presença antipática, que só lhe fazia avivar a situação humilhante de protegido. Isto aconteceu em 1902 ou 1903. Lima Barreto não mais se avistaria com o padrinho.

Guardaria mais essa mágoa no coração. Porém quando Ouro Preto morreu, em 1912, o escritor recortou a notícia do jornal, pregando-a num dos seus cadernos de retalhos, onde costumava escrever as suas notas e tomar os seus apontamentos. Não fez nenhum comentário. Nem era preciso. Bastava o sentimentalismo do gesto.[26]

NOTAS

1. "Desgostava-me e era reprovado; e as minhas reprovações desgostavam meu pai, tanto mais que, a bem dizer, até aí não tinha sido reprovado." *Bagatelas*, p. 195.
2. *Gonzaga de Sá*, p. 123.
3. Depoimentos de Everardo Backheuser e Manuel Ribeiro de Almeida, em conversa com o autor. "Na Escola do Largo de São Francisco, no meu tempo, não havia preconceito de cor", escreveu Nicolao Ciancio. V. "A verdade sobre Lima Barreto". *Vamos Ler!*, Rio de Janeiro, nº 213, 29-8-1940.

4. V. artigo de Antônio Noronha Santos: "A legenda de Lima Barreto". *Diário da Manhã*, Niterói, 1-5-1943. Conhecendo a versão de que o Sr. Eduardo Jacobina, residente em Bragança, estado de São Paulo, fora quem proferira o infeliz comentário, o autor dirigiu-lhe uma carta, interpelando-o a respeito. Em resposta, recebeu atenciosa missiva, que resolve transcrever na íntegra, por julgá-la documento do maior interesse: "Bragança Paulista, 12-outubro-1947. Ilmo. Sr. Dr. Francisco de Assis Barbosa. Rio de Janeiro. Prezado Senhor. Só hoje, com algum atraso, posso responder à s/ carta de 2 de outo. recebida no dia 4; e isto devido a meu estado de saúde q. só me permite fazer o que posso e não o que quero. A frase, um pouco cruel, proferida a respeito do pobre Lima Barreto, não me lembro de a haver pronunciado, por este motivo não posso assumir-lhe a paternidade. Lima Barreto foi meu colega na Politécnica e com ele sempre mantive boas relações de cortesia, dês essa época e pela vida adiante até sua morte, muito moço ainda, vítima que foi de seu vício de alcoolismo. Lamentei sempre essa sua fraqueza e sempre apreciei e reconheci seu valor de romancista. Seu julgamento sobre Floriano, posto por ele na boca de Policarpo Quaresma, eu o julgo muito exato e sagaz. Não me agradaria vê-lo amesquinhado por uma frase ou juízo depreciativo q. me é atribuído e do qual, repito, não me lembro; lembrando-me entretanto que aos vinte anos éramos muito folgazões e pouca piedade tínhamos. Algumas informações sobre a vida nossa, como estudantes, nos últimos anos do século XIX, entretanto, com prazer lhe fornecerei. Em 1896 reformou-se o regulamento, substituindo-se o de 1874 (sob cuja regência eu me matriculara) pelo novo. Em consequência deste fato, deu-se uma interpenetração das diferentes turmas dos diferentes anos letivos em virtude de: cadeiras que, por um regulamento, pertenciam a determinado ano haverem passado p^a^ outro. Assim se explica a formação do grupo S. A. M. (Sob Auspícios de Maria), ao qual alude Backheuser no seu livro *O Professor*. Esse grupo era composto de sete colegas de diversos anos e unidos por sólida e firme amizade. Chamavam-se esses rapazes: César de Sá Rabelo, Luís Catanhede de Carvalho Almeida, Henrique Burnier, Carlos de Sousa Ferreira, José Pereira da Graça Couto, Heitor Lira da Silva e Eduardo d'Araújo Ferreira Jacobina. Vivos, hoje, estão apenas o primeiro e o último. Com que saudade me saem agora, da pena, estas recordações de um longínquo passado! O servente Trajano, do Gabinete de Mineralogia, chamava este grupo: "O Terço" e de "Adidos do Terço" um outro grupo de rapazes que conosco convivia em absoluta comunhão de gostos e de ideias. Eram esses: Afonso d'E. Taunay, José Matoso de Sampaio Correia, Joaquim Pessoa Guerra, Telêmaco Sales, Luís Tavares Pereira e Everardo Augusto Backheuser. A atmosfera intelectual e espiritual da Politécnica era, nessa época, muito elevada e sã. Estudava-se pela satisfação e gosto de saber. Não se limitavam os moços aos programas da Escola; desejavam estender mais longe a sua cultura. Certa época mesmo, obtida a necessária licença, convidou-se o grande professor José

Veríssimo para em uma das salas da Politécnica nos fazer um curso de literatura nacional. Em nossas horas de folga, éramos assíduos frequentadores das livrarias Briguiet e Garnier, por meio das quais acompanhávamos a atividade intelectual da Europa. Então, a literatura barata, insidiosa, deletéria, que hoje transborda das "vitrinas" das, por demais, numerosas livrarias do Rio e de S. Paulo, nos era totalmente desconhecida. A atmosfera política era um pouco tensa. Acabávamos de sair de longa e cruenta guerra civil; mas a divergência de opinião nunca nos turbava o afeto entre colegas. Heitor Lira era florianista; eu maragato; até a sua morte nos conservamos os mais firmes e leais amigos. Com muitos de nossos lentes vivíamos em pé de amistosa e respeitosa camaradagem. Não sei que mais lhe possa dizer de interesse, satisfazendo a sua consulta. Esperando que essas reminiscências lhe sirvam pª o fim visado, sou s/ amº e criado (a.) Eduardo d'A. F. Jacobina. R. Cel. Teófilo Leme, 799. Bragança Paulista. S. P. R."

5. O pai de Noronha Santos, que era médico, trabalhou em Paris com J. A. Fort, professor de Anatomia e notável pelo seu saber. Na obra de Fort, *Anatomie descriptive et dissection*, edição de 1902, aparece citado o nome do médico brasileiro como autor de numerosas pesquisas e trabalhos da especialidade. Depoimento de Álvaro Osório de Almeida.
6. Depoimento de Álvaro Osório de Almeida, em conversa com o autor.
7. "O Lima Barreto que eu conheci", artigo de José Vieira. *Revista do Brasil*, ano VI, 3ª fase, n. 56, pp. 43-47. "Quando seu colega na Escola Politécnica, Miguel Calmon, em conversa, porventura em disputa de estudantes, desconsiderou-o, ou Lima assim interpretou. Os anos correram. Calmon vem da Bahia para o Rio como ministro, ganha evidência: não teve maior opositor que o antigo colega do Largo de São Francisco. Nem se dirigia ao secretário de Estado, ao poderoso, que foi Calmon, de um quatriênio truncado pelas injunções políticas, a má vontade do cronista irônico, do comentador dos cafés, senão ao acadêmico portador de grande nome e bem vestido que desgostara ao moço pobre da Ilha do Governador." Ao autor, afirmou José Vieira ter ouvido do próprio Lima Barreto a confidência do incidente com Miguel Calmon, quando estudantes. Em conversa com o autor, Bastos Tigre também se referiu à ojeriza do romancista pelo antigo colega, a quem chamava sarcasticamente "Bel-Ami", comparando-o ao célebre personagem de Maupassant. Estando Lima Barreto embriagado, aludia às vezes à sua intimidade com Calmon, dizendo: "Vou comprar uma espada para matar o Bel-Ami." V. artigo de Lima Barreto, no *ABC*, nº 90, ano II, de 25-11-1916. "O ideal de Bel-Ami", terrível ataque a Miguel Calmon. *Feiras e mafuás*, pp. 178-181.
8. *Diário íntimo*, p. 130.
9. Nicolao Ciancio. Artigo publicado em *Vamos Ler!*, em 29-8-1940.
10. *Isaías Caminha*, p. 124.

11. *Isaías Caminha*, p. 110.
12. *Isaías Caminha*, p. 102.
13. *Idem, ibidem.*
14. *A Lanterna*. Rio de Janeiro, 30-11-1902.
15. *A Lanterna*. Rio de Janeiro, 20-9-1903. O espírito dessas crônicas d'*A Lanterna* é o mesmo da sátira que Lima Barreto escreveria mais tarde: "Harakashy e as escolas do Java". *Histórias e sonhos*, pp. 51-64.
16. *Bagatelas*, p. 39.
17. *Gonzaga de Sá*, p. 30. A 1ª edição deste livro saiu em 1919.
18. Depoimento de D. Evangelina de Lima Barreto.
19. *Isaías Caminha*, pp. 100 e 101.
20. Depoimento de D. Evangelina de Lima Barreto.
21. *Isaías Caminha*, p. 101.
22. *Diário íntimo*, p. 34.
23. O arquivo do Visconde de Ouro Preto ficou completamente inutilizado, em consequência de uma ressaca, que inundou a Rua Machado de Assis, atingindo as águas o porão da residência do Conde de Afonso Celso, seu filho, onde se encontrava, segundo informações prestadas ao autor por D. Maria Eugênia Celso. Na biblioteca do Instituto Histórico e Geográfico Brasileiro, dentre os livros doados por Ouro Preto, não há nenhum exemplar da obra referida.
20. *Policarpo Quaresma*, p. 58.
25. *Gonzaga de Sá*, pp. 122 e 123.
26. Col. Lima Barreto. Seção de Manuscritos da Biblioteca Nacional.

TERCEIRA PARTE

MOCIDADE

1

A CASA DO LOUCO

"... meu grande e infeliz pai..."

FEIRAS E MAFUÁS, p. 63

FOI NO ANO DE 1902, pela festa de Nossa Senhora da Glória, que João Henriques enlouqueceu. A doença chegou de repente, sem avisar, como os raios em céu de abril, perturbando a paz familiar que parecia tão firmemente consolidada. O almoxarife passara o dia em preparativos para atravessar a baía e vir até o continente na manhã seguinte cumprir a sua devoção, rezar aos pés da santa.

Todos os anos, desde menino, ele subia o outeiro no dia consagrado a Nossa Senhora da Glória, sob cuja invocação batizara o filho Afonso Henriques.

Naquele dia, tomara todas as providências para a viagem, aprontando, inclusive, uma das lanchas utilizadas no serviço das Colônias de Alienados, a qual o aguardava, já no cair da tarde, na ponta do Galeão, para a travessia marítima. Jantou com os filhos, conversando alegremente.

Nos últimos tempos tornara-se cada vez mais taciturno. E só se expandia em raros instantes de bom humor. A lembrança de Nossa Senhora da Glória tornara-o, com certeza, comunicativo, voltando por um momento a ser o mesmo homem dos primeiros anos da vida na ilha, quando assumira o posto de escriturário das Colônias.

Logo após o jantar, foi deitar-se. Tinha que dormir cedo, pois ia fazer madrugada. E assim despediu-se dos filhos, deu-lhes boa-noite. Tudo parecia normal, sem surpresas. Não passaria pela cabeça de ninguém que a desgraça estivesse tão próxima.

No meio da noite, porém, o silêncio da pequena casa do sítio do Carico foi cortado bruscamente por gritos lancinantes que vinham do quarto de João Henriques. O almoxarife delirava. Acudiu-o incontinenti o filho Carlindo (Afonso não estava em casa). Por entre as frases desconexas que proferia, percebia-se que o pobre homem, alucinado, estava possuído pelo pavor de ser preso. Era a loucura!

– Não deixem a polícia entrar! Não deixem! – gritava e chorava, ao mesmo tempo.

Então, acenderam-se todas as luzes da casa. Prisciliana trouxe um copo d'água com açúcar, a ver se acalmava o companheiro. Mas João Henriques continuava imerso no delírio e só via pela frente o delegado e os soldados de polícia, armados até os dentes, e todos queriam levá-lo de qualquer jeito para a cadeia.

Prolongou-se a crise por todo o resto da noite, e o doente só sossegou de manhãzinha, quando recomeçou a dormir, vencido pelo cansaço. Um sono pesado, entrecortado de soluços.

Na manhã seguinte, João Henriques não era o mesmo homem da véspera. Olhava desconfiado para todos, como envergonhado, sem dirigir palavra nem aos filhos, nem a Prisciliana. Esquecera-se completamente da azáfama do dia anterior, dos preparativos da viagem ao Rio. Nem se lembrava de Nossa Senhora da Glória. E da festa em louvor da santa. Trancou-se no quarto. Não queria ver ninguém.

Avisado da estranha doença do pai, Afonso viera ao seu encontro. Mas de nada adiantou a presença do filho bem-amado. João Henriques recebeu-o com os olhos esbugalhados. Tremendo de frio e de medo, explicou-lhe num fio de voz:

– É a polícia. Está aí fora. Cercando a nossa casa, para me prender.

A muito custo e com toda a paciência, os filhos conseguiram atinar com a causa da inopinada crise, que abatera aquele homem acostumado a lidar com insanos.

Na última prestação de contas, João Henriques havia notado uma pequena diferença no livro-caixa. Cheio de escrúpulos, deixara de remetê-lo à direção do Serviço. Os dias foram passando. O almoxarife fazia e refazia as contas, e a diferença continuava a aparecer. Ficou assim obsedado com a ideia de que o poderiam acusar de ter dado um desfalque. Acusação injusta, sem dúvida, mas que ele jamais, em hipótese alguma, diante da diferença verificada, seria capaz de refutar.

À proporção que se ia aproximando o término do prazo para entrega do relatório, aumentava-lhe a angústia. Como era homem de pouco abrir-se, mesmo com pessoas da família, a obsessão foi-lhe crescendo no íntimo, sem que os filhos e a companheira percebessem que alguma coisa de anormal se estava passando na mente de João Henriques, até que a crise se manifestou.[1]

Foi chamado do Rio o Dr. Braule Pinto, médico do Serviço de Assistência a Psicopatas e grande amigo da família. João Henriques mostrava-se agora indiferente a tudo. Ninguém o tirava da apatia que ameaçava dominar-lhe, por completo, o corpo e o espírito. Estava decidido a não sair mais de casa. A polícia que o viesse prender. Ele se entregaria, mas estava inocente. Protestaria inocência e pronto. Não poderia provar que não tirara dinheiro das Colônias. Mas de que servia a sua palavra de homem de bem? Seria preso. Não havia remédio. Estava conformado com a injustiça.

Depois de lamuriar-se, ficava quieto num canto da casa, coçando as mãos, sem falar nem ouvir ninguém, com os olhos perdidos num ponto qualquer.

Era assim o delírio do almoxarife, segundo o depoimento do seu próprio filho, Carlindo. Nas suas manifestações psíquicas é quase idêntico ao de Policarpo Quaresma. Mais de uma vez, o pai servirá de modelo ao filho escritor, que pensava em João Henriques ao traçar a página do delírio do Major Quaresma:

"Como fora doloroso aquilo! A primeira fase do seu delírio, aquela agitação desordenada, aquele falar sem nexo, sem acordo com que se realizava fora dele e com os atos passados, um falar que não se sabia donde vinha, donde saía, de que ponto do seu ser tomava nascimento! E o pavor do doce Quaresma? Um pavor de quem viu um cataclismo, que o fazia tremer todo, desde os pés à cabeça, e enchia-o de indiferença para tudo mais que não fosse o seu próprio delírio."

A descrição se aplica como luva ao depoimento. A coincidência é quase absoluta. Mas ainda há mais, em outro pequeno trecho de *Policarpo Quaresma*:

"A casa, os livros e os seus interesses de dinheiro andavam à matroca. Para ele, nada disso valia, nada disso tinha existência e importância. Eram sombras, aparências; o real eram os inimigos, os inimigos terríveis cujos nomes o seu delírio não chegava a criar."[2]

Assim também João Henriques falava em inimigos, que o perseguiam, sem contudo declinar nomes.

Depois de examinar o doente, o Dr. Braule Pinto aconselhou à família, como primeira providência, que o removessem da Ilha do Governador. Fora das Colônias, poderia vencer a crise. Precisava de repouso. Mudar de ambiente. Distrair-se. E o almoxarife requereu uma licença de três meses para tratamento de saúde, precisamente em outubro de 1902, época em que a família Lima Barreto passa a residir no Rio de Janeiro, na Rua Vinte e Quatro de Maio, nº 223, no Engenho Novo.[3]

Como filho mais velho, cabe a Afonso assumir a chefia da casa, arcando com a responsabilidade de cuidar do pai demente, de alimentar e vestir mais oito pessoas: seus três irmãos, Prisciliana, os três filhos desta, além do preto velho Manuel de Oliveira, agregado dos Lima Barreto.

A Afonso preocupava não somente o estado de saúde de João Henriques, a quem fazia questão de que nada faltasse, como também os irmãos menores, principalmente Carlindo e Evangelina, já entrados na adolescência. Tratava-os, a ambos, com extrema severidade. Ao rapaz, que acabara de completar dezoito anos, exigia que não passasse das 8 horas nos seus passeios, depois do jantar. "Nada de bater pernas na rua, como vagabundo", dizia. À irmã, mais moça do que ele apenas um ano, não permitia sequer que chegasse à janela.[4]

Os meses foram passando, e João Henriques não apresentava melhoras. Contrariavam-se os prognósticos do Dr. Braule Pinto. O estado de saúde do almoxarife, ao fim da licença, impossibilitava-o de retornar ao serviço.

Nesse meio-tempo, novo acontecimento veio agravar ainda mais a situação. Iniciava-se o quatriênio Rodrigues Alves. Assumindo a pasta da Justiça e Negócios Interiores do novo governo, empossado em 15 de novembro, o ministro J. J. Seabra ordenara a abertura de um inquérito para apurar irregularidades no Hospício Nacional, fato que teve, desde logo, grande repercussão na imprensa.

O ato do ministro data dos primeiros dias de sua administração, e foi recebido como um sinal de que se pretendia iniciar reforma completa no serviço público, sob o signo da moralidade, de acordo com a chapa empregada invariavelmente em tais ocasiões.

Para a vida de João Henriques, a reforma Seabra significaria um segundo choque emocional, tão grave e profundo em suas consequências como o primeiro, isto é, a queda da Monarquia. Em 1889, perdera o lugar de mestre de composição da Imprensa Nacional. Em 1903, perderá o lugar de administrador das Colônias de Alienados na Ilha do Governador.

Mas voltemos ao caso. A 13 de janeiro de 1903, publica o *Jornal do Brasil* uma local, pedindo que o inquérito no Hospício Nacional se torne extensivo às Colônias. A licença de João Henriques havia terminado e o seu caso é, ali, nas colunas de um jornal, diretamente apontado, numa denúncia anônima, que revela entretanto o dedo de alguém interessado em ocupar o lugar de administrador, que, embora modesto, oferecia certas vantagens nada desprezíveis: boa casa, o sítio com fruteiras e o ameno clima da Ilha do Governador.[5]

O último exame médico – em dezembro de 1902 – declarara João Henriques incapaz de continuar no serviço público. Ademais, todos esses contratempos só fizeram piorar o doente, dominado pela mania de perseguição.

Repetiam-se as visões. Era sempre a polícia que lhe vinha ao encalço, para prendê-lo ou matar. Eram os inimigos invisíveis que não se cansavam de persegui-lo. Deixava-se ficar, depois, em profunda prostração, tal o Major Quaresma, completamente indiferente a tudo que o cercava, vivendo no estranho mundo criado pela sua imaginação.

Por conseguinte, não era possível contemporizar. Tinha que ser aposentado quanto antes.

Atendendo à local do *Jornal do Brasil*, o ministro Seabra estendera mais que depressa o inquérito às Colônias, e para lá seguiu uma comissão composta dos Drs. Antônio Maria Teixeira, Egídio de Sales Guerra, Carlos Fernandes Eiras e do farmacêutico F. M. da Silva Araújo.

Da devassa a que então procedeu a comissão, nada foi encontrado que pudesse desabonar a conduta exemplar do administrador. Pelo contrário, conforme se verifica do relatório da comissão, o serviço só poderia merecer louvores. "Os livros de carga e descarga – diz o documento oficial – achamse em perfeita ordem. As despesas são registradas com todos os detalhes, bem assim a receita proveniente da venda de produtos da pequena lavoura e até de trapos vendidos a peso."[6]

Pobre João Henriques! A diferença no livro-caixa, a possibilidade de ser acusado de peculatário, tudo isso não passava de alucinação, de delírio de insano.[7]

João Henriques teve de requerer a sua aposentadoria, que só lhe foi concedida por decreto de 2 de março de 1903. E aqui começa nova odisseia, tais são as dificuldades e complicações da burocracia: a longa e enervante caminhada dos papéis nas repartições, os requerimentos, os pedidos, os empenhos junto aos funcionários do Ministério da Justiça e do Tesouro.

"É um trabalho árduo, esse de liquidar uma aposentadoria – escreveu Lima Barreto, no *Policarpo Quaresma*, baseando-se na experiência tão amargamente vivida – como se diz na gíria burocrática. Aposentado o sujeito, solenemente por um decreto, a cousa corre uma dezena de repartições e funcionários para ser ultimada. Nada há mais grave do que a gravidade com que o empregado nos diz: ainda estou fazendo o cálculo; e a cousa demora um mês, mais até, como se se tratasse de mecânica celeste."[8]

Foi o que aconteceu com a aposentadoria de João Henriques. Custou a ser liquidada. O decreto fora assinado pelo presidente da República em março, como ficou dito antes, mas somente quatro meses depois, isto é, a 12 de julho, foi-lhe expedido o título de aposentado.[9]

A coisa não estava todavia ultimada. Restava ainda a contagem do tempo de serviço, que ia demorar muito mais, com os papéis rolando do Ministério da Justiça ao Tribunal de Contas e deste à Contabilidade do Tesouro Nacional.

A máquina burocrática rodava com lentidão, emperrando por qualquer pequeno defeito na engrenagem, pouco se incomodando os manejadores com os prejuízos e atribulações que ocasionasse a sua lerdeza de movimentos. Sucediam-se os requerimentos, os memoriais, os pedidos, os rogos. Tudo inútil.

Pelino Guedes era o diretor-geral da Diretoria da Justiça, com quem Lima Barreto teve que se entender muitas vezes para "liquidar" a aposentadoria paterna. Como o irritava aquele homenzinho meticuloso, que estava sempre a exigir-lhe mais um documento, mais uma certidão!

Por trás da sua secretária, o alto funcionário representava-lhe um inimigo feroz, protegido por uma cidadela inexpugnável de convenções, a inventar toda sorte de dificuldades, a criar os maiores obstáculos, num sadismo de burocrata, indiferente ao problema humano que tinha diante de si.

Eram tais as exigências de Pelino Guedes que Lima Barreto passou a atribuir ao diretor-geral o propósito deliberado de retardar o mais que fosse possível o processo da aposentadoria.

E, assim, Lima Barreto fez-se inimigo de Pelino Guedes, que figurará, mais tarde, na obra do romancista, ora na pele de Xisto Beldroegas, ora na do secretário do Ministro J. F. Brochado (que outro não é senão o próprio ministro J. J. Seabra), como o tipo clássico do funcionário público que vive a bajular os poderosos e a oprimir os fracos.

A primeira dessas personagens aparece no *Gonzaga de Sá*, livro que teria sido escrito sob inspiração das biografias do Dr. Pelino Guedes, conforme se lê na "Explicação Necessária" – obra-prima de ironia, que o memorialista Augusto Machado publica à guisa de prefácio do volume. O Dr. Pelino Guedes dedicava-se a escrever biografias de ministros. Ele, Machado, menos pretensioso, decidira escrever a dos escribas ministeriais. Não é preciso dizer mais.

Xisto Beldroegas, funcionário da Secretaria dos Cultos, "vivia obsedado com os avisos, portarias, leis, decretos e acórdãos. Certa vez, foi atacado de uma pequena crise de nervos, porque, por mais papéis que consultasse no arquivo, não havia meio de encontrar uma disposição que fixasse o número exato de setas que atravessam a imagem de São Sebastião".

Tudo, para ele, tinha que ser fixado em leis, decretos, portarias ou avisos: a chuva, o movimento dos astros, o crescimento das plantas. E o romancista assim termina o retrato do incrível Beldroegas:

"Apesar de enfronhado na legislação, não tinha uma ideia das suas origens e dos seus fins, não a ligava à vida total da sociedade. Era uma coisa à parte; e a comunhão humana, um imenso rebanho, cujos pastores se davam ao luxo de marcar, por escrito, o modo de aguilhoar as suas ovelhas. Para o doutor Xisto Beldroegas, a lei era ofensiva, inimiga da parte. Ninguém tinha direito em presença dela; e todo pedido devia ser indeferido, não logo, mas depois de mil vezes informado por vinte e tantas repartições, para que a máquina governamental mais completamente esmagasse o atrevido."[10]

Quanto à segunda personagem, trata-se de uma grotesca caricatura que transita por um instante, fugazmente, em *Numa e a ninfa*. Aparece como uma sombra do Ministro Brochado, seguindo-o sempre, numa recepção na residência de um figurão político, e logo desaparece das páginas do romance. "... múmia peruana, untada de pinturas e a enxergar por uns óculos negros", assim a descreve o escritor, num retrato cruel, contudo bem próximo da realidade, segundo testemunho dos que conheceram pessoalmente Pelino Guedes.[11]

Teria ou não razão Lima Barreto no ódio que votou a esse homem, medíocre funcionário público, escritor fracassado, que se chamou Pelino Joaquim da Costa Guedes?

Atormentado pelo drama íntimo, o jovem estudante da Politécnica arcava sozinho com todo o peso da responsabilidade de cuidar de uma numerosa família, e encarava com revolta as dificuldades que se lhe iam antepondo no caminho da vida. A demora na solução da aposentadoria paterna criara-lhe, de fato, sérios embaraços de ordem financeira. Atrasara-se no pagamento dos aluguéis, e o senhorio reclamava o dinheiro.[12]

A sua vida como que estava em suspenso. Abandonara a Escola Politécnica. Deixara de frequentar a Federação de Estudantes.[13]

Toda a sua preocupação, agora, era conseguir um emprego que o libertasse da angústia em que vivia, premido pelas necessidades. Isolado, sem "pistolões", sem amigos influentes que o pudessem encaminhar na caça de um lugar nalguma repartição pública, a angústia transformou-se em desespero, tal como no caso de Isaías Caminha, vindo do interior, a lutar sem esperanças na grande cidade desconhecida. Também ele, o seu criador, sofreria tormentos e humilhações, num drama que é comum aos deserdados.

Foi talvez nessa hora de profunda infelicidade que Lima Barreto sentiu, pela primeira vez, o desejo de recorrer ao álcool, como se recorre a um narcótico para suavizar a dor insuportável:

"O álcool não entrava nos meus hábitos – diz o romancista, através de Isaías Caminha. – Em minha casa, raramente o bebia. Naquela ocasião, porém, deu-me uma vontade de beber, de me embriagar, estava cansado de sentir, queria um narcótico que fizesse descansar os nervos tendidos pelos constantes abalos daqueles últimos dias. Entrei no café, mas tive nojo. Limitei-me a beber uma xícara de café e caminhei tristemente em direção ao mar, olhando com inveja um carregador que bebia um grande cálice de parati."

O desespero do estudante seria idêntico ao de Isaías, e está todo descrito no resto da página do romance, que tão bem reproduz esse momento de desesperança na vida de Lima Barreto:

"Eu tinha uma imensa lassidão e uma grande fraqueza de energia mental. Quis descansar, debrucei-me na muralha do cais e olhei o mar. Estava calmo; a limpidez do céu e a luz macia da manhã faziam-no aveludado. Os últimos sinais da tempestade da véspera tinham desaparecido. Havia satisfação e felicidade no ar, uma grande meiguice, em tudo respirava; e isso pareceu-me hostil. Continuei a olhar o mar fixamente, de costas para os bondes que passavam. Aos poucos ele hipnotizou-me, atraiu-me, parecia que me convidava a ir viver nele, a dissolver-me nas suas águas infinitas, sem vontade nem pensamentos; a ir nas suas ondas experimentar todos os climas da terra, a gozar todas as paisagens, fora do domínio dos homens, completamente livre, completamente a coberto de suas regras e dos seus caprichos... Tive ímpetos de descer a escada, de entrar corajosamente pelas águas adentro, seguro de que ia passar a uma outra vida melhor, afagado e beijado constantemente por aquele monstro que era triste como eu."[14]

Por ocasião da doença paterna, o Dr. Braule Pinto dera-lhe a ler o livro de Maudsley, *O crime e a loucura*, numa tradução francesa. Impressionara-se com a leitura, tanto assim que mais de uma vez, no decorrer de sua obra, cita o pequeno volume do alienista britânico. Preocupava-o certamente o exemplo de João Henriques, atribuindo talvez ao alcoolismo a insânia em que vivia imerso. Daí o propósito de não beber coisa alguma, que firmara, na primeira mocidade, conforme está registrado no *Diário íntimo*.[15]

Reagindo contra a própria natureza, dispôs-se Lima Barreto a fazer um concurso de amanuense para a Secretaria da Guerra. Havia apenas uma vaga. E ainda que não fossem poucos os pretendentes, resolveu tentar a carreira de funcionário. Àquele tempo, eram as seguintes as provas do concurso de amanuense: Português, Francês, Inglês, Aritmética, Álgebra, Geometria, Geografia, História, Direito, Redação Oficial e Caligrafia.[16]

Durante oito dias, enfrentou a banca examinadora, presidida pelo diretor da Secretaria, o venerando Barão de Itaipu. As provas se realizaram no edifício do velho Quartel-General, e atraíram, segundo dizem, a atenção de militares e funcionários civis.[17]

E, se Lima Barreto não conseguiu a primeira classificação, por culpa exclusiva de sua péssima letra, distanciou-se apenas seis décimos da nota do vencedor do concurso. Nas provas de Redação Oficial e Caligrafia alcançara, na verdade, apenas grau 3, ao passo que o seu competidor obtivera em ambas grau 9.[18]

O insucesso teria contribuído para aumentar ainda mais o seu desânimo, não fosse a oportunidade que logo depois se lhe abriu com o falecimento de um funcionário da Secretaria. A vaga pertencia-lhe. Um amigo, Mário Tibúrcio Gomes Carneiro, procurou-o para que pleiteasse a nomeação. A princípio, Lima Barreto deu de ombros, como não querendo acreditar que valesse a pena qualquer esforço nesse sentido.

– Você pensa – teria perguntado ao amigo – que a administração pública está tão moralizada neste país, a ponto de respeitar os concursos?

Mas Gomes Carneiro insistia:

– Você vai tratar disso quanto antes. Procure o Coronel Morais Rego, chefe do gabinete de Argolo,[19] e me dirá depois se tenho ou não razão.

Vencido, mas não convencido, pelo otimismo do amigo, Lima Barreto acabou procurando o Coronel Morais Rego, que por sinal o recebeu muito bem, garantindo-lhe a nomeação. Mais tarde, na cidade, o futuro amanuense comentava com Gomes Carneiro:

– Veja você, começo a acreditar que a única coisa moralizada nesta terra ainda é o Exército, que respeita os concursos.[20]

De fato, Afonso Henriques de Lima Barreto era feito, poucos dias depois, amanuense da Secretaria da Guerra, por concurso, como costumava dizer com certo orgulho. Nomeado a 27 de outubro de 1903, no dia seguinte mesmo tomou posse do cargo.[21]

Foi por esse tempo que se mudou com a família para Todos os Santos, indo morar em casa alugada, na Rua Boa Vista, no alto de um morro. No silêncio da habitação suburbana, João Henriques passaria a curtir, desde então, a sua neurastenia, longe dos olhos e ouvidos indiscretos. Permaneceria sentado numa cadeira dias inteiros, sem falar e sem comer. Mas, de quando em quando, o delírio se apossava dele, e o pobre homem clamava pelo filho, aos gritos, como se Lima Barreto fosse a única pessoa capaz de protegê-lo, em meio ao pavor que tinha de ser preso:

– Afonso! Afonso Barreto! Querem-me matar! Querem-me matar!

Os gritos reboavam morro abaixo, sacudindo a quietude suburbana. E por isso o povo da redondeza deu de chamar "a casa do louco" à pequena morada no alto da Rua Boa Vista, em Todos os Santos.[22]

NOTAS

1. Depoimento de Carlindo de Lima Barreto.
2. *Policarpo Quaresma*, p. 97.
3. Em ofício ao diretor do Serviço de Assistência a Psicopatas, datado de 1-12-1902, o administrador das Colônias de Alienados informa que João Henriques de Lima Barreto "retirou-se da ilha indo residir na Rua Vinte e Quatro de Maio nº 223 ou 225", conforme se lê no livro de cópias dos ofícios expedidos, referentes àquele ano, no Arquivo da Colônia Juliano Moreira.
4. Depoimento de Carlindo e Evangelina de Lima Barreto.
5. A local do *Jornal do Brasil*, sob o título "Colônias de Alienados. Apurar", está assim redigida. "O *Jornal do Brasil*, em sucessivas locais, tem profligado a má administração da Colônia de Alienados, na Ilha do Governador. A propósito vem o caso de que o respectivo almoxarife, que fora submetido à inspeção, a pedido de um filho, e julgado inválido, desde o mês passado até hoje, não solicitou a sua aposentadoria, concorrendo para que seja substituído interinamente por outro funcionário sem fiança. Segundo nos informaram, aquele almoxarife tem sido aconselhado a assim proceder, a fim de ser evitada a sua substituição efetiva, o que dará lugar a serem apuradas graves irregularidades. O Sr. ministro do Interior, que tem sido tão solícito em atender às reclamações do *Jornal do Brasil*, conseguindo apurar a sua veracidade, confiamos estenderá o inquérito a que se está procedendo no Hospício Nacional a essa dependência do mesmo Hospício. Como no caso da Detenção, verá também que neste ponto o *Jornal do Brasil* tem razão." (Transcrito de um livro de recortes de jornais, existente na Colônia Juliano Moreira.)
6. V. documento anexo, pp. 260 e segs. do *Relatório apresentado ao presidente da República pelo Dr. J. J. Seabra, ministro de Estado da Justiça e Negócios Interiores, em abril de 1903*. Rio de Janeiro, Imprensa Nacional, 1903. Nesse relatório, está escrito pela mão do Ministro Seabra: "Tive o prazer de ver destruída a malévola acusação feita por aquele diário [refere-se ao *Jornal do Brasil*] no relatório que a mesma comissão apresentou, e vem publicado, como anexo, no relatório do ministro."

7. Note-se ainda que, ao passar o cargo ao escriturário Amerino Raposo, que o substituiu interinamente, como administrador, as contas foram rigorosamente verificadas, achando-se todas elas em perfeita ordem. Depoimento do próprio Amerino Raposo, através de sua filha, Srta. Dulce Raposo.
8. *Policarpo Quaresma*, p. 105.
9. Arquivo do Ministério da Fazenda.
10. *Gonzaga de Sá*, pp. 143 e 144.
11. *Numa e a ninfa*, p. 121.
12. V. troca de cartas entre João Paulo da Rocha e Lima Barreto. Seção de Manuscritos da Biblioteca Nacional, V. *Correspondência*, I, pp. 41-44.
13. Antes disso, todavia, Lima Barreto decidira abandonar a Federação de Estudantes, pelo fato de a entidade se haver solidarizado com o projeto do serviço militar obrigatório.
14. *Isaías Caminha*, pp. 128-129.
15. *Diário íntimo*, p. 33.
16. V. Lata "A", maço 18, do Arquivo do Exército. Pasta referente a Afonso Henriques de Lima Barreto.
17. Assim depõe, pelo menos, Mário Galvão.
18. V. Arquivo do Exército. Referência citada na nota 16.
19. Francisco de Paula Argolo, ministro da Guerra no quatriênio 1902-1906 (governo Rodrigues Alves).
20. Depoimento do Ministro Mário Tibúrcio Gomes Carneiro.
21. V. Arquivo do Exército.
22. Rua Boa Vista, hoje Elisa de Albuquerque. A casa conserva o mesmo número, 76.

2

ESPLENDOR DOS AMANUENSES

"... assim denominávamos as nossas reuniões, em vista da profissão da maioria dos convivas – amanuenses, que tinham as suas grandes horas de satisfação e jucundo prazer ali, em torno daquela mesa e com uma orgia regada a café, entre o enfado da repartição e as agruras de lares difíceis."

GONZAGA DE SÁ, p. 106

DECORRERIAM SEM MAIORES novidades os primeiros tempos de Lima Barreto como amanuense da Secretaria da Guerra. O estudante crônico da Escola Politécnica, o irreverente Alfa Z., parecia talhado para a rotina burocrática. Era esta, pelo menos, a impressão que dava quem tão rapidamente se afeiçoara ao afã pouco sedutor de redigir e copiar avisos e portarias ministeriais.

"Logo no primeiro dia em que funcionei na secretaria – escreveu o memorialista Augusto Machado, personagem que se confunde com o próprio romancista –, senti bem que todos nós nascemos para empregado público. Foi a reflexão que fiz, ao me julgar tão em mim, quando, após a posse e o compromisso ou juramento, sentei-me perfeitamente à vontade na mesa que me determinaram. Nada houve que fosse surpresa, nem tive o mínimo acanhamento. Eu tinha vinte e um para vinte a dois anos [a mesma idade de Lima Barreto, ao ingressar no funcionalismo]; e nela me abanquei como se de há muito já o fizesse. Tão depressa foi a minha adaptação que me julguei nascido para o ofício de auxiliar o Estado, com a minha reduzida gramática e o meu péssimo cursivo, na sua missão de regular a marcha e a atividade da nação."[1]

Foi exatamente o que aconteceu com Lima Barreto, segundo o depoimento de Mário Galvão, seu colega duas vezes: primeiro, nos bancos do Colégio Paula Freitas, e agora, na Diretoria do Expediente da Secretaria da Guerra. Em suma, o comportamento do escritor, como funcionário público, seria nos primeiros anos perfeitamente normal. Era pontual, ativo e cumpridor dos deveres. Tinha péssima letra, é verdade, mas isso não representava obstáculo irremovível ao exercício da carreira, que encetava sob tão bons auspícios. Como redigia com facilidade, davam-lhe para fazer minutas de avisos, portarias ou decretos.[2]

"Puseram-me também a copiar ofícios – continua o mesmo Augusto Machado, recordando a sua iniciação burocrática – e a minha letra tão má e o meu desleixo tão meu, muito papel fizeram-me gastar, sem que isso redundasse em grande perturbação no desenrolar das cousas governamentais."

A vida na Secretaria da Guerra corria como em todas as repartições do mundo inteiro. Não acontecia nada.

"Os dias no emprego do Estado – são ainda impressões do mesmíssimo Augusto Machado – nada têm de imprevisto, não pedem qualquer espécie de esforço a mais, para viver o dia seguinte. Tudo corre calma e suavemente, sem colisões, nem sobressaltos, escrevendo-se os mesmos papéis e avisos, os mesmos decretos e portarias, da mesma maneira, durante todo o ano, exceto os dias feriados, santificados e os de ponto facultativo, invenção das melhores da nossa República."

Tudo era igual e repetido sempre, de forma que o trabalho não apresentava outra dificuldade senão vencer a monotonia das longas horas a fio – das 10 da manhã às 3 da tarde – que passava debruçado à mesa da Secretaria. Como se fosse máquina a funcionar com uma ou outra interrupção, para o cafezinho, o lanche ou para atender a uma parte que desejasse alguma informação, o oficial pegava da pena e escrevia como que acionado por mola invisível: "Declaro-vos, para os fins convenientes.." Ou então, mudando de chapa, rabiscava: "Tenho em vistas..." ou "Na forma do disposto..."[3]

Fazia realmente um grande esforço de adaptação, a ponto de, vencendo todas as suas inibições, saudar o diretor da Secretaria da Guerra no dia de seu aniversário, num discurso de simples cortesia, em todo diferente dos derramamentos bajulatórios comuns a essas homenagens.[4]

Era diretor da repartição o velho Francisco Manuel das Chagas, Barão de Itaipu, tipo acabado do perfeito burocrata. Desde 1860 servia na Secretaria da Guerra, indiferente ao vaivém da política. Na Monarquia, fosse o gabinete liberal ou conservador, o barão continuava firme no seu lugar. Nem a República conseguiu derrubá-lo do posto de diretor, que havia conquistado juntamente com o título de nobreza, "graças ao seu nascimento e à sua antiguidade de funcionário", tal como o Barão de Inhangá, cujo perfil foi feito por Lima Barreto, no *Gonzaga de Sá*, com traço de caricatura:

"Homem inteligente, mas vadio, nunca entendera daquilo, nem de coisa alguma. Entrara como chefe de seção e durante as horas de expediente o seu máximo trabalho era abrir e fechar a gaveta da sua secretária. Foi feito diretor e, logo que se repimpou no cargo, tratou de arranjar outra atividade. Em falta de qualquer mais útil aos interesses da pátria, o barão fazia a toda hora e a todo o instante a ponta no lápis. Era um gasto de lápis que nunca mais se acabava; mas o Brasil é rico e aprecia o serviço de seus filhos. Quando completou vinte e cinco anos de serviço, foi feito barão."[5]

Note-se que as impressões transmitidas, por Lima Barreto, ao seu amigo Antônio Noronha Santos, acerca do Barão de Itaipu, coincidem quase que totalmente com as de Augusto Machado sobre Inhangá.

"Lima Barreto – conta Noronha Santos – tinha sobre o funcionalismo ideias muito pessoais, armazenadas no decurso do seu longo estágio numa Secretaria de Estado. Vira ele, anos a fio, o venerando Barão de Itaipu (Chagas Dória) [*sic*], diretor daquela Secretaria, abrir e fechar gavetas. Sinal certo de desocupação, dizia-me. Sempre que você vir um sujeito qualquer abrindo e fechando gavetas, não tenha a menor dúvida, é que ele não tem nada o que fazer."[6]

No entanto, Itaipu era o oráculo da Secretaria. Apontam-no ainda hoje como o modelo dos funcionários. E é bem possível que se tratasse de fato de um ótimo servidor do Estado. O romancista decerto exagerava ao retratar o venerando burocrata, que havia trabalhado com cinquenta e seis diferentes ministros da Guerra, que era o primeiro a chegar e o último a sair da repartição, solene e empertigado na sobrecasaca preta, que nunca deixou de usar, fizesse calor ou frio. Na sua indumentária, que evocava os bons tempos do Império, o diretor da Secretaria da Guerra não dispensava a cartola negra e reluzente, símbolo de toda uma classe, como se tal cobertura fosse a única digna de tão fidalga cabeça.[7]

Se tinha a chefiá-la um antigo titular da Monarquia, aquela repartição – que cuidava da defesa nacional e velava pela segurança do regime republicano – possuía no seu quadro de funcionários um dos mais ativos propagandistas do anarquismo, que àquele tempo começava a ganhar adeptos no Brasil. Chamava-se Domingos Ribeiro Filho e era um misto de boêmio e revolucionário, pregando as suas ideias e fazendo a sua literatura nos cafés das Rua do Ouvidor e Gonçalves Dias.

"Pequenino de estatura, muito feio, o narigão recurvo – assim o descreve Astrojildo Pereira, que o conheceu pessoalmente e com ele privou – Domingos Ribeiro Filho constituía-se logo, em qualquer grupo, a figura central, graças ao sortilégio de um espírito em fulguração permanente. Era na verdade um conversador admirável, e escrevia como falava, com a mesma abundância e o mesmo encanto. Os seus ditos, os seus epigramas, os seus sarcasmos demolidores se sucediam e multiplicavam com uma vivacidade absolutamente pasmosa."[8]

Os primeiros jornais anarquistas apareceram no Rio de Janeiro no último quartel do século XIX. Citam-se, entre outros, *O Despertar*, de José Sarmento, *O Protesto* e *O Golpe* como pioneiros, estes últimos dirigidos por Mota Assunção.[9]

Não sabemos se Domingos Ribeiro Filho colaborou em alguns desses pequenos jornais de vida efêmera e difícil, que apareciam e desapareciam como meteoros, causando pasmo e temor, apenas por alguns momentos, a pacatos leitores afeitos aos sonetos de Olavo Bilac e às graçolas de Emílio de Meneses. Na adolescência, Domingos fora florianista exaltado, a ponto de pegar em armas por ocasião da Revolta da Armada, em 1893, para defender o Marechal. Ligara-se depois à corrente revolucionária, sem contudo cortar as amarras com a burguesia. Tanto assim que se fez funcionário público. Nunca, entretanto, escondeu suas ideias, fazendo mesmo questão de proclamá-las, dentro e fora da repartição. A atividade jornalística de Domingos Ribeiro Filho não se limitava, porém, às colaborações que publicava na imprensa revolucionária. Em 1903, vemo-lo secretário de uma revista, *A Avenida*, a princípio sob a direção de Crispim do Amaral, e de Cardoso Júnior, depois.[10]

O Rio de Janeiro vivia a grande hora da sua remodelação. Osvaldo Cruz, um jovem médico desconhecido, com menos de 30 anos, enfrentava o problema da febre amarela e saneava a cidade. Ao mesmo tempo, sobre os escombros dos velhos sobradões coloniais, demolidos pela Prefeitura, Pereira Passos construía uma nova metrópole, sem sacrificar a beleza da paisagem, tão gabada por nós, há quatro séculos celebrada por quanto viajante estrangeiro aportasse à Guanabara.

Rio Branco compara o Prefeito Passos a Haussmann, o reformador de Paris, com certo exagero talvez – faltava à obra dinâmica de Pereira Passos um sistema, que lhe garantisse a continuidade –, mas a lembrança do chanceler, que passava por ser o homem supercivilizado da época, reflete um estado de espírito que um cronista sintetizaria mais tarde na frase que ficou famosa – "O Rio civiliza-se..." – para definir o período da vida carioca que se seguiu à abertura da Avenida Central.

O povo assistia espantado à revolução urbanística. Em meio à poeira levantada pelos quarteirões derribados, às dezenas, pelos alviões e picaretas da municipalidade – para abrir a Avenida foram demolidas mais de 500 casas – o povo não se lembrava de Paris, como o Barão do Rio Branco, nem da civilização, como o cronista, e dizia boquiaberto:

– É o bota-abaixo!

A Avenida Central – que depois se chamou Rio Branco – assinala com efeito o fim de uma época. Depois de sua construção, estava fadado a desaparecer rapidamente o velho Rio de Janeiro dos tílburis e dos bondes de burro. O título escolhido para a revista secretariada por Domingos Ribeiro Filho dá bem a ideia do que a Avenida significava para o carioca, entontecido diante de tanta novidade.

Pelas ruas da cidade, apareciam os primeiros automóveis, um dos quais pertencia ao grande jornalista José do Patrocínio, diretor da *Cidade do Rio*, saltando por cima de pedras ou enterrando as rodas nas poças de lama.[11]

Os primeiros bondes elétricos, a que Lima Barreto chamava "os mastodontes da Light", surgidos poucos anos antes, na zona sul, bairros da gente rica, começavam a estender as suas linhas na direção dos subúrbios. Era o progresso que chegava, impondo com a sua presença um ritmo diferente à vida da cidade, que conservava ainda o ressaibo provinciano da aldeona dos últimos anos do Império.

O Rio de 1903 ainda estava longe de ser uma grande cidade. Nem era possível que tão radical transformação se operasse da noite para o dia, como num passe de mágica do Prefeito Pereira Passos.

"A remodelação da velha *urbs* – observa um cronista, que foi testemunha do período do 'Bota-Abaixo' – foi demorada, e obedeceu ao ritmo caprichoso, ora presto, ora lento, que caracteriza as nossas atividades. Em suma, a Avenida fez-se devagar.

"As primeiras casas que surgiram apresentavam o mesmo aspecto de utilidade imediata dos barracões improvisados depois de um terremoto. De uma, recordo-me ainda hoje: era um ingênuo armazém de secos e molhados ali pelas alturas do Soria e Boffoni [no quarteirão das Ruas São José e Assembleia]. E faliram, como também faliu por essa época a primeira empresa de transportes em automóveis que acreditou, talvez por ouvir falar, na teoria das mutações rápidas aplicadas ao mundo social.

"O povo continuou a mover-se sem pressa, e só com o tempo foi adaptando hábitos ancestrais ao novo ambiente.

"Novo, sim, sobretudo à noite, com as luzes variegadas dos primeiros reclames luminosos que o Rio conheceu, e os seus terraços e mesas da Americana e do Jeremias – insolentemente espalhadas pelos passeios..."[12]

Podia-se dizer que o Rio de Janeiro era, por esse tempo, a cidade dos cafés. Nunca existiram tantos! Será impossível, nem isso interessa ao leitor, mencioná-los um por um. Café do Rio, Cascata, Paris, Papagaio, Jeremias, Americana, Java, o Criterium.

Havia também as confeitarias, como a Colombo e a Pascoal. E os bares, como Stadt München e o do Jacob, o famoso "Braço de Ferro", na Rua da Assembleia, que depois ficou conhecido por Bar Adolf, com a investidura do antigo garção, Adolf Ruyaneck (ou Runyaneck), na propriedade do mesmo.[13]

Por todos esses cafés, confeitarias e bares, que se concentravam no centro urbano, isto é, na Rua do Ouvidor e imediações, passava obrigatoriamente toda a população da cidade, que não ia além de 730 mil almas.[14] O café era o ponto obrigatório de políticos, escritores, artistas, estudantes e *cocottes*. Não é possível esquecê-las, pois as francesas dão ao ambiente do começo do século uma nota característica.[15]

É o fim do período áureo da boêmia literária, das patuscadas e das bebedeiras, em que Emílio de Meneses pontificava na Confeitaria Colombo, como se fosse um deus expulso do Olimpo por mau comportamento. Em torno do poeta medíocre, mas cheio de verve, temido por sua veia satírica, uma porção de jovens escritores se acotovelava para ouvir "a última do Emílio"! E, assim, o tempo passava, por entre trocadilhos, sonetos humorísticos, copázios de cerveja alemã – a "Bock-Ale" – e cálices de conhaque francês. "Bebia-se demais – completa Luís Edmundo, ao escrever a crônica dos 1900 – bebia-se como talvez não havia ideia de se haver bebido no Brasil."[16]

Essa vida de café faz pensar nos romances de Murger, conforme já foi observado. Muitos de seus frequentadores se não imitavam deliberadamente os personagens das *Scènes de la vie de Bohème*, bem que gostariam de ser comparados com eles. Com Rodolfo. Com Mimi Pinson.

Pois foi num desses cafés que Antônio Noronha Santos ficou conhecendo Lima Barreto. Já vimos, os dois amigos em companhia de Álvaro Osório de Almeida e Edmundo Cunha Melo, conversando no Café Java, ponto predileto dos estudantes da Escola Politécnica, que ficava defronte, no Largo de São Francisco de Paula.

Outros encontros, que decidiram sobre a amizade de ambos, pelo resto da vida, se deram, por volta de 1903, nas mesas da Americana ou do Jeremias, espalhadas pelo passeio da Avenida.

O futuro escritor já possuía a sua roda de admiradores, muito embora nenhum nome de relevo nas letras ou na sociedade formasse no seu "séquito humilde".

"Essa roda de rapazes mais ou menos instruídos, mas sem a menor pretensão revelada a qualquer espécie de celebridade – é ainda Noronha Santos quem o diz –, aplicava o preceito de Stendhal: 'Ne jamais parler littérature'..."

Quem eram eles? Pausílipo da Fonseca, redator político do *Correio da Manhã*, e que depois vai dirigir um semanário anarquista, *Novo Rumo*; Gilberto de Morais, vivo e inteligente, entusiasta de Eça de Queirós; Antônio Noronha Santos, estudante de Direito, com um ligeiro sotaque francês, falando muito em Baudelaire e em Anatole France, ao mesmo tempo. A essa roda juntar-se-ia mais tarde o estudante de Engenharia Joaquim Vilarinho, que morreu muito cedo, e foi um dos maiores bebedores de parati que o Rio de Janeiro conheceu.

Recordando todos esses nomes de antigos companheiros da sua mocidade, hoje caídos no esquecimento, acrescenta Antônio Noronha Santos mais uma informação curiosa:

"... embora Lima Barreto frequentasse também outras rodas, como a do Café Papagaio, onde avultavam, pelo talento e pela verve, Bastos Tigre, Domingos Ribeiro Filho e o engenheiro Ribeiro de Almeida, e na qual se discutia 'Arte', era a primeira [a do Jeremias ou da Americana] a sua predileta, e, só com o correr dos anos, se afastou lentamente dela."[17, NR4]

Seria difícil optar por uma ou outra roda. Se preferia a primeira à segunda, o certo é que Lima Barreto por duas vezes faz referências, em escritos seus, ao grupo que se reunia todas as tardes no Café Papagaio, sob a liderança de Domingos Ribeiro Filho: num artigo de jornal e depois num romance, o *Gonzaga de Sá*, onde se reproduz quase com as mesmas palavras o trabalho jornalístico.[18]

Vale a pena citá-lo aqui, pelas numerosas informações que nos proporciona.

"Nós nos reuníamos, nesse tempo – diz o artigo –, no Café Papagaio. Aí pelas três horas, lá estávamos a palestrar, a discutir coisas graves e insolúveis. Como havia entre nós bem uns quatro amanuenses, o grupo foi chamado 'Esplendor dos Amanuenses', na intenção de mais justamente destacar aquelas horas de felicidade, de liberdade, em oposição às de inércia nas secretarias e repartições, quando, acorrentados à galé dos protocolos e registros, remávamos sob o chicote da Vida. E falávamos a mais não poder ou então fundávamos jornalecos e escrevíamos coisas portentosas nas revistas, cujas

NR4 – Estes números de *O Diabo* fazem parte do arquivo FAB da Biblioteca Guita e José Mindlin. Não é impossível que haja alguma contribuição de Lima Barreto, publicada sob pseudônimo, nos primeiros números.

aparições eram determinadas pelo estampar de solenes retratos de graves personagens da justiça, do comércio, da finança e da administração. Panteons ambulantes, a que não faltavam os panegíricos das nossas fórmulas ocultas. Já lá vão quase dez anos [o artigo citado é de 1911] e o Rio ainda era uma velha e feia cidade, de ruas estreitas e mal calçadas, mas, não sei por que, mais interessante, mais sincera, do que esse Rio binocular[19] que temos agora, Rio *trompe l'oeil*, com avenidas e palácios de fachadas, só cascas de casa, espécie de portentos cenográficos."

Depois desse desabafo, tão frequente nos seus artigos de jornal, como nos romances, contra tudo de que não gostava, Lima Barreto passa a falar dos que formavam a roda do "Esplendor dos Amanuenses":

"O Rafael Pinheiro, um deles, andava sempre de sobrecasaca e cartola, e ainda não era bibliófilo, nem esteio e suporte das instituições.[20] O Amorim Júnior ensaiava a reportagem tétrica e contava casos espantosos, coisas de Hoffmann, que nos causavam pesadelos e iniciavam em lados curiosos da natureza humana; o Tigre fazia trocadilhos e o Domingos Ribeiro escachoava *saillies*. Havia também o Raul, o Calixto, o João Rangel, cheio de talento, mas desalentado, o Gil – o Lenoir –, uma revelação, um quase assombro na caricatura... Oh! o triste Lenoir, o grande Lenoir, que lá se foi para longe, abraçado eternamente com a morte...[21] Era este último o menos falador da roda: ouvia com muita atenção as nossas sempre transcendentes discussões e, ao notar que o seu silêncio pesava, tentava trocadilhar – o que, no tempo, era da moda. O Fagundes, o charuteiro, o alegre Fagundes, de quando em quando, emitia uma substanciosa opinião literária. E bebíamos café, só café, pois as finanças não permitiam o luxo da cerveja ou do *whisky*."[22]

A citação foi longa, mas o seu final é importantíssimo, mesmo porque vem coincidir com a confissão de Isaías Caminha, lembrada no capítulo anterior, e com o artigo que Lima Barreto escreveu sobre Henrique Rocha,[23] no qual recorda a sua iniciação na vida boêmia e no jornalismo, logo após a doença paterna, quando desiste de estudar Engenharia, decidindo-se a ingressar no funcionalismo público.

No seu *Diário íntimo*, que começa então a escrever, Lima Barreto garatuja os dois primeiros mandamentos de um decálogo, que não chegou a concluir e que havia de cumprir apenas pela metade: "1 – Não ser mais aluno da Escola Politécnica; 2 – Não beber em excesso coisa alguma..."[24]

No artigo, evocando a figura bizarra de Henrique Rocha, o "Rocha Alazão", escreveu Lima Barreto sobre essa mesma fase da sua vida: "Não tinha eu hábitos de boêmia de botequim, de confeitaria, apesar de desde pouco mais de quinze anos, quando me matriculei [na Escola Politécnica], até àquela data [1903], viver sobre mim, em casas de cômodos e comendo em pensões mais ou menos familiares."

Como vimos, foi nos cafés que Lima Barreto veio a travar relações com o meio intelectual da época. Com "uma porção de artistas, de poetas, de filósofos, de cronistas, jornalistas e repórteres", diz o escritor, e os enumera a todos, tal como já o fizera antes com a turma do Café Papagaio, incluindo novos nomes, como os de Emílio de Meneses, Guimarães Passos, Raul Braga, Luís Edmundo, Santos Maia, Heitor Malagutti, Evêncio Nunes, Maurício Jobim, Camerino Rocha, os dois irmãos Chambellands, os dois irmãos Timóteos, Hélios Seelinger, Gonzaga Duque, Lima Campos.

Bastos Tigre, que está sempre na roda, convida o antigo colega da Politécnica para fazerem juntos revistas, como *A Quinzena Alegre* e *O Diabo*, ambas de duração efêmera. Naquela, a fiar no depoimento de Bastos Tigre, Lima Barreto publicou a primeira versão do seu conto "*Agaricus auditae*".[25]

N'*O Diabo*, semanário que se intitulava "revista infernal de troça e filosofia", que circulou apenas quatro vezes, o cronista aparece sob o pseudônimo de Rui de Pina,[26] o mesmo que usou nas poucas vezes que colaborou no *Tagarela*, o jornal humorístico mais interessante da época, com caricaturas de Raul, Falstaff e Calixto Cordeiro.[27]

Em *O Pau*, de Crispim do Amaral, é bem possível que Lima Barreto tivesse colaborado,[28] mas n'*A Avenida*, de Domingos Ribeiro Filho, não se encontra nenhum sinal que possa indicar a sua presença.

Preocupado com os encargos da família, Lima Barreto talvez desejasse fazer do jornalismo mais do que um simples passatempo, um meio de ganhar a vida, já que o dinheiro mal chegava para as despesas, conforme se verifica do "orçamento definitivo", registrado no *Diário íntimo*. Com o que recebia o pai, já então aposentado, e mais o irmão, Carlindo, somados aos vencimentos de amanuense da Secretaria da Guerra, a receita não ia além de

360$000. A despesa forçada era de 220$000: 120$000 para o aluguel da casa, 100$000 para o armazém.[29] Sem falar em médico, farmácia, roupa, livros e tantas outras coisas que não foram previstas na contabilidade doméstica do jovem escritor.

Por esse tempo, Carlos Viana, que também conhecera nos bancos da Politécnica, confia a Lima Barreto a secretaria da *Revista da Época*, uma revista como tantas outras, vivendo de cavações, e que, fundada em 1902, não conseguira ainda sair com regularidade. Pensava agora o diretor – estamos em fins de 1903 – restabelecer a periodicidade. Contava com bons empenhos na política. Podia fazer jornalismo e ganhar algum dinheiro.

Mas Lima Barreto há de ficar muito pouco tempo à frente da secretaria da publicação, muito embora não se desligasse de todo nem da *Revista da Época*, nem do seu diretor.

É que não se conformaria jamais em escrever louvores, mesmo sem a sua assinatura, aos mandarins da política. Por isso demitiu-se meses depois, enviando a Carlos Viana uma carta em que confessa ter rompido, cheio de vergonha, "numa crise de desespero", um artigo encomendado pelo diretor. "Oito tiras" de papel, elogiando um senador do Paraná, figura influente na política.

Lima Barreto não tinha ordenado fixo na *Revista da Época*. Recebia *pro labore*. A sua atitude poderia desgostar o amigo. Por outro lado, ia pesar no "orçamento definitivo", o que pouca importância teria, para ele, quando se tratava de escolher entre ganhar dinheiro ou ficar em paz com a sua consciência.[30]

Um ano mais tarde, Lima Barreto faz nova tentativa para ingressar no jornalismo profissional, escrevendo reportagens no *Correio da Manhã*.

Quem o teria levado para o jornal de Edmundo Bittencourt? Pausílipo da Fonseca? Bastos Tigre? Ambos eram amigos seus. Ambos trabalhavam no *Correio*, o mais desabusado órgão da imprensa carioca, que firmara o seu prestígio, por assim dizer, instantaneamente, no primeiro número talvez. Apareceu a denunciar negociatas, atacando de rijo os figurões da política, os comendadores das Ordens Terceiras, quebrando enfim todos os tabus da época. Aquele *panache* a princípio chocou, estabelecendo um contraste vivo com a timidez e a covardia dos jornais que até então "orientavam" o que se convencionou chamar a "opinião pública", submissos aos interesses políticos e comerciais deste ou daquele grupo.[31]

São contudo imprecisos os dados acerca da passagem de Lima Barreto pelo *Correio da Manhã*. Simples colaborador ou redator efetivo, são inquestionavelmente da sua autoria a série de reportagens (vinte e duas, ao todo) em torno das escavações dos subterrâneos do morro do Castelo, ao tempo em que eram concluídos os trabalhos da abertura da Avenida Central, na altura da praia de Santa Luzia[NR5].

As reportagens começaram a ser publicadas em 28 de abril de 1905 e só terminaram a 3 de junho do mesmo ano. O repórter soube tirar partido do tema, no seu dizer, "farta messe de assunto para os amadores da literatura fantástica e para os megalômanos, candidatos a um aposento na praia das Saudades".[32]

Na praia das Saudades – será lícito esclarecer o leitor – ficava o Hospício. Falava-se muito nos fabulosos tesouros dos jesuítas, enterrados nas galerias subterrâneas do morro do Castelo. Imagens de Santo Inácio de Loiola, São Sebastião, São José e a Virgem, todos de tamanho natural, e em ouro maciço!

Não será difícil identificar o autor da reportagem, publicada sem assinatura no *Correio da Manhã*. De uma grande parte dela ficaram as laudas escritas a mão naquela letra inconfundível que pertencia a Lima Barreto.

Esse manuscrito é uma narrativa romanceada, que o repórter diz ter encontrado nas escavações, com um título quilométrico: *D. Garça ou o que se passou em começos do Século XVIII, nos subterrâneos dos Padres da Companhia de Jesus, na cidade de S. Sebastian do Rio de Janeiro, a mui heroica, por ocasião da primeira invasão francesa ao mando de Clerc.*[33]

NR5 – Esta série de *reportagens* foi editada, como livro, em 1997: *O subterrâneo do morro do Castelo. Um folhetim de Lima Barreto* (organização, introdução e notas de Beatriz Resende). Rio de Janeiro: Dantes, 1997.

À reportagem sobre escavações que a Prefeitura do Rio de Janeiro realizava no morro do Castelo, Lima Barreto incorporou a narrativa folhetinesca *D. Garça* ou *O que se passou em começos do século XVIII, nos subterrâneos dos padres da Companhia de Jesus na cidade de S. Sebastião do Rio de Janeiro, a mui heroica, por ocasião da primeira invasão dos franceses a mando de Clerc*. São os manuscritos de *D. Garça*, inclusive com desenho feito por Lima Barreto nas mesmas folhas, guardados na Biblioteca Nacional, que autenticam a autoria de *O subterrâneo do morro do Castelo*, já que as reportagens foram publicadas no jornal sem indicação do autor.

Mas isto não passa, é claro, de simples truque de reportagem. *D. Garça* já é, fora de dúvida, um arremedo de romance. Muito fraco, muito tênue, que nem de longe dá para revelar o futuro escritor do *Triste fim de Policarpo Quaresma*. Lima Barreto apenas ensaiava o voo.

NOTAS

1. "Três gênios de Secretaria". *Gonzaga de Sá*, pp. 171-172.
2. Depoimento de Mário Galvão, jornalista e funcionário aposentado da Secretaria da Guerra.
3. *Gonzaga de Sá*, pp. 172-173.
4. O original desse discurso encontra-se na Seção de Manuscritos da Biblioteca Nacional. Col. Lima Barreto. V. *Diário íntimo*, pp. 62-63.
5. *Gonzaga de Sá*, p. 79.
6. "Uma paradinha só", artigo de Antônio Noronha Santos, publicado no jornal *A Palavra*. Recorte cedido ao autor, sem indicação de data.
7. Depoimento de Laurêncio Lago, funcionário aposentado da Secretaria da Guerra.
8. "Domingos Ribeiro Filho", artigo de Astrojildo Pereira. *Diretrizes* (fase do semanário). Rio de Janeiro, nº 107, 16-7-1942.
9. Notas cedidas ao autor por Edgar Leuenroth.
10. O primeiro número d'*A Avenida* é de 1-8-1903.
11. Segundo Gastão Cruls, *Aparência do Rio de Janeiro*, p. 455.
12. "Primeiro contacto com Lima Barreto". Artigo de B. Quadros (pseud. de Antônio Noronha Santos), publicado na revista *Vida Nova*, Rio de Janeiro, 25-1-1936. Ano XI, nº 279, pp. 23-24, reproduzido, como prefácio, no volume *Correspondência*, II, pp. 9-14.
13. Vide *O Rio de Janeiro do meu tempo*, 3 volumes, de Luís Edmundo, que apresenta um grande quadro da vida boêmia do começo do século.
14. O dado foi retirado da obra de Gondin da Fonseca, *Santos Dumont*, onde há informações muito curiosas sobre o Rio de Janeiro de 1903, pp. 101 e seguintes.
15. A propósito das francesas, dizia Gonzaga de Sá que elas se davam "ao trabalho de nos polir". E o ironista assim prossegue: "A sua missão era afinar a nossa sociedade, tirar as asperezas que tinham ficado da gente dada à chatinagem e à veniaga dos escravos soturnos que nos formaram; era trazer aos intelectuais as emoções dos traços corretos apesar de tudo, das fisionomias regulares a clássicas daquela Grécia de receita com que eles sonham." *Gonzaga de Sá*, p. 105.

16. Luís Edmundo. *Ob. cit.*
17. B. Quadros, artigo citado. Em outro artigo, no qual aliás se identifica como sendo o B. Quadros da crônica da "Vida nova", Antônio Noronha Santos dá outra versão ao primeiro encontro com Lima Barreto, recuando-o ao tempo da publicação d'*O Diabo* (1903). "Quando o Otávio Fonseca fez a apresentação de estilo, fomos ao Café Cascata, onde Lima nos leu os *Cogumelos auditivos*, uma sátira à Swift, bem entendido – dos frequentadores do Teatro Lírico." "Lima Barreto e Afrânio Peixoto (em torno de dois romances *à clef*)". *Pan-Estadual*, Rio de Janeiro, novembro-dezembro de 1942, pp. 5-7. Há aqui, talvez, um dado a retificar. Disse-nos Bastos Tigre que o conto *Cogumelos auditivos* fora publicado pela primeira vez n'*A Quinzena Alegre* (1902), jornalzinho de que não existe hoje sequer um exemplar. N'*O Diabo* é que não foi, conforme pude verificar, valendo-me, aliás, da própria coleção pertencente a Lima Barreto.
18. Intitula-se o artigo, "Os galeões do México". É dedicado a Domingos Ribeiro Filho, e foi publicado na *Gazeta da Tarde*, Rio de Janeiro, em 20-5-1911. O capítulo do *Gonzaga de Sá*, no qual se faz referência ao "Esplendor dos Amanuenses", intitula-se "O padrinho", com a citação dos que frequentavam o Café Papagaio: "o Amorim, o Domingos, o Rangel e eu..." (p. 106).
19. Expressão alusiva à seção de elegâncias da *Gazeta de Notícias*, "O binóculo", redigida por Figueiredo Pimentel.
20. Jornalista e orador de comícios populares.
21. Carlos Lenoir, caricaturista que se assinava Gil, foi colaborador d'*A Avenida*. Era notável no desenho de cabeças.
22. "Os galeões do México". *Gazeta da Tarde*, Rio de Janeiro, 20-5-1911.
23. *Bagatelas*, pp. 195-204.
24. *Diário intimo*, p. 33.
25. Não conseguimos obter nenhum exemplar dessa publicação. O conto está em *Histórias e sonhos*, pp. 101-114.
26. "Sobre a Universidade", crônica de Rui de Pina. N'*O Diabo*, nº 2, 19-8-1903. Coleção do autor.
27. *O Tagarela* publica dois artigos de Rui de Pina: "Vendo a brigada Stegomia", a 9-7-1903, "Ópera ou circo?", a 23-7-1903. Coleção da Biblioteca Nacional.
28. Presumimos ser de Lima Barreto a crônica "O morticínio dos não euclidianos", assinada Alfaz, quase o mesmo pseudônimo usado n'*A Lanterna* – Alfa Z. *O Pau*, Rio de Janeiro, Ano I, nº 1, de 12-8-1905. Coleção da Associação Brasileira de Imprensa.
29. *Diário Íntimo*, pp. 41-42.
30. Carta a Carlos Viana, datada de 28-2-1904. Col. Lima Barreto. Seção de Manuscritos da Biblioteca Nacional. V. *Correspondência*, I, pp. 49-54.

31. Assim qualificou Luís Edmundo, escritor conservador, a imprensa da época: "aparelho modelar de subserviência e ternura, que os homens da politicagem enfeitiçam". A esse propósito, cabe lembrar aqui o comentário de uma das personagens de Lima Barreto: "... antigamente, entre nós, o jornal era de Ferreira de Araújo, de José do Patrocínio, de Fulano, de Beltrano... Hoje de quem são? A *Gazeta* é do Gaffrée, o *País* é do Visconde de Morais ou do Sampaio e assim por diante. E por detrás dela [a imprensa] estão os estrangeiros, se não inimigos nossos, mas quase sempre indiferentes às nossas aspirações..." *Isaías Caminha*, p. 147.
32. *Correio da Manhã*, 28-4-1905.
33. *Correio da Manhã*, 8-5-1905 a 26-5-1905.

3

BOVARISMO

"A minha vida de família tem sido uma atroz desgraça. Entre eu e ela há tanta dessemelhança, tanta cisão, que eu não sei como adaptar-me. Será o meu 'bovarismo'?"

DIÁRIO ÍNTIMO, p. 91

NÃO SE PODE SABER com certeza – com a certeza necessária a uma afirmação categórica – se foi *D. Garça* o primeiro esboço de romance tentado por Lima Barreto. Um ano antes, *A Lanterna* havia publicado um trabalho do antigo estudante, com a indicação de que se tratava de "capítulo de romance inédito". Intitulava-se *Chez Madame da Costa*.

Não só o título, como também o conteúdo, é o que pode haver de mais antilimabarretiano. Descreve, o tal capítulo, uma recepção nas Laranjeiras no estilo das crônicas elegantes do "Binóculo", com as mesmas futilidades, entremeadas de palavras em francês, como que para acentuar o ridículo do que era considerado o *chic* da época.

Seria uma sátira à sociedade? Evidentemente, sim. Mas se era este o propósito, a julgar-se pela amostra apresentada, o romancista fez muito bem em não levar adiante o projeto.[1]

Em toda a vida, Lima Barreto jamais assistiria a uma recepção. Na verdade, viveu da sua casa suburbana para a repartição. Frequentava redações de jornal, cafés e livrarias.

Poucas eram as casas que visitava – e assim mesmo nos tempos da primeira mocidade –, como a dos Noronha Santos, no Rio Comprido, onde, regularmente, durante um largo período, nas quartas-feiras, à noite, ficava a conversar horas a fio com os três irmãos João, Antônio e Carlos, em tertúlia literária, de raro em raro interrompida pela presença do chefe da família ou da filha deste, a quem Lima Barreto chamava respeitosamente D. Zinha, apesar de mais moça do que ele e da relativa intimidade que existia entre ambos.[2]

Ia também, algumas vezes, a Niterói, aos domingos, passar o dia com Otávio Carneiro, seu amigo de infância, que o recebia festivamente na sua casa de Santa Rosa, na Rua Paulo César, numa alegria de que compartilhava toda a família do jovem engenheiro.

"Lá – é o próprio Lima Barreto quem o diz – passava as tardes com ele [Otávio], o Levi[3] e o resto da família, às vezes, mesmo, aparecia o Ribeiro de Almeida, e nas nossas discussões sempre intervinha sua mãe, uma doce senhora que se encantava com a nossa vivacidade, mais deles do que minha, por isso intervinha quando se acaloravam, para que não nos esgotássemos logo nos primeiros embates."[4]

Outra gente que visitava assiduamente, pela mesma época, eram os irmãos Gomes Carneiro, em São Cristóvão, em cuja casa chegou a passar uma temporada.[5]

Nessas visitas,[NR6] resumia-se a vida social de Lima Barreto, não só nos primeiros anos da mocidade, como um pouco mais tarde, após a publicação em livro do *Isaías Caminha*, ao tempo em que o escritor já se havia transformado no boêmio que todo o Rio de Janeiro conheceu, de 1910 em diante.

"Com uma fatiota domingueira e bem cuidada", José Vieira o descreve almoçando em companhia de amigos, na Estação do Rocha. "Tenho presente – relembra o escritor paraibano – o modo delicado, sem embaraço, a

NR6 – São os comentários a duas destas visitas, registradas no *Diário íntimo*, que provocam o ensaio de Antonio Candido: "Os olhos, a barca e o espelho". (In: *A educação pela noite e outros ensaios*. São Paulo, Ática, 1987, pp. 39-50.) É neste texto que Antonio Candido legitima o que denomina "literatura íntima: diários, correspondência, até os desabafos frequentes dos escritos de circunstância".

jovialidade familiar com que tratou as senhoras, a discrição com que se referia a nós três, homens; como se privou de exceder-se no copo, como se fez o hóspede da primeira visita agradável pelas novas e notas pessoais da conversa."[6]

Se era, como diz ainda José Vieira, "um homem de boas maneiras, mesmo fino", o certo é que Lima Barreto estava muito longe de ser um dândi e muito dificilmente poderia tentar um gênero literário como o romance mundano – sátira, documentário ou o que fosse – pois não era este o seu ambiente. Não seria em Laranjeiras ou em Botafogo que iria encontrar os seus personagens. Tinha que voltar as vistas para a gente dos subúrbios. E não demorou muito para compreender isso.

Mas Lima Barreto, por volta de 1904, ainda não se sentia integrado na vida suburbana. Aborrecia-o viajar de trem, que era o principal meio de transporte para a cidade. Mortifica-se não só pelo trem, mas principalmente pelos passageiros, a maioria dos quais funcionários públicos. Todos o olhavam com curiosidade, e Lima Barreto sentia-se vexado, ferido no seu amor-próprio pelos ocupantes da primeira classe.

"A presunção, o pedantismo, a arrogância e o desdém em que olhavam as minhas roupas desfiadas e verdoengas, sacudiam-me os nervos e davamme ânimos de revolta", chegou a confessar num artigo de jornal.[7] Essa ojeriza se dirigia particularmente aos espécimes da aristocracia suburbana, que, segundo o escritor, começava no contínuo de gabinete ministerial e terminava no chefe de seção das repartições públicas.

"O brasileiro – continuou noutro passo, mas tendo, como campo de observações, ainda o trem de subúrbio – é vaidoso e guloso de títulos ocos e honrarias chochas. O seu ideal é ter distinções de anéis, de veneras, de condecorações, andar cheio de dourados, com o peito *chamarré d'or*, seja da Guarda Civil ou da atual segunda linha. Observem. Quanto mais modesta for a categoria do empregado – no subúrbio pelo menos – mais enfatuado ele se mostra. Um velho contínuo tem-se na conta de grande e imensa coisa, só pelo fato de ser funcionário do Estado, para carregar papéis de um lado para outro: e um simples terceiro oficial, que a isso chegou, por trapaças de transferências e artigos capciosos nas reformas, partindo de 'servente adido à escrita', impa que nem um diretor notável, quando compra, se o faz, a passagem no guichê da estação. Empurra brutalmente os outros, olha com desdém os malvestidos, bate nervosamente com os níqueis..." Toda essa gente o irritava, não há dúvida, mas o escritor sempre terá um olhar de ternura, que não pôde omitir numa das suas crônicas mais sugestivas, ao descrever a estação suburbana, por entre a fauna de bacharéis e contínuos, metidos a gente importante, fixando-o numa menina que passa ao seu lado, "carregando uma caixa de violino, um rolo de músicas e um livro", cujo título ele conseguiu ler na lombada: *A toutinegra do moinho.*[8]

A pessoas assim – simples, naturais, humanas – é que amava. Aos outros – enfatuados, pedantes, presunçosos – tinha ódio, pois não sabia olhar a ninguém com indiferença.

A verdade é que o rapaz cheio de sonhos não aceitou sem relutâncias a mediocridade da vida que passaria a viver. Antes da doença paterna, o seu tempo era dividido entre as bibliotecas e as conversas de café. Convivia com artistas, escritores, jornalistas, numa agradável disponibilidade. Agora, não. Fizera-se funcionário público. Era chefe de uma família numerosa. Tinha deveres e responsabilidades, que lhe impunham à vida uma rotina cruel.

O dinheiro era pouco. Além do trabalho da repartição, vira-se obrigado a aceitar alunos particulares, preparando-os para exames no Pedro II ou no Colégio Militar.[9]

Tudo isto, porém, estava muito longe do que havia sonhado: ser romancista, viver da inteligência e para a inteligência, sem outra preocupação que a de escrever os seus livros. Daí as fugas constantes, as longas visitas dominicais aos amigos, gente de condição superior à sua, social e financeiramente, que o recebia em casas confortáveis, e com quem conversava de igual para igual.

Dir-se-ia que ele estava indeciso entre a zona sul e a zona norte, que delimitam, por assim dizer, os nossos aristocratas – ou pseudoaristocratas – da parte mais humilde da população carioca.

Nem o subúrbio, nem a sua casa lhe agradavam. Foi talvez pensando um pouco no seu próprio caso que escreveu, em *Clara dos Anjos*: "O subúrbio é o refúgio dos infelizes."[10] Quanto ao desajustamento doméstico, agravado pela moléstia do pai, está patente em mais de uma página do *Diário íntimo*.

"Eu tenho – dizia – muita simpatia pela gente pobre do Brasil, especialmente pelos de cor, mas não me é possível transformar essa simpatia literária, artística, por assim dizer, em vida comum com eles, pelo menos com os que vivo, que, sem reconhecerem a minha superioridade, absolutamente não têm por mim nenhum respeito e nenhum amor que lhes fizesse obedecer cegamente."

E, completando o desabafo, acrescenta mais adiante:

"A minha melancolia, a mobilidade do meu espírito, o ceticismo que me corrói – ceticismo que, atingindo as cousas e pessoas estranhas a mim, alcançam também a minha própria entidade – nasceu da minha adolescência feita nesse sentimento da minha vergonha doméstica, que também deu nascimento a minha única e grande falta."[11] Essa falta, já se sabe, foi o vício de beber.

Para ele, era sempre um tormento voltar a casa, sentir de perto a triste realidade que era a sua vida.[12] Recolhia-se imediatamente ao quarto, depois de comer o prato de feijão requentado, que a irmã nunca deixou de guardar. O quarto de dormir, que servia ao mesmo tempo de gabinete de trabalho, era o seu refúgio. Ficava na frente da casa, com amplas janelas dando para o jardim, modesto jardim que uma cerca de bambus isolava da rua suburbana, esburacada, cheia de pó, mas silenciosa.

Era nesse quarto que tinha os seus livros, e ali se trancava, esquecido do resto do mundo, para ler ou escrever. Passava dias inteiros no refúgio, que ele havia decorado a seu gosto, pregando às paredes retratos dos escritores da sua predileção, tirados das páginas de revistas francesas.[13] Renan, Balzac, Dostoiévski, Anatole France, Maurice Barrès!

Por duas vezes, através de personagens, Lima Barreto enumerou os autores da sua admiração. No *Isaías Caminha*, por exemplo, confessa que procurara, nos grandes autores, modelos e normas e, mais do que isso, o "segredo de fazer" romances.

"Procurei-os, confesso; e, agora mesmo, ao alcance das mãos, tenho os autores que mais amo. Estão ali *Crime e Castigo* de Dostoiévski, um volume dos *Contos*, de Voltaire, *Guerra e Paz*, de Tolstói, o *Rouge et Noir* de Stendhal, a *Cousine Bette* de Balzac, a *Éducation Sentimentale*, de Flaubert, o *Antéchrist* de Renan, o Eça; na estante, sob as minhas vistas, tenho o Taine, o Bouglé, o Ribot e outros autores da literatura propriamente, ou não."[14] Desta lista pouco difere a que figura no *Gonzaga de Sá*. Antes a completa. Taine, Renan, Barrès, France, Swift, Flaubert. "... alguns deles – termina por confessar – me deram a sagrada sabedoria de me conhecer a mim mesmo, de poder assistir ao raro espetáculo das minhas emoções e dos meus pensamentos."[15]

Não foram certamente só esses livros e autores que mais de perto influenciaram o jovem Lima Barreto. À relação é necessário acrescentar dois outros, pelo menos – M. Guyau e Jules de Gaultier. A marca das ideias estéticas do primeiro na obra do romancista, que deve ter lido, por esse tempo, *L'Art au point de vue sociologique*, não deixa margem a dúvidas. Foi decisiva. O mesmo acontece com *Le Bovarysme*, o livro em que Gaultier expõe a sua teoria psicológica, tendo como ponto de partida o *Madame Bovary*, de Flaubert, e no qual Lima Barreto declarou encontrar "vistas que já tinha sentido também".[16]

O certo é que Lima Barreto leu *Le Bovarysme* com profundo interesse, como se verifica das notas que deixou no *Diário intimo*, chegando mesmo a falar do seu "bovarismo" em mais de uma oportunidade. Nessa fase de transição, mal saído da adolescência, não é possível calar a influência que exerceria sobre o seu espírito o livro de Jules de Gaultier. Influência tão forte quanto *O crime e a loucura*, de Maudsley, cuja leitura o Dr. Braule Pinto lhe havia proporcionado, dois ou três anos antes, logo após a doença paterna. Este livro servira, porém, como advertência ("não beber em excesso coisa alguma..."). A teoria de Gaultier, não. Era uma explicação de todo um estado de espírito, a procura da sua própria personalidade, na tentativa de se adaptar ao meio, às convenções sociais, à mediocridade da repartição, à humildade da sua própria condição social.

Nas suas notas de leitura, Lima Barreto assinala:

"O bovarismo, livro, é um aparelho de ótica mental", para concluir mais adiante: "O mal, o bovarismo nos personagens de Flaubert, pode ser apreciado com uma rigorosa observação: aumenta com o afastamento que se forma entre o fim que está voluntariamente assinalado e o fim para que os imantava naturalmente a sua vocação natural."

Depois de tirar a conclusão, traça o esquema, como se desenhasse o gráfico demonstrativo do mecanismo visual da concepção "bovarista" do universo:

"A pessoa humana ✳

✳ A imagem que, sob o império do meio, circunstâncias exteriores, educação, sujeição, a pessoa forma de si mesma.

✳ Ser real, ideal, tendências hereditárias etc."[17]

Mais tarde, aproveitaria as mesmas notas para escrever um excelente artigo, "Casos do bovarismo", "aplicando el cuento" à vida real, esquecendo-se, porém, de citar como exemplo o seu próprio caso.[18]

É irrecusável que Lima Barreto, na primeira mocidade, padeceu do "mal do pensamento", conforme ele definiu a teoria de Gaultier. Aplique-se-lhe o esquema "bovarista" – aquele mesmo que está no *Diário íntimo* e foi linhas acima reproduzido – e a personalidade do romancista, no período da sua iniciação literária, não terá mais segredos. É a chave da sua conduta, a explicação das suas atitudes, do seu inconformismo, da sua revolta.

Desde que deixara os bancos escolares do Cunditt e do Paula Freitas formara da própria inteligência um alto conceito. Possuía, de fato, grande orgulho de ser intelectual, orgulho que as sucessivas bombas na Escola Politécnica não conseguiram derruir, nem sequer abalar. Sentia-se, na verdade, muito acima da mediocridade do meio em que vivia, não somente em casa, como na repartição. "Visava o Kamtchatka, os países exóticos, as regiões defesas à inteligência", dirá pela boca de Vicente Mascarenhas, o personagem principal do *Cemitério dos vivos*, numa explosão do bovarismo.[19]

Na repartição, debochavam da sua pretensão literária. Mas que sabiam dessas coisas de arte aqueles "filisteus" da Secretaria da Guerra?[20]

O complexo da cor como que exacerbava o seu bovarismo. Ele, que se considerava um ser superior – e o era de fato –, passava por humilhações, sendo tomado, mais de uma vez, por contínuo. A coisa o aborrecia. Nessas horas, dizia, era "preciso tomar-se de muito sangue-frio para que não desmentisse com azedume".[21]

Caía por um momento no terra a terra. Logo depois, voltava a sonhar. E escrevia, no *Diário*:

"... que Deus me dê felicidade suficiente para pagar tudo que meu pai deve. E se eu isso fizer e se conseguir cercar-lhe o resto da sua vida da abundância que ele tem direito, eu só peço três coisas: um amor, um belo livro e uma viagem pela Europa e pela Ásia."[22]

O complexo da cor agravaria sem dúvida o "bovarismo" de Lima Barreto. Mas não é tudo. Há também a considerar o preconceito racial, que impunha, como até hoje impõe, tantas restrições aos homens de cor, pretos ou mulatos, em nossa sociedade, desde que não sejam ricos.

"É triste não ser branco", escreveu Lima Barreto no *Diário íntimo*, resumindo numa confidência amarga todas as limitações que sofria. Mais do que um complexo, a cor era uma barreira para a sua vocação de escritor. Tinha que transpô-la, mesmo que não conseguisse vencer o complexo. Isto, porém, é outra história.

No início da sua vida literária, vamos encontrar Lima Barreto numa verdadeira encruzilhada, indeciso na escolha do caminho a seguir. A hesitação é patente na variedade de obras que tentou. Além da narrativa pretensiosa (*D. Garça*)[NR7] e do romance mundano (*Chez Madame da Costa*), exercitou-se no teatro, na história, no ensaio e no romance sociológico.

Qualquer gênero servia. Estava possuído da ânsia de produzir, de realizar alguma coisa de imediato. Tal era a sua sofreguidão que planejava duas ou três obras ao mesmo tempo, mas não se demorava em nenhuma delas. Escrevia os primeiros capítulos, para abandoná-los logo em seguida.

Essa incapacidade de fixação é típica dos temperamentos esquizoides, classificados por Kretschmer: "são os homens das variações e das surpresas".[23]

NR7 – Note-se que, no momento em que *A vida de Lima Barreto* foi escrito, o folhetim ainda não fora reabilitado pelos estudos literários. A recuperação do gênero e da importância que teve para a literatura brasileira deve-se, especialmente, aos trabalhos de Marlyse Meyer: *Folhetim. Uma história* (São Paulo, Companhia das Letras, 1996) e *As mil faces de um herói canalha e outros ensaios* (Rio de Janeiro, Editora UFRJ, 1998).

Em 1903, Lima Barreto falava em escrever "a *História da Escravidão Negra no Brasil* e sua influência na nossa nacionalidade".[24] Ficou no projeto. É da mesma época o esboço de uma peça em um ato, *Os negros* – inspirada em Maeterlinck, diz o autor –, e que até há pouco tempo se conservava inédita.[25]

Pensou também num romance, descrevendo "a vida e o trabalho dos negros numa fazenda... uma espécie de *Germinal* negro, com mais psicologia especial e maior sopro de epopeia". E, falando desse mesmo projeto, diz que seria a sua "obra-prima", com a qual introduziria em nossa literatura uma nova escola, o "negrismo".[26]

Tinha de fato grandes ambições. Aspirava à gloria literária, "enorme, extraordinária, e – quem sabe? – uma fama europeia".[27] Isso, no entanto, não impediu que deixasse de lado a ideia do "negrismo" e tratasse imediatamente de um novo plano – um romance em grande estilo, *Marco Aurélio e seus irmãos*, em vinte capítulos, mas do qual escreveu apenas quatro laudas.[28]

Outro projeto da mesma época era um romance que também não chegou a escrever, mas que foi com certeza o germe de *Policarpo Quaresma*. O plano é bem mais modesto que o do *Germinal* negro. E nele não há nada que denuncie o bovarismo de que se achava possuído o jovem escritor.

É ainda do *Diário íntimo* que transcrevo o seguinte trecho, de 16 de janeiro de 1905:

"Um livro que pensei. Tibau, filho de uma rapariga que fugira da casa de seu pai em companhia de um valdevinos, que pouco depois a abandona, educa com grande dificuldade esse filho, que chega a estudar medicina; mas, no terceiro ano, sem o adubo que era sua mãe, a planta fenece sem arrimo e, por fim, por recomendação de um colega, vai ser professor de História do Brasil num colégio de Botafogo; o diretor, notando que era um desar para seu estabelecimento ter um professor sem título algum, arranja-lhe o de major da Guarda Nacional. Eis senão quando o Major Tibau, que do seu avô pouca notícia tivera, vem a saber que ele acabava de morrer no Porto, deixando-lhe (e reconhecendo-o como neto) toda a sua fortuna: dois mil contos. No curso das suas lições de história, Tibau tinha adquirido um grande amor do Brasil e acariciara o sonho de uma Sociedade de Folclore, que se destinava a recolher os contos, as tradições e a poesia popular da nossa terra. Cultivar e festejar as datas familiares com o sainete nacional e os respectivos manjares. Possuidor dessa fortuna, funda a sociedade com a qual é explorado por jornalistas, poetas, estudantes, debicado pelos ministros e funcionários, a quem se dirigiu para pedir uma subvenção. Morre numa estalagem às sete horas da noite, estalagem a que se recolhera com um preto velho, o Nicolau, que, fazendo 'gancho', ia-o fazendo viver; morre, mandando que se lhe abram a porta e a janela, para ouvir melhor a cantilena da criançada ao luar."[29]

De todos esses primeiros ensaios, que não chegaram a se concretizar em nenhuma obra, o mais interessante é sem dúvida o de um romance que começara a escrever possivelmente em 1904: *Clara dos Anjos*. Conquanto o tema o aproxime da novela inacabada, que veio a ser publicada depois da morte do escritor, sob o mesmo título, a concepção inicial visava a um romance de maior envergadura. Para executá-lo – e Lima Barreto chegou a escrever dois capítulos inteiros e a esboçar mais dois ou três – traçou, desde logo, um roteiro, pelo qual a narrativa abrangeria um largo período.

A ação começaria antes da Abolição, para terminar em pleno regime republicano, por volta de 1904 ou 1905. A história de Clara dos Anjos seria, contudo, a mesma do conto e depois novela: a mulatinha que se deixa perder por um rapaz de condição superior à sua, o qual se recusava ao casamento, para consertar o malfeito. No romance, porém, Clara não sucumbe ao primeiro malogro. Reage contra a vida. Novos amantes aparecem, inclusive um português, futuro visconde, que lhe dá uma filha e 50 contos de réis, desaparecendo depois.

A vida continua. E Clara dos Anjos acaba se casando, por amor, com um jogador. Vão-se os 50 contos. O marido morre. A viúva, de novo pobre, junta-se a um pedreiro. É quando a filha repete o mau passo da mãe, fugindo de casa com um cabo de polícia, prostituindo-se em seguida, para morrer na Santa Casa de Misericórdia, como indigente. O pedreiro já velho não pode mais trabalhar. Clara dos Anjos – diz por fim o roteiro – "lava e engoma para sustentá-lo, e no terreiro da estalagem em que moram ela canta uma trova qualquer em um belo dia de sol".

Vale a pena transcrever, a título de curiosidade, a cronologia da heroína, tal como planejara Lima Barreto:

"Clara.
Nasceu 1868
Morte do pai 1887
Deflorada... 1888 (12 ou 13 de maio)
Dá à luz 1889
Deixada 1892
Casada 1894
Viúva 1899
Amigada de novo .... 1900"[30]

Observe-se que Clara dos Anjos só é deflorada no ano seguinte à morte do pai, e no dia 12 ou 13 de maio, a própria data da Abolição, como a marcar com ironia o destino das mulatinhas pobres. Esse objetivo, aliás, seria o mesmo da novela, para a qual Lima Barreto escolheu uma frase de João Ribeiro por epígrafe, comparando a situação atual das mestiças à das índias, as quais o colonizador português, depois de abusar da inocência delas, transformava em concubinas e escravas.[31]

Da primitiva versão de *Clara dos Anjos*, só se salvou, em parte, a página de abertura, descrevendo o Rio de Janeiro, e que seria mais tarde aproveitada num dos capítulos do *Gonzaga de Sá*.[32] O mais foi abandonado. Dezesseis anos depois, ao retomar o tema para escrever a novela, o romancista não se utilizaria do velho manuscrito. As laudas amarelecidas foram largadas a um canto, num "amarrado", ao lado de originais também esquecidos, na sua estante.[NR8] Mas em 1904, no momento da criação, aquele romance representava para ele uma obra realmente notável, dessas que bastariam para a consagração de um escritor.

A glória literária, exatamente como desejara, "enorme, extraordinária"!

NR8 – São observações como esta que indicam a importância do trabalho de Francisco Assis Barbosa. Graças à confiança que mereceu da família e a certeza do valor literário de *todos* os escritos de Lima Barreto, o pesquisador pôde recuperar manuscritos que foram deixados exatamente assim, em "amarrados".

Serviria, ao mesmo tempo, como desforra aos que o desprezavam, por ser mulato e pobre. Com ele, poderia vingar-se dos "filisteus" da Secretaria da Guerra, dos que mais de uma vez o tomaram por um contínuo, exibindo-lhes a obra-prima.

"... seja em que terreno for – desabafaria no *Isaías Caminha*, como se estivesse escrevendo no próprio *Diário íntimo*, reportando-se à primitiva versão de *Clara dos Anjos* –, com obras sentidas e pensadas, que imagino ter força para realizá-las, não pelo talento, que julgo não ser muito grande em mim, mas pela sinceridade de minha revolta que vem bem do Amor e não do Ódio, como podem supor.

"Cinco capítulos da minha *Clara* estão na gaveta: o livro há de sair."[33]

Já não era mais bovarismo. O escritor começava a encontrar o seu destino.

Notas

1. *A Lanterna*, Rio de Janeiro, nº de 15/29 de fevereiro de 1904. Há um esboceto de romance, datado de 1900, que consta da 2ª edição do *Diário íntimo*, pp. 27-32.
2. Depoimento de Antônio Noronha Santos.
3. Levi Carneiro, irmão de Otávio Carneiro.
4. "Otávio Carneiro". Artigo de Lima Barreto, publicado n'O *Estado*, Niterói, de 9-3-1920. Otávio Carneiro nasceu a 24-5-1881. Faleceu a 1-3-1920. Foi prefeito de Niterói, no governo Nilo Peçanha, de 1914 a 1918. Formou-se pela Escola Politécnica. *Feiras e mafuás*, pp. 259-263.
5. Depoimento do Ministro Mário Tibúrcio Gomes Carneiro. Quando o seu irmão mais velho Tibúrcio Marciano foi comandar a divisão naval do Norte, Mário ficou tomando conta da casa em que moravam, na antiga Travessa das Flores, depois Rua Sá Freire, nº 17, em São Cristóvão, juntamente com outro irmão, Antônio Tibúrcio, o Cearense, excluído de pouco da Escola Militar, por ter participado do levante de 14 de novembro de 1904 (vacina obrigatória). Lima Barreto frequentava assiduamente a casa, chegando mesmo a passar uma temporada em companhia dos irmãos Gomes Carneiro. Nessa ocasião, estaria escrevendo o *Isaías Caminha*. Era muito amigo do Cearense, com quem gostava de discutir matemática.
6. "O Lima Barreto que eu conheci". Artigo de José Vieira. *Revista do Brasil*. Ano VI, terceira fase, nº 56, Rio de Janeiro, dezembro de 1943, pp. 43/47.
7. "O trem de subúrbios". Artigo na *Gazeta de Notícias*, Rio de Janeiro, 21-12-1921. *Feiras e mafuás*, p. 242.

8. "A Estação". Duas crônicas publicadas postumamente na *Revista Sousa Cruz*, Rio de Janeiro, números de dezembro de 1926 e janeiro de 1927. *Feiras e mafuás*, pp. 145-155.
9. Na correspondência de Lima Barreto, encontramos a seguinte carta, dirigida a um aluno. Trata-se do Sr. Jaime de Sousa, filho do Dr. Artur de Sousa, médico do Exército, residente à Rua Major Mascarenhas. Diz a carta: "Em 3 de outubro de 1906./ Caro Jaime./ Saúde./ É com grande desgosto que te comunico a minha resolução de te deixar de explicar. O trabalho exaustivo e enfadonho da minha secretaria tem reagido fortemente sobre o meu espírito. Acho-me cansado, fatigado, cheio de uma inércia que não é minha. De tarde, quando saio, fico animado de um desejo de nada fazer; qualquer encargo me é pesado. É uma sensação que dificilmente explicarás e admitirás; mas é verdadeira, perfeitamente verdadeira. Admito que a não expliques, pois mesmo eu custo explicar. Talvez seja devido a fatalidades obscuras do meu temperamento! Não sei!/ Far-me-ás o favor de levar essa minha resolução ao respeitável Sr. teu Pai, a quem agradeço a confiança que em mim depositou e a distinção que isso revela – coisas que não se esquecem e que eu não me esquecerei. Recomendações a tua Família e, sempre ao teu dispor/ sou teu amigo agradecido/ a) Afonso". V. *Correspondência*, I, pp. 151-152.
10. *Clara dos Anjos*, p. 118.
11. *Diário íntimo*, pp. 76-77.
12. "Tinha a mania de não entrar cedo em casa, com a luz do sol porque me aborrecia aquele dever de cumprimentar os vizinhos; porque, em casa, em face de toda a sua tristeza, logo me vinha a imagem cruel da catástrofe doméstica, da subversão da minha vida, da sua impotência, do seu não valor." *Cemitério dos vivos*, p. 215.
13. *Diário íntimo*, p. 71. "Hoje, dia de ano bom (1° de janeiro de 1905) levantei-me como habitualmente às sete e meia para as oito horas. Fiz a única ablução do meu asseio, tomei café, fumei um cigarro e li os jornais. Acabando de lê-los, arrumei as paredes do meu quarto. Preguei aqui, ali, alguns retratos e figuras, e ele tomou um aspecto mais garrido. Há, de mistura com caricaturas do *Rire* e do *Simplicissimus*, retratos de artistas e generais." Nos papéis do romancista, o autor encontrou, apenas, retratos de alguns dos escritores citados.
14. *Isaías Caminha*, p. 120.
15. *Gonzaga de Sá*, p. 41.
16. *Diário íntimo*, p. 92.
17. *Diário íntimo*, pp. 93-94.
18. *Bagatelas*, pp. 54-58. O artigo é datado de 1904.
19. *O cemitério dos vivos*, p. 126.
20. *Diário íntimo*, p. 97.
21. *Diário íntimo*, pp. 51-52.

22. *Diário íntimo*, p. 96.
23. *Apud* Tristão de Ataíde: Estudos, segunda série, 2ª edição. Rio de Janeiro, Civilização Brasileira, 1934, p. 257.
24. *Diário íntimo*, p. 33.
25. Publicado pela primeira vez no jornal *Quilombo*, Rio de Janeiro, Ano I, nº 4, julho de 1949, pp. 6-7. É também da mesma época o *sketch*: *A apólice*, assinado Estrela. Col. Lima Barreto. Seção de Manuscritos da Biblioteca Nacional. V. *Marginália*, pp. 306-312.
26. *Diário íntimo*, p. 84.
27. *Idem, ibidem.*
28. Col. Lima Barreto. Seção de Manuscritos da Biblioteca Nacional. V., já agora, *Diário íntimo*, pp. 65-67.
29. *Diário íntimo*, pp. 85-86.
30. Esses manuscritos se encontram na Biblioteca Nacional. Arrolando os seus originais, por volta de 1917, o escritor mencionava em primeiro lugar *Clara dos Anjos*, com a indicação "inédito e incompleto" e a data, 1904. V., já agora, *Diário íntimo*, pp. 57-61.
31. *Clara dos Anjos*, p. 29.
32. "O passador". *Gonzaga de Sá*, pp. 63 e segs. A primeira versão incompleta de *Clara dos Anjos* faz parte do volume *Diário íntimo* das Obras de Lima Barreto, na Col. Brasiliense, pp. 217 e segs.
33. *Isaías Caminha*, p. 274.

4

FLOREAL

"... uma pequena revista que editei, pelos fins de 1907."

ISAÍAS CAMINHA, p. 39

"HABENT SUA FATA LIBELLI", queixava-se José Veríssimo, em latim venerável, falando sobre a precariedade da sorte dos livros no Brasil, ao tempo da iniciação literária de Lima Barreto.

Culpa não só dos livros, mas dos autores. Como observava o austero crítico, nos primeiros anos do século, as deficiências do meio ambiente, quer político quer econômico – ou, usando as suas próprias palavras, "as desgraçadíssimas condições materiais e morais do nosso país" –, estavam longe de permitir a formação de um clima adequado ao desenvolvimento das letras e das artes.

Publicava-se muito, é certo, mas o grosso da produção livreira nada tinha a ver com a verdadeira literatura. Havia, evidentemente, casos isolados, as exceções honrosas, das quais Machado de Assis aparece, desde logo, como exemplo mais expressivo. O conjunto era, entretanto, desolador. Daí o tom lamuriento de Veríssimo.[1]

Dos movimentos que, por essa ocasião, tentaram sacudir o marasmo da vida literária, não se poderá omitir o surto de uma certa literatura social, cujo aparecimento coincidiu com as primeiras agitações grevistas verificadas no Rio de Janeiro.

Anarquista, libertário, socialista ou que outro nome tenha, esse movimento interessa, aliás, mais sob o ponto de vista político, que propriamente literário. Não deixou nenhuma obra de valor. Nada acrescentou à nossa experiência literária. Em compensação, ficou o sinete de uma participação mais ativa do escritor em questões políticas. É, pois, um marco histórico, de importância talvez simplesmente cronológica, o que, se a reduz, não lhe tira o significado.

Esses romances e contos de conteúdo social representam, na verdade, a expressão literária de ideias novas, que importávamos da Europa, através de livros franceses e de correntes imigratórias. Entre lavradores e operários, principalmente italianos, que demandavam São Paulo, com destino às suas fazendas de café ou às suas fábricas, por volta de 1900, vinham também anarquistas, muitos dos quais já acostumados ao trabalho de agitação política.

Explica-se assim o impulso que atingiu, na época, a propaganda do socialismo, na sua forma mais romântica, o anarquismo, no estado em maré de progresso, que tão rapidamente se industrializava, afirmando a sua potencialidade econômica sobre os demais.

Em São Paulo, os grupos socialistas chegaram a manter jornais de apreciável circulação, publicados em língua italiana, como *Avanti* e *La Bataglia*.

Foi de lá que partiu o primeiro grito de solidariedade aos revolucionários russos de 1904, como um manifesto "às sociedades, aos círculos e a todos os homens de coração", assinado quase somente por imigrantes europeus. Gente como Alexandre Czerkiewicz, Antônio Piccarolo, Oreste Ristori, Neno Vasco, nomes que depois se tornariam familiares aos que se dedicavam ao movimento operário. Figurava, de permeio, o jovem poeta Ricardo Gonçalves, autor de um livro de versos bucólicos, *Ipês*, que em nada condiziam com a atitude do revolucionário, fazendo coro com os "companheiros proletários", russos e brasileiros.[2]

No Rio de Janeiro, os agitadores também se unem aos literatos. Há uma pequena imprensa libertária, impulsionada por um operário, Mota Assunção, e por um alferes de Exército, Joel de Oliveira, que conta com o apoio entusiástico de intelectuais, Fábio Luz e Elísio de Carvalho, entre outros. Foi esse contato que possibilitou, sem dúvida, a criação da Universidade Popular de vida efêmera, e mais tarde o I Congresso Operário.[3]

Curvelo de Mendonça, Fábio Luz e Domingos Ribeiro Filho são os romancistas da nova literatura, cujos rumos foram traçados, a bem dizer, pela curiosa figura de Elísio de Carvalho, esteta, bibliômano, tradutor de Oscar Wilde. Eram esses os corifeus da literatura interessada, aos quais Curvelo de Mendonça chamaria "discípulos de Tolstói" e "seguidores de Kropótkine".[4]

"A arte – escrevia Elísio de Carvalho, num ensaio baseado no livro de M. Guyau, *L'Art au point de vue sociologique* – é a vida social em toda a vastidão estendida sobre a Natureza inteira e tornada assim uma religião sublime."[5] Por seu turno, Curvelo de Mendonça, ao falar do movimento socialista no Brasil, no capítulo das influências, cita desde Jesus de Nazaré a Karl Marx e Kropótkine, passando por Babeuf, Cabot, Fourier, Proudhon, Ruskin e Tolstói.[6] É quanto basta, para resumir as ideias do crítico e as tendências do romancista.

Todavia, para melhor caracterizar o período em que Lima Barreto se iniciava nas letras, não deve ser esquecida a outra ponta da extremidade: os nefelibatas. Morrera Cruz e Sousa, Alphonsus de Guimaraens se afastara do bulício da publicidade, no seu refúgio das montanhas mineiras. O simbolismo entrava em ruidosa agonia. Gustavo Santiago, o menos que medíocre poeta do *Cavaleiro de luar*, de quem João do Rio dizia que se alimentava de saladas de violetas,[7] era o nome endeusado pelo seguidores da escola, que lhe editavam os versos em plaquetes que, ainda hoje, nos causam arrepios pelo mau gosto: livros em estranhos formatos e impressos em diversas cores.[8]

É curioso notar-se que tanto os libertários como os nefelibatas haviam declarado guerra ao grupo liderado por Machado de Assis, que frequentava a Livraria Garnier e dominava a Academia. Destes, os socialistas poderiam, quando muito, excetuar um José Veríssimo, um Medeiros e Albuquerque, um Olavo Bilac.[9] Tinham eles também a sua academiazinha – a dos Goncourts – "que se reúne às vezes aqui e ali e ainda não tem casa, mas tem lá o seu 'ponto' por perto da Avenida".[10]

Quanto aos nefelibatas, encontravam-se no "Antro" – mesa escondida num dos cafés da cidade. Na falta do absinto, bebiam cerveja, a excelente "Bock Ale". E desancavam sem dó nem piedade os "crostas" e os "medalhões", especialmente na "múmia" do Machado de Assis.[11]

Aí estão os donos da literatura, numa quadra em que diletantismo e amadorismo se juntam, oferecendo "alarmante sintoma de esgotamento, de fim de época", conforme acentuou com precisão um historiador literário, tomando como exemplo ilustrativo da frivolidade dominante as conferências que, em 1905, pronunciaram com grande êxito no Instituto Nacional de Música figuras de proa como Coelho Neto, João do Rio e Medeiros e Albuquerque. Conferências, cujos temas são: o beijo, a rua, a mão e o pé, a palavra.[12]

Em contraste com o espírito da época, apareceu a *Floreal*, pequena revista que Lima Barreto fundou em fins de 1907.

"... a grandeza da literatura" – afirmava ele no artigo de apresentação, uma espécie de profissão de fé da sua conduta de escritor – não reside "em rutilantes crônicas duvidosamente impressionistas ou no desenvolvimento em contos das anedotas da folhinha Laemmert".[13]

No entanto, era a *Floreal* um produto típico da nossa mentalidade artística e literária daquele período. As capas do pintor Heitor Malagutti são horríveis. No texto, aqui e ali, repontam as marcas das influências que predominavam na mocidade, que lia avidamente Anatole France, Zola, Tolstói, Fialho d'Almeida e Eça de Queirós. Eça, muito menos do que os outros. Em matéria filosófica ou política, os autores mais em voga são Bakúnine, Kropótkine, Spencer, Guyau.

Lima Barreto não era, certamente, alheio a tudo isso. Estava bem a par do que se publicava na França, preocupado sempre em adquirir o último número do *Mercure de France* ou a última brochura de Félix Alcan.

Entre os seus amigos das rodas literárias e jornalísticas, havia os que defendiam ideias avançadas, ligados direta ou indiretamente às atividades revolucionárias. Pausílipo da Fonseca era um deles. Para *o Correio da Manhã*, fazia reportagem política, ao gosto da burguesia. Organizava, porém, pequenos semanários, como o *Novo Rumo*, para propaganda das reivindicações proletárias. O mesmo Pausílipo fundara, por esse tempo, o Partido Operário Independente, do qual Lima Barreto foi feito, "reconhecido e proclamado" pela Comissão Central – "delegado junto aos companheiros do segundo diretório". Mas o Partido Operário não foi adiante. Nem Lima Barreto estaria disposto a tomar parte ativa em qualquer movimento político, conforme deixou bem claro numa carta que dirigiu a Pausílipo da Fonseca, recusando-se ao convite que este lhe fizera para colaborar na imprensa libertária.

"Não te posso servir – dissera, então – por duas razões: 1º) Não tenho hábito, ou antes falta-me capacidade, para diariamente fazer 'coisas' espirituosas. 2º) Sendo teu jornal de oposição rubra, e eu empregado público subalterno, não fica bem à minha lealdade que ande armando o ridículo dos grandes personagens, meus superiores. Se não estou contente com eles, devo pedir demissão. Não achas?"[14]

O primeiro ímpeto teria sido o de aceitar. Pensando melhor, voltou atrás, tendo o cuidado de comunicar a sua decisão ao amigo no dia seguinte. Viveu permanentemente nesse conflito, até a sua aposentadoria como funcionário público, quando se julgou, afinal, livre de quaisquer compromissos para com o Estado, de cujo serviço tirava o ganha-pão.

No início da sua atividade como jornalista e como escritor, levaria tais escrúpulos às últimas consequências. Julgava então que era possível contemporizar, servindo-se da imprensa burguesa como único meio para se tornar conhecido e fazer publicar os seus livros. Caro lhe custaria a experiência, várias vezes recomeçada. Jamais amoldaria o temperamento às restrições que a vida profissional impõe à inteligência e até mesmo ao caráter.

Na sua aparente humildade, não era homem para se dobrar a ninguém. O orgulho doía-lhe mais que o estômago. E assim, as oportunidades que apareciam não foram aproveitadas, por inteiro, contribuindo apenas, a cada malogro, para aumentar-lhe o sentimento de revolta, que foi nele, por assim dizer, inato.

Dos obstáculos que sempre encontrou para ser o que exclusivamente desejou em toda a vida – um escritor – foi que nasceu a ideia de fazer uma revista literária. De há muito sonhava com isso. Em fevereiro de 1905, no *Diário íntimo*, deixa escapar uma confidência sobre o projeto. Tencionava lançar uma revista com Alcides Maia, a quem passara a frequentar assiduamente.[15]

Já então estariam escritos os primeiros capítulos do *Isaías Caminha*, cujo prefácio – será conveniente lembrar – traz a data de 12 de julho de 1905.[16] Leu os originais a Alcides Maia, que se entusiasmou pelo romance, animando o jovem escritor, esquivo e desconfiado, a prosseguir até o fim. Fora o escritor gaúcho, segundo a tradição literária, quem influíra decisivamente no destino do personagem, que seria um garção de café e não um contínuo de jornal.[17]

Em verdade, o aspirante a romancista tinha em alta conta o novo amigo, que viera do Rio Grande do Sul para a Capital Federal, com nome feito no jornalismo. "Ele é muito diferente da maioria dos jornalistas e rapazes de letras com que tenho relações", escrevia no *Diário*, a respeito de Alcides Maia, depois de reconhecer-lhe grandes qualidades de inteligência, cultura e sentimentos, ao mesmo tempo em que faz uma confissão que vem de encontro à história, senão da mudança de profissão, pelo menos da introdução de um novo personagem no romance.

"No sábado – diz o memorialista –, fui à casa do Alcides Maia ler o meu livro: acredito que fossem sinceros os elogios que dele me fez, o que me anima a continuá-lo; entretanto, o pensamento foi ainda pouco compreendido, eu o creio, porque ele me tenta a pôr nele um personagem que o livro não comporta. A leitura dos dois capítulos primeiros durou uma hora, e ele fez pequenas observações, emendando, que eu aceitei."[18]

Estava, pois, com um livro começado, bastante adiantado mesmo, e não tinha onde nem como publicá-lo. Escrevera os quatro primeiros capítulos lentamente,[19] narrando com volúpia o seu próprio caso pessoal, já que foi dito e redito que Isaías Caminha e Lima Barreto são uma só pessoa. Tendo gorado o projeto da revista com Alcides Maia, os originais do *Isaías Caminha* dormiam na gaveta do romancista, como a desafiar a sua paciência. Sentia necessidade de ser lido, de ver o seu romance impresso, comentado, discutido, atacado. Para isso, sabia-o muito bem, era preciso ter a "sua" revista, livre de injunções de natureza subalterna.

A sua rápida passagem pela redação do *Fon-Fon*, logo que esse semanário apareceu, sob a direção de Mário Pederneiras, acabou por convencê-lo da inutilidade do seu esforço de procurar o caminho da imprensa burguesa, para a sua iniciação na carreira de escritor. Submeter-se-ia a qualquer sacrifício, menos ao de transigir com a mediocridade.

Além do mais, não pôde suportar, por muito tempo, a atitude de superioridade que assumiram para com ele os proprietários da revista, ferindo-lhe o orgulho. Um dia, não aguentou mais, despedindo-se do emprego.

"Não me gabo de ser lá grande escritor – justificava-se na carta que então escreveu a Mário Pederneiras – muito menos que o seja para os proprietários da lindíssima revista *Kosmos* [*Fon-Fon* e *Kosmos* eram editadas por uma só empresa]; entretanto, tenho feito esforços, neste e naquele gênero, para os agradar. Fantasio, imagino, faço química, escrevo pilhérias... não há meio!

"Demais, vejo que as coisas minhas não agradam, ficam à espera enquanto as de vocês nem sequer são lidas, vão logo para a composição. Não há ciúme, nem despeito, mesmo que os houvesse era justo que perdoasses em mim esse assomo d'alma, pois que de há muito venho me resignando; entretanto, não há..." E continua: "Induzi também que é a tua bondade que me mantém lá – o que agradeço de coração –, mas o meu orgulho não aceita."

O desabafo, porém, transborda. Ao amigo, empenhado naturalmente em protegê-lo, desce ao âmago da sua vida íntima, num grito de desespero:

"A desgraça não me deixa andar para adiante; eu venho assim desde os sete anos e me resigno perfeitamente, o que é de meu gênio e das minhas origens; fico, porém, à espera de dias melhores para o meu esforço e para o meu trabalho."[20]

Abandonando a redação do *Fon-Fon*, inicia logo em seguida os preparativos para o lançamento da *Floreal*. O plano da revista foi traçado, com certeza, numa das mesas do Jeremias, do Café Papagaio ou de qualquer outro café do Rio de Janeiro, onde se reuniam os literatos do tempo.

A turma era heterogênea. Havia de tudo. Desde o cético Antônio Noronha Santos até o irrequieto Domingos Ribeiro Filho, que formava no grupo dos libertários, ao lado de Curvelo de Mendonça e Fábio Luz.

Foi Lima Barreto entretanto quem tomou conta do projeto, realizando-o, por ser "o mais ostensivamente lutador", dentre os seus companheiros, declara com ênfase no artigo de apresentação, revelando sem subterfúgios o principal objetivo do periódico: o dever de publicar os seus escritos. Dever que não era só de um, mas de todos os colaboradores da revista.

"Este caminho – acrescenta, para completar o pensamento – se nos impunha, pois nenhum de nós teve a rara felicidade de nascer de pai livreiro, e pouca gente sabe que, não sendo assim, só há um meio de se chegar ao editor – é o jornal."

Sim, era este o objetivo – claro, ostensivo – da simpática *Floreal*. Não se destinava a divulgar nenhuma "estética novíssima ou apurada". Bem ao contrário, a revistinha se intitulava orgulhosamente individualista. Nada de clãs ou malocas literárias. Nada de igrejinhas ou o que cheirasse "às injunções dos mandarinatos literários, aos esconjuros dos preconceitos, ao formulário da regras de toda a sorte, que nos comprimem de modo tão insólito no momento atual".

Os moços da *Floreal* surgiam, assim, dispostos a lutar contra os mandarins da literatura, muitos dos quais ocupavam posições-chave nos jornais e nas revistas, exigindo à sua aproximação "tão vis curvaturas" e "tantas iniciações humilhantes".

"Nós não queremos isso – escrevia Lima Barreto, ainda no artigo de apresentação acima citado. – Burros ou inteligentes, geniais ou medíocres, só nos convenceremos de que somos uma ou outra coisa, indo ao fim de nós mesmos, dizendo o que temos a dizer com a mais ampla liberdade de fazê-lo."[21]

Instalou-se a *Floreal* num primeiro andar da Rua Sete de Setembro, por trás da oficina do Pedroso, alfaiate de Mário Tibúrcio Gomes Carneiro, um dos heróis do grupo. Cada um dos redatores contribuía com 10 ou 20 mil-réis, para a manutenção da revista. O Pedroso alfaiate não era mau sujeito. Achava o Noronha Santos que ele até se parecia com Verlaine, o "pauvre Lelian", mas isso pouco se lhe dava, pois o bom do homem, ao fim do mês, jamais dispensou o pagamento do aluguel.[22]

O aparecimento da revista não foi, e nem podia ser, nada auspicioso. Além de alguma notas em jornais e de um artigo amável de Gonzaga Duque, no *Diário do Comércio*, nenhuma outra repercussão alcançou nos meios intelectuais. Por outro lado, a venda avulsa se restringiu a apenas 38 exemplares, e, assim mesmo, graças aos esforços do distribuidor, um capataz de imprensa de nome Tomás Labanca.

"A capa, disse-nos ele, 'matou muito'; é bom que os senhores ponham uma vista: a alameda do Jardim Botânico, a Itapuca ou a Caixa de Conversão" – são comentários que se leem no segundo número da *Floreal*. O redator, de resto, concorda plenamente com a opinião do distribuidor, aduzindo mais adiante: "A tal capa aparentou-nos desgraçadamente com a folhinha de Ayer."[23]

Mudou-se a capa. E o segundo número, com apresentação mais sóbria, ainda que bastante ruim, conseguiu aumentar a venda avulsa para 82 exemplares.

Sai depois o terceiro; consegue, afinal, despertar a atenção de José Veríssimo, que lhe fez uma referência amável, na sua coluna do *Jornal do Comércio*. As palavras do crítico são as mesmas que, anos mais tarde, o romancista transcreveu no prefácio da segunda edição do *Isaías Caminha*:

"Ai de mim, se fosse a 'revistar' aqui quanta revistinha que por aí aparece com presunção de literária, artística ou científica.

"Não teria mãos a medir e descontentaria a quase todos; pois a máxima parte delas me parecem sem o menor valor, por qualquer lado que as encaremos. Abro uma justa exceção, que não desejo fique como precedente, para uma magra brochurazinha que, com o nome esperançoso de *Floreal*, veio ultimamente a público, e onde li um artigo 'Spencerismo e Anarquia', do Senhor M. Ribeiro de Almeida, e o começo de uma novela, *Recordações do Escrivão Isaías Caminha*, pelo Senhor Lima Barreto, nos quais creio descobrir alguma cousa. E escritos com uma simplicidade e sobriedade, e já tal qual sentimento de estilo que corroboram essa impressão."[24]

É de imaginar-se o rebuliço causado pelo artigo de José Veríssimo. As discussões que provocou na redação da *Floreal*. Lima Barreto e Ribeiro de Almeida, os únicos que mereceram a honra de uma citação nominal, julgaram-se no dever de ir ao encontro do crítico, agradecer a referência e – por que não? – conversar um pouco sobre literatura.

Pelo que depõe Lima Barreto, Veríssimo os recebeu muito bem, na sua casa modesta, e tratou longamente de problemas que tanto preocupavam os dois jovens, problemas que eram seus também. Deu-lhes conselhos, discorreu sobre Flaubert e Renan, "falou da nossa literatura sem sinceridade, cerebral e artificial". E citou os exemplos de Castro Alves, Fagundes Varela e Casimiro de Abreu, cuja obra representa alguma coisa, "porque eles tinham sido sobretudo sinceros".

"Ribeiro falou muito, doidamente, difusamente; eu estive calado, ouvi, dei uma opinião aqui e ali" – recorda ainda, no *Diário íntimo*, Lima Barreto, ao descrever a visita a José Veríssimo. Do encontro com o crítico ilustre haveria de calar profundamente no seu espírito aquela eloquente dissertação sobre a sinceridade em literatura.

"Sempre achei – dizia ele, em concordância – a condição para obra superior a mais cega e mais absoluta sinceridade." Logo adiante, porém, como quem faz um exame de consciência, pergunta a si mesmo: "Concordei, porque me acredito sincero. Sê-lo-ei? Às vezes, penso ser; noutras vezes, não. Eu me amo muito; pelo amor em que me tenho, com certeza amarei os outros."[25]

NOTAS

1. José Veríssimo – *Estudos da Literatura brasileira* – 4ª série. Rio de Janeiro, H. Garnier, 1910, pp. 257-259. "Das dezenas desses livros – escrevia ainda Veríssimo – pela maior parte, é bom repetir, folhetos que no Brasil se publicam todos os anos, de fato apenas poucos são beneméritos de atenção e apreço, o que aliás não quer dizer que esses, por isso que os podemos estimar hoje, os nossos netos continuem a estimá-los depois de amanhã. 'Habent sua fata libelli', e entre nós, reparo, é precária a sorte dos livros." *Ob cit.* 6ª série. Rio de Janeiro, H. Garnier, 1907, pp. 199-202.
2. Notas fornecidas ao autor por Edgar Leuenroth, um dos signatários do manifesto pró-mártires da Rússia.
3. A Universidade é de 1904; o Congresso Operário, de 1906. Sobre a Universidade, Curvelo de Mendonça cita os seguintes cursos ali ministrados: História do Brasil, por Felisbelo Freire; Higiene Social, por Fábio Luz; História Geral, por Rocha Pombo; Filosofia, por Pedro do Couto; Matemática Superior, por Sinésio de Faria, além dos de Rodrigues de Sousa e Eduardo de Sá sobre matéria não especificada. M. Curvelo de Mendonça. *O movimento socialista no Brasil*. Em *Almanaque brasileiro Garnier*. Rio de Janeiro, 1907, pp. 210 e seguintes.
4. M. Curvelo. *O movimento socialista no Brasil*. Em *Almanaque brasileiro Garnier*. Rio de Janeiro, 1905, p. 272. O A. publicou outros artigos sobre o mesmo assunto e no mesmo Almanaque nos anos de 1903, 1905, 1906 e 1907.
6. M. Curvelo. *Ob. cit.*
7. João do Rio. *O momento literário*. Rio de Janeiro, H. Garnier, s.d., p. 289.
8. "Por essa época publica Carvalho Aranha o seu segundo livro, *Eu*, que traz uma capa representando um carvalho e uma enorme aranha caranguejeira! O livro *Manchas*, de Antônio Austregésilo, justificando o título, aparece de capa branca, manchada pelos dedos dos tipógrafos, depois de metidos em tinta negra de imprimir." *Rosa mística*, de Júlio Afrânio, foi impresso nas sete cores do prisma. E o *Lua cheia*, obra de um tal Estácio Florim, foi imaginado em "forma circular, a impressão feita também em círculo", segundo conta Luís Edmundo. *O Rio de Janeiro do meu tempo*. Rio de Janeiro, Imprensa Nacional, 1938, p. 686.
9. É ainda M. Curvelo quem o diz: "... Viveiros de Castro e Evaristo de Morais, em trabalhos jurídicos; José Veríssimo, Medeiros e Albuquerque, Fábio Luz, Olavo Bilac, Frota Pessoa, M. Bonfim e muitos outros ainda, na imprensa e na literatura, ousam de quando em quando repetir o eco das doutrinas socialistas." *Ob. cit.*
10. M. Curvelo, *Academias*. Em *Almanaque brasileiro Garnier*. Rio de Janeiro, 1907, p. 294.
11. Luís Edmundo. *Ob. cit.*, p. 678.
12. Lúcia Miguel Pereira. *História da literatura brasileira*. Vol. XII. Prosa de ficção (de 1870 a 1920). Rio de Janeiro, Livraria José Olympio Editora, 1950, p. 281.

13. *Floreal*, nº 1, p. 5. V. *Impressões de leitura*, p. 183.
14. As credenciais, assinadas pelo próprio Pausílipo da Fonseca, datam de novembro de 1906. A carta, ou melhor, o rascunho da carta, de que nos servimos para a citação, não traz nenhuma indicação de data. Ambos os documentos se encontram na Col. Lima Barreto. Seção de Manuscritos da Biblioteca Nacional. V. *Correspondência*, I, pp. 153-156.
15. *Diário íntimo*, p. 100.
16. *Isaías Caminha*, 2ª edição. Rio de Janeiro, Revista dos Tribunais, 1927, p. XII. V. a edição da Editora Brasiliense, p. 42.
17. B. Quadros. "Primeiro contacto com Lima Barreto". Em *Vida Nova*. Rio de Janeiro, Ano XI, nº 279, 25.1.1936, pp. 23-24. V. *Correspondência*, II, p. 12.
18. *Diário íntimo*, p. 95.
19. "O *Isaías*, os primeiros quatro capítulos escrevi-os lentamente; o resto em dias, mas copiando-os, logo que os acabava." *Diário íntimo*, p. 182.
20. Carta de 20-6-1907. Trata-se de um rascunho. Não se sabe, portanto, se a carta foi ou não enviada. O escritor trabalhou no *Fon-Fon* apenas nove meses, como se infere da anotação constante no *Inventário*, publicado no apêndice desta biografia: "os três primeiros trimestres do primeiro ano, de 1907, onde está a minha colaboração". Pudemos identificar as crônicas assinadas com os pseudônimos Philéas Fogg e S. Holmes. Col. Lima Barreto. Seção de Manuscritos da Biblioteca Nacional. Sobre a carta a Mário Pederneiras, V. *Correspondência*, I, pp. 161-164.
21. *Floreal*, nº 1, p. 5. V. *Impressões de leitura*, pp. 180-184.
22. Depoimento do Ministro Mário Tibúrcio Gomes Carneiro.
23. *Floreal*, nº 2. Rio de Janeiro, 12-11-1907, pp. 33-34.
24. *Isaías Caminha*, p. 40.
25. *Diário íntimo*, pp. 125-126.

5

ISAÍAS CAMINHA

"... envergonho-me por esta ou aquela passagem em que me acho, em que me dispo em frente de desconhecidos, como uma mulher pública..."

ISAÍAS CAMINHA, p. 121

COMEÇA MAL, PARA Lima Barreto, o ano de 1908. A *Floreal* agoniza. E morre no quarto número, aquele mesmo que estampa um agradecimento à animadora referência de José Veríssimo, a qual, escreve o redator, "dados o feitio e a inteligência de quem a disse, tem para nós um valor extraordinário".[1]

Com o desaparecimento da revista, desfaz-se mais um sonho do jovem Lima Barreto. Daqui por diante, ficará sem ter onde publique a sua literatura, uma vez que não tivera "a rara felicidade de nascer de pai livreiro", nem estava disposto às "vis curvaturas" e "iniciações humilhantes" a que se submetiam os novos diante dos mandarins das letras e da grande imprensa.[2]

Não. Isso não faria. Bastava-lhe a experiência, de há seis meses atrás, na redação do *Fon-Fon*.

Sem a *Floreal*, porém, sentia-se como um guerreiro que tivesse perdido a armadura, impotente ante os ataques do inimigo, que avançava sempre, ameaçando esmagá-lo. Nesse momento de desencanto, cansado da vida, tudo parecia conspirar contra ele. Perde a esperança. Falta-lhe a coragem. Até mesmo a confiança em si, no próprio talento e na sua inteligência, chega a esmorecer. Queixa-se da sorte, maldiz o destino:

"Estou com vinte e sete anos, tendo feito uma porção de bobagens, sem saber positivamente nada; ignorando se tenho qualidades naturais, escrevendo em explosões; sem dinheiro, sem família, carregado de dificuldades e responsabilidades."

Julga-se só, abandonado dos amigos, que já não o procuram. Vê tudo negro. É tão grande a depressão que pensa no suicídio. Procura então a bebida como lenitivo, pois só o álcool tem poder para fazê-lo esquecer a imensa amargura.

"Vai me faltando a energia – escreve no *Diário íntimo*, repositório das mágoas que o corroem. – Já não consigo ler um livro inteiro, já tenho náuseas de tudo, já escrevo com esforço. Só o álcool me dá prazer e me tenta... Oh! meu Deus! Onde irei parar?

"Tenho um livro (trezentas páginas manuscritas), de que falta escrever dois ou três capítulos. Não tenho ânimo de acabá-lo. Sinto-o besta, imbecil, fraco, hesito em publicá-lo, hesito em acabá-lo.

"É por isso que me dá gana de matar-me; mas a coragem me falta e me parece que é isso que me tem faltado sempre."[3]

Que livro será esse? Claro que se refere ao *Isaías Caminha*, do qual a *Floreal* havia publicado os dois primeiros capítulos e metade do terceiro. Àquela altura, estaria por concluir também o *Gonzaga de Sá*.[4] Os dois romances nasceram, aliás, do mesmo ressentimento, refletindo as alternativas do estado de espírito do autor, ora revoltado, ora conformado, em face das injustiças que vinha sofrendo. *Isaías* é violento, quase um panfleto. No *Gonzaga*, predomina o tom irônico. Mas a verdade é que ambos revelam a personalidade de Lima Barreto, ou melhor, o seu caso quase por inteiro.

Afinal de contas, os dois personagens – poderia dizer os três personagens: Isaías, Gonzaga e Augusto Machado, o narrador do segundo romance – se confundem com o seu criador. No *Recordações do escrivão Isaías Caminha*, conta-se a história de um rapaz inteligente, bom, honesto, ambicioso, possuindo todos os requisitos para vencer na vida, menos um – a cor. Era mulato e, além de mestiço, pobre. No *Vida e morte de M. J. Gonzaga de Sá*, vemos um homem de inteligência superior, completamente esquecido na sua banca de funcionário público, como se de nada lhe valesse a cultura. Contudo, o comportamento de Gonzaga é bem diverso do de Isaías. É calmo e refletido, ao contrário do outro, nervoso, arrebatado, chegando às raias do desespero. No segundo romance, quem se descontrola por vezes é o narrador, isto é, o próprio biógrafo do imperturbável Manuel Joaquim Gonzaga de Sá; é que, bem pesadas as coisas, o biógrafo vem a ser a principal figura do romance. Através dele, e não do outro, é que reponta a angústia de Lima Barreto, na sua primeira mocidade.

"Longe de me confortar – declara o narrador, em meio do livro – a educação que recebi, só me exacerba, só fabrica desejos que me fazem desgraçado, dando-me ódios e, talvez despeitos! Por que ma deram? Para eu ficar na vida sem amor, sem parentes e, porventura, sem amigos?"[5]

Aí está refletido o estado de espírito de Lima Barreto, logo após o insucesso da *Floreal*, nos primeiros meses de 1908. É a fase em que chega ao máximo a sua depressão. É impossível, contudo, acompanhá-la através do *Diário íntimo*, por falta de apontamentos, ou das cartas que escreve aos amigos. Sim, porque os há. E muitos! O temperamento exacerbado é que, de quando em quando, põe em dúvida a fidelidade de companheiros como Antônio Noronha Santos, João Luís Ferreira, Otávio Carneiro, Mário Tibúrcio Gomes Carneiro, Manuel Ribeiro de Almeida, Pausílipo da Fonseca e tantos outros.

De qualquer forma, o ano de 1908 seria todo consumido em tentativas inúteis à procura de um editor. Passam-se os meses, e nada! Parecia improvável encontrar quem o quisesse publicar no Brasil.

A grande editora do momento era incontestavelmente a Casa Garnier. Mas publicava apenas os autores consagrados. Novos, só os empistolados. Desde o desaparecimento de B. L. Garnier – o "Bom Ladrão" Garnier, como era conhecido nas rodas literárias, que aqui vivia e bem conhecia o meio – a velha livraria passou a ser dirigida de Paris pelo seu irmão Hippolyte. Este nunca se lembrou de fazer uma visita ao Brasil, e pouco se importava com o lançamento dos autores novos, a não ser por algum motivo extraliterário.

"Velho rico, ignorante das nossas coisas, certamente já mentecapto, o seu critério nas publicações era o dos pistolões recebidos e do nome que o autor tinha no mundo."

Assim era o velho Hippolyte Garnier, segundo o retrato que dele traçou o próprio Lima Barreto. Eis o grande editor da época, o único que poderia publicar o livro de estreia de um escritor! Mas como? Se o velho mentecapto só atendia à representação oficial do autor, desprezando o valor da obra![6]

Desistindo de procurar quem quisesse publicar o seu romance no Brasil, foi então que lhe ocorreu apelar para um editor de Portugal. João Pereira Barreto, que pertencia ao grupo da *Floreal*, poeta sem mérito, embora fosse um sujeito estimável, conseguira editar o seu livro de versos na Livraria Clássica, de Lisboa. É bem verdade que o volumezito trazia um prefácio de Sílvio Romero, que o encaminhara ao editor. Mas Lima Barreto não queria saber de padrinhos. Mandaria os originais à apreciação do editor "sem escoras ou para-balas". Sem prefácio, sem opiniões, sem nada.

Pereira Barreto, o simpático João, oferecera-se para escrever uma carta de apresentação ao Sr. A. M. Teixeira, o tal editor português. Era o máximo que poderia aceitar como favor, em se tratando de assunto estritamente literário, como lhe parecia a publicação de um livro. Antônio Noronha Santos, que embarcava para a Europa nessa ocasião, de passagem por Lisboa, seria o portador da carta e dos originais.[7]

Por que teria escolhido o *Isaías Caminha* e não o *Gonzaga de Sá* para a sua estréia literária? O próprio Lima Barreto responde à pergunta, em carta endereçada a Gonzaga Duque:

"Viaja para a Europa na mala do meu amigo Noronha Santos o mesmo livro que comecei a publicar na *Floreal*.

"Era um tanto cerebrino, o *Gonzaga de Sá*, muito calmo e solene, pouco acessível, portanto. Mandei as *Recordações do Escrivão Isaías Caminha*, um livro desigual, propositalmente malfeito, brutal por vezes, mas sincero sempre. Espero muito nele para escandalizar e desagradar, e temo, não que ele te escandalize, mas que te desagrade. Como contigo, eu terei grande desgosto que isso aconteça a outros amigos. Espero que esse primeiro movimento, muito natural, seja seguido de um outro de reflexão em que vocês considerem bem que não foi só o escândalo, o egotismo e a *charge* que pus ali. Peço-te que não te esqueças daqueles versos que pus no alto do primeiro capítulo, quando o comecei a publicar:

Mon coeur profond ressemble à ces voûtes d'église
Où le moindre bruit s'enfle en une immense voix,

e então hás de ver que a tela que manchei tenciona dizer aquilo que os simples fatos não dizem, segundo o nosso Taine, de modo a esclarecê-los melhor, dar-lhes importância, em virtude do poder da forma literária, agitá-los, porque são importantes para o nosso destino. Querendo fazer isso e fazer compreender aos outros que há importância em questão que eles tratam com tanta ligeireza, eu não me afastei da literatura, conforme concebo e preceituam os nossos mestres Taine e Brunetière, mas temo que não tivesse conseguido bem o escopo e tu hás de me perdoar o desastre pela ousadia da tentativa". E, logo a seguir, acrescenta: "Isso é para nós, amigos e artistas; para os outros, eu ficarei contente em desagradar, essa embriaguez dos vinte e cinco anos de Barrès, que é um pouco minha e como ele desejo dizer dentro de alguns anos: 'J'ai scandalisé. Des gens se mettaient à cause de mes livres en fureur. Leur sottise me crevait de bonheur.'"[8]

A citação é indispensável como revelação do verdadeiro sentido do romance. Pelo menos do objetivo do autor, ao escrevê-lo.

"Não é meu propósito também – está dito ainda no prefácio, publicado na *Floreal* e mais tarde reproduzido na segunda edição do *Isaías Caminha* – fazer uma obra de ódio; de revolta enfim, mas uma defesa de acusações deduzidas superficialmente de aparências cuja essência explicadora, as mais das vezes, está na sociedade e não no indivíduo desprovido de tudo, de família, de afetos, de simpatia, de fortuna, isolado contra inimigos que o rodeiam, armados da velocidade da bala e da insídia do veneno."

Esta, a finalidade do livro. É o que foi dito e redito por Lima Barreto, na carta a Gonzaga Duque e no prefácio publicado na *Floreal*, depois de uma citação de Taine (outra repetição): "a obra de arte tem por fim dizer aquilo que os simples fatos não dizem".[9]

Em carta, que escreveu anos depois a Esmaragdo de Freitas, há de repetir mais uma vez a mesmíssima coisa, embora com outras palavras:

"O meu fim foi fazer ver que um rapaz nas condições do Isaías, com todas as disposições, pode falhar, não em virtude de suas qualidades intrínsecas, mas, batido, esmagado, prensado pelo preconceito com o seu cortejo, que é, creio, cousa fora dele... Se lá pus certas figuras e o jornal, foi para escandalizar e provocar atenção para a minha brochura."[10]

Estrear com barulho, ser discutido, analisado, criticado, atacado, numa palavra ser notado, ser alguém! Era ao que visava com a publicação do manuscrito que Antônio Noronha Santos encaminharia ao editor português.

A 13 de março, escrevia-lhe o amigo, dando notícias da incumbência. "Volto do Teixeira amigo neste momento. 'Seu T., vim saber a resposta?' 'Não tenho dúvida em publicar o livro, mas o Senhor Lima Barreto lhe falou em condições?'" Em suma, o editor estava inclinado a publicar o romance, desde que o autor abrisse mão dos direitos autorais.

"Ele tinha-me dito – continua Santos, dando contas do entendimento com Teixeira – que ia fazer ler o teu romance por alguém, para dar opinião; não sei se o fez; o que garanto é que ele mesmo o leu e o leu bem lido. Frase da conversa: 'ele tem talento, muito talento'. Se me é permitido dar-te um conselho, não sejas muito exigente na questão do pagamento. Não te adianta grande cousa e demora a impressão; e o livro precisa sair. Eu o autorizei friamente a mandar o livro para a tipografia: ele quer te fazer a remessa das provas em três vezes, para dar o livro pronto em junho, e posto no Brasil em julho. Está meio apavorado com a falta de notícias dos jornais daí, que fatalmente se vai dar: é um livro de escândalo, repetiu-me duas ou três vezes."[11]

Santos sabia o que estava fazendo, autorizando a remessa dos originais para a tipografia. Lima Barreto não se importaria com o pagamento dos direitos autorais. O que queria era ver o livro publicado. Se pudesse, seria capaz de encurtar os dias e os meses para ter o mais depressa possível a brochura nas mãos.

"Até hoje – escrevia, respondendo ao amigo, sem esconder a sua sofreguidão – não recebi carta alguma do Senhor Teixeira e não lhe escrevi também... Fizeste bem em lhe autorizar a imprimir o livro. Não tenho pretensão alguma de lucro com o *Caminha*. Além de saber que um primeiro livro tem fortuna arriscada, sabes muito bem o que penso sobre essa cousa de *make money* com livros. Decerto, se eu estivesse aí, em Paris, havia de guardar bem escondida a pretensão de ter um castelo com o produto das minhas obras; mas aqui, dentro do Brasil e da língua portuguesa, as minhas pretensões são mais razoáveis."[12]

Esperou Lima Barreto mais alguns dias pela carta do editor e, como tardasse – como lhe pareceria absurdamente interminável essa demora! –, resolveu dirigir-se ao Sr. A. M. Teixeira, aprovando o que fora pelo amigo combinado: "Sabendo eu de que modo a fortuna de um primeiro livro é arriscada, nada exijo pela publicação do meu, a não ser alguns exemplares, cinqüenta, se o senhor achar razoável, para os oferecimentos de praxe. Julgo-me, meu caro Senhor Teixeira, muito feliz por encontrar quem queira publicar-me, e com a publicação fico satisfeito."[13]

E Lima Barreto continua a esperar por novas notícias de Lisboa. O editor Teixeira dera o livro a Albino Forjaz de Sampaio para ler e o autor das *Palavras cínicas* aconselhara a publicação, encarregando-se ele próprio da revisão. Podou aqui e ali. Corrigiu alguns cochilos de português, que são aliás frequentes em Lima Barreto. Nem todas as emendas, entretanto, agradaram ao escritor brasileiro que, devolvendo os primeiros dezesseis do livro, reclamava ao editor, embora delicadamente:

"Na página 46, quando se fala em Francisco Otaviano, penso que 'altruísmo' não é próprio. Eu queria sobretudo aludir à sua graça, ao seu espírito ateniense; eram qualidades de inteligência e não morais o que aquela palavra [aticismo] supõe.

"Na página 58, eu teria deixado como está no original e muito menos teria trocado a frase – 'de sensibilidade pronta a fatigar-se com o espetáculo familiar' – pela que lá está. [O revisor substituíra-a por "pronto a fatigar-se com o espetáculo divino".]

"Na página 92, eu teria continuado a dizer: 'o rolar dos veículos mais redondo e mais dissonante o ranger' etc. É uma impressão visual que se pode ter de um fenômeno acústico – coisa legítima como o senhor sabe.

"Na página 95, devia ser: 'sempre possuída' e não 'sempre premidas'.

"Além destes, há dois insignificantes: 'perna' por 'pena' (página 93) e 'ruína' por 'sina' (página 95).

"No mais, só tenho que agradecer muito ao revisor, pois que os capítulos que recebi lhe saíram das mãos escoimados de muito desleixo de linguagem, além de ter recebido modificações felizes e inteligentes, que mostram o carinho e a simpatia com que foi tratado o meu despretensioso trabalho."[14]

Devolvidas as provas dos primeiros dezesseis em meados de junho, passaram-se bem uns quatro meses sem que Lima Barreto tivesse qualquer outra notícia do romance. O silêncio de Teixeira parecia-lhe inexplicável, enchendo-o de angústia e ansiedade. Chegou mesmo a supor que o editor tivesse desistido de publicar o *Isaías Caminha*. Tão grande era a sua inquietação, a esse respeito, que em novembro se dirigiu novamente ao Sr. Teixeira, interpelando-o:

"Escrevo-lhe cheio de ansiedade. Há bem quatro meses que nada sei do livro meu que o senhor teve a bondade de editar. Como é fácil de imaginar, na situação pessoal em que estou e acrescendo ainda a posição que assumi, o fato tem-me causado cuidados e provocado as mais extravagantes ideias. Eu penso de mim para mim: não vá o Senhor Teixeira ter-se arrependido! Não vá acontecer que os meus inimigos tenham-no dissuadido de publicá-lo! Eu não sei bem se tenho inimigos, mas o meu livro deve ter. Não digo que sejam daí, porque ninguém conheço em Lisboa; mas estes grandes personagens brasileiros que passam por aí frequentemente podem ter-lhe dito qualquer coisa em meu desfavor." Apoquentava-o, decerto, o que lhe fora revelado por Antônio Noronha Santos em carta de Lisboa, prevenindo que João do Rio, de passagem pela capital portuguesa, estivera com o Sr. A. M. Teixeira e, perguntado por este se conhecia Lima Barreto, havia respondido negativamente, o que sem dúvida lhe feriu a vaidade e aumentou ainda mais a desconfiança. "Compreenda o senhor perfeitamente como isso é angustioso – continuava na carta ao editor. – Caso não lhe incomode, peço-lhe o favor de me mandar dizer como vai o *Isaías*."[15] João do Rio – é interessante deixar aqui registrado – figura entre os personagens do *Isaías Caminha*, romance que tem como pano de fundo a redação de um jornal. Da história do fracasso de um rapaz de cor, inteligente, bom e honesto, enfim, com todas as qualidades para vencer na vida, mas que sucumbe ao peso dos preconceitos sociais, o livro como que se transforma, do meio para o fim, num verdadeiro panfleto contra a imprensa da época, em contraste, até certo ponto chocante, com o desenvolvimento harmonioso dos primeiros capítulos.

O "desejo de escandalizar" – animado pelo exemplo de Maurice Barrès e pela sugestão de Alcides Maia – foi-lhe mais forte que o conselho de Taine: "a obra de arte tem por fim dizer aquilo que os simples fatos não dizem". E Lima Barreto, intencionalmente talvez, sacrifica a obra de arte, que começara a construir com tanta segurança, para desfechar um ataque furioso aos donos da política, aos mandarins da literatura e do jornalismo, a todos os que, em suma, representavam, na sua visão de revoltado contra a vida, uma barreira intransponível.

Figurando entre os "inimigos" do *Isaías Caminha*, onde aparece tão cruelmente caricaturado ("mescla de suíno e de símio"), logo no terceiro capítulo, publicado na *Floreal*, é quase certo que João do Rio não devia ignorar nem o retrato, nem o seu autor. Ainda que o ignorasse, Lima Barreto não poderia admitir que tal coisa passasse despercebida a um homem como João do Rio. Embora não a tivesse lido na revista, alguém se lembraria de contar-lhe a novidade. É, pelo menos, o que sempre acontece na vida literária: mais depressa se toma conhecimento das diatribes que dos elogios.

Tudo isso, muito compreensivelmente, contribuiria para aumentar a angústia da espera. A última notícia que tivera do livro fora por intermédio de Antônio Noronha Santos, que regressava de Paris, via Lisboa, nos últimos dias de julho. Estivera com o Teixeira, na Livraria Clássica, e o editor garantira dar o livro pronto "em começos de agosto".[16] Mas agosto se findara, e nada do *Isaías Caminha*. Como explicar a demora? Passara setembro. Outubro chegava ao fim. A mesma espera aflitiva, inútil e inexplicável.

Se havia razão para tê-los, eram, contudo, infundados os temores do romancista estreante. A edição do *Isaías Caminha* ia bastante adiantada e, já no mês seguinte à carta que havia endereçado ao editor Teixeira, Lima Barreto recebia os primeiros exemplares da brochura de pouco mais de 300 páginas, envolta numa capa cor de vinho.[17]

É de imaginar-se o que esse livro representava para o jovem amanuense da Secretaria da Guerra, que se sentia diariamente humilhado no seu mister burocrático, redigindo minutas de ofícios e avisos, quando não copiava portarias e decretos. Agora, sim! Tinha livro publicado! Poderia, se quisesse, exibir a prova aos que o olhavam com desdém e lhe ridicularizavam as pretensões literárias. Porque tudo em Lima Barreto girava em torno de suas "humilhações" e da vocação de escritor, em permanente conflito com o meio em que vivia.

Precisamente, em começos de 1909, fora preterido na lista de promoções. Ao que parece, pela primeira vez. O funcionário beneficiado tivera ingresso na repartição, sem concurso e dois anos depois dele. Lima Barreto chegara a redigir a minuta de um memorial ao Presidente Afonso Pena, que não se sabe se de fato chegou a remeter. Pela importância do conteúdo, o documento merece, entretanto, a transcrição integral. É o seguinte:

"MEMORIAL

Excelentíssimo Senhor Presidente da República dos Estados Unidos do Brasil.

Afonso Henriques de Lima Barreto é amanuense da Secretaria de Estado da Guerra há cerca de cinco anos e meio, tendo entrado para a mesma Secretaria em virtude de concurso, em que foi classificado em segundo lugar com uma insignificante diferença de graus do classificado em primeiro; na lista de antiguidade ocupa o segundo lugar, sendo o primeiro o Senhor Geraldo Horta, que, pela sua avançada idade, não tem sido até agora aproveitado nas promoções.

O promovido foi nomeado em 4 de setembro de 1905; é, portanto, dois anos mais moderno que ele, e não prestou o concurso que a lei manda para entrar para o quadro da Secretaria.

Não apelando para outros merecimentos que na sua pessoa seriam descabidos, julgando-se prejudicado na última promoção, ele vem recorrer para a alta justiça de Vossa Excelência, pois, desvalido de toda a sorte de ajuda e desprezando-as mesmo, só espera dela para que as altas autoridades da República respeitem os seus direitos e recompensem os humildes serviços que tem prestado à administração da República.

Rio de Janeiro, em 13 de fevereiro de 1909.

a) Afonso Henriques de Lima Barreto"[18]

É bem possível que não tivesse enviado semelhante memorial ao presidente da República, mas não deixou de externar o seu pensamento, contra a injustiça que acabava de sofrer, em carta a Antônio Noronha Santos, que já se encontrava em Paris.

De lá, escreve-lhe. "Foste preterido? – perguntava Santos e, como que procurando consolá-lo, respondia: *Depois do teu livro, não o serás mais*. Creio que me compreendes, e talvez estejas de acordo. Eu tenho a coisa como certa."[19]

Ah! o livro publicado! Para muitos, é uma espécie de "Abre-te, Sésamo!", para o sucesso na vida, para a glória literária! Sê-lo-ia para Lima Barreto?

NOTAS

1. O quarto e último número da *Floreal* é de 31-12-1907.
2. *Floreal*, nº 1, 25-10-1907, p. 6. V. *Impressões de Leitura*, pp. 182-183.
3. *Diário íntimo*, pp. 135 e 136. Essa mesma dúvida vem revelada numa das páginas do próprio romance: "... hesito de dia pra dia em continuar a escrevê-lo. Não é o seu valor literário que me preocupa; é a sua utilidade para o fim que almejo." *Isaías Caminha*, p. 119.
4. *Diário íntimo*, p. 125. "O ano que passou foi bom para mim... Escrevi quase todo o *Gonzaga de Sá*." De início, o romancista ficou indeciso na escolha do título e até mesmo no nome do personagem. Vacilava entre: "Opiniões e idéias de J. Sá Bragança" ou "Manias, opiniões e idéias de J. Gonzaga de Sá".
5. *Gonzaga de Sá*, p. 110.
6. Completando o retrato, escreveu Lima Barreto: "Para verificar que não exagero basta ver a quantidade de diplomatas que ela tem editado; e dos autores novos que o não sejam, não há nenhum obscuro de nascimento e baldo de relações de prestígio nos jornais. Ora, convenhamos que é aborrecido isso de estar a pedir empenhos para tudo. Se a gente quer ser guarda noturno, precisa empenho, se quer ser professor de direito, empenho. É de desesperar. Um livreiro experimentado e conhecedor do meio, deve até não aceitá-los. Não faltam meninos bonitos, cheios de relações, que colecionem mediocridades e queiram publicá-las sem despesa; e uma casa que se preza, deve contar em cada edição um sucesso literário e monetário. Mas a Garnier não queria saber disso. Era a casa rica, não tinha concorrentes de valor e editava por editar." "O Garnier morreu", artigo de Lima Barreto. *Gazeta da Tarde*, Rio de Janeiro, 7-8-1911. V. *Impressões de leitura*, pp. 281 e 282.
7. *Isaías Caminha*, p. 39. João Pereira Barreto, autor de *Selvas e céus*, era cunhado de Sílvio Romero. Vencido pela dipsomania, adquiriria mais tarde triste notoriedade, por ter assassinado a esposa. Ficou então conhecido como o "poeta uxoricida".

8. Carta a Gonzaga Duque, 7-2-1909. V. *Correspondência*, I, pp. 169-170.
9. *Isaías Caminha*, p. 42. "Com elas – escreveu ainda no corpo do romance (p. 120), referindo-se às *Recordações* –, queria modificar a opinião dos meus concidadãos, obrigá-los a pensar de outro modo, a não se encherem de hostilidade e má vontade quando encontrarem na vida um rapaz como eu e com os desejos que tinha há dez anos passados. Tento mostrar que são legítimos e, se não merecedores de apoio, pelo menos dignos de indiferença."
10. "Lima Barreto". *Revista da Academia Piauiense de Letras*. Ano VIII, nº 8, Teresina, dezembro de 1924, pp. 79-81. V. *Correspondência*, I, p. 238. Na carta que escreveu a Corinto da Fonseca, em 14-7-1909, expressa Lima Barreto o mesmo sentimento: "Aí vão as páginas do *Isaías*, que recebi de Lisboa. Peço-te que não mas percas, pois só recebi estas. Mando-te também o prefácio, que lhe pus à testa quando o comecei a publicar. Tirei-o no livro. Tenho ojeriza pelos prefácios, mas ele te pode servir para bem compreenderes o livro. Estou certo que a tua inteligência há de ver nele mais do que um ataque ao jornal. Há de ver nele um caso de 'desmoralização', de enfraquecimento do indivíduo pela sociedade, de apavoramento diante dos seus prejulgamentos." V. *Correspondência*, I, p. 190.
11. Carta a Lima Barreto. Lisboa, 13-3-1909. A nota escandalosa não desagradaria de todo o editor, que há de anunciar o *Isaías Caminha*, no seu aparecimento, como "livro de intriga jornalística fluminense". V. *Correspondência*, I, pp. 67-68.
12. Carta a Antônio Noronha Santos. Rio de Janeiro, 3-4-1909. V. *Correspondência*, I, p. 69.
13. Carta a A. M. Teixeira, Rio de Janeiro, 24-4-1909. V. *Correspondência*, I, p. 174.
14. Carta a A. M. Teixeira. Rio de Janeiro, 11-7-1909. Será bom observar que as emendas contidas nessa carta não foram respeitadas pelo editor. V. *Correspondência*, I, p. 175.
15. Carta a A. M. Teixeira. Rio de Janeiro, 11-11-1909. V. *Correspondência*, I, p. 176. A referência ao episódio do encontro de João do Rio com o editor consta duma carta de Antônio Noronha Santos, de 13-3-1909, acima citada. V. *Correspondência*. I, p. 68.
16. Carta de Antônio Noronha Santos. Lisboa, 27-7-1909. V. *Correspondência*. I, p. 89.
17. Lima Barreto / Recordações / do escrivão / Isaías Caminha / Lisboa / Livraria Clássica Editora / de A. M. Teixeira & Cia. / Praça dos Restauradores, 20 / 1909. 316 p. 19 X 12 cms.
18. Col. Lima Barreto. Seção de Manuscritos da Biblioteca Nacional. V. *Correspondência*, I, pp. 171-172.
19. Carta de Antônio Noronha Santos. Paris, 20-4-1909. V. *Correspondência*, I, p. 72.

6

JULGAMENTOS

"Aos olhos dos homens da imprensa, publicar um livro é uma ousadia sem limites, uma temeridade e uma pretensão inqualificáveis e dignas de castigo."

ISAÍAS CAMINHA, p. 237

NÃO SE CONFIRMARIA, de modo nenhum, o vaticínio de Antônio Noronha Santos, segundo o qual depois de publicado o primeiro livro tudo havia de mudar, para melhor, inclusive na Secretaria da Guerra. Às palavras carinhosas do amigo, o amanuense opunha fatos concretos. Fora preterido uma vez. Viera depois a reforma da repartição, na gestão Hermes da Fonseca. Continuaria esquecido.

"Projetam-se promoções – dizia, em carta a Santos – e eu serei de novo preterido." Já se sentia então definitivamente incompatibilizado com a vida burocrática. "Ando imaginando o meio de sair daqui", acrescentava, para concluir na mesma carta em tom de quem, neste particular, não esperava mais nada: "eu penso que o meu livro em nada servirá para evitar futuras preterições".[1]

Sabia de antemão que o *Isaías Caminha* não poderia melhorar, para ele, o ambiente na repartição, nem lhe daria prestígio junto aos chefes. Era um livro áspero e amargo, com páginas fortemente agressivas contra as instituições, a sociedade, os preconceitos, o Exército. Um livro assim não agradaria jamais aos que põem e dispõem das situações e dos empregos públicos, os quais, em geral, desejam a vida dos protegidos pautada dentro de regrinhas convencionais. Só os bons-moços, medíocres e bem comportados conseguem despertar-lhes simpatias. Os inquietos, os insatisfeitos, os rebelados do tipo de Lima Barreto não os atraem.

É claro que uma promoção a segundo oficial – a reforma Hermes transformara-o apenas de amanuense em terceiro oficial, sem aumentar-lhe os vencimentos – traria alguma compensação de ordem material, aliviando-lhe os encargos de família, e era isto, somente isto, o que interessava da sua carreira de burocrata inadaptado.

Sua ambição, a sua grande ambição, era bem outra: afirmar-se como escritor. Se tinha alguma ilusão, a respeito do *Isaías Caminha*, o que parece certo, era a do êxito literário. Desejaria a imediata consagração da crítica, da imprensa, do país inteiro. Até os que, por este ou aquele motivo, recebessem o livro com reservas – o que era compreensível, em se tratando de uma sátira à imprensa – haveriam de, pelo menos, reconhecer-lhe o valor como escritor. Seria, pois, discutido, mas não continuaria esquecido, como até agora, como se fosse um pária da literatura. "A única crítica que me aborrece – escreverá alguns anos depois – é a do silêncio."[2]

No entanto, a recepção ao *Isaías Caminha*, quer da imprensa, quer da crítica, seria mais uma decepção a acrescentar às muitas outras que o escritor vinha sofrendo desde a adolescência. Sem amigos na direção dos jornais de prestígio, poucas foram as notas que apareceram, registrando o aparecimento do livro.

O *Correio da Manhã* era atingido duramente pela pena do romancista, que o descrevia qual um museu de mediocridades, tendo à frente um diretor violento, mestre de descomposturas, destruindo reputações em nome da moral, mas que não passava, na realidade, de um êmulo de Tartufo, corrupto e devasso.

Nada mais natural, portanto, que o grande jornal se fechasse em copas, olimpicamente, sem tomar conhecimento sequer da existência do *Isaías Caminha* e do seu criador. O espírito de *coterie* fez o resto. Os demais jornais também receberam de pé atrás o livro inconveniente e atrevido, onde tantas figuras ilustres e respeitáveis – algumas delas, diga-se de passagem, falsamente ilustres e falsamente respeitáveis – eram retratadas ao vivo, quase sem nenhum disfarce.

Efetivamente, como pouca gente letrada no Brasil hoje ignora, o romance de Lima Barreto é uma sátira ao *Correio da Manhã*, escolhido dentre os demais por ser o de maior sucesso, o mais representativo, o mais típico, o mais retratável dos órgãos da imprensa da época.

A chave das *Recordações do escrivão Isaías Caminha* foi, durante largo tempo, um segredo de polichinelo, de que muito se falava nas rodas de escritores e jornalistas, mas que ninguém se animava a denunciar por escrito. Coisas da província do Brasil... Acabou revelada num artigo de B. Quadros, pseudônimo de Antônio Noronha Santos, na revista *Vida Nova*, e depois por Gondin da Fonseca, em capítulo da sua biografia de Santos Dumont, no qual descreve a vida carioca do começo do século. Muitos dos personagens ainda vivem. Quanto aos mortos – na maioria gente como João do Rio, Edmundo Bittencourt, Leão Veloso, Coelho Neto ou Afrânio Peixoto – estes já conquistaram de há muito seus lugares em nossa crônica jornalística e literária.

A sátira era cruel e atingia, em cheio, o quartel-general do mais poderoso jornal da época. Segundo B. Quadros, a chave do romance é a seguinte: Plínio de Andrade ou Plínio Gravatá – Lima Barreto; Ricardo Loberant – Edmundo Bittencourt; Aires d'Ávila – Leão Veloso (Gil Vidal); Leporace – Vicente Pirajibe; Lobo, o gramático – Cândido Lago; Floc – João Itiberê da Cunha (Jic); Veiga Filho – Coelho Neto; Raul Gusmão – João do Rio; Michaelowsky ou Gregorovitch Rostoloff – Mário Cataruzza; Pranzini, o gerente – o Fogliani, do *Fon-Fon*; Florêncio – Figueiredo Pimentel; Senador Carvalho – Marechal Pires Ferreira; Dr. Franco de Andrade – Afrânio Peixoto; Losque – Gastão Bousquet; Deodoro Ramalho – Floriano de Lemos; Rolim – Chico Souto; Agostinho Marques – Pedro Ferreira Serrado; Dr. Demóstenes Brandão – o juiz Cícero Seabra (irmão de J. J. Seabra); Laje da Silva – Pascoal Segreto; O Globo – Correio da Manhã; Casa da Valentina – a Valéry ou a Richard, duas das mais célebres "pensões" do tempo.[3]

E, agora, a chave divulgada por Gondin da Fonseca: Ricardo Loberant – Edmundo Bittencourt; Ivan Gregorovitch Rostoloff – Mário Cataruzza; Pacheco Rabelo (Aires d'Ávila) – Leão Veloso (Gil Vidal); Veiga Filho – Coelho Neto; Gramático Lobo – Cândido Lago; Floc – Jic, pseudônimo de João Itiberê da Cunha; Leporace – Vicente Pirajibe; Adelermo Caxias – Viriato Correia; Oliveira – Costa Rego; Losque – Gastão Bousquet; Raul Gusmão –

João do Rio; Laje da Silva – Pascoal Segreto; Casa da Valentina – pensão da Tina Tatti, célebre *rende-vous* do Russel.[4]

O *Recordações do escrivão Isaías Caminha* não era, na verdade, a grande obra que tinha em mente escrever um dia. O seu ideal seria mais ambicioso. "Se eu pudesse... – confessou através de um dos seus personagens – se me fosse dado ter o dom completo de escritor, eu havia de ser assim um Rousseau, ao meu jeito, pregando à massa um ideal de vigor, de violência, de força, de coragem calculada, que lhes corrigisse a bondade e a doçura deprimente."[5]

Ainda era cedo para isso. E como que explicando a gênese do *Isaías Caminha*, cabe a outro personagem falar pelo escritor:

"A obra que meditava, assim que travei conhecimento mais íntimo com a cozinha literária, percebi logo que me seria difícil publicá-la, sem que, antes, eu adquirisse um certo nome, uma certa posição que me garantisse o bem-querer dos livreiros. Demais, eu precisava anos para realizá-la, tal qual eu a meditava. Pobre, não me seria possível custear a impressão, e mesmo era preciso que eu fosse criando um núcleo de leitores. Resolvi, portanto, publicar alguma coisa que atraísse atenção sobre mim, que me abrisse as portas, como se diz, que me fizesse conhecido, mas queria pôr nessa obra alguma cousa das minhas meditações, das minhas cogitações, atacar em síntese os inimigos das minhas ideias e ridicularizar as suas superstições e ideias feitas."[6]

Concebera, destarte, um romance diferente dos cânones consagrados. Um romance que tivesse algo de agressivo. Que atraísse enfim "leitores, amigos e inimigos". Não importava a ele os inimigos, alguns dos quais aparecem no *Recordações* sem nenhum disfarce. Na primeira edição, revela o nome verdadeiro de um dos personagens principais do romance – Frederico Lourenço do Couto – o Floc das crônicas literárias – que outro não era, na vida real, que João Itiberê da Cunha – o Jic, do *Correio da Manhã*. Numa das cenas mais intensas do livro, exatamente a que descreve o suicídio de Floc, quando o chefe da oficina volta à redação, é assim que se dirige ao famoso crítico:

– "Seu" Cunha![7]

O primeiro crítico a tratar do *Isaías Caminha* foi Medeiros e Albuquerque. Reconhecendo, embora, as qualidades do romancista – "começa pelo fim, aparece como um escritor feito" –, lamenta "as alusões pessoais", a "descrição de pessoas conhecidas, pintadas de um modo deprimente", para condenar incisivamente o livro, que classifica como sendo "um mau romance e um mau panfleto". "Mau romance – explica – porque é da arte inferior dos *romans à clef*. Mau panfleto, porque não tem a coragem do ataque direto, com os nomes claramente postos e vai até a insinuações a pessoas, que mesmo os panfletários mais virulentos deveriam respeitar."[8]

A crítica de Medeiros e Albuquerque doeu, e Lima Barreto em carta que lhe remete, no mesmo dia em que saiu publicado o folhetim de *A Notícia*, apresenta a sua defesa: "Estou certo de que as pessoas que não me conhecem só poderão ter a impressão que o senhor teve. Há, entretanto, alguma coisa que a justifique, dentro mesmo dos motivos literários. Se a revolta foi além dos limites, ela tem contudo motivos sérios e poderosos. Na questão dos personagens há (ouso pensar) uma simples questão de momento. Caso o livro consiga viver, dentro de curto prazo ninguém mais se lembrará de apontar tal ou qual pessoa conhecida como sendo tal ou qual personagem. Concordo que há frases aqui e ali, e mesmo certas referências, que em muito o prejudicam. Ainda questão de momento... Não direi que estou arrependido de tê-las escrito, mas estou disposto a cortá-las em outras edições."[9]

Uma nova decepção experimentaria Lima Barreto com o inteligente comentário que Alcides Maia dedicou ao *Isaías Caminha*. E logo quem! A Alcides Maia se atribui, com ou sem razão, a transformação do personagem principal do romance de garção de um café, tal como a princípio o autor teria ideado, em trabalhador de jornal, primeiro contínuo e depois repórter.

Pois bem. Com palavras amáveis, sem dúvida sinceras, traduzindo a sua real estima pelo escritor, Alcides põe a nu o principal defeito do livro – a sua nota pessoal, que o reduz quase a um "álbum de fotografias". Não era um romance, mas uma "verdadeira crônica íntima de vingança, diário atormentado de reminiscências más, de surpresas, de ódios". E mais adiante: "O volume, vez por outra, dá a penosa impressão de um desabafo, mais próprio das seções livres que do prelo literário."

Em suma, para Alcides Maia, Lima Barreto não atingira o ideal artístico colimado, justamente porque não tivera força para sopitar o ódio de que se achava possuído contra o meio onde havia formado a sua personalidade.[10]

Em todo o caso, Alcides Maia tratara-o com respeito, e isso significava muito, em meio ao boicote da grande imprensa. Os jornais continuavam mudos. Apesar da campanha de silêncio, o livro se vendia, o que transmite ao escritor desprezado uma sensação de euforia. Em maio de 1910, Lima Barreto escreve ao editor Teixeira, comunicando que, "no Rio, não há mais nenhum exemplar do *Isaías*", e tal coisa acontecia – o detalhe não deixa de ser interessante – "há perto de três meses". Sugere, então, uma segunda edição, o que entretanto não encontrou receptividade por parte do livreiro português, que possuía ainda boa quantidade de exemplares no depósito.[11]

De qualquer modo, o sucesso do livro de estreia não satisfez ao escritor, consciente do seu valor, e que só recebia, até mesmo nos elogios, restrições que o magoavam, por sentir-se ora incompreendido, ora frustrado nos seus objetivos.

Além de Alcides Maia, cuja opinião literária sempre teve no maior apreço, José Veríssimo apontou-lhe também o "grave defeito" do livro – "o seu excessivo personalismo" – numa carta que reflete a um só tempo a seriedade, a agudeza e a honestidade com que o crítico, afastado de qualquer atividade jornalística, encarava as obras literárias que mereciam atenção e respeito.

A carta do autor dos *Estudos* a Lima Barreto estreante é documento inédito, só agora trazido à publicidade. Ei-la na íntegra:

> *"Riachuelo (Vinte e Quatro de Maio 227), 5 de março de 1910.*
>
> *Senhor Lima Barreto.*
>
> *Não me foi de todo possível agradecer-lhe há mais tempo a remessa do seu livro* Recordações do Escrivão Isaías Caminha *e as generosas expressões de que o acompanhou. Eu não queria lhe agradecer sem ter lido o livro, e só agora pude acabar de lê-lo, tão absorventes têm sido neste últimos tempos as minhas ocupações.*
>
> *A sua benevolência me desculpará a falta inteiramente involuntária, e que a mim mesmo começava a pesar.*

Sincera e cordialmente o felicito pelo seu livro. Há nele o elemento principal para os fazer superiores, talento. Tem muitas imperfeições de composição, de linguagem, de estilo, e outras que o senhor mesmo, estou certo, será o primeiro a reconhecer-lhe, mas com todos os seus senões é um livro distinto, revelador, sem engano possível, de talento real.

Não lhe estou fazendo a crítica, da qual estou quase por completo afastado, e nem poderia fazê-la numa breve carta. Digo-lhe apenas chã e amistosamente a minha impressão geral do seu livro que é, e muito obrigado por ela, excelente.

Há nele, porém, um defeito grave, julgo-o ao menos, e para o qual chamo a sua atenção, o seu excessivo personalismo. É pessoalíssimo, e, o que é pior, sente-se demais que o é. Perdoe-me o pedantismo, mas a arte, a arte que o senhor tem capacidade para fazer, é representação, é síntese, e, mesmo realista, idealização. Não há um só fato literário que me desminta. A cópia, a reprodução, mais ou menos exata, mais ou menos caricatural, mas que se não chega a fazer a síntese de tipos, situações, estados d'alma, a fotografia literária da vida, pode agradar à malícia dos contemporâneos que põem um nome sobre cada pseudônimo, mas, escapando à posteridade, não a interessando, fazem efêmero e ocasional o valor das obras.

Eu que isto lhe digo, eu mesmo me deliciei, com a sua exata e justa pintura da nossa vida jornalística e literária, mas não dou por boa a emoção que ela me causou.

A sua amargura, legítima, sincera, respeitável, como todo nobre sentimento, ressumbra de mais no seu livro, tendo-lhe faltado a arte de a esconder quanto talvez a arte o exija. E seria mais altivo não a mostrar tanto.

Demais, e é o pior, ela se exprime frequentemente numa forma muito direta, sem as atenuações e os matizes, que porventura lhe dariam mais relevo, mais sainete à expressão.

Vê que nem a estima real que tenho pelo seu talento revelado neste livro me faz perder os maus vezos de velho crítico, e que lhe digo, com a sinceridade que devo à sua estima, os senões que me parece há nele.

Esses o senhor, estou certo, os reconhecerá espontaneamente – e é ainda a melhor crítica – e deles se corrigirá em novas obras mais perfeitas que as nossas letras lhe hão de dever.

Não receasse eu ser acoimado de impertinente lhe diria que fuja ao vulgar preconceito da honra ou vaidade literária, e ofereceria à sua meditação este belo pensamento de Joaquim Nabuco: 'O escritor juvenil que não se resignar ao sacrifício da sua honra literária, não fará progressos em literatura.'

Há no senhor, digo-lhe sem ânimo de cumprimentá-lo, tudo o que é preciso para fazê-los e completos.

Felicito-o pelo seu livro, ao qual desejo o bom sucesso que merece, e rogo-lhe creia nos sentimentos cordiais com que sou

seu
confrade e obrigado
José Veríssimo"[12]

Veríssimo batia na mesma tecla de Medeiros e Albuquerque e Alcides Maia. *Isaías Caminha* pecava pelo excesso de personalismo. Decerto, as restrições da crítica – principalmente as de José Veríssimo e Alcides Maia – tocariam, de modo profundo, a sensibilidade exaltada de Lima Barreto.

Ele mesmo havia provocado a luta, escrevendo um livro de combate, "propositalmente malfeito", como dissera a Gonzaga Duque, para desagradar ao literato convencional e escandalizar o burguês. Com um romance "brutal" (o adjetivo é do próprio Lima Barreto), queria mostrar que a sociedade estava errada, cheia de mazelas e preconceitos.

Não podia, pois, recuar, e não recuaria. A literatura, na sua concepção, tinha que ser militante, visando a objetivo certo e definido, e não uma "literatura contemplativa... cheia de ênfase e arrebiques..." falsa e sem finalidade.[13]

De todas as restrições da crítica ao seu livro de estreia, a que mais o magoou foi precisamente a de considerarem o *Isaías Caminha* só e unicamente um romance *à clef*, pertencente, por isso mesmo, a um gênero inferior de literatura.

Revoltava-se contra semelhante juízo, que reputava injusto. Um romance *à clef* pode, afinal de contas, ser um bom romance. Além do mais, o *Isaías Caminha* não seria, para ele, um simples "álbum de fotografias", mas a história de um adolescente pobre em conflito com a sociedade que o esmagava ao peso das suas limitações. O mais era puramente circunstancial.

Durante muito tempo, pelo resto mesmo da vida, hão de repugnar-lhe as opiniões dos que insistiam em tocar na ferida, apontando o "ponto fraco" do *Isaías Caminha*, quer para elogiá-lo, quer para denegri-lo. A preocupação que sempre teve em explicar e apresentar justificativas chega a dar a impressão de uma ideia fixa a lhe martelar insistente e continuamente o cérebro.

O *Isaías Caminha* marcará a obra de Lima Barreto como um gilvaz a testa de um esgrimista do século XVII. Há de ser sempre o autor de um romance de escândalo. Os senhores da literatura, os que vestem casaca e frequentam a Livraria Garnier, jamais lhe perdoarão a ousadia da violenta arremetida, as diatribes ferinas que dirigira a certos príncipes do jornalismo e das letras, as caricaturas cruéis que ainda hoje cobrem de ridículo medalhões cheios de empáfia, os mais importantes medalhões da época.

Num movimento de autodefesa, mais do que natural, os mandarins enfurecidos se congregaram para repelir a audácia do mestiço. À porta da Cidade das Letras, como na da Escola Politécnica ou na da Secretaria da Guerra, haveria de encontrar sempre quem o advertisse: é proibida a entrada aos homens de cor, especialmente aos malcomportados. Era o seu pecado original. E por ele pagava.

À condição de mulato, Lima Barreto atribuiria sem dúvida a má vontade para com o seu livro de estreia. No seu entendimento, a restrição ao romance *à clef* não passava de simples pretexto, encobrindo o verdadeiro objetivo do revide. Tendo o complexo da cor como ponto de partida, o escritor começava a traçar paralelos entre o "seu" caso e o dos "outros". *A esfinge*, de Afrânio Peixoto, por exemplo, era também um romance *à clef*, retratando a vida mundana do Rio de Janeiro e de Petrópolis.

Publicado em 1911, dois anos após o aparecimento do *Isaías Caminha*, a crítica foi unânime em elogiá-lo. Ninguém se lembrou de falar nos romances *à clef* como um gênero inferior de literatura. E por quê? – indagaria consigo mesmo. Simplesmente porque Afrânio Peixoto pertencia ao grupo dos donos da inteligência e da cultura. E ele, Lima Barreto, não passava de um "roto".

Dentro da lógica do desprezado, a comparação é perfeita. O autor vitorioso era de fato a antítese do confrade humilde, que morava nos subúrbios e exercia modestíssima função na Secretaria da Guerra. Afrânio Peixoto, ao contrário, muito moço ainda, participava das grandes instituições do país, das academias e das faculdades, como um pequeno sábio. E, além do mais, era branco.

Lima Barreto leu *A esfinge* e achou-o, como romance, detestável. Oferecendo o exemplar por ele lido e anotado ao seu mais constante e fiel amigo, Antônio Noronha Santos, deixa escapar, na dedicatória, toda a sua amargura. "Ao Sr. Dr. Antônio Noronha Santos, desejando que tenha na sua estante uma eloquente prova da importância do senso literário nacional e também do critério que, por este século XX, ainda se tem, entre nós, do romance, ofereço este livro, cujas virtudes opiáticas, não são de desprezar. – Rio de Janeiro, 25. VIII. 11. (a). Lima Barreto".

O exemplar de *A esfinge* serviria assim como uma prova documental da injustiça que sofrera. Há mais a registrar. Entre as muitas anotações existentes no volume, feitas pelo próprio Lima Barreto, uma é preciosa para se tirar a conclusão definitiva do travo que ainda amargava a alma do escritor desprezado: "É *à clef*, e eles elogiaram."[14]

Anos mais tarde, Lima Barreto volta ao assunto, para fazer a defesa dos romances *à clef*. Para ele, o gênero não implicaria em nenhuma inferioridade literária, mas numa forma de literatura militante.[15] Praticando-o, o autor devia "retratar o personagem, dar-lhe a sua fisionomia própria, fotografá-lo, por assim dizer".

Assim comentava em 1921 *O homem sem máscara*, romance aliás medíocre, da autoria de Vinício da Veiga. Um ano antes de morrer, Lima Barreto parecia estar respondendo ao artigo em que Medeiros e Albuquerque enumerou os defeitos do *Recordações do escrivão Isaías Caminha*.

"A força dos romances dessa natureza – dirá, nessa oportunidade, a propósito dos romances *à clef* – reside em que as relações do personagem com o modelo não devem ser encontradas no nome, mas na descrição do tipo, feita pelo romancista de um só golpe, numa frase. Dessa forma, para os que conhecem o modelo, a *charge* é artística, fica clara, é expressiva e fornece-lhes um maldoso regalo; para os que não o conhecem, recebem o personagem como uma ficção qualquer de um romance qualquer e a obra, em si, nada sofre. Como o recurso, porém, de simples pseudônimos transparentes, o trabalho perde o seu *quid* artístico, passa a ser um panfleto comum e os personagens, sem vida autônoma e sem alma, simples títeres ou fantoches."

Depois dessa dissertação, Lima Barreto aconselhava ao jovem romancista a tomar o caminho da literatura militante, "criticando semelhante 'pessoal' [a gente da sociedade], não tem relação ao plano anormal da sexualidade humana, mas em relação aos interesses sociais que, na vida comum, ele lesa mais do que quando se entrega às suas mórbidas abjeções sociais".[16]

Doze anos depois do aparecimento do *Isaías Caminha*, ainda doía a ferida mal cicatrizada.

NOTAS

1. Carta a Antônio Noronha Santos, Rio de Janeiro, 18-5-1909. "Duas cartas inéditas de Lima Barreto". *O Globo*, Rio de Janeiro, 4-9-1933. V. *Correspondência*, I, p. 76.
2. *Histórias e sonhos*, p. 29.
3. "Primeiro contacto com Lima Barreto". Artigo de B. Quadros, na revista *Vida Nova*, Rio de Janeiro, 25-1-1936, nº 279, pp. 23-24, reproduzido como prefácio ao volume *Correspondência*, II.
4. *Santos Dumont*, por Gondin da Fonseca. Rio de Janeiro, Vecchi Editor, 1940, pp. 133-134. A inclusão do nome de Costa Rego não nos parece corresponder à verdade, já que a sua entrada no *Correio da Manhã*, como simples revisor, data de 1906. A estes nomes, acrescenta Modesto de Abreu o de Cândido Jucá, representado no personagem Plínio Gravatá.
5. *Gonzaga de Sá*, p. 134.
6. *O cemitério dos vivos*, pp. 168-169.
7. *Isaías Caminha*, 1ª edição, p. 285. A observação pertence a Modesto de Abreu. "A chave do Isaías", artigo publicado no *Jornal do Brasil*, Rio de Janeiro, 16-2-1936.
8. "Crônica literária", por J. dos Santos (pseudônimo de Medeiros e Albuquerque). *A Notícia*, Rio de Janeiro, 15-12-1909.
9. Carta a Medeiros e Albuquerque. Rio de Janeiro, 15-12-1909. Col. Lima Barreto. Seção de Manuscritos da Biblioteca Nacional. V. *Correspondência*, I, p. 198.
10. "Crônica literária", assinada com a inicial A. *Diário de Notícias*, Rio de Janeiro, 16-12-1909.
11. Carta a A. M. Teixeira, de 28-5-1910, e resposta deste, a 18-6-1910. V. *Correspondência*, I, pp. 177-179.

12. A carta de José Veríssimo poderá ser consultada na Col. Lima Barreto, Seção de Manuscritos da Biblioteca Nacional. V. *Correspondência*, I, pp. 203-206.
13. *Histórias e sonhos*, pp. 34 e 30, respectivamente.
14. "Lima Barreto e Afrânio Peixoto (Em torno de dois romances *à clef*)", artigo de Antônio Noronha Santos. *Pan Estadual*, Rio de Janeiro, novembro e dezembro de 1942, pp. 5-7.
15. "Como sempre falei em literatura militante..." V. "Literatura militante", artigo de Lima Barreto. *Impressões de leitura*, p. 72.
16. "Um livro desabusado", artigo de Lima Barreto. *A.B.C.* Rio de Janeiro, 24-12-1921. V. *Impressões de leitura*, pp. 202-203.

QUARTA PARTE

INTERMEZZO

1

PRIMAVERA DE SANGUE

"A vida, infelizmente, deve ser uma luta; e quem não sabe lutar, não é homem."

MARGINÁLIA, p. 79

O LANÇAMENTO do *Recordações do escrivão Isaías Caminha*, em fins de novembro ou começos de dezembro de 1909, encontrara o país convulsionado pelo debate político. Já ia em meio a campanha presidencial, que teria epílogo melancólico com a derrota de Rui Barbosa nas eleições de 1º de março do ano seguinte. Desde o primeiro instante, Lima Barreto havia tomado posição contra o Marechal Hermes da Fonseca, ministro da Guerra, embora discretamente, dada a sua condição de funcionário público subalterno e, ainda mais, servindo no próprio ministério de onde saíra o nome lembrado pelos políticos sob o comando de Pinheiro Machado, para suceder, no Palácio do Catete, ao Presidente Afonso Pena.

De fato, dois dias após a proclamação de Rui Barbosa, na Convenção do Rio de Janeiro, o escritor manifesta a sua solidariedade ao candidato anti-hermista, "em nome da liberdade, da cultura e da tolerância". É o que diz na carta que então escreveu a Rui. Assina-a, porém, não com o seu nome civil, mas com o do seu *alter ego* Isaías Caminha.

Teria receio de vir a ser perseguido na repartição?

Devia importar-se pouco com isso, pois semelhante disfarce não bastava para encobrir a identidade do missivista. O motivo era bem outro. Para dizer tudo o que sentia, colocou a máscara do seu personagem. Isaías Caminha, a sua própria consciência, ferida e humilhada, mas reagindo sempre contra o meio que a tentava sufocar, podia falar sem rebuços, sem censuras, nem convencionalismo, com liberdade de extravasar todos os seus recalques e ressentimentos. Com aquele mesmo acento patético, e pela voz do mesmo Isaías Caminha, o romancista continuava a destilar toda a sua revolta. Não – escreveu na carta a Rui Barbosa, que é, afinal de contas, mais de protesto que de adesão – não desejava para o Brasil "o regímen do Haiti, governado sempre por manipansos de farda, cujo culto exige sangue e violência de toda a ordem".[1]

Sim, era de protesto a posição de Lima Barreto. Protesto contra a candidatura militar, que nascera do entrechoque das ambições de políticos frustrados. Trabalhado por um forte sentimento antimilitarista desde a juventude, que o ambiente na Secretaria da Guerra só fizera alimentar e crescer ainda mais, via em Rui Barbosa apenas o candidato civil. Na verdade, nunca fora um "ruísta" exaltado. Tinha as suas restrições, tanto ao político, como ao intelectual.

Existe a respeito um documento interessante, e que é, por sinal, anterior à carta do escritor, apoiando a candidatura civilista.

Em maio de 1909, Anatole France esteve no Rio. Dentre as homenagens que recebeu, destacou-se a recepção na Academia Brasileira de Letras, durante a qual Rui Barbosa havia de pronunciar o seu famoso discurso escrito e falado em francês, mas pensado em português.[2] A impressão fora extraordinária. No dia seguinte, os jornais glosavam o episódio como mais uma façanha do baiano ilustre, cujos conhecimentos linguísticos teriam assombrado os embaixadores das maiores nações do mundo na Conferência de Haia, e agora, dois anos depois, deixaria boquiaberto um Anatole France. O terrível ironista curvara-se diante do orador, para felicitá-lo: "Je vous assure, c'est une merveille."[3]

No auge do prestígio intelectual e político, o nome de Rui Barbosa começava a ser apontado como candidato à presidência da República. Era considerado um homem extraordinário, um semideus. No entanto, Lima Barreto não formava na legião dos admiradores incondicionais. O comentário que deixou sobre o discurso a Anatole France, numa carta a Antônio

Noronha Santos, destoa do coro dos basbaques e dá bem uma ideia das reservas que mantinha:

"O Rui falou, falou com aquela pretensão e aquela falta de visão que lhe são peculiares, durante hora e tanto, tentando fazer crítica à obra do Jérôme Coignard ou Sylvestre Bonnard, como quiseres. Disse que era vice-presidente do Senado (*sic*) e se batia pela paz universal. Anatole respondeu sobriamente e sem relevo. Sentia-se emovido (gostaste?) e apreciava muito esta terra, bela, etc., em que não havia prejuízos de raça, como na Inglaterra. Quanto à paz universal, disse que devíamos guardar-nos das surpresas dos sentimentos e dos enganos do coração."[4]

Antônio Noronha Santos ainda se encontrava na Europa. E Lima Barreto escrevia ao amigo, pondo-o a par de tudo o que se passava no Brasil. Sensível aos acontecimentos políticos, não esqueceu de falar nas candidaturas à presidência da República, na mesma carta em que descreve a recepção de Anatole France na Academia.

Agravara-se o problema da sucessão com a recusa do nome de Davi Campista, então ministro da Fazenda, pelo grupo liderado por Pinheiro Machado. Quando a candidatura mineira parecia um fato consumado, eis que o chefe gaúcho coloca uma nova peça no tabuleiro da política: o ministro da Guerra. Estava declarada a crise. Hermes da Fonseca rompe com o presidente da República e deixa o ministério.

Lima Barreto faz, então, ao amigo distante um *compte-rendu* do episódio:

"Sabias que o Campista era o candidato à presidência do Pena. Bem. A estupidez nacional e a cavação também começaram a agitar o nome do Hermes. Ele tomou a sério. O Laje[5] e o Alcindo[6] levantaram a candidatura dele no *País* e na *Imprensa*. A rã começou a encher-se. Há dias fizeram uma ovação ao Rio Branco e logo os 'alferes' lembraram-se de fazer uma a esse tolo, no dia do seu aniversário, como se os dois, Rio B. e H. fossem homens do mesmo quilate. O Pena pediu então à gralha [Hermes] que declarasse se era ou não candidato. Ele prometeu, mas não fez. Isto foi a 12 e a 14 o Pena, à vista da evasiva de 12, pediu-lhe que fizesse por escrito a declaração. Ele a fez, pedindo demissão e atacando a candidatura Davi Campista. Sabes o que o Pena fez? Mandou chamá-lo, pediu-lhe desculpas, abandonou o Campista e a gralha ficou na pasta. Está aí a que está reduzido o Brasil." E como um caricaturista que desejasse rematar a *charge* com um traço ainda mais cruel, Lima Barreto acentua a nota ferina do comentário: "Engraçado é que o Campista ficou também e só o Carlos Peixoto julgou-se obrigado a resignar a presidência da Câmara. Quando voltares, estará eleito o Hermes e o império dos alferes voltará e – quem sabe? – o [encouraçado] 'Minas Gerais' talvez ainda asseste os canhões para o Rio."[7]

Evidentemente há alguma coisa que retificar no relato do romancista. Lima Barreto carregou nas tintas, ao descrever o jogo dos interesses regionalistas, a par de ambições e vaidades recalcadas, que resultou na candidatura do ministro da Guerra. A inexatidão de um ou outro pormenor não invalida, porém, o depoimento, apaixonado sem dúvida, mas que reflete, através da caricatura, a disputa dos blocos estaduais pela hegemonia da política nacional.

A luta começava no início do quadriênio presidencial, quando Pinheiro Machado compreendeu que estava ameaçada a sua posição de Condestável da República. Os mineiros eram, agora, os senhores da situação. Na Câmara dos Deputados, a bancada de Minas Gerais dominava, não só pela superioridade da inteligência, como pelo prestígio que lhe dava o presidente da República. Esse grupo de deputados, todos jovens, conquistou desde logo a estima da imprensa. E o "Jardim da Infância" – como passou a ser chamada a bancada pelos cronistas parlamentares – não tardou a tomar conta da Câmara, elegendo Carlos Peixoto seu presidente. A reação de Pinheiro Machado era mais do que natural. Acuado, o cacique procurou se defender. Tinha que enfrentar o inimigo, ou seja, impedir a todo o custo que outro mineiro viesse a suceder a Afonso Pena no Palácio do Catete. Daí o veto que opôs ao nome de Davi Campista e a sua concordância, logo depois, à candidatura do ministro da Guerra. Com Hermes da Fonseca no governo, Pinheiro continuaria a ser o líder da política nacional.

Retificando o romancista, é bom recordar que, uma vez proclamado candidato, a 22 de maio, Hermes da Fonseca deixou a pasta da Guerra, sendo na mesma substituído pelo General Luís Mendes de Morais. Logo depois, a 14 de junho, morre Afonso Pena. O presidente da República sucumbe em meio à batalha, vítima de "traumatismo moral", segundo se propalou na época.[8] Assume o governo o vice-presidente Nilo Peçanha, que passou a prestigiar abertamente a política de Pinheiro Machado. Cresce a onda de descontentamento, que encontra o seu veio natural e lógico na candidatura de Rui Barbosa, consagrada afinal na Convenção de 22 de agosto. É um bacharel, um advogado, um jurista, contra um marechal do Exército. Ambos são figuras respeitáveis, com grandes serviços prestados à Nação e, por conseguinte, dignos da presidência da República. Mas Hermes da Fonseca não era político. Era um militar. Sua candidatura trazia assim o vício da origem. Fora levantada pela solércia de um grupo e aceita pela pusilanimidade da maioria dos chefes políticos dos Estados. O ministro da Guerra – escreveu o mais autorizado dos biógrafos de Rui Barbosa – servia de "verdadeiro cavalo de Troia, destinado a aterrar os políticos aflitos".[9] E aterrou mesmo.

Com a morte de Afonso Pena, a situação mudaria por completo. É ainda o próprio Lima Barreto quem a descreve no seu romance *Numa e a ninfa*, sátira terrível dos bastidores da política, de que a carta a Antônio Noronha Santos fora simples antecipação. Ali todos aparecem.[10]

"O despeito dos políticos com a candidatura de Xisto [Davi Campista] foi ao encontro do apocalipse militar; e Bentes [Hermes da Fonseca] pesou na escolha do sucessor presidencial com uma revolução na retaguarda."

Quanto à posição de Pinheiro Machado, o feiticeiro que mexeu e remexeu naquela "retorta de fantásticas transformações", lá está fielmente configurada: "Bastos, apesar de toda a sua força aparente, admitiu-o, aceitou-o [Bentes], por uma consideração de defesa e conservação pessoais." E Hermes da Fonseca: "Bentes oscilava doidamente como um espantalho sob o vendaval."

De fato, tudo era confuso. Ninguém se entendia. Além disso, não se sabe inspirada por quem, surgiu uma campanha sistemática de desmoralização das instituições democráticas. "Os jornais e o povo – depõe o romancista – debochavam o Congresso, faziam-lhe as mais acerbas críticas e cobriam os deputados de epítetos os mais desprezíveis."[11]

O ambiente tornara-se propício à agitação. Começa a campanha da sucessão presidencial sob mau agouro, atirando civis e militares uns contra os outros. Dentro em pouco, o Rio de Janeiro seria teatro de distúrbios populares, como o que ficou conhecido em nossa crônica política pela designação de "Primavera de Sangue", e que terá, na vida de Lima Barreto, mais do funcionário que do escritor, profunda repercussão, como adiante se verá. A rigor, não existe relação direta entre o episódio e a campanha de Rui Barbosa, mas não há a menor dúvida que foi o choque do chamado espírito civil com o militarismo hermista a causa principal do motim, no qual dois estudantes perderam a vida.

O caso se passou na entrada da primavera, a 22 de setembro precisamente. A candidatura Rui fora homologada havia pouco menos de um mês. Tudo aconteceu em consequência de um incidente entre estudantes e o comandante da Brigada Policial, o General Sousa Aguiar, a quem os rapazes tinham ido reclamar contra o procedimento de soldados, durante a realização de uma passeata comemorativa da primavera. O general não os quis atender. Em sinal de protesto, os estudantes decidiram promover o enterro simbólico do comandante da Brigada. Partiu o préstito da velha Escola de Medicina, na Rua de Santa Luzia, entrou por Misericórdia e Primeiro de Março, atingindo depois a Rua do Ouvidor e o Largo de São Francisco de Paula, ponto terminal da manifestação burlesca. À frente, ia um estudante "vestido" de padre, isto é, com um fraque preto e uma camisa branca de mulher, seguido por um sacristão. Ambos rezavam. Atrás vinha o caixão – um reles caixão de madeira, forrado de cetim negro –, várias cruzes e varapaus, sustentando velas de sebo. Sobre o caixão, uma coroa de palha com os dizeres: "Ao General Sousa Aguiar, os estudantes". Nas partes laterais, em letras garrafais escritas a giz, anunciava-se: "Morreu o General Sousa Aguiar. Orai por ele".

Como se vê, tudo não passava de uma patuscada. Brincadeira de mau gosto, fadada, porém, a cair em rápido esquecimento, depois de algumas horas de galhofa. Mas o "enterro" acabou mal. Soldados à paisana, manejando cacetes e punhais, investiram contra os rapazes indefesos. A Brigada Policial veio em seguida, espaldeirando o povo, num assomo de selvageria. Tudo fora previamente combinado. Havia entre os policiais desordeiros conhecidos nas rodas da malandragem. Capoeiras famosos, como Bexiga, Bacurau, Serrote, Moringa, Turquinho. Resultado de tudo isso: dois estudantes mortos e numerosos feridos. José de Araújo Guimarães, acadêmico de Medicina e que fazia as vezes de sacristão, tombou ali mesmo, com uma facada no ventre, nas escadarias da Escola Politécnica. Francisco Pedro Ribeiro Junqueira, chamava-se o segundo estudante morto na chacina.[12]

Todo o Rio se emocionou com o acontecimento, tal a brutalidade que se revestiu a reação policial à manifestação estudantil. Da tribuna do Senado, Rui Barbosa verberaria a violência, puxando a brasa para a sua sardinha. "Sou dos tempos – dizia o tribuno na sua grandiloquência – em que nessas mesmas ruas, em festas carnavalescas, se viam os Ministros de Estado e Presidentes do Conselho representando papéis eminentes nos carros de crítica e nas representações jogralescas do entrudo. Bem me lembro de ter assistido a uma em que, com música de carnaval, se viam cinqüenta ou sessenta cabeças de Martinho de Campos, com a sua mesma expressão, com as suas feições, com o seu mesmo modo de estar, sem que se sentisse ferido na sua honra ou melindre o Presidente do Conselho, um dos homens mais respeitáveis e venerandos que a tribuna desta Casa já viu dirigirem-se ao país."

E ferindo em cheio o triste episódio da véspera, acusa o orador:

"O pau e a faca de ponta foram os instrumentos do atentado. Os seus perpetradores eram praças do corpo policial, que se diziam instruídos e mandados pelos seus superiores. O crime era um desforço da suposta ofensa feita à honra do comandante da Brigada Policial pela manifestação dos moços acadêmicos." E Rui assim conclui o seu libelo: "A honra militar não difere da honra civil, senão em graduações convencionais. Em um país constitucional, onde não pode haver privilégio de classe, muito menos regalias de casta, aqueles que vestem a farda e cingem a espada não estão isentos da crítica e da responsabilidade que pesa sobre todos os cidadãos."[13]

A esse tempo, Antônio Noronha Santos ainda se encontrava em Paris. É com espanto, mas sempre com um sorriso ao canto dos lábios, que recebe as novidades do Brasil, através de Lima Barreto.

"A tua penúltima carta – comunica ao amigo –, com a notícia da candidatura Hermes e adjacências, como diz o idiota do Mata Borrão, assombrara-me."

E continua:

"O Rio deve estar bom agora. Eu sempre fui uma criatura de azar; vivia nessa pasmaceira a bocejar; afasto-me uns meses, o Hermes lança candidatura, o Pena dá para morrer e há um grande trambolhão político."[14]

Pouco tempo depois, Santos retornava à pátria, a bordo do *Halle* – o "cabuloso, econômico e modesto *Halle*"[15] – ainda a tempo de participar da campanha política, entusiasta que era da causa do civilismo. Vinha cheio de planos, achando que não se podia permanecer de braços cruzados, na atitude acomodatícia dos indiferentes. Urgia fazer alguma coisa de prático para auxiliar a candidatura Rui Barbosa, que empolgava o país inteiro em *meetings* memoráveis, os quais constituíram, na verdade, as primeiras grandes concentrações de massas promovidas no Brasil. Santos queria desde logo lançar um panfleto, que combatesse de frente a candidatura Hermes da Fonseca. Nasceu assim a ideia de *O Papão*, anunciado em boletins, distribuídos nas ruas centrais da cidade, como "semanário dos bastidores da política, das artes e das... candidaturas".[16] Sim, porque tudo que fosse planejado por Antônio Noronha Santos, àquele tempo, mesmo que se tratasse de política, teria forçosamente que passar por entre o crivo da arte e da literatura.

Convocado para a aventura, Lima Barreto entregou-se de bom grado à preparação do panfleto. Já fizera tantos jornalecos. Por que recusar-se a colaborar com o seu grande amigo numa ideia que era sua também?

Em fins de 1909 e começos de 1910 – justamente o período em que coincide a campanha civilista com o lançamento do *Isaías Caminha* – não há sinal da presença de Lima Barreto na imprensa carioca. Poderia, portanto, ter-se dedicado à feitura de *O Papão* de corpo e alma, se a tanto fosse preciso. E, de fato, segundo o depoimento de Antônio Noronha Santos, o primeiro e único número do jornalzinho anti-hermista foi escrito quase inteiro pelo romancista. De *O Papão*, entretanto, não existe nenhum vestígio, a não ser o papelucho cor de vinho do boletim, que alardeava de modo tão petulante o seu fugaz aparecimento sobre a face da terra.

Vieram por fim as eleições, com a derrota de Rui Barbosa e o reconhecimento de Hermes da Fonseca. Sob ambiente ainda bastante carregado (o novo presidente só tomaria posse em novembro), reúne-se em setembro de 1910 o Tribunal do Júri para condenar ou absolver os responsáveis pela chacina do Largo de São Francisco de Paula. Os réus são em número de catorze, todos militares. O principal acusado é um oficial do Exército, Tenente João Aurélio Lins Wanderley, um moço de 35 anos, casado com uma sobrinha do General Sousa Aguiar, o *pivot* do conflito com os estudantes. "Vinha a causa ao júri sob atmosfera de terror – escreveu Evaristo de Morais, advogado dos estudantes –; dizia-se que o Tribunal seria assaltado, que colegas do oficial do Exército (Wanderley) e os companheiros das praças de polícia se haviam ajustado, com o intuito de desfeitear os acusadores, e, caso fosse desfavorável, para os réus, o resultado, perigavam as vidas dos jurados."[17]

Para julgar o Tenente Wanderley e seus companheiros (ironia do destino!), figurava entre os jurados o terceiro escriturário da Secretaria da Guerra, Afonso Henriques de Lima Barreto.

Que se saiba, nos anais forenses do Rio de Janeiro, jamais um júri produzira maior sensação. Cinco advogados de defesa, dois de acusação, além do Promotor Público, suceder-se-iam na tribuna, durante quatro dias e três noites a fio, sob enorme tensão popular. O júri demorou a instalar-se, e a escolha dos jurados não foi nada fácil. Por fim, começaram os trabalhos. A leitura do processo – dois grossos volumes – só terminaria às três e meia da madrugada – informa um jornal da época, a *Folha do Dia*. Cansados, os jurados "apertavam os olhos com os dedos e os arregalavam em seguida. Destes, mostravam-se muito atentos os Srs. Lima Barreto e Bruno Lobo".[18]

A observação coincide com a de outro repórter, o d'*A Notícia*. "Muita gente dormia – diz ele –, muita gente estava acordada, no entanto, dois jurados se sobressaíam. Um era o poeta [*sic*] Lima Barreto e o outro o professor Bruno Lobo. Aquele com os olhos muito arregalados, muito inteligentes, como que procurando ver tudo, até a verdade..."[19]

O Tribunal de Justiça funcionava numa velha casa da Rua da Relação. Assim o descreve o *Correio da Manhã* às primeiras horas do dia em que será conhecido o veredicto: "Seis horas da manhã. Dia claro. Na sala do juiz todos dormem. Nos bancos, nas tribunas, nas cadeiras dos jurados, populares ressonam. Tinha o aspecto de um grande dormitório o Tribunal. De quando em quando, o cantar de um galo ou a pilhéria de um estudante faziam um ou outro estudante entreabrir os olhos. O cansaço dominava a todos. Os oficiais de justiça, a sono solto, roncavam deitados no soalho de uma das salas." Pedaços de comida, espalhados pelo chão, misturavam-se ao cheiro acre, que vinha dos mictórios. O conselho de sentença ainda estava reunido na sala secreta. E o repórter, espiando pela fresta da janela, consegue divisar um sinal de vida: "apenas um braço moreno e musculoso, liberto das mangas do casaco, corria velozmente sobre laudas de almaço, respondendo a quesitos".[20]

A impressão era de que Lima Barreto servira como secretário do conselho de sentença. É, pelo menos, o que se lê no noticiário dos jornais da época. Mas, não.[21] O escritor apenas levou a fama, sem dela tirar proveito. Ao contrário, a condenação do Tenente Wanderley ia custar-lhe muito caro. Ele bem o sabia. No entanto, não se preocupou em desmentir a notícia, que adquiriu assim foros de verdadeira. Manteve, depois do julgamento, a mesma atitude de firmeza, desde que o seu nome figurou pela primeira vez na lista dos jurados. Todo o Exército se movimentara em auxílio do camarada de armas. O Clube Militar, através do seu presidente, o Coronel Rego Barros, tomara a si os encargos da defesa e a coleta de recursos pecuniários.[22]

Lima Barreto fora cabalado, mas os rogos e as solicitações de nada valeram.[23] "O júri... não é negócio de inteligência – escreveria, pensando talvez no da 'Primavera de Sangue'. – O que exige de inteligência é muito pouco, está ao alcance de qualquer. O que se exige lá é independência, coragem moral, força de sentimento da vida e firmeza de caráter."[24]

É impossível verificar, pela ausência de qualquer outro elemento elucidativo, a não ser a confissão do próprio escritor, até que ponto essa atitude de independência teria prejudicado a ascensão de Lima Barreto na sua carreira de funcionário do Ministério da Guerra. É, porém, indubitável que ele emprestava ao fato uma importância decisiva, conforme deixou escrito no *Diário íntimo*: "Eu fiz parte do júri de um Wanderley, alferes, e condenei-o. Fui posto no índex."[25]

Exagerado, injusto ou errado, esse foi o sentimento que lhe ficou impresso na alma, como mais um motivo de revolta contra a vida.[26]

NOTAS

1. A carta em apreço não consta dos arquivos da Casa Rui Barbosa. Traz a data de 25-8-1909. A sua minuta pode ser consultada na Col. Lima Barreto. Seção de Manuscritos da Biblioteca Nacional. V. *Correspondência*, I, p. 194.
2. A saudação em francês fizera época. No ano seguinte, Georges Clemenceau era recebido no Senado e saudado em francês por Francisco Glicério e Jorge de Morais. *Anais do Senado Federal*. Sessões de 1º a 30 de setembro de 1910. Vol. II, Rio de Janeiro, Imprensa Nacional, 1911, pp. 164-167.

3. Luís Viana Filho. *A vida de Rui Barbosa*. São Paulo, Companhia Editora Nacional, 1949, p. 362.
4. Carta a Antônio Noronha Santos, de 18-5-1909. "Duas cartas inéditas de Lima Barreto". *O Globo*, Rio de Janeiro, 4-9-1933. V. *Correspondência*, I, p. 75. Ainda a respeito de Anatole France no Rio, Santos conservou a seguinte reminiscência de Lima Barreto: "Certa noite, estava France, em companhia de [José] Veríssimo e outros paredros da Academia, fazendo um passeio pela Avenida, quando teve a atenção atraída pelo cinema que o Pascoal Segreto instalara ao lado do seu *cabaret*, em frente à Americana. Dirigia-se para lá, quando do grupo escandalizado partiu a advertência de que se tratava de um cinema livre. Anatole deu a ombros, e entrou. Os filmes – diga-o quem uma vez assistiu a essas exibições – eram tão horrendos na sua abjeção canalha, que mais pareciam cartazes de propaganda contra o perigo das moléstias venéreas. France, que aceitava tudo por princípio de ética, sorria. E Lima Barreto, ao me contar o episódio, ria, ria muito, não de Anatole, mas do Veríssimo e do cortejo que, transido de vergonha, se via forçado a participar da incontinência do Mestre..."
5. João Laje, diretor d'*O País*.
6. Alcindo Guanabara, diretor d'*A Imprensa*.
7. Carta a Antônio Noronha Santos, de 18-5-1909, acima citada. V. *Correspondência*, I, p. 76.
8. "Rui, em 18 de junho de 1909, escreveu a Miguel Calmon e Davi Campista, ambos ministros de Afonso Pena, pedindo declararem se era ou não verdade haverem os médicos atribuído o falecimento do presidente da República a 'traumatismo moral', conforme afirmara, ao fazer no Senado o necrológio de Afonso Pena. Ambos responderam afirmativamente." V. Luís Viana Filho. *Ob. cit.*, p. 378.
9. Luís Viana Filho. *Ob. cit.*, p. 361.
10. Segundo Antônio Noronha Santos, em carta que escreveu ao livreiro Carlos Ribeiro, e que pertence hoje ao arquivo do escritor Gondin da Fonseca, a chave de *Numa e a ninfa* é a seguinte: "Dr. Bastos, Pinheiro Machado; General Bentes, Hermes; Xisto, Davi Campista (?); Fuas Bandeira, João Laje; o Deputado Pieterzoon, 'um gordo descendente de holandês, mas cuja malícia não tinha nem o peso do seu corpo, nem da sua raça', Germano Hasslocher; 'o velho', Afonso Pena; Senador Carlos Gerpes, parece o Azeredo, mas há traços do mesmo Azeredo no Senador Macieira; Senador Martinho, Joaquim Murtinho; J. F. Brochado, deve ser o J. J. Seabra; o seu secretário, 'múmia peruana untada de pinturas' é, fora de qualquer dúvida, o Pelino Guedes; Sarmento Heltz, 'raposa polar', o Lauro Müller; D. Florinda Seixas é a professora Daltro, D. Deolinda Daltro, que teve a sua época de notoriedade e ridículo; Benevenuto, sou eu (Benevenuto não fazia versos nem coisa alguma. A sua preocupação era mesmo não fazer nada... e tudo o que se segue); a Sociedade Comemorativa do Falecimento do Almirante Constâncio é em cima da grei florianista."

11. *Numa e a ninfa*, p. 172; p. 116; p. 172; p. 180. "Quando o Congresso está aberto, os governos têm medo de agir tão limpamente à moda dos paxás turcos. Como que lhe têm medo; é a sua consciência. Quando, porém, ele está fechado, a fera carniceira não tem mais o chicote do domador à vista e faz o que quer." "O encerramento do Congresso", artigo de Lima Barreto. *Careta*, Rio de Janeiro, 14-1-1922. *Feiras e mafuás*, p. 274.
12. *Correio da Manhã*, Rio de Janeiro, n^os^ de 22 a 30 de setembro de 1909.
13. Discurso pronunciado a 23-9-1909. *Anais do Senado Federal*. Sessões de 1° a 30 de setembro de 1909. Vol. V. Rio de Janeiro, Imprensa Nacional, 1910, pp. 154-155.
14. Carta a Lima Barreto (inédita, datada de Paris, 5-7-1909). Nessa mesma carta, Santos informa que tomara conhecimento do conflito da "Primavera de Sangue" pelo *Courrier du Brésil*. V. *Correspondência*, I, p. 87.
15. *Idem*, *idem*, de 19-7-1909. V. *Correspondência*, I, pp. 88-89.
16. Um exemplar desse boletim consta hoje do arquivo particular do autor, graças a uma gentileza de Antônio Noronha Santos. O *Papão* circulou apenas uma vez, trazendo na capa um desenho de Chambelland.
17. Evaristo de Morais. *Reminiscências de um rábula criminalista*. Rio de Janeiro, Leite Ribeiro, 1922, p. 206.
18. *Folha do Dia*, Rio de Janeiro, 14-9-1910.
19. *Notícia*, Rio de Janeiro. 14-9-1910.
20. *Correio da Manhã*, Rio de Janeiro, 16-9-1910.
21. O secretário do conselho de sentença foi o Sr. José Borges Ribeiro da Costa Júnior. Os autos encontram-se no arquivo do Tribunal do Júri, primeira vara criminal, maço 287.
22. Evaristo de Morais. *Ob. cit.*, p. 207. Registre-se que o Tenente Wanderley, indo novamente a júri, em janeiro de 1911, acabou sendo absolvido.
23. Depoimentos de Antônio Noronha Santos e Mário Galvão.
24. *Bagatelas*, p. 170. Além do artigo citado, "Os uxoricidas e a sociedade brasileira", inserto no volume *Bagatelas*, Lima Barreto publicou outros artigos sobre o assunto, como: "Um jantar no júri", com o pseudônimo de J. Caminha, na *Careta*, Rio de Janeiro, 21-8-1915; "O repórter e o júri", ainda na *Careta*, de 18-10-1919; "Casos do júri", publicado em *O Estado*, Niterói, 25-10-1919, sem falar de outros. Os três artigos citados acham-se, respectivamente, em *Coisas do Reino do Jambon*, pp. 127-129; *Vida urbana*, pp. 105-106 e 190-195.
25. *Diário íntimo*, p. 172.
26. Numa pequena crônica sobre Bruno Lobo, Lima Barreto deixou escapar mais esta confidência, poucos meses antes de morrer: "Eu mesmo tive ocasião de verificar isso [alusão à inteligência de B. Lobo], quando passei em tua companhia cerca de oito dias no júri, naquele famoso júri em que tu foste presidente e eu fui perseguido por causa dele e tu homenageado." Refere-se ainda ao júri da "Primavera de Sangue". "Bilhete". *Careta*, Rio de Janeiro, 17-6-1922. *Marginália*, p. 81.

2

BOÊMIA

"O burguês bebe champanha; o herói bebe aguardente."

HISTÓRIAS E SONHOS, p. 193

A 11 DE AGOSTO DE 1911, o *Jornal do Commercio* (edição da tarde) iniciava a publicação, em folhetins, do *Triste fim de Policarpo Quaresma.*[1] Entregue à vida boêmia, já nessa ocasião, fora num instante de fuga ao burburinho dos cafés e ao tédio da repartição que Lima Barreto escreveu, em menos de três meses, pode-se dizer que de uma arrancada só, o mais bem composto e equilibrado de seus romances.[2]

Por seu próprio temperamento, seria incapaz de um esforço continuado, lento, meditado, em que pudesse medir com paciência altos e baixos, dosar fria e calculadamente palavras e emoções, o que não seria descabido num antigo estudante de Engenharia. Ao artista impaciente, jamais teria ocorrido aplicar, na elaboração de seus romances, os princípios de matemática de que, desde os bancos da Escola Politécnica, se gabava de bom conhecedor. De resto, o melhor da sua obra está no ímpeto criador, na força da descrição dos pequenos quadros que nos transmitem, a um só tempo, o visível e o apenas pressentido na realidade da vida, no seu prosaísmo e na sua poesia. É a nota da espontaneidade, o flagrante, permitindo, assim, maior perfeição na engenharia dos contos que dos romances.

Aos 30 anos, Lima Barreto atingira o ponto mais alto da sua carreira literária. E produz as suas obras-primas. "A nova Califórnia" é de novembro de 1910. "O homem que sabia javanês", de abril de 1911. Foi exatamente no intervalo desses contos que escreveu o *Triste fim de Policarpo Quaresma.*[3] Trabalhou-o com paixão, entregando-se por inteiro a sua composição, vertiginosamente, como se estivesse em estado de transe. É esta, sem nenhum exagero, a impressão que fica de um exame atento e demorado dos originais, impressão fortalecida pela informação do próprio autor de que escrevera o romance em apenas dois meses e meio. São trezentas e poucas laudas do melhor papel almaço – por sinal, o mesmo papel utilizado no serviço burocrático da Secretaria da Guerra. A estranha grafia de Lima Barreto, dificilmente decifrável, em linhas desiguais, correndo acima das pautas, cobre todo o papel com o desenho bizarro das letras, finas, pequeninas, nervosas. A pena como que tocava de leve o papel de primeira qualidade numa rapidez extraordinária. Quanto mais depressa a mão trêmula ia grafando os caracteres, melhor saía a composição. Parecia dominado por uma força misteriosa, que o impossibilitava de interromper por um dia sequer o mágico processo da elaboração mental, exigindo a comunicação instantânea do pensamento para o papel.[4]

A sugestão de escrever um romance para ser publicado em folhetins do *Jornal do Commercio* partira de João Melo, companheiro das rodas boêmias, jornalista que iniciara a sua vida profissional como aprendiz de tipógrafo nas oficinas da *Tribuna Liberal*, ao tempo em que era chefiada pelo pai de Lima Barreto, nos últimos anos da Monarquia.[5]

"... cheio de dívidas, sem saber como pagá-las, o J. M. aconselhou-me que escrevesse um livro e o levasse para ser publicado no *Jornal do Commercio*" – anotou o romancista numa página em que também fala da tristeza que ensombra permanentemente a sua vida doméstica – a loucura paterna. É nessa confissão que se pode puxar o fio da meada, que explica, de certo modo, o comportamento do escritor na fase que teria sido a mais fecunda da sua existência, do ponto de vista literário.

"Muitas causas – dirá então – influíram para que eu viesse a beber; mas, de todas elas, foi um sentimento ou pressentimento, um medo, sem razão nem explicação, de uma catástrofe doméstica sempre presente. Adivinhava a morte de meu pai e eu sem dinheiro para enterrá-lo; previa moléstias com tratamento caro e eu sem recursos; amedrontava-me com uma demissão e eu sem fortes conhecimentos que me arranjassem colocação condigna com a minha instrução; e eu me aborrecia e procurava distrair-me, ficar na cidade, avançar pela noite adentro; e assim conheci o *chopp*, o *whisky*, as noitadas, amanhecendo na casa deste ou daquele."[6]

Esse estado de espírito vai agravar-se com a publicação do *Isaías Caminha*. Em lugar da glória literária, sentiu-se dominado por invencível sentimento de frustração. É que não houve o debate esperado. A crítica não se escandalizara. Uns silenciaram. Outros até elogiaram o volume. Os jornais, de um modo geral, não tomaram conhecimento da estreia do escritor, que criticava acremente por vezes pessoas e hábitos da imprensa. Era decepcionante.

O *Correio da Manhã*, alvo predileto, não publicou sequer uma linha sobre o livro. Olimpicamente, respondeu com o silêncio à ousadia da sátira. Completaram o cerco os intelectuais caricaturados no romance e que giravam como satélites em torno da figura de Edmundo Bittencourt. Para este, era como se o livro não existisse.

A luta era desigual. Sabia muito bem como se fabricavam as reputações literárias à força de empenhos, concessões, curvaturas.[7] Tinha, a respeito, opinião definida: só os hábeis e os espertos conseguiam vencer. O prestígio intelectual não seria nunca conquistado pelo próprio valor, mas a golpes de astúcia e até de charlatanismo.

O caminho estava todo minado. A alegria do primeiro livro desaparecia, diante da grande decepção, que uns dois ou três artigos amáveis não conseguiriam remover. Os comentários de café, a sensação que produzira nos meios literários, eram insuficientes. Desejara o debate, e este não veio por falta de combatentes. Os mandarins das letras não desceriam a lutar com ele.

Continuaria a ser o desprezado de sempre, com todas as portas fechadas: sem glória e sem dinheiro, sem posição e sem amor, impotente para vencer a resistência passiva dos donos da literatura, atormentado pela dor da tragédia doméstica.

Esse modo de ver as coisas – sempre pensando no seu próprio caso, com lentes um tanto deformadoras da realidade – inspiraria a Lima Barreto – justamente na época do "fracasso" do *Isaías Caminha* e do "sucesso" de *A esfinge* – um de seus melhores contos, "O homem que sabia javanês", história de um mistificador que se torna, por isso mesmo, glória nacional. Castelo, o professor de javanês, era de Canavieiras, e construíra toda a sua reputação como especialista em línguas malaio-polinésias, as quais conhecia apenas da leitura da *Grande Encyclopédie*. A sátira parece dirigida a Afrânio Peixoto, a quem Lima Barreto sempre considerou um falso erudito e um péssimo escritor. No entanto, Afrânio tinha prestígio. E ele, não. Afrânio subia. E ele não podia subir, porque não o deixavam subir.

Desde a Escola Politécnica, quando a sua revolta estava ainda latente, habituara-se a assistir ao espetáculo de ascensão dos companheiros de geração, dos brancos, dos ricos e bem-nascidos, embora medíocres, enquanto que ele, de origem humilde, pobre e mulato, descia sempre na escala da vida. O símbolo do sucesso fácil estaria, contudo, menos em Afrânio Peixoto que em Miguel Calmon du Pin e Almeida, o Bel-Ami, como lhe chamava quase com ódio, e que se fizera ministro de Estado, com apenas 27 anos de idade.[8]

Na literatura – na sua literatura militante – encontraria, pois, Lima Barreto certa maneira de tirar desforra, de vingar-se, em suma. Para isso, sem que se desse conta, ia armazenando o seu "*stock* de observações e de emoções", tal como aconteceu a Isaías, às quais se juntariam, como veneno ingerido em doses infinitesimais, as mágoas e ressentimentos. "Vinham uma a uma – escreveu o romancista, ao tratar do seu personagem quase autobiográfico – invadindo-me a personalidade insidiosamente para saturar-me mais tarde até ao aborrecimento e ao desgosto de viver."[9]

"Mais tarde..." Tendo feito esta confissão por volta de 1908, não será demais fixar o ano de 1911 como o início de uma nova fase na vida de Lima Barreto, a fronteira que delimita o período mais fecundo de sua atividade de romancista com os primeiros desregramentos boêmios, saturado desde então pelo "aborrecimento" e o "desgosto de viver". O episódio, ainda recente, do júri da "Primavera de Sangue" atuara nele como um impacto, destruindo por completo as poucas ilusões que lhe restavam. A viagem precipitada que fez a Juiz de Fora, logo após o julgamento, oferece, nesse sentido, um subsídio valioso. Até então, com 30 anos incompletos, Lima Barreto só saíra do Rio uma única vez, quando fora, adolescente ainda, em companhia do pai, integrando a sua turma da Escola Politécnica, fazer exercícios práticos na cidade de Barbacena.[10]

Conclui-se, portanto, sem maiores dificuldades, que a viagem de agora, a Juiz de Fora, só podia ser uma fuga. Sentia-se de tal forma oprimido que lhe acudira de súbito a resolução de deixar o Rio, por uns dias que fosse, à procura de refúgio. À noitinha, em vez de tomar o seu trem de subúrbio, de regresso a casa, em Todos os Santos, embarcaria no noturno de Belo Horizonte, a caminho de Juiz de Fora, onde sabia vagamente encontrar-se o seu tio, o maestro Carlos Pereira de Carvalho, à frente de uma companhia teatral, um desses "mambembes" que vivem a perambular de cidade em cidade pelo interior do Brasil.

O júri da "Primavera de Sangue" terminara a 17 de setembro. Em 24 do mesmo mês já se encontrava em Juiz de Fora, "desde quarta-feira", conforme se lê na carta que então escrevera a Antônio Noronha Santos.[11] O tio de Lima Barreto dirigia a Companhia Dramática Nazareth, atuando como principais figuras ele próprio, a esposa e uma filha. "... passei cerca de dez dias – escreveu sobre a sua viagem a Juiz de Fora – mergulhado e interessado pelo que se passava em um modesto 'mambembe', onde, como maestro, figurava um parente meu, muito de minha estima e consideração. Lá vi ensaiar, marcar, representar uma série de peças, peças que não vêm mais ao cartaz aqui, mas cujo preparo para serem levadas à cena mostrou-me o que a tal sabedoria teatral é e vale. Fui mesmo bilheteiro quando a companhia foi dar espetáculo numa pequena povoação dos arredores de Juiz de Fora."[12]

De volta de Juiz de Fora, refeito dos estragos produzidos no seu sistema nervoso pelo impacto da "Primavera de Sangue", é que escreverá "A nova Califórnia", "O homem que sabia javanês", além do *Triste fim de Policarpo Quaresma*. É bem de ver que, em 1911, já estão prontos os três livros mais importantes de toda a sua obra de ficção: *Isaías Caminha*, *Gonzaga de Sá* e *Policarpo Quaresma*. Destes, apenas o segundo ainda inédito.

A falta de estímulo e a hostilidade do ambiente, aliados ao forte complexo e a uma série de outros fatores, dos quais não deve ser esquecido o da tragédia doméstica, transformariam o adolescente cheio de sonhos num pobre homem, viciado no álcool, que lhe consome não somente a saúde, como em grande parte lhe sacrifica a carreira de escritor.

A bebida, que era o seu lenitivo, há de matá-lo lentamente. Nos primeiros tempos, logo que entrou para a Secretaria da Guerra, servia-se do chope, da cerveja, do uísque. Agora, porém, o dinheiro rareava. Para atordoar-se e esquecer a amargura, recorria à cachaça. "... eu a bebia desbragadamente – confessa –, a ponto de estar completamente bêbedo às nove ou dez horas da noite."[13] De frequentador de cafés e confeitarias, tornar-se-á, com o tempo, um boêmio de botequins, embriagando-se todos os dias, esbodegado e sujo, quase um trapo humano.

Não há dúvida, pois, que 1911 significa a fronteira de uma vida, a bem dizer normal, para a outra, a de boêmio, por consequência anormal.

Fotografias dessa época documentam um Lima Barreto bem trajado, numa atitude de quem, longe de ser um *dandy*, procura, pelo menos, apresentar-se com decência. Três são as fotografias conhecidas do período em que se opera a "transformação".

Numa delas, o escritor aparece sentado, de corpo inteiro. Conquanto a roupa não tenha sido talhada pelo Raunier ou por qualquer outro famoso alfaiate do tempo, o certo é que lá está ele, bem composto, envergando, talvez um pouquinho *gauche*, o seu terno completo. Completo sim, porque não lhe falta sequer o colete, por sinal indispensável à indumentária naquele tempo.[14]

Noutra fotografia – a que foi publicada na capa da revista *A Estação Teatral* –, a cabeça de Lima Barreto conserva um certo ar juvenil, a fronte erguida, os olhos vivos e brilhantes, o queixo arrogantemente levantado. O álcool não deixara ainda nenhum sinal da sua devastação na fisionomia do escritor.[15]

A terceira fotografia foi tirada entre as duas acima citadas, por ocasião do júri da "Primavera de Sangue". O romancista está entre os jurados, de perfil, com a mão direita apoiando o queixo. É de todas a menos nítida, o que a não impede de oferecer ao observador a mesma impressão de um homem que se veste com modéstia, mas asseada e decentemente. Dir-se-á que está no júri, tendo escolhido, para isso, a melhor roupa, o seu terno de missa. Pode ser. Mas a verdade é que, em confronto com a dos demais jurados, a indumentária não o diminui.[16]

Não quer isso dizer que Lima Barreto, na sua mocidade, tivesse qualquer preocupação de elegância. Será sempre o anti-Petrônio, por seu próprio feitio e temperamento. Muito menos teria preocupações com a indumentária em 1911, início da fase de sua "transformação". A preocupação, àquele tempo, seria a de acentuar cada vez mais a própria miséria, vestir-se mal, numa espécie de dandismo às avessas, ao mesmo tempo que faz praça em negar a tudo e a todos, em franca disponibilidade política ou estética, assumindo posição que parece a de um aprendiz de filosofia do cinismo.

"... visto-me mal, lamentavelmente mal, quase mendicante... Não julgo que amo a piedade; não sofro miséria, não, e vivo bem. É um feitio de ser; é a minha *pose*..."[17] – escreve num dos artigos d'*A Estação Teatral*, numa época em que, como vimos, não se apresentava assim tão malvestido. Em outros artigos, publicados na mesma revista e na mesma ocasião, fala da sua "aridez de coração", declara que não ama "nem à Pátria nem à Família e muito menos à Humanidade".

E mais:

"... não obedeço a teorias de higiene mental, social, moral, estética, de espécie alguma. O que tenho são implicâncias parvas; e é só isso. Implico com três ou quatro sujeitos das letras, com a Câmara, com os diplomatas, com Botafogo e Petrópolis; e não é em nome de teoria alguma, porque não sou republicano, não sou socialista, não sou anarquista, não sou nada; tenho implicâncias. É uma razão muito fraca e subalterna; mas como é a única, não fica bem à minha honestidade de escriba escondê-la."[18] Tudo porém não passa de *pose*. A atitude de cinismo jamais seria completada – na realidade ficaria só na intenção – porque esbarrava sempre na sua "honestidade de escriba".

Alguns anos depois, Lima Barreto há de justificar a sua boêmia "por motivos que a própria arte explica nas exigências que faz a certos temperamentos, caracteres e inteligências, quando atraídos por elas", na mesma oportunidade em que investe contra os "literatos lacaios, cavadores de propinas, gratificações, ajudas de custo, obtidas com lambidos artigos de um proxenetismo torpe, a grandes notabilidades munificentes, à custa do Estado".[19]

O grande inadaptado, que vivia a sonhar com a glória literária, desde os bancos da Escola Politécnica, encontrava, afinal, uma forma de evasão. A desgraça doméstica, o complexo da cor, o tédio da repartição, a falta de dinheiro, a mediocridade da vida literária! A boêmia fazia esquecer tudo isso. "Oh! Algumas vezes por aí, umas pândegas e muito álcool! Narcótico!" É o seu heterônimo Augusto Machado quem o diz: "... revoltei-me contra a minha fraqueza, contra a minha alma bruxuleante e pulha, que me fazia deter diante das regras do decálogo, diante dos preceitos morais. Eu era um covarde, um escravo; eles, príncipes e reis. Não serei mais assim!... Era preciso brigar – briguemos! Escolheram a guerra – tê-la-ão!"[20]

Mesmo se o quisesse, não poderia, na verdade, ser um cínico. Daí a transferência que fez dessa atitude, impossível de assumir ele próprio na vida real, para alguns personagens que criou, como o Dr. Bogóloff, tipo de charlatão prodigioso, que desprezava a humanidade e a si mesmo, "não se detendo diante de empecilho moral, senão daquele que fosse castigado pelo Código".[21] Falando de Bogóloff, um crítico observou que seu drama decorria "da consciência da sua incapacidade de adaptação a um mundo hostil e adverso: era impossível viver plenamente a 'sua' vida, a vida que ele desejava edificar com as 'suas' próprias mãos".

A criatura se confunde com o criador. Menos que "uma deformação ridícula da sua própria fisionomia", essa caricatura seria portanto uma "máscara afivelada" ao rosto do autor. "Por baixo da máscara – conclui o crítico – percebe-se facilmente que há uma cara de traços regulares, marcados apenas pelo sofrimento e pelo desengano precoces."[22]

De fato, existe em Bogóloff muita coisa de Lima Barreto, embora o personagem caricato fosse louro e estrangeiro, pois só assim conseguiria vencer.[23] Aprofundando um pouco, porém, na descrição da figura, o romancista se deixa trair pelo memorialista, na contemplação do próprio eu, como acontece frequentemente através da sua obra de ficção:

"Os cruéis acontecimentos que o envolviam não despertavam nele os ardores generosos de sua primeira mocidade, que tanta amargura havia sofrido. Nascera em Cazã, na Rússia, onde seu pai tinha um 'sebo', que lhe dava os parcos recursos necessários à subsistência de ambos.

"Aquele contato com os livros, desde quase o seu nascimento, dera-lhe 'fumaças' e a inaptidão do intelectual de origem obscura para o esforço seguido, quando se choca com o meio naturalmente hostil."[24]

O aprendizado de cinismo há de se prolongar por algum tempo. Por um momento, Lima Barreto abandona os projetos de romance e resolve dedicar-se à pequena literatura dos folhetins de aventuras e das novelas picarescas.

Visaria, com isso, a ganhar dinheiro? É bem possível que semelhante ideia lhe tivesse vindo à cabeça, mas de modo passageiro.[25]

Comercializando-se, talvez procurasse uma libertação mais de ordem espiritual que material, numa hora de profundo desalento, em face das reações que provocara, ao tentar a grande literatura. Já vimos o que acontecera ao seu livro de estreia. A publicação do *Policarpo Quaresma* em folhetins, na edição da tarde do *Jornal do Commercio*, só despertara a atenção de Alcindo Guanabara, e de mais ninguém. E fora justamente para ferir o ponto crucial da dúvida que atormentava Lima Barreto: a impossibilidade de um escritor viver exclusivamente da pena no Brasil e poder realizar, livre de outras preocupações, uma grande obra literária.[26]

Assim se explica, ainda que com alguma ligeireza, a incursão do escritor nos domínios da literatura folhetinesca. O Nick Carter dera ao seu editor brasileiro 100 contos em dois anos! dissera Lima Barreto a um amigo,[27] como quem espera compensação parecida com o herói que concebera a sua inventiva de romancista, desviando-se intencionalmente da rota que havia traçado no início da sua carreira, quando sonhava, entre outras coisas, em introduzir o "negrismo" na literatura nacional.

De acordo com plano previamente traçado, as *Aventuras do Doutor Bogóloff* seriam uma série de narrativas humorísticas em torno da vida de um pseudorevolucionário russo, um espertalhão, que conquista no Brasil uma situação invejável, em parte devido aos golpes de audácia, mas principalmente pela ignorância ou irresponsabilidade dos dirigentes da política. Esses folhetins – sátira aos nossos costumes, mais tarde ampliada no romance *Numa e a ninfa* – deveriam aparecer semanalmente, com um desenho escandaloso na capa em cores, e oferecido ao público ao preço de 200 réis nas bancas de jornais. Poderia (quem diria o contrário?) ganhar muito dinheiro! Mas os folhetins, ao que se sabe, tiveram a publicação interrompida logo no segundo número.[28] O Dr. Bogóloff, apesar da sua simpatia, não tivera forças para conquistar o favor dos leitores, tal como acontecera com Nick Carter ou Sherlock Holmes.

Lima Barreto, porém, não desiste ante o malogro dessa primeira tentativa como escritor de folhetins populares. Pelo contrário. O que parece desejar, agora, é descer ainda mais, mergulhar-se no cinismo e no deboche, acanalhar-se por completo. Trabalhando n'*O Riso*, revista que explorava o gênero brejeiro, cujo editor lançara as *Aventuras do Doutor Bogóloff*, publica, concomitantemente com os folhetins humorísticos, dois romances fesceninos: *O chamisco* e *Entra, Senhórr!...* Ambos são anunciados por *O Riso* como o *nec plus ultra* da literatura realista. *O Chamisco* ou *O Querido das mulheres* seria a história de um conquistador irresistível. *Entra, Senhórr!...* teria como motivo principal "episódios interessantes, passados na alcova de uma horizontal".[29]

São estas; aliás, as únicas indicações que possuímos a respeito desses pobres romances, verdadeiras preciosidades bibliográficas, que jamais tivemos em mãos, além das impressões de leitura de Antônio Noronha Santos, a quem Lima Barreto oferecera, creio que um exemplar do *Entra, Senhórr!...*[30]

"É curioso observar – são impressões que nos foram confiadas por Antônio Noronha Santos – que os dois romances nada tinham propriamente de imorais. Logo ao primeiro contato, revelam, isso sim, a *gaucherie* de quem parecia desconhecer qualquer requinte da chamada arte de amar."[31]

NOTAS

1. Publicado em folhetins do *Jornal do Commercio* (edição da tarde), de 11 de agosto a 19 de outubro de 1911.
2. "O *Policarpo Quaresma* foi escrito em dois meses e pouco, depois publicado em folhetins do *Jornal do Commercio* da tarde..." *Diário íntimo*, p. 181.
3. "A nova Califórnia" traz a data de 10-11-1910. "O homem que sabia javanês" foi publicado pela primeira vez na *Gazeta da Tarde*, Rio de Janeiro, em 20-4-1911. *Triste fim de Policarpo Quaresma* foi escrito nos meses de janeiro a março de 1911.
4. Col. Lima Barreto. Seção de Manuscritos da Biblioteca Nacional. Examinando os originais, a pedido do autor, o grafólogo Geraldo Cavalcanti notou que a letra de Lima Barreto revelava um escritor de pouca imaginação, mas de grande poder de observação, em constante *féerie* mental.
5. Ao completar 80 anos, na homenagem que recebeu de toda a imprensa carioca, João Melo conta a história da sua iniciação no jornalismo, num discurso original, falando de si mesmo, mas na terceira pessoa. Começou por aprender os primeiros rudimentos da arte tipográfica na Imprensa Nacional. "No fim da

aprendizagem – continua o patriarca –, ainda sem a agilidade manual necessária, trabalhou umas noites na oficina da *Tribuna Liberal*, sob a direção do mais letrado dos artistas daquele ofício – o Lima Barreto de que era filho o menino do mesmo nome, mais tarde o grande romancista do *Isaías Caminha* e *Policarpo Quaresma*. Às vezes, muito depois, em não raras tertúlias, o escritor elogiava-o, dizendo a outros amigos: 'Este foi aluno de meu pai.'" *Jornal do Commercio*, Rio de Janeiro, 25-9-1949.

6. *O cemitério dos vivos*, pp. 47-48.
7. "Os livros nas redações têm a mais desgraçada sorte se não são recomendados e apadrinhados convenientemente. Ao receber-se um, lê-se-lhe o título e o nome do autor. Se é de autor consagrado e da facção do jornal, o crítico apressa-se em repetir aquelas frases vagas, muito bordadas, aqueles elogios em *cliché* que nada dizem da obra e dos seus intuitos; se é de outro consagrado mas com antipatias na redação, o *cliché* é outro, elogioso sempre mas não afetuoso nem entusiástico. Há casos em que absolutamente não se diz uma palavra do livro. Acontecia isso com três ou quatro autores", escreveu Lima Barreto num dos capítulos do *Isaías Caminha*, quase todo dedicado a esse mecanismo da publicidade dos livros, onde há também a seguinte observação: "Os mais hábeis daqueles que estão de fora... quando premeditam a infame ousadia de publicar, arranjam preliminarmente relações de amizade nos jornais, de modo a obter um bom acolhimento para o seu trabalho. Isso acontece com os de pequeno nascimento, com os que vêm dos estados; mas o autor, que nasceu no Rio, de certa camada, que tenha títulos e empregos, pode estar seguro de que a crítica anônima dos jornais lhe será unânime em elogios e animação." *Isaías Caminha*, pp. 237-238.
8. Ao assumir a pasta da Agricultura, no governo do Presidente Afonso Pena, Miguel Calmon anunciou o seu programa, cujas linhas mestras se resumiam no povoamento do solo, na ligação ferroviária dos grandes centros do país, no problema dos portos, na organização dos serviços contra as secas, conforme observação de Carvalho de Brito, no folheto: *O civilismo em Minas*. Rio de Janeiro, Casa de Rui Barbosa, 1949, p. 13.
9. *Isaías Caminha*, pp. 244-245.
10. "Quando a primeira vez, em menino, viajei com meu pai em trem de ferro, para Barbacena..." "Até Mirassol", artigo de Lima Barreto, na *Careta*, Rio de Janeiro, 30-4-1921. V. *Marginália*, p. 50. Dessa viagem a Barbacena, feita presumivelmente em 1900 ou 1901, o autor possui no seu arquivo o recorte de uma revista não identificada, onde aparece Lima Barreto com um chapelão de palha, entre os seus colegas, numa fotografia sob a seguinte legenda: "Passagem da turma de alunos da Escola Politécnica, encarregada da parte planimétrica, pela frente do Hotel Aliança, em Barbacena."

11. *Autores e livros*, suplemento d'*A Manhã*, Rio de Janeiro, Ano IV, nº 14, 25-4-1943. V. *Correspondência*, I, p. 90.
12. "Uma coisa puxa a outra", artigo de Lima Barreto n'*A Estação Teatral*, Rio de Janeiro, 8-4-1911. V. *Impressões de leitura*, p. 264. O maestro Carlos Pereira de Carvalho chegou mesmo a compor partituras de operetas que fizeram sucesso, como *O Garganta* e *Os Huguenotes*.
13. *O cemitério dos vivos*, p. 48.
14. Publicado n'"Os arquivos implacáveis", de João Condé, *Letras e artes*, suplemento d'*A Manhã*, Rio de Janeiro, 15-8-1949, p. 9.
15. Publicado em 24-6-1951. "... Viram o meu retrato, não foi? – escreveu Lima Barreto no número seguinte. – Tirei-o de surpresa, senão teria cortado o cabelo e pedido emprestado uma outra pigmentação para que a cousa saísse mais decente." V. "Alguns reparos", artigo de Lima Barreto. *A Estação Teatral*, Rio de Janeiro, 15-7-1911. V. *Impressões de leitura*, p. 277.
16. Publicado na *Careta*, Rio de Janeiro, nº 120, 17-9-1910.
17. V. "Uma coisa puxa a outra", artigo de Lima Barreto. *A Estação Teatral*, Rio de Janeiro, 8-4-1911. V. *Impressões de leitura*, p. 263.
18. V. "Alguns reparos", artigo de Lima Barreto citado na nota 15: V. *Impressões de Leitura*, pp. 277-278.
19. "Uma simples nota". *Bagatelas*, p. 248.
20. *Gonzaga de Sá*, p. 158.
21. *Numa e a ninfa*, p. 188.
22. Astrojildo Pereira. *Interpretações*. Rio de Janeiro, Casa do Estudante do Brasil, 1944, pp. 141-142.
23. "Louro, doutor e estrangeiro, ias longe!" *Os Bruzundangas*, p. 212.
24. *Numa e a ninfa*, p. 187.
25. É patente o desprendimento do escritor em matéria de dinheiro. Certa vez, discutira com Bastos Tigre, que o acusava de escrever sem remuneração para pequenas revistas. Antônio Noronha Santos assistira ao bate-boca, no qual se teria extremado Lima Barreto, a ponto de considerar absurdo qualquer pagamento a uma página de literatura.
26. "O Dia", por Pangloss (pseud. de Alcindo Guanabara). *A Imprensa*, Rio de Janeiro, 20-9-1911.
27. Carta a Antônio Noronha Santos, de 19-9-1912. V. *Correspondência*, I, p. 99.
28. Foram publicados dois folhetins: "Fiz-me, então, diretor de Pecuária Nacional" e "Como escapei de 'salvar' o estado de Carapicus". Dois outros capítulos inéditos das *Aventuras* foram incorporadas à edição definitiva de *Numa e a ninfa*: "Dei alguns planos e pintei a batalha de Salamina" e "Fui um momento Sherlock Holmes". Os quatro capítulos, na coleção das obras de Lima Barreto lançada pela Editora Brasiliense, estão no volume *Os Bruzundangas*, pp. 197-284.

29. *O chamisco* foi anunciado n'*O Riso* em 27-6-1912. *Entra, Senhórr!...* em setembro do mesmo ano, simultaneamente com as *Aventuras do Doutor Bogóloff*.
30. V. "Anedotário de Lima Barreto", artigo de Antônio Noronha Santos, *Diário da Manhã*, Niterói, 9-10-1942.
31. Depoimento de Antônio Noronha Santos.

3

O ABISMO

"O abismo abriu-se a meus pés e peço a Deus que ele jamais me trague, nem mesmo o veja diante aos meus olhos, como o vi por várias vezes..."

O CEMITÉRIO DOS VIVOS, p. 137

O USO IMODERADO DO ÁLCOOL não tardaria a se manifestar de modo desastroso na saúde de Lima Barreto. Alimentando-se mal, passando dias inteiros sem comer, a perambular pelos bares e botequins da cidade, cumprindo a via-sacra dos bêbedos, ia sucumbindo aos poucos no desregramento da vida boêmia.

As maçãs do rosto, antes rosadas, do adolescente acostumado aos exercícios de remo e natação da Ilha do Governador, tinham adquirido, no homem de trinta e poucos anos, a coloração baça comum aos alcoólatras. Desaparecera por completo o viço da juventude. Era ele, agora, um mulato gordo e vermelhão, tresandando a cachaça.

Apesar da compleição robusta, nunca fora das melhores a saúde do escritor. Em menino, tivera maleita, que se repetiria na idade adulta, por volta dos 30 anos, obrigando-o a licenciar-se por quatro meses da Secretaria da Guerra, para tratamento da saúde. Isso aconteceu em fins de 1910.[1]

No ano seguinte, está novamente doente, atacado desta vez de reumatismo poliarticular e hipercinese cardíaca, moléstias comuns dos viciados no álcool.[2] Mas é claro que, mesmo doente, jamais suprimia a bebida dos seus hábitos, pois dela se servia como único meio capaz de fazê-lo fugir da realidade da vida, esquecendo os sofrimentos que o atormentavam: o pai demente e a repartição.

Curioso boêmio! Lima Barreto desnorteava quase sempre os companheiros de farra. Não raro, desaparecia do grupo e ia beber sozinho, longe de todos, o seu parati. É que sentia necessidade de andar, bebericando aqui, ali, acolá, mais adiante, vencendo enormes distâncias a pé, até mais não poder, tonto de álcool e morto de cansaço.

Caía nas sarjetas e assim se deixava ficar, dormindo a sono solto, como qualquer pobre-diabo das ruas.

De um almoço a Pedro Moacir, político sul-rio-grandense, amigo de Alcides Maia, por ocasião do lançamento do *Diário de Notícias*, o escritor sumiu, ninguém sabe como, para só reaparecer na manhã seguinte, sujo e com a roupa em frangalhos, na casa de Antônio Noronha Santos. Passara todo o dia e toda a noite andando e bebendo. Para atingir a residência do amigo, que morava, àquele tempo, na Rua Dois de Dezembro, não viera normalmente pela rua, mas por dentro dos quintais.

Em vez de tomar um bonde, como o faria qualquer pacato cidadão, achara mais interessante pular muros de quintais. Vendo-o naquele estado, Santos deu-lhe um terno verde, novo, que trouxera da sua última viagem a Paris. Lima Barreto vestiu-o. Mirou-se por todos os lados. E despediu-se com o seguinte comentário:

– Fica muito melhor em mim do que em você.[3]

Nem mesmo aos amigos mais chegados, procurava Lima Barreto justificar os súbitos desgarrões das rodas alegres. Durante um carnaval (teria sido em 1906 ou 1907), quando ainda não se entregara de todo à vida boêmia, pela primeira vez com certeza, abandonara os companheiros, no melhor da festa, deixando-os perplexos ante a sua atitude inesperada e sem explicação.

Por sinal que, nessa noite, Lima Barreto, de natural pouco expansivo, parecia alegre e comunicativo como nunca, o que não deixou de ser notado por todos. Em meio à folia carnavalesca, fizera-se de repente taciturno. A um deles, comunicou a decisão de ir para casa e logo desapareceu.

Como? Por quê? – perguntavam os amigos espantados, entreolhando-se, como a procurar o causador involuntário do aborrecimento.

Dias depois, Lima Barreto confessaria a Antônio Noronha Santos, que fazia parte do grupo, o motivo da sua retirada intempestiva. É que, acompanhando um rancho que passava, por entre guinchos estridentes de cornetim e ruídos surdos de bombos, todos os que compunham a roda, menos ele, começaram a cantar a música da moda:

Vem cá, mulata!
Não vou lá não.

"– Aquilo – segredou então ao amigo querido – penetrou-me nos ouvidos como um insulto. Lembrei-me de minha mãe. O convite canalha parecia dirigido a ela..."[4]

Não era menos estranho o comportamento de Lima Barreto em relação às mulheres. Grande tímido, dominado pelo complexo da cor, jamais conheceu o amor na sua plenitude. Como o Augusto Machado, biógrafo de Gonzaga de Sá, poderia dizer que só havia namorado uma única vez, aos 16 anos.[5]

Lembram-se da moça de bandós do soneto da adolescência? De lá para cá, pouco se sabe da vida amorosa do escritor, a bem dizer nula, e que então se resume em encontros furtivos de bordéis, dos quais sairia sempre insatisfeito, quando não enojado.[6]

Houve quem procurasse explicar a boêmia de Lima Barreto com um suposto caso de amor. A moça era branca e a família – "família rica residente em subúrbio distante" – não permitiu que ela se casasse com um mulato.[7]

A versão carece de fundamento. Não existe, pelo menos, nenhuma prova desse frustrado noivado.

Teve o escritor, na juventude, anseios de amor, o que é humano e natural. Mas sempre os evitou, ou não quis concretizá-los, conforme deixou subentendido em mais de uma confidência, no *Diário íntimo*.

De resto, ser-lhe-ia difícil, talvez mesmo impossível, encontrar alguém da sua casta que o pudesse compreender. As mulatinhas suburbanas, como a Clara dos Anjos, do romance que escreveria no fim da vida, criaturas de "natureza amorfa", além de analfabetas, não bastariam para a sensibilidade do mestiço exigente, consciente do seu valor e orgulhoso da sua inteligência.[8]

Além do mais, sempre foi penoso para Lima Barreto o convívio com as mulheres. A cerimônia com que as tratava revela o constrangimento que sentia, ao contato feminino.

"Sempre fui assim diante das senhoras – dirá Isaías Caminha, explicando a sua timidez, que era também própria do romancista –, qualquer que seja a sua condição; desde que as veja num ambiente de sala, são todas para mim marquesas e grandes damas."[9]

O mesmo acontecia a Lima Barreto. É curioso observar que ele dispensava respeitoso acolhimento, não somente às senhoras honestas, como também às desonestas, nas pândegas em que se metia. Se não chegava ao cúmulo de chamá-las de V. Ex.[a] tal como o fizera Isaías Caminha, a elas jamais se dirigia por "tu" ou "você". E ai de quem faltasse com a devida consideração a essa espécie de mulheres, às quais o escritor trataria sempre de "minha senhora".[10]

Outra coisa: na roda em que estivesse, Lima Barreto não permitiria jamais que a conversa descambasse para a pornografia. Da sua boca, mesmo nas horas de bebedeira, nunca ninguém ouviu uma palavra de baixo calão.[11]

De uma crônica de José Nava, retiramos o mais verdadeiro dos flagrantes de Lima Barreto, no auge da sua vida boêmia, através do depoimento de Aldo Borgatti, amigo e camarada do romancista.

"Quando conheci o Lima – diz Borgatti –, ele já estava branquejando. Não me lembro de pessoa mais descuidada e só o vejo com os sapatos cambotas, palheta suja, roupa azul-marinho muito manchada e duas placas de suor e poeira nas costas. Vinha do Ministério da Guerra à tarde e parava em nossa roda, formada num bar vizinho da Casa Heim, na Rua da Assembleia. Bebericávamos e palestrávamos..."

"Nunca o vi bêbedo, mas sempre tomado. Não perdia o propósito. Voltava e continuávamos a bebericar. Depois íamos à Estrada de Ferro, numa verdadeira procissão de Passos pelas tascas do caminho. Na estação ainda emborcávamos uma cervejota e ele nos largava para tomar o trem. Conhecia todo o mundo e aquela gente toda que ia passando o cumprimentava. Às vezes ia embora em companhia de uns tipos parecidíssimos com os da trinca do Cassi [personagem de *Clara dos Anjos*], malandros e capadócios; outras, com gente humilde, mas correta e boa – guardas, carteiros, mata-mosquitos, pequenos funcionários. Este pessoal está todo de personagem nos seus livros."

É ainda de Aldo Borgatti o relato de um episódio, ocorrido na Casa Heim, que vale a pena ser citado.

Trata-se de um incidente entre Lima Barreto e um almofadinha que se juntara à roda sem ser chamado. Diante da prosápia do desconhecido, que parecia sentir-se mal, sentado à mesma mesa de um mulato malvestido e enxovalhado, o escritor resolveu castigá-lo, crivando-o de indiretas. Os boêmios riam, gozando o intruso. Este se enfureceu – continua Borgatti – "e atirou um copo na cara do Lima, abrindo um talho na sobrancelha direita, bem em cima do olho. O melado escorreu e houve um rebuliço entre nós, estarrecidos com tanta estupidez. Tudo foi inesperado e rápido. Com o sururu em perspectiva, não faltou um tira para prender o agressor. Mas Lima Barreto deixou-nos mais espantados ainda, explicando ao investigador que escorregara e caíra com o copo, ferindo-se daquele modo. E se retirou, limpando o rosto com um guardanapo, seguido por uns, enquanto outros liquidavam a conta".[12]

Apesar de todo o seu desregramento, o romancista não ficava ausente da vida intelectual. Em junho de 1914, vemo-lo participando do movimento que resultou na fundação da Sociedade dos Homens de Letras. Chegou mesmo a redigir um projeto de estatutos, mas na hora da escolha da diretoria ficaria do lado de fora. Durante a assembleia, bem que se batera pela criação do cargo de bibliotecário, na esperança talvez de vir a ser contemplado pelos seus companheiros de letras, mas em vão. Seria mais uma vez esquecido.[13]

Já o fora antes, em 1911, quando se cogitara de uma Academia dos Novos. Tratava-se de um concurso, promovido pela *A Imprensa*, o jornal de Alcindo Guanabara. Lima Barreto fora relacionado entre os trezentos nomes dignos de figurarem na associação, destinada a incentivar os que se iniciavam na literatura. Estes elegeriam os dez membros efetivos da Academia. Cada candidato tinha direito a votar três vezes.

Pois bem. Lima Barreto não conseguiria mais do que cinco votos.

Que se interessou pelo pleito, não há a menor dúvida. No dia da apuração, lá estava ele, atento, como se vê na fotografia publicada na primeira página d'*A Imprensa*.[14]

Lima Barreto não bebia pelo simples prazer de beber. O álcool era, para ele, uma forma de evasão, como já foi dito e redito neste livro. Também o romancista repetiria a mesma coisa dezenas de vezes, em mais de um passo da sua obra, como um refrão melancólico: o álcool atuava na sua psique como um narcótico. Dele abusara demais.

"... sem dinheiro, malvestido, sentindo a catástrofe próxima da minha vida, fui levado às bebidas fortes e, aparentemente baratas, as que embriagam mais depressa. Desci do *whisky* à genebra, ao *gin* e, daí, até à cachaça."[15]

"Resvalava para a embriaguez inveterada, faltava à repartição semanas e meses. Se não ia ao centro da cidade, bebia pelos arredores da minha casa, desbragadamente. Embriagava-me antes do almoço, depois do almoço, até ao jantar, e deste até à hora de dormir."[16]

Pagaria caro não ter cumprido o decálogo da sua primeira mocidade, feito após a leitura da obra de Maudsley, principalmente o mandamento: "Não beber excesso de coisa alguma..."

Estava já à porta da loucura. Bem compreendeu isso, quando escreveu no *Diário íntimo*, a 13 de agosto de 1914: "Noto que estou mudando de gênio. Hoje tive um pavor burro. Estarei indo para a loucura?"

Meses antes, ele se queixava da vida numa página lancinante do mesmo diário, da qual citarei os trechos que mais interessam (20-4-1914):

"Hoje, pus-me a ler velhos números do *Mercure de France*. Lembro-me bem que os lia antes de escrever o meu primeiro livro. Publiquei-o em 1909. Até hoje, nada adiantei. Não tenho editor, não tenho jornais, não tenho nada. O maior desalento me invade. Tenho sinistros pensamentos. Ponho-me a beber; paro. Voltam eles e também o tédio da minha vida doméstica, do meu viver quotidiano, e bebo. Uma bebedeira puxa outra e lá vem a melancolia. Que círculo vicioso! Despeço-me de um por um dos meus sonhos..."

"A minha casa me aborrece. O meu pai delira constantemente e o seu delírio tem a ironia dos loucos de Shakespeare..."

"O que me aborrece mais na vida é esta secretaria [da Guerra, a repartição em que trabalhava]. Não é pelos companheiros, não é pelos diretores. É pela sua ambiência militar, onde me sinto deslocado e em contradição com a minha consciência."

"Não posso suportá-la..."

"Desgraçado nascimento tive eu! Cheio de aptidões, de boas qualidades, de grandes e poderosos defeitos, vou morrer sem nada ter feito."

"Seria uma grande vida, se tivesse feito grandes obras; mas nem isso fiz..."[17]

No entanto, será ainda à sua obra de ficção que vamos tirar a confissão do delírio que o levou ao hospício pela primeira vez.

Em *O cemitério dos vivos*, o romancista não procura dissimular, na figura do protagonista principal, os seus próprios traços pessoais, e, mais do que isso, nem sequer se dá ao trabalho de esconder as circunstâncias que determinariam a ambos, ao criador e à criatura, o mesmo destino. Como Lima Barreto, Vicente Mascarenhas contava então "trinta e poucos anos", tinha a mesma "fama de bêbedo" e era, exatamente como ele, "tolerado na repartição", que o aborrecia.

A autoconfissão, através de Mascarenhas, coincide perfeitamente com o depoimento do irmão do escritor, que participou do episódio.

O que está dito, na boca de Vicente Mascarenhas, é o seguinte: "Depois de beber consecutivamente durante uma semana, certa noite, amanheci de tal forma gritando e o dia seguinte passei de tal forma cheio de terrores, que o meu sobrinho André, que já era empregado e muito me auxiliava, não teve outro remédio senão pedir à polícia que me levasse para o hospício."[18]

Foi o que realmente se passou. Apenas André, o sobrinho, deve ser substituído por Carlindo: irmão do escritor, que já era por sinal funcionário. E funcionário da polícia.[19]

Feito isso, o trecho acima transcrito de *O cemitério dos vivos* bem que poderia ser incorporado ao *Diário íntimo*.

Segundo o depoimento de Carlindo, eis o que aconteceu na vida real:

Após uma semana de esbórnia, o romancista decidira ficar em casa alguns dias, descansando. E, de fato, ficou. Certa noite, porém, estavam sentados à mesa da sala de jantar, quando Lima Barreto teve a primeira alucinação.

– Enxote esse gato daqui – dissera ao irmão, em tom ríspido.

Carlindo procurou acalmá-lo, explicando que não havia gato algum em casa.

– Está debaixo da mesa. É um gato enorme e repelente. Enxote esse bicho daqui, que eu não gosto de gato – insistia, cada vez mais nervoso.

Demonstrando grande irritação, recolheu-se aos aposentos, que utilizava simultaneamente como quarto de dormir, biblioteca e gabinete de trabalho. Apagou depois a luz, e a casa caiu no silêncio. Todos foram dormir. Mas Lima Barreto, deitado na cama, continuava de olhos abertos para a escuridão.

Dentro em pouco, recomeçariam as visões. Não era mais o gato, enorme e repelente. Uma turma de vagabundos preparava-se para invadir o quarto, arrombando a parede que dava para a rua.

Pôs-se a gritar, como um desesperado. Acudiram-no os irmãos. O escritor estava de pé, na cama, com os olhos fora das órbitas, gritando sempre.

– Que há, Afonso?

– Vocês não estão vendo? – respondia ele, na alucinação. – Eles arrombam a parede, assaltam a casa e vocês ficam aí de braços cruzados...

– Mas, Afonso, não há nada disso. Está tudo quieto, direito...

– Vocês não veem? Vocês não ouvem? – continuava, mais desvairado ainda. – Eles estão lá fora.

Calava-se, em seguida. E, depois, como se estivesse ouvindo realmente alguma coisa:

– Estão fazendo uma serenata. Tocam violões. Cantam modinhas...

Ria nervosamente. E, voltando a falar, como num transporte:

– Deixem que eles entrem. Abram a porta. Deixem entrar a rapaziada...

Na manhã seguinte, veio ver o doente o médico da família, Dr. Braule Pinto, que diagnosticou alucinações alcoólicas. Coisa passageira. Sem maior importância.

Mas o delírio não cessou. Parecia mesmo não ter fim. O romancista não podia ficar na mesma casa que o pai insano, cuja demência ameaçava agravar-se com o espetáculo do filho, gritando, gesticulando, quebrando e atirando objetos contra paredes imaginárias, arrombadas por seresteiros-fantasmas.

Reunidos em conselho de família, os irmãos resolveram transportá-lo para a casa de um tio, Bernardino Pereira de Carvalho, em Guaratiba, onde Lima Barreto passaria o tempo necessário para a cura.

A providência, entretanto, não surtiu o resultado esperado.

Em Guaratiba, o estado do doente agravou-se. Os fantasmas continuaram a persegui-lo, até que um dia o delírio chegou ao auge. Os mesmos fantasmas, ou talvez outros, ressurgiram, tendo à frente o Tenente Serra Pulquério.

Conhecia-o de vista. Sabia-o da polícia do presidente da República. Pulquério tinha ido prendê-lo. O romancista fora denunciado como anarquista. Refugiara-se em Guaratiba para escrever panfletos, atacando o Marechal Hermes. Que fez então Lima Barreto? Reagiu à hipotética prisão, quebrou vidraças, virou mesas e cadeiras, lutando com os fantásticos Serra Pulquério e agentes que o acompanhavam.

Foi por fim manietado, entregue à polícia do lugar, que o conduziu num carro-forte até o hospício.[20]

Servimo-nos até aqui do depoimento de Carlindo Lima Barreto e das anotações constantes do Livro de Observações do Hospital Nacional de Alienados.

O escritor não perdoaria jamais ao irmão o tê-lo recolhido ao hospício pela mão da polícia, como indigente. Nem esqueceria a viagem tenebrosa dentro do carro-forte de Guaratiba à praia Vermelha, dois pontos extremos da cidade.

Ao deixar o hospício, como que esvazia a alma de ressentimentos acumulada, no conto que escreveu dias depois.[21]

Intitulou-o "Como o 'homem' chegou". É a história de um louco inofensivo – o coitado "tinha a mania da Astronomia e abandonara, não de todo, mas quase totalmente, a terra pelo céu inacessível".

Esse pobre homem, que vivia com o pai velho, no seu pequeno observatório, inteiramente dedicado às estrelas, procurando localizar Aldebarã no céu distante, acaba sendo vítima de "parentes oficiosos e outros longínquos aderentes", que entenderam de interná-lo num hospital. Queriam curá-lo, "como se se curassem assomos d'alma e anseios de pensamentos".

Fernando – era este o nome do inofensivo maluco – foi assim violentamente arrebatado do meio em que vivia, um lugarejo próximo a Manaus, e transportado num carro-forte até o Rio de Janeiro.

A viagem demorou um tempo enorme. Preso na "masmorra ambulante", "blindada, chapeada, couraçada", em suma, "um requinte de potentado asiático", o desgraçado ali ficou sem ar e sem comida, batendo com a cabeça, os braços, as pernas, todo o corpo de encontro às ferragens, aos trambolhões do veículo.

No meio da viagem, os urubus começaram a rondar a carruagem sinistra. Mas os condutores não deram pela coisa. Tinham que cumprir o mandado, e nada mais. Foram tocando, até que chegaram ao Rio de Janeiro. E aí termina o conto macabro.

"Aos poucos os urubus se despediram; e, no fim de quatro anos, o carrião entrou pelo Rio adentro, a roncar pelas calçadas, chocalhando duramente as ferragens, com o seu manco e compassivo burro a manquejar-lhe à sirga.

"Logo que foi chegado, um hábil serralheiro veio abri-lo, pois a fechadura desarranjara-se devido aos trancos e às intempéries da viagem, e desobedecia à chave competente. Sili [o comissário de polícia] determinou que os médicos examinassem o doente, exame que, mergulhados numa atmosfera de desinfetantes, foi feito no necrotério público."[22]

Na primeira vez que foi internado no hospício, Lima Barreto ali ficou de 18 de agosto a 13 de outubro de 1914.[23] Quase dois meses! Recolhido ao Pavilhão de Observações, onde ficou dez dias, foi depois encaminhado à Seção Calmeil.

No Pavilhão, vestiram-no com o uniforme da casa, uma roupa que só dava mesmo para cobrir-lhe a nudez. Quando o delírio acalmou, logo no dia seguinte, o enfermeiro deu ao escritor um balde e obrigou-o a lavar a varanda e o banheiro, o que fez na vista de doentes, empregados e médicos.

No banheiro, de portas abertas, todos estavam nus.

"... eu tive muito pudor – diz Lima Barreto, ao falar do seu primeiro banho de ducha. – Eu me lembrei do banho de vapor de Dostoiévski, na *Casa dos mortos*. Quando baldeei, chorei; mas lembrei de Cervantes, do próprio Dostoiévski, que pior deviam ter sofrido em Argel e na Sibéria."

Na hora da derrota, da suprema humilhação, era na literatura que Lima Barreto pensava. Contemplando aquele espetáculo de miséria física e intelectual, em que os homens se rebaixavam à condição de verdadeiros animais, como o náufrago que não perdeu ainda de todo a esperança, ele pedia:

"– Ah! A Literatura ou me mata ou me dá o que eu peço dela."[24]

NOTAS

1. O parecer da junta médica, em 3-11-1910, constante do Arquivo do Ministério da Guerra, diz o seguinte: "Impaludismo Curável, precisando três meses para o tratamento."
2. Eis o parecer, datado de 20-11-1911, que se encontra no Arquivo do Ministério da Guerra: "Reumatismo poliarticular. Hipercinese cardíaca. Curável, precisando noventa dias de tratamento."
3. Depoimento de Antônio Noronha Santos. O episódio é de 1910.
4. Em artigo, publicado na *Floreal* (nº 1, de 25-10-1907, p. 32), Lima Barreto fala na "hediondez do *Vem cá, mulata*".
5. *Gonzaga de Sá*, p. 112.
6. Falando da sua mocidade, "órfã de amor, de carinho de mulher", anota o escritor, nas suas confidências, a visita que fez à amante de um amigo, visita aliás inocente. "Tenho vinte e seis anos – disse – e até hoje, ainda não me encontrei com uma mulher de qualquer espécie de maneira tão íntima, de maneira tão perfeitamente a sós; mesmo quando a cerveja, a infame cerveja, me embriaga e me faz procurar fêmeas, é um encontro instantâneo, rápido, de que saio perfeitamente aborrecido e com a bebedeira diminuída pelo abatimento." *Diário íntimo*, p. 126.
7. V. a reportagem de Raimundo Silva. "O anedotário de Lima Barreto". *Vamos Ler!*, Rio de Janeiro, 18-7-1940. A versão foi contestada por Nicolao Ciancio, no artigo "A verdade sobre Lima Barreto", publicado na mesma revista, a 29-8-1940.
8. Esta é a versão que nos dá a irmã do escritor, D. Evangelina, do celibatarismo de Lima Barreto.
9. *Isaías Caminha*, p. 99. O mesmo retraimento se observa em Vicente Mascarenhas, personagem principal de *O cemitério dos vivos*.
10. Depoimento de Antônio Noronha Santos. Não se tome por irônico semelhante tratamento. Numa carta, dirigida ao mesmo Santos, Lima Barreto dá mostras do encabulamento em que ficou diante de uma dessas mulheres, relatando o seguinte episódio, ocorrido no High Life: "Estávamos eu, o Guima, o Pausílipo e o Quakebecker e dois mineiros, um coronel político e um negociante de gêneros do país. Este pagou, mas porque tirou no jogo o importe da conta. Passaram pela nossa mesa duas francesas e, no fim da noite, a Marieta Bicicleta. Tu a conheces? Eu não a conhecia e lá falei em bicicleta. Foi uma *gaffe*, e passou. Saí doido pela minha cama familiar." Carta datada de 27-7-1908, publicada em *Autores e livros*, suplemento literário de *A Manhã*, Rio de Janeiro, 23-5-1943. V. *Correspondência*, I, p. 65.

11. Depoimentos de Antônio Noronha Santos, Mário Tibúrcio Gomes Carneiro, Mário Galvão e outros. Depoimentos que conferem com a própria confissão feita pelo escritor no *Diário íntimo*: "Hoje, 7 de março de 1917, estive na Garnier, como ontem, como anteontem. Vou agora lá sempre rondar. Troquei palavras com este, com aquele, e cada vez mais me capacito mais que eles não têm nenhum ideal de Arte. São muito inteligentes, escrevem e falam como Rui de Pina, mas ideal em Arte não têm nenhum. Não me entendem ao certo e procuram nos meus livros bandalheiras, apelos sexuais, cousa que nunca foi da minha tenção procurar ou esconder. Chamam-me de pudico. Ora, bolas!" *Diário íntimo*. p. 187.
12. "Recordações do escritor Afonso Henriques", artigo de José Nava. *Folha de Minas*, Belo Horizonte, 12-6-1949.
13. Em carta ao redator, José do Patrocínio Filho declara que os estatutos da Sociedade lhe haviam sido enviados pelo "eminente beletrista Lima Barreto". *Correio da Noite*, Rio de Janeiro, 18-6-1914. Na notícia sobre a eleição, há o seguinte: "... O consócio Lima Barreto, durante a apuração, por várias vezes se pronunciou pela criação do cargo de bibliotecário na diretoria." Até isso lhe negaram. A primeira diretoria da Sociedade dos Homens de Letras ficou assim constituída: Oscar Lopes, presidente efetivo; Olavo Bilac, presidente honorário; Sebastião Sampaio, vice-presidente; Sarandi Raposo, primeiro secretário; Mateus de Albuquerque, segundo secretário; Bastos Tigre, tesoureiro. Era difícil vencer os mandarins... *Correio da Noite*, Rio de Janeiro, 8-7-1914.
14. *A Imprensa*, Rio de Janeiro, 12-8-1911. A Academia dos Novos não foi para a frente. Houve protestos contra o resultado do concurso. E tudo acabou num ridículo duelo a espada entre o crítico literário d'*A Imprensa*, José do Patrocínio Filho, com um dos candidatos gorados, Ferreira de Vasconcelos.
15. *O cemitério dos vivos*, p. 175.
16. *Idem*, p. 50.
17. *Diário íntimo*, pp. 171-172.
18. *O cemitério dos vivos*, p. 176.
19. Esses acessos se reproduziriam algumas vezes. Segundo Carlindo, ouve noite em que o irmão pulava a janela, e ia bater às portas dos botequins. Carlindo de Lima Barreto fora colocado na polícia, por influência de Félix Pacheco, a pedido do escritor.
20. Depoimento de Carlindo Lima Barreto. O episódio de Serra Pulquério foi tirado do Livro de Observações Clínicas do Instituto de Psiquiatria da Universidade do Brasil, segundo relato do próprio doente. "Além dessa primeira vez que estive no hospício – escreveu Lima Barreto –, fui atingido por crise idêntica, em Ouro Fino, e levado para a Santa Casa de lá, em 1916..." *O cemitério dos vivos*, p. 34. Passara o romancista cerca de um mês no Núcleo Colonial Inconfidentes, do Ministério da Agricultura,

a convite de seu amigo Emílio Alvim. A estação de repouso fora interrompida com a crise. Lima Barreto, tomado de pavor, trancara-se num quarto, gritando que o General Joaquim Inácio Batista de Castro o tinha vindo prender, por causa das suas atividades anarquistas. "Lá vem ele – dizia. – Lá vem ele me prender! Vem com um pelotão!" Depoimento de Emílio Alvim, em conversa com o autor.

21. Datado de 18-10-1914. "Como o 'homem' chegou", em *Clara dos Anjos*, pp. 273-292.
22. *Clara dos Anjos*, pp. 273-292.
23. *Diário íntimo*, p. 172.
24. *O cemitério dos vivos*, p. 35. Antônio Noronha Santos visitou o amigo dias depois de internado. Encontrou-o perfeitamente bem, conversando com naturalidade. "Tão bom como qualquer de nós..."

QUINTA PARTE

MATURIDADE

CÁST PRVNÍ

I
Lekce na kytaru

Policarpo Quaresma, známý spíše jako major Quaresma, vrátil se Domů jako obvykle ve čtyři hodiny patnáct minut odpoledne. Tak to chodilo už hodně přes dvacet let. Po odchodu z válečného arzenálu, kde byl zaměstnán jako podsekretář, procházel obchody, koupil nějaké ovoce, někdy sýr a nikdy nezapomněl na chleba ve francouzském pekařství.

Tyto pochůzky mu netrvaly ani hodinu, takže přesně ve tři čtyřicet nastupoval do tramvaje a ve čtyři patnáct překročil práh svého domu v odlehlé ulici svatého Januaria, tak přesně, jako by byla vyšla hvězda či nastalo zatměni, zkrátka jako nějaky jev matematicky určený, předvídaný a předpověděný.

Sousedé už tyto jeho zvyky znali, a proto v domě kapitána Cláudia, kde se večeřelo o pul páté, hned jak ho viděli přecházet, volávala paní na služebnou: „Podívej, Alice, ŭz je čas, major Quaresma už šel kolem."

A tak to šlo každý den již skoro ťricet let. Major Quaresma bydlel ve vlastním domě; kromě svého platu měl jěště jiné příjmy, takže mohl vést nákladnější život, než mu dovoloval jeho úřednický plat, a proto byl všemi sousedy ctěn a vážen jako člověk zámožný.

Nikoho nepřijímal, žil v klášterní odloučenosti, třebaže byl zdvořilý k sousedům, kteří ho považovali za podivína a mrzouta. Neměl v okolí přátele ani nepřátele a jediný člověk, který ho neměl rád, byl doktor Segadas, známy místní praktický lékař, který se nemohl smířit s tím, že Quaresma má knihy: „K čemu, když nemá akademický titul? To je domýšlivost!"

Triste fim de Policarpo Quaresma. *Reprodução da página inicial da tradução publicada na Tchecoslováquia (Praga, 1974, Editora Odeon). Tradução de Jarmila Vojtísková.*

1

AMPLIUS!

"Queimei os meus navios; deixei tudo, tudo, por essas coisas de letras."

FEIRAS E MAFUÁS, p. 294

DEIXANDO O HOSPÍCIO, depois de uma temporada de dois meses, Lima Barreto retornaria à sua casa suburbana, que era também um hospício, mas em miniatura, todavia mais triste e sombrio, para ele, que o velho e solene casarão da praia da Saudade.

A loucura era, para o escritor, um espetáculo familiar. Desde menino, habituara-se à convivência com essa espécie de doentes, até que, na adolescência, fora tocado, ele mesmo, pelo aguilhão da desgraça, quando o pai, antigo enfermeiro de loucos, "adoeceu sem remédio".[1, NR9]

João Henriques passava dias inteiros na sua cadeira de balanço. Sem falar, nem comer. Sem se mexer sequer, como se fosse um boneco. E só deixava a imobilidade e o mutismo, a que se entregava, para o delírio, quando, transido de pavor, abria a boca no mundo, gritando diante de inimigos inexistentes.

Tão cedo, o romancista não haveria de comparecer à repartição. Colegas seus, tendo à frente o próprio diretor do Expediente da Secretaria da Guerra, o bondoso Prudêncio Milanês,[2] arranjariam as coisas de modo que

NR9 – Ainda segundo André Luiz dos Santos, esta casa tem hoje o número 32.

permitissem a Lima Barreto continuar ausente do serviço burocrático, sem prejuízo dos magros vencimentos que recebia como terceiro oficial.

Pouco depois, haveria de regularizar a situação, entrando em nova licença, por mais três meses, para tratamento da saúde. Examinando-o, os médicos repetiriam o diagnóstico feito há pouco no Hospital Nacional de Alienados: neurastenia.[3]

Tivera alta a 13 de outubro de 1914. Durante o resto do mês, ficaria preso a casa, refugiado voluntariamente no quarto, trabalhando.

Retomando o tema de um conto publicado três anos antes,[4] aproveitando na quase totalidade os capítulos das *Aventuras do Doutor Bogóloff*, o certo é que Lima Barreto escreveu *Numa e a ninfa* em apenas vinte e cinco dias, conforme deixou consignado no *Diário íntimo*, sem deixar de registrar esse detalhe: "Não copiei nem recopiei sequer um capítulo."[5]

Numa e a ninfa, que o próprio autor chamou "romance da vida contemporânea", tem sido mal julgado.[6] Nele há, porém, não só a intriga quase anedótica. Lima Barreto faz desfilar, à margem do romance, juntamente com a respectiva coorte de bajuladores, uma porção de caricaturas de figurões da política, dos quais a maioria caiu em completo e merecido esquecimento. Como pessoas, é bem de ver, mas não como personagens, que assim continuam vivendo.

Há, por cima, páginas vigorosas, como a da evocação sentimental da Cidade Nova, ponto de partida da zona suburbana, ou a engraçadíssima descrição da passeata dos índios tupiniquins em plena Avenida.[7]

Em todo o livro, a figura mais interessante é o Dr. Bogóloff, o simpático charlatão, através do qual o escritor faz a pregação das suas ideias libertárias.

Preso ao compromisso de funcionário do Estado, não se sentia ainda livre para dizer claramente o que pensava da sociedade e dos homens que a dirigiam. É evidente essa preocupação em ocultar-se nos personagens, publicando nos jornais artigos como se fossem da autoria de seus próprios personagens.

Não se tome semelhante atitude por covardia. Antes a assumia por um sentimento talvez exagerado (e tudo nele tendia mesmo para o exagero) de ética funcional. Se aceitava a tutela do Estado, como poderia aparecer de público negando o Estado?

Esse raciocínio, que a muitos pode parecer extravagante, levaria Lima Barreto a colocar a meia-máscara de Isaías Caminha e de Bogóloff,[8] em numerosas colaborações, estampadas na hoje chamada imprensa alternativa, antes da sua aposentadoria do Ministério da Guerra. O disfarce de nada adiantava. Para o escritor, devia valer apenas como uma satisfação de ordem moral.

Há, além disso, um ponto relevante a considerar. Lima Barreto nunca foi, nem seria nunca, um revolucionário militante. Mas é fora de dúvida que sempre alimentou ideias, princípios e sentimentos anarquistas. Era, como se usa dizer, um simpatizante. Assim se intitulava, pelo menos, escrevendo na *Voz do Trabalhador*, órgão de reivindicações proletárias, com o pseudônimo de Isaías Caminha, reflexões como as que se seguem:

"Teimam... os jornais [burgueses] em encontrar nessa questão da reforma social uma simples questão de salário. É uma teima que lhes fica bem, mas, é preciso que se lhes diga, não é das mais dignas nem das mais brilhantes.

"Há, em tal questão, mais uma questão de dignidade humana, de direito que têm todos a encontrar na terra felicidade e satisfação, do que mesmo desejo de um maior ou menor ganho.

"O que não é justo, é que muito poucos possam encontrar na vida mais que o supérfluo e alguns mais, unicamente o necessário." E mais adiante: "Os anarquistas falam da humanidade para a humanidade, do gênero humano para o gênero humano, e não em nome de pequenas competências de personalidades políticas; e se há muitos que o são por ignorância ou 'snobismo' consoante o dizer do jornalista conservador, mesmo assim merecem simpatias dos desinteressados, porque não usam daquelas ignorâncias nem daqueles 'snobismos' que dão gordas sinecuras na política e sucessos sentimentais nos salões burgueses."[9]

Longe de ser um grande livro, *Numa e a ninfa* serve entretanto como ponto de referência na carreira literária de Lima Barreto. Nesse novo *roman à clef*, acentuam-se os pendores do panfletário, cuja atuação será, doravante, permanente e ativa na imprensa. Com *Numa e a ninfa*, inicia-se de fato uma nova fase da vida do escritor, a do articulista, tornando-se, pela sua constante vigilância, como bem acentuou um crítico de nossos dias, "o secretário da sociedade da época em que viveu".[10]

O lançamento espetacular do romance, como folhetim sensacionalista de um jornal da tarde, mostra que o funcionário já não possui as mesmas reservas de antigamente. Os figurões da política, que tomou para personagens, são apresentados ao público em caricaturas de Seth, no alto da primeira página d'*A Noite*.

O escritor que, na primeira juventude, arremetera contra os mandarins das letras e do jornalismo, enfrenta, agora, os homens todo-poderosos da política, que mandavam e desmandavam no Brasil. Ridicularizando-os. Apontando-os ao escárnio do povo.[11]

Lima Barreto seria o primeiro a reconhecer os defeitos de *Numa e a ninfa*, cuja importância está em ser um grito de libertação. Romance de encomenda, escrito para ganhar dinheiro, não representaria, de modo nenhum, o ideal estético de quem formara a sua personalidade nas leituras de Taine e Brunetière, de Guyau e Tolstói, mestres de uma juventude cheia de angústia e sofrimento.

Enquanto *A Noite* ia publicando os folhetins escandalosos de um romance político, a única preocupação de Lima Barreto era a de encontrar editor para o *Triste fim de Policarpo Quaresma*. Este, sim! Era um livro que prezava, e muito, pois fora escrito apenas com o cuidado de fazer obra de arte, sem a ideia fixa do *make money*.

No entanto, a procura foi em vão, segundo confessa o romancista no *Diário íntimo*. Daí a decisão de custear, ele próprio, a edição do romance.

"... nunca encontrei quem o quisesse editar em livro – diz ele, falando do *Policarpo Quaresma*. – Em fins de 1915, devido a circunstâncias e motivos obscuros, cismei em publicá-lo. Tomei dinheiro daqui e dali, inclusive do Santos [Antônio Noronha Santos], que me emprestou trezentos mil-réis e o Benedito imprimiu-o."[12]

Esse Benedito – Benedito de Sousa, o "China" –, compadre de Lima Barreto, era dono de uma tipografia na Rua do Carmo. Para as despesas da edição, o romancista tiraria dinheiro emprestado a dois sirgueiros, fornecedores do Ministério da Guerra, pagando juros bastante altos, para ser descontado na folha dos vencimentos. Quanto pode o amor à literatura!

Esses empréstimos constituíam, aliás, prática comum entre funcionários mal remunerados, que se serviam de agiotas sem escrúpulos para sair de dificuldades financeiras.[13]

Assim, o *Policarpo Quaresma* não tardou em aparecer nas livrarias: uma pobre brochura, em papel ordinário, reunindo num só volume o romance e alguns dos melhores contos do escritor, inclusive "O homem que sabia javanês" e "A nova Califórnia".[14]

Desta feita, o acolhimento da imprensa será bem diverso do que fora dispensado, cinco anos antes, ao livro da estreia. Os jornais, agora, festejarão o romancista, que passa a ser considerado por muitos como o legítimo sucessor da glória de Machado de Assis.

É bem verdade que nem todas as portas estão abertas. A do *Correio da Manhã*, por exemplo. Lá é proibido escrever sequer o nome de Lima Barreto. Podia ser um gênio! Podia publicar o maior romance, o mais belo livro de literatura universal! Seria sempre ignorado.[15]

Isso, porém, não impedia que o *Jornal do Commercio*, *O País*, a *Gazeta de Notícias*, *A Notícia*, *A Noite*, *A Época*, e outros grandes jornais abrissem as suas colunas, anunciando, elogiando, discutindo o romance e o romancista.

Na véspera do aparecimento do *Policarpo Quaresma*, *A Época* publica na primeira página uma entrevista com o autor, na qual Lima Barreto antecipa as linhas gerais do artigo, que escreverá para esse mesmo jornal, meses depois, respondendo a algumas críticas, em defesa da sua literatura.

"Desde o meu *Isaías Caminha* – afirmou ao repórter – que só trato de obedecer à regra do meu Taine: a obra de arte tem por fim dizer o que os simples fatos não dizem. É este o meu escopo. Vim para a literatura com todo o desinteresse e com toda a coragem. As letras são o fim da minha vida. Eu não peço delas senão aquilo que elas me podem dar: glória!" Faz, nesta altura, uma galhofa, talvez para disfarçar a solenidade das afirmações: "Eu sou afilhado de N. S. da Glória. Não quero ser deputado, não quero ser senador, não quero ser mais nada, senão literato."

Era impossível conservar até o fim o tom convencional, que impunha o contato, mesmo cordial, com um camarada da imprensa. Entrevista é sempre entrevista. Lima Barreto não era, porém, homem de meias medidas. Não se faz de modesto. Fala sem se preocupar com o julgamento dos outros. Sem nenhuma censura. Naturalmente.

"Não peço às letras conquistas fáceis, não lhes peço gloríolas, peço-lhes coisa sólida e duradoura. E posso falar de cadeira, porque se eu quisesse ter essas histórias, as teria de sobra. Eu abandonei tudo por elas; e a minha esperança é que elas me vão dar muita coisa. É o que me faz viver mergulhado nos meus desgostos, nas minhas mágoas, nos meus arrependimentos..."[16]

Era sincero. No *Diário íntimo*, Lima Barreto anotava, com alegria, as primeiras impressões dos críticos.

"Meu livro, o *Policarpo*, saiu há quase um mês. Só um jornal falou sobre ele três vezes (de sobra). Em uma delas, Fábio Luz assinou um artigo bem agradável. Ele saiu nas vésperas do carnaval. Ninguém pensava em outra coisa. Passou-se o carnaval e Portugal teve a cisma de provocar guerra com a Alemanha. As folhas não se importavam com outra coisa senão com o gesto comicamente davidinesco de Portugal. Enchiam colunas com notícias como esta: 'A esquadra portuguesa foi mobilizada. Acham-se em pé de combate o couraçado *Vasco da Gama*, o cruzador *Adamastor*, a corveta *Dona Maria da Glória*, a nau *Catarineta*, a caravela *Nossa Senhora das Dores*, o brigue *Voador* e o bergantim *Relâmpago*.' E não têm tempo de falar no meu livro, os jornais, estes jornais do Rio de Janeiro." Logo depois, o queixoso emenda a mão, lembrando os artigos de Oliveira Lima e Afonso Celso, "críticos generosos", diz ele, por o aproximarem, num assomo de admiração, a Cervantes, vendo na figura de Policarpo Quaresma nada mais nada menos que a encarnação brasileira de D. Quixote de la Mancha.[17]

Os elogios não param aí. Um verdadeiro coro de louvores cerca o aparecimento do livro.

Vítor Viana, no *Jornal do Commercio*, compara o autor aos romancistas ingleses e ao nosso Machado de Assis.[18]

Jackson de Figueiredo acha pouco. No seu entender, Lima Barreto supera ao criador de *Dom Casmurro*, por ser mais humano e mais verdadeiro. "Ele não se limita – escreve o crítico, completando o pensamento – a mostrar todos os fundos da cena, o que vai pelos bastidores da vida; toma partido, assinala os atores que falam a linguagem da verdade, mostra o que há de falso, de mentiroso na linguagem dos outros."[19]

Houve, porém, quem fizesse restrições, como Osório Duque Estrada, espécie de polícia da gramática, que não pôde deixar de reconhecer, apesar da má vontade, na "prosa bárbara" do romancista, "um trabalho de merecimento indiscutível e revelador de verdadeiro talento".

Não foram apenas os deslizes de sintaxe e estilo ("graves defeitos e senões de forma") que desagradaram ao crítico. O retrato cruel de Floriano Peixoto – verdadeira obra-prima – certamente não o deixaria menos estarrecido que os erros gramaticais. "É assim que se envenena a alma da juventude" – resmungou o ranheta Duque Estrada.

Não só o estilo – eis o ponto essencial – feria o convencionalismo literário da época, impregnada de uma falsa concepção estética, a que nem os mais libertos, como um Graça Aranha, nem os regionalistas, como um Simões Lopes Neto ou um Valdomiro Silveira, conseguiam se desprender. A maneira de ver e de sentir as coisas talvez chocasse mais que os erros de concordância.[20]

Tudo era postiço, falso, sem nada de verdadeiro, sem nenhuma grandeza. "A nossa emotividade literária – dirá pela voz de Gonzaga de Sá – só se interessa pelos populares do sertão, unicamente porque são pitorescos e talvez não se possa verificar a verdade de suas criações. No mais, é uma continuação do exame de português, uma retórica mais difícil a se desenvolver por este tema sempre o mesmo: Dona Dulce, moça de Botafogo em Petrópolis, que se casa com o doutor Frederico. O comendador seu pai não quer, porque o tal Dr. Frederico, apesar de doutor, não tem emprego. Dulce vai à superiora do colégio das irmãs. Esta escreve à mulher do ministro, antiga aluna do colégio, que arranja um emprego para o rapaz. Está acabada a história. É preciso não esquecer que Frederico é moço pobre, isto é, o pai tem dinheiro, fazenda ou engenho, mas não pode dar uma mesada grande. Está aí o grande drama de amor em nossas letras, e o tema de seu ciclo literário."[21]

Ora, Lima Barreto havia decidido romper com o figurino dos donos da literatura. Era diferente. O seu estilo simples, direto e objetivo nada tem a ver com a pompa, o floreio, o brilho da retórica usual. É ele o anticonvencional. É o antiacadêmico. E ainda mais do que isso: é o revolucionário.

As imperfeições do estilo – melhor diria, os pequenos erros de gramática – são frequentemente lembrados pelos críticos, que examinam a obra de Lima Barreto. O tom caricatural com que o romancista retrata os seus personagens tem sido o *leitmotiv* de outras tantas restrições, mesmo por parte dos que o colocam no mesmo plano, ou quase no mesmo plano, de Machado de Assis. Mas a verdade é que não houve ainda quem estudasse o seu estilo em função não somente do drama íntimo, que o perseguiu desde a adolescência, dos seus complexos de cor e de pobreza, como também da filosofia estética, que foi uma constante em toda a sua carreira.

As ideias contidas no artigo de apresentação da *Floreal* – a pequena revista que publicou os primeiros capítulos do *Recordações do escrivão Isaías Caminha* – são as mesmas do artigo em que ele responde às críticas que se escreveram sobre o *Policarpo Quaresma*, logo após o lançamento do livro. Nesse artigo, publicado na *A Época*, sob o título "*Amplius!*", Lima Barreto ratifica todas as suas ideias sobre arte literária, mostrando que os anos só fizeram amadurecer os pontos de vista da mocidade.

"Parece-me – escreveu em 1916, com o mesmo espírito de 1907 – que o nosso dever de escritores sinceros e honestos é deixar de lado todas as velhas regras, toda a disciplina exterior dos gêneros e aproveitar de cada um deles o que puder e procurar, conforme a inspiração própria, para tentar reformar certas usanças, sugerir dúvidas, levantar julgamentos adormecidos, difundir as nossas grandes e altas emoções em face do mundo e do sofrimento dos homens, para soldar, ligar a humanidade em uma maior, em que caibam todas, pela revelação das almas individuais e do que elas têm de comum e dependente entre si.

"A literatura do nosso tempo vem sendo isso nas suas maiores manifestações e possa ela realizar, pela virtude da forma, não mais a tal beleza perfeita da falecida Grécia, que já foi realizada; não mais a exaltação do amor que nunca esteve a perecer; mas a comunhão dos homens de todas as raças e classes, fazendo que todos se compreendam, na infinita dor de serem homens, e se entendam sob o açoite da vida, para maior glória e perfeição da humanidade."

E conclui:

"Não desejamos mais uma literatura contemplativa, o que raramente ela foi; não é mais uma literatura plástica que queremos, a encontrar beleza em deuses para sempre mortos, manequins atualmente, pois a alma que os animava, já se evolou com a morte dos que os adoravam."[22]

As alusões ao "helenismo" têm endereço certo. São dirigidas a Coelho Neto, um dos cardeais do academismo, que então se encontrava no pináculo da sua carreira. Imbuído de uma tal estética literária, Lima Barreto não vacilaria em atacá-lo:

"O Senhor Coelho Neto é o sujeito mais nefasto que tem aparecido em nosso meio intelectual.

"Sem visão da nossa vida, sem simpatia por ela, sem vigor de estudos, sem um critério filosófico ou social seguro, o Senhor Neto transformou toda a arte de escrever em pura *chinoiserie* de estilo e fraseado."[23]

Literatura não era escrever bonito. Não era instrumento de prazer para os ricos. Não era, em suma, o "sorriso da sociedade", como a definirá mais tarde Afrânio Peixoto. Assim como se rebelava contra essa deturpação da missão do escritor, não podia ele admitir a literatura contemplativa, a literatura plástica, a literatura apenas pela literatura. Estaria pensando também em Machado de Assis?

É neste ponto que Machado de Assis e Lima Barreto se separam como dois polos. São duas mentalidades, duas concepções em luta. Um fazia a literatura pela literatura, ao passo que o outro desejava algo mais do que isso. São tão diferentes um do outro como Apolo o era de Dionísios. Machado de Assis teve mais tempo para se realizar. Viveu perto de 70 anos. Lima Barreto desapareceria aos 41, idade em que Machado começava a atingir o caminho da perfeição, com a série dos grandes romances, iniciada com o *Memórias Póstumas de Brás Cubas*.

Lima Barreto, de resto, não gostava que o comparassem a Machado de Assis, exatamente porque "Machado escrevia com medo do Castilho e escondendo o que sentia, para não se rebaixar". Ele, ao contrário, podia dizer: "não tenho medo da palmatória do Feliciano e escrevo com muito temor de não dizer tudo o que quero e sinto, sem calcular se me rebaixo ou se me exalto".[24]

Mais de uma vez, em encontros de porta de livraria ou em conversas de café, Lima Barreto manifestou o seu desapreço à obra de Machado de Assis. Há mais de um depoimento a respeito. Austregésilo de Ataíde conta que ele se enfurecia à simples citação do nome do mestre. "Machado é um falso em tudo – dizia. – Não tem naturalidade. Inventa tipos sem nenhuma vida."[25]

A Sérgio Buarque de Holanda, chegou mesmo a afirmar que considerava Aluísio Azevedo muito superior como romancista. "É muito possível – observa Sérgio – que entrasse em tais manifestações menos uma convicção firmada do que o ressentimento de quem, zeloso em extremo da própria originalidade, não tolerava de bom grado as filiações literárias que esboçava a crítica do tempo."[26]

Pode ser que sim, pode ser que não. É bem verdade que no inventário da biblioteca de Lima Barreto, por ele próprio organizado, em 1917, não consta nenhum romance de Aluísio Azevedo, ao passo que lá estão as obras mais conhecidas de Machado de Assis. Mas isso não quer dizer concordância ao espírito machadiano. E, se diminui, não anula as diferenças entre um e outro romancista.

Toda a divergência reside efetivamente numa questão de princípios, ou se quiserem, no ângulo com que ambos encaravam de modo tão diverso o fenômeno literário. Podia admirar Machado de Assis, não há duvidar. Insurgia-se, porém, contra a sua omissão, através de uma atitude reticenciosa, de quem prefere deixar as coisas apenas subentendidas, como que também escrevendo nas entrelinhas. Aí é que se levanta o muro que separa os dois escritores.

Na única vez em que veio a público para discutir a arte do criador de *Dom Casmurro*, comentando um discurso de Pedro Lessa, na Academia, Lima Barreto põe a nu a honestidade das suas reservas. O jurista acadêmico enaltece precisamente o que chamou "extraordinário poder de abstração" de Machado de Assis, a quem interessava apenas o homem e não o meio.

Para o romancista do *Triste fim de Policarpo Quaresma*, a tese é um absurdo. E argumenta, de acordo com os princípios de estética que sempre defendeu:

"Um escritor, cuja grandeza consistisse em abstrair fortemente das circunstâncias da realidade ambiente, não poderia ser – creio eu – um grande autor. Fabricaria fantoches e não almas, personagens vivos.

"Os nossos sentimentos pessoais, com o serem nossos, são também reações sociais e a sociedade se apoia na terra.

"No meu humilde parecer, Machado de Assis não abusava, como quer o Senhor Doutor Pedro Lessa, do poder de abstração.

"Não tocava, é verdade, em certos detalhes, em certas atitudes de seus personagens por isso ou aquilo; evitava pôr em cena certos ou punha pelos nomes aqueles personagens indispensáveis às suas criações com os quais antipatizava; mas indicava ligeiramente esses detalhes, essas atitudes para caracterizar a sua novela.

"É a sua fraqueza, que o Senhor Doutor Pedro Lessa quer fazer força."

E continuando:

"A Arte, por sua natureza mesma, é uma criação humana dependente estreitamente do meio, da raça e do momento – todas essas condições concorrendo concomitantemente.

"Há uma mesma geometria para aqui e para a Lapônia; mas uma Virgília do Rio de Janeiro não pode agir da mesma maneira, levada pelos mesmos motivos sociais, que a Virgília de lá, se as há."

Pedro Lessa citava Swift, Dickens e Thackeray, a propósito do nosso Machado. Lima Barreto não vê razão para tais aproximações. "Machado de Assis não tem nenhuma semelhança com esse doloroso Jonathan Swift; ele não tinha força interior bastante para lutar e quebrar-se contra o Destino." Quanto a Dickens, "não esquece um acidente terreno, não deixa de ver a singularidade de um trecho de rua em que reside um seu herói". Machado de Assis não baixava a essas vulgaridades.

A respeito de Thackeray, exclama ainda mais escandalizado: "Mas meu Deus! – este sempre foi tido, para os seguidores da doutrina dos rígidos gêneros literários, como um panfletário, sobretudo nos seus grandes e imortais romances. Será isso Machado de Assis? Qual! Nunca o velho Machado seria o colaborador do *Punch*, aí pela década dos 40, na Inglaterra.

"Machado era um homem de sala, amoroso das coisas delicadas, sem uma grande, larga e ativa visão da humanidade e da Arte. Ele gostava das coisas decentes e bem postas, da conversa da menina prendada, da garridice das moças."

Esses arroubos de escritor proletário, investindo contra um escritor aristocrata, não tiram a nota de sinceridade do julgamento, para quem encarava a arte em função do meio em que vivia. Procurando repor as coisas nos seus devidos lugares, Lima Barreto reafirma, nesse mesmo artigo, a sua posição de escritor: "A Arte seria uma simples álgebra de sentimentos e pensamentos se não fosse assim, e não teria ela, pelo poder de comover, que é um meio de persuasão, o destino de revelar umas almas às outras, de ligá-las, mostrando-lhes mutuamente as razões de suas dores e alegrias, que os simples fatos desarticulados da vida, vistos pelo comum, não têm o poder de fazer, mas que ela faz, diz e convence, contribuindo para regra da nossa conduta e esclarecimento do nosso destino.

"É o que aprendi em Taine, em Guyau e Brunetière, que nunca me ensinaram a cerebrina abstração que o Senhor Doutor Pedro Lessa julga ser sinal dos grandes escritores."[27]

Quem assim pensa e age não pode ser tomado à conta de um instintivo. Sabe o que quer. Tem uma diretriz. É bem possível que tivesse levado a lição de Taine às últimas consequências, mas por culpa da sua própria sinceridade e do seu temperamento arrebatado.

Escrevendo sobre *Numa e a ninfa*, João Ribeiro apontou-lhe certos exageros da sua concepção estética, que o faziam descambar para a vulgaridade, numa intervenção contínua do autor junto aos personagens; Lima Barreto, muito cônscio das suas verdades, não teve dúvida em replicar ao crítico:

"... como todo o romancista que se preza, eu tenho amor e ódio pelos meus personagens.

"Por isso eu pedia licença para protestar contra o qualificativo de velhaca que o senhor apôs à minha Edgarda. Eu não a quis assim. Ela é vítima de uma porção de influências sociais, de terrores em tradições familiares, quando aceita o casamento com o Numa. Depois... Nós, dado a fraqueza do nosso caráter, não podemos ter uma heroína de Ibsen e, se eu a fizesse assim, teria fugido daquilo que o senhor tanto gabou em mim: o senso da vida e da realidade circundante."[28]

De fato, o ponto fraco do romancista, o seu calcanhar de aquiles, está menos na intervenção ostensiva do autor junto aos personagens do que na impaciência do acabamento. De um modo geral, os seus romances dão a impressão de inacabados. "Falta sempre – como notou João Ribeiro, no admirável artigo, a propósito de *Numa e a ninfa* – a chave da abóbada, que ele carpenteja excelentemente."[29]

Lima Barreto bem sabia onde estavam os seus erros e defeitos de escritor. "Digo-te uma coisa – confessou, certa vez, em carta a um amigo – eu temo tanto esses tais clássicos e sabedores de gramática como a qualquer toco de pau podre por aí... Meus livros saem errados devido à minha negligência e ao meu relaxamento, à minha letra, aos meus péssimos revisores, inclusive eu mesmo. Isso explica os erros vulgares; mas, quanto aos outros da transcendente gramática dos importantes, eu nunca me incomodei com eles."[30]

Positivamente, os cochilos de redação, num escritor como Lima Barreto, não implicam no desconhecimento das regras de bem escrever. Doutra parte, é bem de ver que os filólogos modernos justificam esses desvios de gramática, dentre os quais a chamada "concordância ideológica"; e um jovem professor brasileiro, num trabalho, onde o exemplo de Lima Barreto é com frequência invocado, observa que esses defeitos e irregularidades decorrem muitas vezes não de uma "imperícia gramatical" que não concede nenhum valor artístico ou expressivo à frase, mas provêm da escolha feita pelo indivíduo dentre mais de um processo (de expressão); consciente ou não, essa escolha lhe possibilita a tradução ou expressão acabada de seu pensamento ou sentimento. De um dilema estilístico pode-se sair pela inteligência ou pela sensibilidade, e tanto uma como outra são importantes na manifestação das ideias e das afetividades.[31]

Os exemplos, que se podem tirar dos romances, dos contos, dos artigos, reforçariam esta tese, extensiva aliás a todo grande escritor: a gramática pouca importância tem na obra de Lima Barreto. Não são as palavras, a ordem em que são dispostas, que valem, mas as ideias que exprimem, os sentimentos que elas fazem vibrar. Esta foi, de resto, a lição que um filólogo como Silva Ramos tirou dos livros de Lima Barreto.

"O que o autor das *Recordações do escrivão Isaías Caminha* – escreveu o mestre – não sabe é alinhar palavras vazias de sentido e que só encantem pela sonoridade da expressão. Prezando, como preza, a matéria-prima da sua arte, a palavra, jamais consentiria que um vocábulo soasse oco, para deleite do ouvido, e que não revestisse uma noção. Nas duzentas páginas do seu livro, haveria matéria para volumes, se quisesse diluir as suas concepções em períodos inanes que não tardariam a ser esquecidos, em vez de condensar em frases maciças que nunca mais se olvidarão.

"A verdade é que, nos tempos que correm, já se não compreende que alguém pegue em uma pena, se não tiver alguma coisa que dizer; por isso as suas obras hão de ser sempre bem cotadas. É que não nos contentamos mais com palavras, queremos ideias; e as suas novelas obrigam a pensar."[32]

NOTAS

1. *Bagatelas*, p. 196. Desde 1913, residia Lima Barreto na Rua Major Mascarenhas, nº 42, também em Todos os Santos. Mudou-se, anos depois, para a casa nº 26 da mesma rua, onde morreu.
2. Prudêncio Cotejipe Milanês, chefe da repartição em que Lima Barreto trabalhava, sempre o tratou com um carinho todo especial. O escritor correspondia a essa amizade, como se verifica pelas palavras de afeição e gratidão, no fim do volume *Histórias e sonhos*, edição de 1920, dedicada a Milanês. V. *Histórias e sonhos*, p. 25.
3. Por esse motivo, esteve licenciado de 1-11-1914 a 31-1-1915. Arquivo do Ministério da Guerra.
4. *Numa e a ninfa*, conto publicado na *Gazeta da Tarde*, Rio de Janeiro, 3-6-1911. V. *Marginália*, pp. 284-290.
5. *Diário íntimo*, p. 82.
6. Escrito especialmente para A Noite / Lima Barreto / Numa / e a / Nympha / Romance da vida contemporânea / "Cette nation (l'Egypte) grave et sérieuse / connut d'abord la vraie fin de la politique, qui / est de rendre la vie commode et les peuples / heureux". Bossuet. Rio de Janeiro / Officinas d'"A Noite" – Rua Júlio Cesar, 29 a 31 / 1915. 73 p. 27x18cm. Por volta de 1920, o editor Schettino apresentou o mesmo livro, com uma capa nova, tendo a seguinte epígrafe: "Romance sugestivo de escândalos femininos" e um desenho, assinado por Ivan, onde aparecem um homem e uma mulher beijando-se, ao fundo de um buraco de fechadura. Ambas as edições são raríssimas hoje.
7. *Numa e a ninfa*, pp. 82 e segs.; pp. 222 e segs.
8. Na *Voz do Trabalhador*, órgão da Confederação Operária Brasileira, publicou com o pseudônimo de Isaías Caminha o artigo: "Palavras de um *snob* anarquista". Mais tarde, em 1918, no jornal esquerdista *Lanterna*, assinaria Dr. Bogóloff, a princípio. Retira depois a máscara, assinando-se: Lima Barreto (ex-Dr. Bogóloff). O artigo acima referido está em *Feiras e mafuás*, pp. 213-218.
9. *Voz do Trabalhador*, Rio de Janeiro, 15-5-1913. *Feiras e mafuás*, pp. 216 e 218, respectivamente.
10. "Notícia de Lima Barreto", por Osmar Pimentel. *Folha da Manhã*, São Paulo, 12-2-1949. O artigo em apreço vai como prefácio a *Os Bruzundangas*, da Editora Brasiliense, e a citação está a pp. 15-16.
11. As caricaturas de Seth sobre os personagens de *Numa e a ninfa* foram publicadas na primeira página d'*A Noite*, em 12-3-1915, anunciando o folhetim.
12. *Diário íntimo*, p. 181.

13. A história desse empréstimo foi contada por Lima Barreto num requerimento que dirigiu ao ministro da Fazenda, logo após a sua aposentadoria, pedindo que não fosse descontado em seus vencimentos. Por força dos compromissos contraídos, que somavam 20:000$000, incluindo os juros, passaria o romancista a receber, na inatividade, a importância de 171$800. Em despacho de 18-10-1919, o Ministro Homero Batista deferiu o requerimento sob o fundamento de que "o Tesouro não deve interferir nos atos pessoais e de privada economia dos empregados". Arquivo do Ministério da Fazenda. V. *Correspondência*, II, pp. 139-142.
14. Lima Barreto / Autor do "Isaías Caminha" / *Triste fim de Policarpo Quaresma* / Typ. "Revista dos Tribunais" / Rua do Carmo, 55 / Rio de Janeiro / 1915, 352 p. 19x13,5cm. Nesta edição, foram incluídos os seguintes contos do autor: "Um especialista", "O filho da Gabriela", "A nova Califórnia", "O homem que sabia javanês", "Um e outro", "Miss Edith e seu tio", "Como o 'homem' chegou".
15. "No *Correio*, sou excomungado; e é justo." *Diário íntimo*, p. 182.
16. *A Época*, Rio de Janeiro, 18-2-1916. Andava com a ideia da glória, por esse tempo, segundo Antônio Noronha Santos. "Quando levamos a enterrar o pobre Vilarinho – um paraense de Anajás, transplantado para o Rio e que a capital, com as suas seduções, devorara em poucos anos, contou-nos o Mário Dermeval, companheiro de carro do Lima, que este, durante o trajeto, se dirigira ao esquife do amigo, com frases e gestos desordenados, dizendo do seu intento de não segui-lo para a morada do repouso eterno. 'Vai sozinho, dizia, eu quero ter o Prêmio Nobel.'" (V. "Uma carta de Lima Barreto" por Antônio Noronha Santos, publicado num pequeno jornal de Niterói. Recorte pertencente ao arquivo do autor.) Joaquim Vilarinho era estudante de Engenharia. Morreu subitamente e, segundo a tradição, foi o escritor quem pagou o enterro, graças a um adiantamento de 100 mil-réis, que lhe fizera o livreiro A. J. Castilho, pela compra de um lote da primeira edição de *Policarpo Quaresma*.
17. *Diário íntimo*, p. 181.
18. "Livros novos". *Jornal do Commercio*, Rio de Janeiro, 9-5-1916.
19. "Impressões literárias". *Lusitana*, Rio de Janeiro, 10-6-1916.
20. *O Imparcial*, Rio de Janeiro, 18-9-1916. Um senhor Firmino Santos, que se intitula "capitão honorário do Exército", publicou num semanário, *A Capital*, logo que o livro apareceu, em 8-4-1916, violento artigo contra Lima Barreto, a quem chamava "inimigo tremendo da República, inimigo que urge combater", insinuando que as autoridades deveriam processar o escritor. O artigo foi transcrito no *A.B.C.*, Rio de Janeiro, 24-3-1917, a pedido do próprio Lima Barreto. Supõe Antônio Noronha Santos que esse capitão honorário seja o próprio Lima Barreto, que chamava assim a atenção para o seu livro, como que provocando a ira dos militares.
21. *Gonzaga de Sá*, pp. 133-134.

22. O artigo foi publicado n' *A Época*, Rio de Janeiro, 31-8-1916, e serviu de prefácio à edição de *Histórias e sonhos*, pp. 29-35.
23. "Histrião ou literato", artigo de Lima Barreto. *Revista Contemporânea*, Rio de Janeiro, 15-2-1919. V. *Impressões de leitura*, pp. 188-191.
24. Carta a Austregésilo de Ataíde, publicada na *Revista do Brasil* (3ª fase), Rio de Janeiro, maio de 1941, p. 54-A. V. *Correspondência*. II, p. 257.
25. "Trecho da iniciação literária", por Austregésilo de Ataíde. *O Cruzeiro*, Rio de Janeiro, 11-6-1949.
26. 'Em torno de Lima Barreto", por Sérgio Buarque de Holanda. *Diário de Notícias*, Rio de Janeiro, 23-1-1949. Esse artigo vai como prefácio de *Clara dos Anjos*, da Editora Brasiliense, pp. 9-19.
27. "Uma fita acadêmica", artigo de Lima Barreto. *A.B.C.*, Rio de Janeiro, 2-8-1919. *Feiras e mafuás*, pp. 34-42.
28. Carta a João Ribeiro. Rio de Janeiro, 3-6-1917. Col. Lima Barreto. Seção de Manuscritos da Biblioteca Nacional.
29. "Os romances". *O Imparcial*, Rio de Janeiro, 7-5-1917. Parte desse artigo vai como prefácio a *Numa e a ninfa*, da Editora Brasiliense, pp. 9-12.
30. Carta a Lucilo Varejão. Rio de Janeiro, 18-2-1921. Pertencente ao arquivo do destinatário. V. *Correspondência*, II, p. 226.
31. *Fenômenos de sintaxe ideológica e afetiva na língua portuguesa*, por Jesus Belo Galvão (tese apresentada para concorrer a uma cátedra de Português do Internato do Colégio Pedro II). Rio de Janeiro, 1949. Exemplar mimeografado, pertencente à coleção do autor.
32. Carta datada de 21-6-1919. Col. Lima Barreto, Biblioteca Nacional. Silva Ramos, grande professor, foi um dos mestres da geração de Sousa da Silveira, Antenor Nascentes e Manuel Bandeira, marcando a todos eles com a sua influência. A carta citada está em *Correspondência*, II. pp. 187-188.

2

MAXIMALISMO

"É chegada, no mundo, a hora de reformarmos a sociedade, a humanidade, não politicamente que nada adianta; mas socialmente que é tudo."

IMPRESSÕES DE LEITURA, p. 165

COM A GUERRA DE 1914-1918, tomou alento e ganhou força de penetração o movimento anarquista, que ensaiava sua influência política, no Brasil, desde o Congresso Operário de 1906. Sob o influxo dos ideais libertários, o proletariado começa, então, a se organizar.

É a época em que surgem numerosos comitês operários, defendendo reivindicações que a muita gente pareciam absurdas, aumento de salários e redução das horas de trabalho, entre outras. No Rio de Janeiro, a Confederação Operária Brasileira passou a falar em voz alta, com o seu jornal, a lutar pelos interesses da classe espoliada.

Foi, porém, em São Paulo, centro de maior concentração industrial, que se operou mais intensamente a mobilização das massas operárias. Meses antes da Revolução Russa, em julho de 1917, o Comitê de Defesa Proletária promoveu a greve geral na capital do estado, paralisando por completo as fábricas e os transportes. Conflitos de rua entre grevistas e a polícia puseram a cidade em pé de guerra.

Ao fim de alguns dias, o governo, em nome dos patrões, propôs um entendimento com os líderes operários. Através de uma comissão de jornalistas, foram acertadas as condições de paz. Era a primeira vitória do anarquismo.[1]

No ano em que foi deflagrada a guerra, aparecia no Rio a revista *A Vida*, publicação mensal, redigida pelo engenheiro e jornalista gaúcho Orlando Correia Lopes. A doutrinação é feita na base das obras de Hamon, Eltzbacher, Max Nordau, Faure, Malatesta, Karl Marx, Elisée Reclus e tantos outros. Lima Barreto era assinante de *A Vida*, bem como de *Na Barricada*, panfleto redigido também por Orlando Correia Lopes e que passou a ser editado em 1915.[2]

O romancista já havia tomado posição contra a guerra, através do *Correio da Noite*, num artiguete em que ataca de rijo o militarismo alemão.[3] Chegou mesmo a aderir à Liga pelos Aliados, mas dela se afastou, pouco depois, retificando a sua atitude, para formar ao lado dos anarquistas. Embora sem participar da ação direta, dá ao movimento, que cresce a olhos vistos, o melhor do seu esforço de escritor e jornalista.[4]

Já não era possível conter-se. O pensamento represado rompia de vez em quando, aqui e ali, nos romances, nos contos e, agora, nos artigos, que publicava mais assiduamente na imprensa diária.

Dentro em pouco, não respeitará mais as limitações que lhe impunham um meio silêncio, arrancando da boca a mordaça do convencionalismo. Não o desviará do caminho da luta social nem mesmo o receio de perder o emprego público, que sempre refreara os seus impulsos revolucionários, pois era da repartição que tirava o sustento do pai enfermo. Os irmãos estavam crescidos. Trabalhavam. Contribuíam, como ele, para o sustento da casa. Tinha chegado a hora de gritar: basta!

Em meio aos sofrimentos íntimos, que o atormentavam, num tempo em que o álcool mais de uma vez o levou às fronteiras da loucura, Lima Barreto fez, contudo, a sua pregação revolucionária, com a paixão dos grandes derrotados. A sua voz não disfarçava, nem seria possível disfarçar, os acentos de angústia e desespero.

A revolta de Lima Barreto como que se processa por etapas.

No início da guerra, escrevendo para o *Correio da Noite*, não usa de subterfúgios, para dizer que não acredita em patriotismo.[5]

Ideias assim deviam chocar o ambiente, ferindo os ouvidos cívicos dos que participavam dos chás e dos recitais em benefício da Cruz Vermelha.

E teriam com toda a certeza repercussão desfavorável nos círculos militares, onde o escritor não era um estranho, dada a sua condição de funcionário da Secretaria da Guerra.

Os generais, como é óbvio, pensavam de modo diverso. E só faziam estimular as conferências de Olavo Bilac, professando a educação cívica da mocidade, na campanha que iniciou em favor do serviço militar obrigatório, que resultaria na criação das linhas de tiro e no incremento do escotismo.[6]

Desde a juventude, Lima Barreto fora contra isso. Havia abandonado a Federação de Estudantes, quando se esboçou entre os colegas movimento que tendia a prestigiar projeto de lei apresentado ao Congresso nesse sentido, ao tempo do governo Campos Sales.[7] Há de combatê-lo o resto da vida, "esse monstruoso e imbecil serviço militar obrigatório", pois, como dizia, não podia admitir nem conceber que o fim da civilização fosse a guerra.[8]

Em 1915, inicia o combate. Abre fogo contra a burguesia. "O nosso regímen atual – escreveu, noutro artiguete para o *Correio da Noite* – é da mais brutal plutocracia, é da mais intensa adulação aos elementos estranhos, aos capitalistas internacionais, aos agentes de negócios, aos charlatães tintos com uma sabedoria de pacotilha."[9]

Em 1917, investe contra um ministro de Estado, o Sr. José Bezerra, a quem acusa de utilizar a pasta da Agricultura para promover a alta do açúcar, a serviço dos usineiros, a cuja classe pertence, e do grupo belga que controla o comércio internacional.

"O açúcar – denuncia o escritor, num artigo publicado no *A.B.C.* –, produção nacional, a mais nacional que há, que é vendida aos estrangeiros por 6$000 à arroba, é vendida aos retalhistas brasileiros por mais de 10$000.

"Sabem quem é o chefe de semelhante bandalheira? É o Zé Rufino Bezerra Cavalcânti – Cavalcânti com 'i', porque ele não é mulato – graças a Deus!"

Como quem está disposto a tudo, dirigindo-se ao diretor do *Correio da Manhã*, que faz a defesa do ministro, tem este admirável desabafo: "Amaral [Azevedo Amaral], tu és notável, tu tens talento, tu és doutor, tu possuis tudo para ser um grande homem. Não sei se tu tens vícios; eu os tenho: tu não tens – é sinceridade.

"Falta-te essa cousa que é o amor pelos outros, o pensamento dos outros, a dedicação para enfrentar com a vida na sua majestosa grandeza de miséria e de força.

"Quanto aos teus algarismos, vai te catar que não tenho medo deles; e, quanto a mim, diga ao Rufino que sou terceiro oficial da Secretaria da Guerra, há quinze anos. Ele que arranje, se for capaz, a minha demissão. Não garanto mas, talvez, seja possível que eu lhe fique agradecido. Até logo."[10]

Agora, nada mais o detém. Pouco depois, volta ao assunto, escrevendo para um semanário esquerdista. Mas não ataca apenas o Sr. José Bezerra. "O que aí fica dito – acrescenta – pode-se aplicar ao feijão, com Matarazzo à frente; à carne verde, com o açougueiro Antônio Prado e o seu caixeiro-viajante Graça Aranha, ambos à testa da especulação indecente das carnes frigorificadas, fornecidas, a baixo preço, aos estrangeiros, enquanto nós, aqui, pagamos o dobro pelo quilo da mesma mercadoria; e assim por diante." E o articulista indica o único remédio para o povo reprimir o escândalo: a violência.

"A nossa República – continua, mais adiante –, com o exemplo de São Paulo, se transformou no domínio de um feroz sindicato de argentários cúpidos, com os quais só se pode lutar com armas na mão. Deles saem todas as autoridades; deles são os grandes jornais; deles saem as graças e os privilégios; e sobre a Nação eles teceram uma rede de malhas estreitas, por onde não passa senão aquilo que lhes convém. Só há um remédio: é rasgar a rede à faca, sem atender a considerações morais, religiosas, filosóficas, doutrinárias, de qualquer natureza que seja."[11]

Esse artigo, é importante anotar, fora escrito um mês depois da greve geral em São Paulo, quando o governo estadual, então chefiado pelo Sr. Altino Arantes, tomava medidas repressivas contra os principais cabeças do movimento operário.

O mesmo jornal que o publicou divulgava o protesto do Comitê de Defesa dos Direitos do Homem, acusando o governo paulista de ter invadido casas, a altas horas da noite, maltratando mulheres e crianças; de ter assaltado as oficinas de *A Plebe*; de ter feito prisões ilegais. Os "lacaios políticos da plutocracia paulista" teriam ainda preparado "sorrateiramente a expulsão do território nacional" dos líderes anarquistas mentores da greve.[12]

O caso teve repercussão na imprensa. Os operários, na maioria estrangeiros, de fato, foram expulsos do país, a bordo do navio *Curvelo*; impetraram *habeas corpus* ao Supremo Tribunal, que o denegou.

A decisão do Poder Judiciário provoca mais um protesto de Lima Barreto, voltando a atacar os que ele chamava "a calamitosa oligarquia paulista".[13]

"Tais fatos, que são de ontem – escreveu –, não têm sido concatenados por todos, nem tampouco combatidos a devido tempo; e, se o fossem, não teriam certamente os doges de São Paulo conseguido o que almejavam, isto é, obter um total domínio sobre os poderes políticos do país, de modo a coroar a sua nefasta e atroz ditadura com a decisão de 6 do corrente, do Supremo Tribunal, negando *habeas corpus* aos infelizes do *Curvelo*, rasgando a Constituição, obscurecendo um dos seus artigos mais simples e mais claros, com farisaicas sutilezas de doutores da escolástica e o tácito e suspeito apoio de quase toda a imprensa carioca, sem um protesto corajoso no Congresso, realizando-se toda essa vergonha, todo esse rebaixamento da independência dos magistrados, perante o povo 'bestializado', calado de medo ou por estupidez, esquecido de que a violência pode, amanhã, voltar-se sobre um qualquer de nós, desde que tal sirva à plutocracia paulista e ela o exija."[14, NR10]

Tudo isso acontecia em outubro de 1917, quando o Brasil se preparava para declarar guerra à Alemanha. O assunto fora examinado dois meses antes, no Senado Federal. Estava o governo em francos preparativos bélicos, desde o torpedeamento do navio mercante *Paraná*, por um submarino alemão, que determinou o rompimento das nossas relações com o Reich.

Os Estados Unidos tinham entrado no conflito e o Brasil, com o afundamento de mais um navio, o *Macau*, vira-se na contingência de reconhecer o estado de beligerância, iniciado pelo Império Alemão.

A atitude do governo, envolvendo uma participação discretíssima no conflito, senão platônica, não conta, porém, com o apoio dos anarquistas, que reiniciam os movimentos grevistas, contra os "traficantes de guerra",

---

NR10 – Na edição das *Obras completas*, única a reunir até agora o conjunto das crônicas de Lima Barreto, dois textos estão publicados com o mesmo título: "São Paulo e os estrangeiros", em dois volumes diferentes, seguindo organização proposta pelo próprio Lima Barreto ao preparar as primeiras edições. Originariamente, estas importantes crônicas foram publicadas uma em seguida à outra. Em *Bagatelas* está a primeira a sair em jornal e em *Marginália*, a segunda.

responsabilizando-os pela alta do custo de vida, ou seja, a "carestia", de acordo com a terminologia da época.

São presos os agitadores. Há protestos na Câmara. Maurício de Lacerda acusa de arbitrário a Aurelino Leal, o chefe de polícia, que a imprensa anarquista chama de "Trépoff marca barbante".[15] É que ele afirma só permitir "greves pacíficas" e procura justificar os seus atos no Art. 205 do Código Penal, quando o direito de greve fora posteriormente assegurado numa lei, a de número 1.637, que criou os sindicatos profissionais.[16] Coincidindo com a agitação operária – a observação não deixa de ser curiosa –, surgem na Câmara os primeiros projetos oficiosos de leis sociais, apresentados por deputados pertencentes à maioria parlamentar, regulamentando o trabalho dos menores nas fábricas e criando patronatos rurais.

Esses projetos, porém, não iam para diante. Eram só para inglês ver, como dizia o povo. E o líder do governo acentuava a sua posição reacionária, comprimindo o bloco da maioria contra as iniciativas dos deputados oposicionistas. De um Maurício de Lacerda, por exemplo, que visava minorar o sofrimento das classes trabalhadoras, com leis mais humanas que as que estavam em vigor.[17]

A posição de Lima Barreto é conhecida. Desde o primeiro momento, rebelou-se contra a atitude do governo, assumida sob a proteção dos Estados Unidos. Logo após o rompimento das relações diplomáticas com a Alemanha, escrevia no *Diário íntimo*:

"Hoje, depois de ter levado quase todo o mês passado entregue à bebida, posso escrever calmo. O que me leva a escrever estas notas é o fato de o Brasil ter quebrado a sua neutralidade na guerra entre a Alemanha e os Estados Unidos, dando azo a que este mandasse uma esquadra poderosa estacionar em nossas águas.

"A dolorosa situação dos homens de cor nos Estados Unidos não devia permitir que os nossos tivessem alegria com semelhante coisa, pois têm. Néscios. Eu me entristeço com tal coisa, tanto mais que estou amordaçado com o meu vago emprego público.

"A escolher, sim senhor, eu preferia mil vezes a Alemanha. Não posso dizer nada e nada direi; mas aqui fica o meu protesto mudo. Coisa curiosa, o Lauro [Müller] não quis dar o seu assentimento a tal coisa; o Nilo [Peçanha] deu. Ao primeiro chamam de alemão; e ao segundo, de moleque?"

Fazia alusão a saída de Lauro Müller, filho de imigrantes alemães de Santa Catarina, do Ministério das Relações Exteriores, acusado de *boche*, quando a situação internacional se complicou, sendo ali substituído por Nilo Peçanha, a quem Lima Barreto chegou a devotar admiração. Mas o desabafo ainda não terminou.

"Em que parará isto? – pergunta o memorialista, angustiado, e responde ele mesmo: – Não sei bem, mas se a sangueira já é grande, julgo que ela vai ser ainda maior depois. Tudo o que é revoltante e grosseiro vai por baixo disso tudo, sob o pretexto de pátria. É de causar horror, tanto mais que os fortes burgueses querem, aproveitando o estado dos espíritos, matar o indivíduo em proveito do Estado, que são eles.

"Spencer tinha razão: o mundo retrograda. O escopo utilitário matou todo o ideal, toda a caridade e quer cada 'besta' na sua manjedoura.

"Antes o feudalismo!

"Antes a nobreza!"[18]

Não se limitou, contudo, a esse "protesto mudo". Nas colunas de *O Debate*, semanário vermelho, havia de firmar a sua posição antiamericana, criticando por tabela o chanceler Nilo Peçanha.[19]

Daqui por diante, só fará crescer essa antipatia feroz aos americanos-do-norte, e por dois motivos, facilmente compreensíveis: solidariedade aos negros perseguidos e horror ao imperialismo econômico. Via nos Estados Unidos o país que tudo obtinha e resolvia pela força do dinheiro. Como dizia no *Diário*, era contra o "escopo utilitário" que se revoltava, porque matava a todo o ideal.

"Esse *engouement* pelos Estados Unidos – chegou a escrever, mais tarde, num artigo, para a *Gazeta de Notícias* – há de passar, como passou o que havia pela Alemanha e da mesma forma.

"Não dou cinqüenta anos para que todos os países da América do Sul, Central e o México se coliguem a fim de acabar de vez com essa atual opressão disfarçada dos *yankees* sobre todos nós; e que cada vez mais se torna intolerável!"[20]

É nessa atmosfera carregada de eletricidade que Lima Barreto lança, por conta própria, a segunda edição do *Recordações do escrivão Isaías Caminha*.[21] Pagara-a do seu bolso, à custa de empréstimos onerosos, tal como já o fizera uma vez, com a edição do *Triste fim do Policarpo Quaresma*.

Quase ao mesmo tempo, *A Noite* põe em circulação *Numa e a ninfa*. Apesar de figurar na capa a data de 1915, na verdade, o romance só veio a aparecer, fora do jornal, em 1917, numa brochurazinha feia e mal impressa.[22]

No mesmo ano, prepara e entrega ao editor Jacinto Ribeiro dos Santos os originais das *Notas sobre a República das Bruzundangas*, coleção de crônicas satíricas publicadas no *A.B.C.* Vendera os direitos autorais deste livro ao velho Jacinto, "para todo o sempre", por 70 mil-réis.[23]

Que precisava de dinheiro, e muito, não há a menor dúvida. Andava doente e cheio de dívidas. E, ainda por cima, precisava pagar a nova edição do *Isaías Caminha*, que estava no prelo, graças à boa vontade do seu amigo e compadre, Benedito de Sousa, dono de uma tipografia. Mas Benedito era pobre, como ele, e não podia de forma alguma ser prejudicado.

Foi quando Lima Barreto recorreu novamente aos agiotas, que operavam entre os funcionários do Ministério da Guerra, sob o disfarce de fornecedores. Somado ao anterior, e mais os juros extorsivos, o compromisso contraído ultrapassou a 20 contos de réis, importância que representaria, para o escritor, qualquer coisa de fabuloso.[24]

No entanto, se ele quisesse transigir, poderia ter feito a edição do *Isaías Caminha* até com lucro. O diretor d'*O País*, João Laje, que figura em *Numa e a ninfa*, na pele do jornalista Fuas Bandeira, porta-voz do Palácio do Catete, propusera dar o romance em folhetins, publicando-o depois em volume, desde que o autor concordasse em revelar o nome dos personagens. A proposta visava, como é fácil deduzir, a redação do *Correio da Manhã*, órgão da oposição, que vivia em polêmicas azedas com *O País*.

Lima Barreto respondera altivamente, recusando. O seu romance era uma obra de arte e, como tal, não permitiria que servisse de instrumento a terceiros, na luta por interesses políticos ou de dinheiro.[25]

Não se pode imaginar momento mais impróprio para o lançamento de um livro. Em setembro de 1917 saía a segunda edição do *Isaías Caminha*.[26] Pois bem. É de 5 de setembro de 1917 este trecho do *Diário íntimo*:

"No dia 30 de agosto de 1917, eu ia para a cidade, quando me senti mal. Tinha levado todo o mês a beber, sobretudo parati. Bebedeira sobre bebedeira, declarada ou não. Comendo pouco e dormindo sabe Deus como. Andei porco, imundo.

"Ia para a cidade, quando me senti mal. Voltei para casa, muito a contragosto, pois o estado de meu pai, os seus incômodos, junto aos meus desregramentos, tornam-me a estada em casa impossível. Voltei, porque não tinha outro remédio.

"Deitei-me, vomitei e andava com um fluxo de sangue, que me levava à latrina frequentemente. Numa das vezes em que fui, caí e fiquei como morto. Meus irmãos acudiram-me e trouxeram-me a braços, inclusive o Elói, o filho da Prisciliana, meu afilhado e de minha irmã. Não sei o que se passou; o que sei é que as senhoras da vizinhança acudiram e eu despertei duas horas depois com equimoses nos tornozelos e cercado por elas, cheias de susto.

"Chamaram o médico, o [Aristides] Caire, estudante do meu tempo; e estou sofrendo a medicação mais penosa que me podia ser imposta. Estou em dieta de fruta e água de arroz, pois o meu organismo tem déficit."

E o escritor, no auge do desalento, pede a compaixão divina: "Se não deixar de beber cachaça, não tenho vergonha. Queira Deus que deixe."[27]

Mesmo doente, Lima Barreto continua a escrever na imprensa libertária.[NR11] Com o desaparecimento de *O Debate*, logo depois da declaração da guerra com a Alemanha, comparece frequentemente nas colunas do *A.B.C.*, de *Brás Cubas*, da *Revista Contemporânea*, panfletos políticos ou revistas literárias, que dão guarida às suas ideias maximalistas. Escreve também nos jornais revolucionários do Rio, de São Paulo e até de Porto Alegre, como *Lanterna*, *O Cosmopolita*, *O Parafuso*, *A Patuleia* e *A Luta*, porém com menos assiduidade.

A Revolução Russa está à vista. Os anarquistas tomam a frente da sua propaganda no Brasil, e ganham novos adeptos, com o chamado programa maximalista de Lênine. Citando Ingenieros, assim definiu Lima Barreto o maximalismo: "a aspiração de realizar o máximo de reformas possíveis dentro de cada sociedade, tendo em conta as suas condições particulares".[28]

NR11 – Na 5ª edição consta "imprensa amarela" (p. 261). Em conversa particular, em 1990, depois da leitura de minha tese de doutoramento, onde cito esta passagem da biografia, Dr. Francisco comentou que não lhe agradava mais ter usado a expressão "imprensa amarela" para designar pequenos e combativos jornais. Passara a usar outras expressões como "imprensa libertária".

Em maio de 1918, em artigo publicado no *A.B.C.*, o escritor lança o seu manifesto maximalista, que termina com o grito de guerra: "Ave Rússia!"

Para a revolução social, que deveria ser iniciada no Brasil, propõe quatro pontos que julga essenciais: revisão dos fundamentos da propriedade; confisco dos bens de certas sociedades religiosas; riscar do Código Civil o direito de testar; divórcio.

"... nós, os brasileiros – conclui –, devemos iniciar a nossa Revolução Social, com essas quatro medidas, que expus. Será a primeira parte; as outras, depois." Dir-se-ia que, ao contrário de Lênine, Lima Barreto apresenta um programa "minimalista".

"A propriedade – disse, no mesmo artigo – é social e o indivíduo só pode e deve conservar, para ele, de terras e outros bens tão somente aquilo que precisar para manter a sua vida e de sua família, devendo todos trabalhar da forma que lhes for mais agradável e o menos possível, em benefício comum."[29]

Há um ingênuo idealismo nessa definição, que o escritor, entretanto, não demora em ratificar, com idêntico toque romântico, no artigo que dedica à memória de Vera Zassúlitch, assassinada pela polícia de Trépoff, ao desejar um movimento no Brasil nos moldes do da Revolução Russa.[30]

Dias depois da publicação deste segundo artigo, o romancista requer aposentadoria das funções de terceiro oficial da Secretaria da Guerra.[31] E continua a lutar.

O movimento grevista do Rio de Janeiro, em novembro de 1918, que teve quase as mesmas proporções da Greve Geral de São Paulo, em julho de 1917, vai encontrá-lo recolhido ao Hospital Central do Exército. No seu quarto de doente, Lima Barreto escreve, para o *A.B.C.*, uma crônica de solidariedade aos grevistas, atacando Aurelino Leal e os jornalistas que defendem a polícia.[32]

Para se ter uma ideia deste artigo, basta transcrever as notas de leitura dos jornais, que o inspiraram, tal como se acham no *Diário íntimo*:

"O artigo do [Azevedo] Amaral tem o mesmo plano que o do Miguel Melo: o do Antônio Torres o mesmo que o daquele último; o do filho do Leão Veloso o mesmo que o do Torres.

"Parece que o plano foi ditado pelo chefe de polícia, devendo tocar nos seguintes pontos:

"a) acoimar de estrangeiros os anarquistas, e exploradores dos operários brasileiros;

"b) debochar os seus propósitos e inventar mesmo alguns bem repugnantes e infames;

"c) exaltar a doçura e o patriotismo do operário brasileiro;

"d) julgar que eles têm razão nas suas reivindicações; que a dinamite não deve ser empregada etc.; que devem esperar, pois a Câmara vai votar o Código do Trabalho etc. etc."[33]

NOTAS

1. *História e teoria do partido político no direito constitucional brasileiro*, por Afonso Arinos de Melo Franco. Rio de Janeiro, 1948, p. 114.
2. *A Vida*, publicação mensal anarquista. Ano I, nº 1, em 30 de novembro de 1914. Teve vida efêmera, como a sua congênere, *Na Barricada*, que se publicou no ano seguinte.
3. "Sobre a guerra", artigo de Lima Barreto. *Correio da Noite*, Rio de Janeiro, 19-12-1914. V. *Marginália*, pp. 45-46.
4. "No começo da contenda europeia – escreveria mais tarde –, dei a minha adesão à Liga pelos Aliados; mas, desde que ela desandou, aproveitando-se da simplicidade de muitos e da cumplicidade de alguns, em escritório de anúncios de carnes frigorificadas, e outros gêneros de primeira necessidade, julguei do meu dever não dar mais nenhuma palavra de apoio a semelhante instituição que, quando não era quarta página de jornal, se transformava em sociedade musical e dançante ou em clube dramático, recreativo e literário." *Bagatelas*, p. 151.
5. "O patriotismo", artigo de Lima Barreto. *Correio da Noite* (Rio de Janeiro, 21-12-1914). *Coisas do Reino do Jambon*, pp. 75-76. Em carta a Georgino Avelino, de 30-10-1916, assim define o escritor as suas ideias sobre pátria e patriotisrno: "As nossas atuais pátrias não têm outra base senão na política que, desde a Renascença, tem determinado e regulado toda a nossa atividade. Desde que percamos essa ilusão do governo, elas não terão mais razão de ser. Nós, às vezes, nos fazemos forte porque temos um mais forte que nos desafia, que nos insulta. É o que está acontecendo comigo nessa questão de pátria. Enquanto estiver de pé a estúpida agressão alemã para os ideais mortos de domínio universal e a falsidade americana com o seu desejo de

açambarcamento brutal da América, não estarei na liça para combater os patriotas. A pátria me repugna, Avelino, porque a pátria é um sindicato, dos políticos e sindicatos universais com os seus esculcas em todo mundo, para saquear, oprimir, tirar couro e cabelo, dos que acreditam nos homens, no trabalho, na religião e na honestidade. Essa gente explora esse sentimento sobrevivente como os padres sinceros exploram a beatice das mulheres ou a hipocrisia dos homens." Col. Lima Barreto. Seção de Manuscritos da Biblioteca Nacional. V. *Correspondência*, I, p. 281. Ainda a propósito do mesmo tema, será lícito lembrar mais uma palavra do escritor. "Eu que me julgo muito pouco patriota – disse ele em 1919 –, não desejo absolutamente ver o Brasil humilhado e estrangulado por outra pátria. Quero que não haja nenhuma, mas desde que se trate de humilhação, rebaixamento do Brasil por qualquer outro país, eu sou brasileiro." *Bagatelas*, p. 255.

6. Bilac iniciara a campanha em São Paulo, com duas conferências, uma na Faculdade de Direito e outra na de Medicina, a 9 e 14 de outubro de 1915, seguindo-se uma terceira, no Rio de Janeiro, a 19 de outubro, no Clube Militar. V. "Bilac e o sorteio militar", artigo de M. Paulo Filho. *Correio da Manhã*, Rio de Janeiro, 5-8-1951 (4º caderno).
7. Documento pertencente ao arquivo do autor deste livro.
8. "Educação física", artigo de Lima Barreto. *A.B.C.*, Rio de Janeiro, 9-4-1921. *Feiras e mafuás*, p. 113.
9. "O momento", artigo de Lima Barreto. *Correio da Noite*, Rio de Janeiro, 3-3-1915. *Coisas do Reino do Jambon*, p. 80.
10. "Carta fechada. Meu maravilhoso Senhor Zé Rufino", artigo de Lima Barreto. *A.B.C.*, Rio de Janeiro, 12-5-1917. V. *Vida urbana*, pp. 118-120.
11. "Sobre a carestia", artigo de Lima Barreto. *O Debate*, Rio de Janeiro, 15-9-1917. V. *Marginália*, pp. 193-194.
12. Manifesto publicado em *O Debate*, Rio de Janeiro, 6-10-1917.
13. *Bagatelas*, p. 37.
14. "São Paulo e os estrangeiros", II, artigo de Lima Barreto. *O Debate*, Rio de Janeiro, 13-10-1917. V. *Marginália*, pp. 206-207. A decisão do Supremo Tribunal no caso do *Curvelo* fora tomada contra os votos dos Ministros Pedro Lessa, Mibielli, Edmundo Lins e Guimarães Natal conforme se lê em nota do mesmo jornal.
15. *O Debate*, por exemplo, que era dirigido por Adolfo Porto e Astrojildo Pereira.
16. Esta é a argumentação expendida por Teodoro Magalhães, em *O Debate*, Rio de Janeiro, 22-9-1917, no artigo intitulado: "As interpretações policiais do direito de greve".
17. *O Debate*, Rio de Janeiro, 9-8-1917.
18. *Diário íntimo*, pp. 191-192.
19. "Coisas americanas", dois artigos assinados L. B., publicados em *O Debate*, Rio de Janeiro, em 6-10-1917, V. *Marginália*, pp. 195-198.

20. *Marginália*, p. 101. Na sua aversão a tudo que vinha dos Estados Unidos, condenou Carlos Chagas, que então dirigia o Departamento Nacional de Saúde, por ter contratado enfermeiras norte-americanas com ordenados superiores aos médicos, motivando demissão em massa de funcionários subalternos. "Enfermeiras louras e mosquitos zumbidores", artigo de Lima Barreto. *Careta*, 28-1-1922. *Feiras e mafuás*, pp. 276-279. Também não gostava do cinema. "Não posso suportar essas hediondas damas americanas: Ketties não sei o quê, Thedas; e os respectivos cavalheiros: Johns, Hamiltons, Tigres de toda a sorte. As mulheres têm uma carnadura de gesso ou mármore artificial e uns gestos duros e angulosos; os homens, com uns enormes olhos que se esbugalham mais no patético, têm um mento quadrado de *sioux* muito antipático. E todas essas fitas americanas são brutas histórias de raptos com salteadores, ignóbeis fantasias de uma pobreza de invenção de causar pena, quando não são melodramas idiotas que deviam fazer chorar as criadas de servir de há quantos anos passados. "Amor, cinema e telefone", artigo de Lima Barreto. *Careta*, Rio de Janeiro, 24-1-1920. *Coisas do Reino do Jambon*, p. 106.
21. Lima Barreto / Recordações do escrivão / Isaías Caminha / (2.ª edição, revista e aumentada) / 1917 / Tip. Revista dos Tribunais / Carmo, 55 – Rio de Janeiro. XIII, 234 p. 18x11cms.
22. "... o livro está, como o autor – pouco apresentável", escreveu Lima Barreto, em carta a Artur Mota. Col. Lima Barreto. Seção de Manuscritos da Biblioteca Nacional. V. *Correspondência*, II, p. 25.
23. O acervo de Jacinto Ribeiro dos Santos passou depois à Empresa "A Noite", pertencente ao patrimônio nacional. Em 1951, o Presidente Getúlio Vargas, atendendo a um memorial da família Lima Barreto, liberou esses direitos autorais.
24. "Veja bem Vossa Excelência – disse Lima Barreto, numa carta que dirigiu ao ministro da Fazenda, Sr. João Ribeiro –, eu já paguei a tais pseudossirgueiros doze contos e tenho de pagar ainda, a dois contos de réis por ano, durante quatro, mais oito perfazendo tudo vinte contos." Col. Lima Barreto. Seção de Manuscritos da Biblioteca Nacional. V. *Correspondência*, II, p. 142.
25. Esta a versão que ouvimos de M. Paulo Filho e que foi divulgada, embora sem a revelação de informante, numa reportagem, sob o título "Jornalistas de outrora", que apareceu num jornalzinho de vida efêmera, circulação restrita aos sócios da Associação Brasileira de Imprensa, dirigido por Amador Cisneiros, o *Arabi*, Ano I, nº 1, 23-2-1949.
26. *Diário íntimo*, p. 192.
27. *Diário íntimo*, p. 193. No Arquivo do Ministério da Guerra, encontram-se dois atestados médicos, referentes a esse período. O primeiro, de Aristides Caire, aconselha ao doente repouso de um mês, de 1º a 31 de agosto de 1917. O outro, de Manuel Ribeiro Rodrigues da Fonseca, informa que Lima Barreto está com nefrite.

28. *Bagatelas*, pp. 161-162.
29 "No ajuste de contas", artigo de Lima Barreto. *A.B.C.*, Rio de Janeiro, 11-5-1918. *Bagatelas*, pp. 86-95.
30. "Vera Zassúlitch", artigo de Lima Barreto. *Brás Cubas*, Rio de Janeiro, 25-7-1918. "Não posso negar – escreve neste artigo – a grande simpatia que me merece um tal movimento; não posso esconder o desejo que tenho de ver um semelhante aqui, de modo a acabar com essa chusma de tiranos burgueses, acocorados covardemente por detrás da Lei, para nos matarem de fome, elevando artificialmente o preço dos gêneros e artigos de primeira necessidade, como: o açúcar, a carne, o feijão, o arroz, o café, o sal, o pano, à custa de estancos, de *trusts*, de *corners*, de 'alívios', tráficos de homens e outras inacreditáveis espécies de assaltos à economia de toda uma população miserável, que já não tem por si nem os ministros do Evangelho, pois os padres, freiras e irmãs de caridade, todo o clero enfim, está amarrado à cauda de semelhantes opressores e os apoia de todas as formas." *Bagatelas*, p. 70.
31. O pedido de aposentadoria foi apresentado a 29-7-1918, "julgando-se a requerente inválido para o serviço público e contando mais de dez anos de serviço público, na forma da Constituição e das leis". Arquivo do Ministério da Guerra.
32. "Da minha cela", artigo de Lima Barreto. *A.B.C.*, Rio de Janeiro, 30-11-1918. *Bagatelas*, pp. 96-105.
33. *Diário íntimo*, p. 202.

3

GONZAGA DE SÁ

> *"... o Acaso, mais do que outro qualquer Deus, é capaz de perturbar imprevistamente os mais sábios planos que tenhamos traçado e zombar da nossa ciência e da nossa vontade. E o Acaso não tem predileções..."*
>
> GONZAGA DE SÁ, p. 46

DURANTE DOIS MESES, Lima Barreto ficou em tratamento no Hospital Central do Exército. De novembro de 1918 a janeiro de 1919. Nesse período, acontecem pelo menos duas coisas importantes na vida do escritor: o contrato com Monteiro Lobato para a publicação do *Vida e morte de M. J. Gonzaga de Sá* e o decreto do presidente da República, aposentando-o da Secretaria da Guerra, isto é, a carta de libertação da "galé burocrática", onde, bem ou mal servira 14 anos, três meses e doze dias, tempo líquido de serviço público.[1]

Internara-se no Hospital com a clavícula quebrada, numa crise de alucinação alcoólica. Ali fora recolhido pela mão dos colegas da repartição, de onde havia desaparecido, fazia mais de um mês, para se entregar por inteiro à bebida. Por fim, desaparecera da própria casa, entrando a vagar pelos subúrbios. Antônio Noronha Santos – sempre o fiel Santos –, que saíra a procurá-lo, a pedido da família, encontrou o escritor junto à plataforma da estação de Todos os Santos, completamente desvairado. Sentado, ao pé de uma sarjeta, atirava níqueis no cano do esgoto.

– Que é isso, Barreto? – perguntou-lhe o amigo. E ele, sem tirar os olhos do que estava fazendo, respondeu:

– É para os diabos. Para os diabos.[2]

Uma semana depois, do seu quarto de enfermo, no Hospital Central do Exército, remeteria os originais do *Gonzaga de Sá* a Monteiro Lobato, que não tardou em responder ao romancista:

> *"São Paulo, 15 de novembro de 1918.*
>
> *Prezadíssimo confrade e amigo.*
>
> *Recebi a sua carta de 9 do corrente e com ela os originais, que não li, nem é preciso, visto como estão assinados por Lima Barreto.*
>
> A Revista do Brasil *tem muito gosto em editar essa obra e o faz nas seguintes condições: como é pequena, podendo dar um volume aí de 150 pgs. mais ou menos, convém fazer uma edição de 3.000 exemplares em papel de jornal que permita vender-se o livro a 2$000 ou no máximo 2$500; neste caso, proponho 50% dos lucros líquidos ao autor, pagáveis à medida que se forem realizando.*
>
> *Podemos fazer mais outra proposta: a* Revista *explorará a primeira edição tirada nas condições acima, mediante o pagamento de 800$000 no ato da entrega dos originais; ou de 1:000$000 em duas prestações – uma de 500$000 pela entrega dos originais e a outra três meses depois de saído o livro.*
>
> *Se lhe servem estas condições, poderemos firmar contrato imediatamente.*
>
> *Sem mais, disponha do amigo com probabilidades de se tornar também editor (a.) J. B. Monteiro Lobato."*[3]

Era a primeira vez que Lima Barreto recebia uma proposta dessas. Até então, nenhum editor o havia procurado, com semelhante oferecimento. Todos os seus romances tinham sido publicados por sua própria iniciativa, pedindo, oferecendo, ou pagando ele mesmo a edição. Ainda há pouco, vendera os direitos autorais definitivos, "para todo o sempre", de um livro, *Os Bruzundangas*, por 70 mil-réis.[4] Quanto recebera pela publicação em folhetins de *Numa e a ninfa*? Uma miséria, e assim mesmo aos bocados.[5]

O gesto de Monteiro Lobato era, porém, mais de escritor que de comerciante. De colega para colega. Os dois escritores não se conheciam pessoalmente. Ao assumir a direção da *Revista do Brasil*, ao mesmo tempo em que iniciava a sua aventura de editor, o escritor paulista pedira a Lima Barreto, em setembro, que enviasse colaboração. A *Revista* precisava de "gente interessante", que escrevesse "sem nenhuma dessas preocupaçõezinhas de *toilette* gramatical que inutiliza metade de nossos autores". A *Revista*, dizia o autor de *Urupês*, é um "ninho de medalhões e perobas", e o público estava a pedir "contos, romances, o diabo, mas à moda do *Policarpo Quaresma*, da *Bruzundanga* etc.", e terminava por advertir: "A confraria é pobre, mas paga."[6]

No Hospital, Lima Barreto não interrompeu a sua atividade jornalística. E continuou a escrever no *A.B.C.*, logo que se livrou do aparelho de gesso. Seria incapaz de ficar em silêncio, diante do que se passava lá fora, além dos muros da sua enfermaria. A 18 de novembro, a União dos Trabalhadores havia declarado a greve geral. Os anarquistas estavam à frente do movimento. A imprensa tomara posição contra os grevistas, e apoiava as violências da polícia, apresentando os mentores da rebelião como malta de estrangeiros sem escrúpulos, exploradores do proletariado brasileiro. Nos artigos de solidariedade aos grevistas, que escreveu no hospital, não usa panos quentes. A linguagem é a mesma de sempre. Direta e vigorosa.

... "o Senhor Aurelino... – diz ele, dirigindo-se ao chefe de Polícia – deu agora para Fouché caviloso, para Pina Manique ultramontano do Estado, para Trépoff, para inquisidor do candomblé republicano, não hesitando em cercear a liberdade de pensamento e o direito de reunião." E, no mesmo artigo, publicado no *A.B.C.*, duas semanas depois da greve geral, adverte: "A teimosia dos burgueses só fará adiar a convulsão que será então pior; e eles se lembrem, quando mandam cavilosamente atribuir propósitos iníquos aos seus inimigos, pelos jornais responsáveis; lembrem-se que, se dominam até hoje a sociedade, é à custa de muito sangue da nobreza que escorreu da guilhotina, em 93, na raça da Greve, em Paris. Atirem a primeira pedra..."[7]

Dir-se-ia que estava disposto à ação direta. À agitação das portas das fábricas. À discussão nas assembleias dos sindicatos. E até mesmo aos conciliábulos secretos, em que os maximalistas brasileiros, animados com a vitória da Revolução Russa, traçavam planos mirabolantes para a tomada do poder.

O motim de 18 de novembro fora desfechado com esse objetivo, muito embora se soubesse de antemão que era, se não impossível, muito difícil alcançá-lo. Entre os chefes do movimento estava Astrojildo Pereira, que dirigia *O Debate*, o panfleto para o qual Lima Barreto escreveu toda uma série de artigos, atacando a plutocracia e os exploradores da guerra, dizendo mesmo que era chegada a hora de o povo "se libertar de uma minoria opressora, ávida e cínica". E, para isso, só havia um remédio: empregar a violência.[8]

Pregava a revolução com coragem, com desassombro. Mas não passaria disso. Sua definição puramente intelectual não se complementaria na atividade propriamente revolucionária, como acontecia por exemplo com um Astrojildo Pereira ou mesmo com um Domingos Ribeiro Filho, seu colega na Secretaria da Guerra. Esses, sim, eram da ação direta. Ele, não. Limitar-se-ia a dizer muito claramente o que pensava. E nada mais. Ao artigo, que publicou no *A.B.C.*, logo depois de deixar o Hospital Central do Exército, chamaria "desabafo pessoal".

O depoimento é curioso. Trata-se de uma verdadeira explicação das suas atitudes anteriores à aposentadoria, dirigida aos que o tomavam como maluco, em face do seu comportamento na sociedade, quer como escritor, quer como funcionário público. Nesse artigo, ele confessa:

"Esperava desde muito estes dias de completa liberdade, de independência quase total, para poder dizer da minha pobreza a franca verdade aos poderosos e ricos que, assim se fizeram por toda a sorte de maneiras, honestas e desonestas. Hei de dizer-lhes aos poucos...

"Durante os quinze para os dezesseis anos em que guardei as conveniências da minha situação burocrática, comprimi muito a custo a minha indignação e houve mesmo momentos em que ela, desta ou daquela forma, arrebentou.

"Muitas atitudes minhas, incompreensíveis aos olhos desses fariseus por aí, vinham do angustioso recalque dos ímpetos de minha alma e da obrigação em que estava, de dizer pela metade, aquilo que eu podia dizer totalmente."[9]

Quem assim fala não está preso a doutrinas, nem a partidos. É um individualista cem por cento, como o cético e plácido Gonzaga de Sá, a quem só interessava o indivíduo em si, e não a coletividade. "Os indivíduos me enternecem; isto é, o ente isolado a sofrer; e é só! Essas criações abstratas, classes, povos, raças, não me tocam..."[10]

Neste ponto, pelo menos, o panfletário se identifica com a personagem.

É evidente que se as coisas tivessem corrido doutro modo, estaria, agora, em condições de gozar tranquilamente a sua aposentadoria, vivendo lá mesmo, na modesta casa de subúrbio, a "Vila Quilombo", tal como a denominava, num misto de ironia e carinho, e que ficava no alto da Rua Major Mascarenhas, em Todos os Santos, "na extremidade de uma pequena eminência sobre a velha Estrada Real de Santa Cruz", de onde divisava pela frente a serra dos Órgãos e, aos fundos, "por cima do casario suburbano", as montanhas do Andaraí.[11]

Gostaria de viver em paz, escrevendo os seus livros, pois, na verdade, apenas havia iniciado a sua carreira literária. Caminhava agora para a maturidade. Tinha projetos novos, diferentes. Poderia completar a sua obra.

Quem sabe pensaria todas essas coisas, ao subir a ladeira, de volta a casa, por entre as cantigas de roda da meninada da vizinhança, naquela mesma noite de abril de 1919, em que escreveu um artigo, publicado depois em jornal, e que mais parece, pelas confissões que contém, uma página de memórias.

A presença das crianças levou-o, por um instante, para um outro mundo – que era afinal o seu, talvez a Kamtchatka entrevista na primeira mocidade, longe de toda preocupação que não fosse a literatura, liberto da rotina de todo o dia, sem pensar em política, em dinheiro, em nada além do seu sonho de arte.

"Durante as cinco ou seis horas que passei no centro da cidade – diz ele –, tudo o que conversei, tudo o que ouvi, tudo o que percebi nas fisionomias estranhas, foram graves preocupações. Não são já de dinheiro, não é tanto o maximalismo que amedronta os pobretões, não é também a fórmula Rui-Epitácio que abala o povo e faz cansar os lindos lábios das mulheres. Meu pensamento vem pejado de questões importantes, algumas para mim unicamente, e outras para os meus descendentes, que não terei.

"Subo a ladeira e logo dou com uma roda de crianças a cantar:

Ciranda, cirandinha!
Vamos todos cirandar!
Vamos dar a meia-volta,
Volta e meia vamos dar!

"Paro para ouvi-las, paro um pouco, e, continuando a voltear, as meninas e infantes emendam:

O anel que tu me deste
Era vidro e se quebrou;
O amor que tu me tinhas
Era pouco e se acabou!

"Parado ainda, considero aquela dúzia de crianças de várias origens e diversa pigmentação, pondo-me a pensar na importância de tanta coisa fútil que me encheu o dia, para as quais devia ter o transcendente desprezo e a superior despreocupação que aquela meninada tem e manifesta com seu brinquedo pueril e inocente.

"Se faz lua, então eu me lembro de ver o céu, o que raras vezes faço e fiz. Quando andei fingindo que estudava astronomia, nunca quis observar estrelas pela luneta do teodolito. Preferi sempre encarregar-me do cronômetro que repousava no chão."[12]

Afeiçoara-se à vida do subúrbio. Era seu costume, nos períodos de abstinência, sair pela manhã, a dar o seu "passeio filosófico e higiênico pelos arredores",[13] terminando por passar um quarto de hora, ou talvez mais, na venda de "Seu" Ventura, a ler os jornais do dia e a conversar com o caixeiro, a quem doutrinava sobre maximalismo.[14]

O botequim era o seu clube. Ele mesmo o dizia, pronunciando a palavra "escrupulosamente, à inglesa, 'clâbe'".[15]

Em torno do escritor, formava-se quase sempre uma roda de conhecidos, gente simples, que ia conversar com ele simplesmente pelo prazer de conversar ou pedir-lhe conselhos. "... não sei porque – escreveu, certa vez – os humildes e os pobres têm-me na conta de pessoa importante, poderosa, capaz de arranjar empregos e solver dificuldades."[16] Todos o estimavam. Tratavam-no com simpatia e respeito. E a prova disso está no grande número de pessoas que o procuravam para padrinho dos filhos.

Em artigos de jornal, quando não no *Diário íntimo*, Lima Barreto faz mais de uma referência a esses amigos humildes – "Seu" Chiquinho, D. Minerva e tantos outros – que lhe forneciam notas ou indicações nas suas pesquisas sobre folclore,[17] ou apenas despertavam nele alguma recordação amável, como O Velho "Chambá", antigo servente da Escola Politécnica, no seu tempo de estudante, de quem foi amigo o resto da vida, e que, ao morrer, deixou ao escritor os poucos livros que possuía.[18]

Aquela gente simples, é claro, aceitava o romancista tal como ele era. Diante dos seus desregramentos, teriam, com certeza, a mesma reação dos ingênuos personagens de *Clara dos Anjos*, ao verem passar Leonardo Flores, o poeta-boêmio, cambaleante e sujo, pelas ruas, quando não o encontravam estendido à beira das calçadas, na última degradação da bebedeira. "O povo sabia vagamente que ele tinha celebridade. Chamava-o – o poeta. No começo, caçoava com ele, mas ao saber da sua reputação, deram em cercá-lo de uma piedosa curiosidade.

"– Um homem desses acabar assim – que castigo! dizia um.

"– É 'cosa' feita! Foi inveja da 'inteligença' dele! – dizia uma preta velha – Gentes da nossa 'cô' não pode 'tê inteligença'! Chega logo os 'marvado' e lá vai reza e 'fêtiço', 'pa perdê' o homem, rematava a preta velha."[19]

Mas Lima Barreto jamais teria a paz desejada, mesmo depois de aposentado. Era inútil fugir à realidade da vida. Ao fim da ladeira em que morava, encontraria sempre o espetáculo imutável, a que se acostumara desde a adolescência: o pai demente.

Naquele mesmo artigo, em que se despede da Secretaria da Guerra, num "desabafo pessoal" não se lembra de omitir o anátema que o persegue:

"Não fora a grave dor doméstica que me ensombra a existência, eu me daria por verdadeiramente feliz e suficientemente experimentado. Tendo passado por diversos meios os mais desencontrados possíveis, eu me julgo conhecedor bastante das coisas deste mundo, para, com os elementos da vida comum, organizar uma outra de meus sonhos, com a qual minore, só no criá-la, a mágoa eterna e inapagável que haja talvez em mim e me turve as alegrias íntimas."[20]

É sob esse estado de espírito que, ao deixar o Hospital Central do Exército, Lima Barreto acompanha a impressão do *Vida e morte de M. J. Gonzaga de Sá*.

Escrito na mesma época do *Recordações do escrivão Isaías Caminha*, não se sabe se pouco antes ou pouco depois, o pequeno romance sofrera pelo menos duas revisões: em começos de 1918, data do prefácio, e no fim do mesmo ano, quando o autor, ainda no Hospital, teve à mão a cópia dos originais, mandada datilografar pelo editor.[21]

Fossem poucas ou muitas tais emendas, o certo é que acabou por considerá-lo, de todos os seus livros, o único começado e acabado, quer dizer, a sua obra mais perfeita.[22]

Semelhante juízo, ainda que verdadeiro, bem pode refletir apenas a euforia do escritor, no momento em que, mais uma vez, afirmava a sua personalidade – o lado positivo da sua personalidade – perante a sociedade, da qual se sentia um proscrito.

Era, afinal de contas, um homem que obtivera alta do Hospital Central do Exército, com a notificação de que ali fora, para tratar-se de uma doença aviltante: "alcoolismo crônico".[23]

O *Gonzaga de Sá* significaria assim um objeto de compensação a esse sentimento. E não é só. Ao contrário dos demais, uma série de circunstâncias favoráveis cercaria o aparecimento do livro. Tudo correra, desde o convite de Monteiro Lobato, de um modo surpreendente. Da entrega dos originais ao volume exposto à venda nas livrarias não tardariam mais do que dois meses e meio. E o escritor – fato inédito na sua vida – era bem pago por um trabalho intelectual, recebido, além do mais, por entre aplausos de velhos e novos expoentes da crítica, como João Ribeiro e Tristão de Ataíde.[24]

Como se tudo isso não bastasse, Lima Barreto chegaria mesmo a exigir do mundo burguês uma verdadeira reparação, candidatando-se na vaga de

Emílio de Meneses à Academia Brasileira de Letras. O poeta boêmio, que conhecera desde os primeiros anos da mocidade, fora, como ele, um homem condenado pelos literatos bem pensantes, num país onde a literatura não passava de "uma continuação do exame de português".

A eleição de Emílio de Meneses constituíra uma surpresa. Tivera mesmo a sua ponta de escândalo. E Lima Barreto, ao inscrever-se no prélio acadêmico, pensou em repetir a aventura, movido com certeza por aquele mesmo "desejo de escandalizar", isto é, a necessidade de se afirmar no meio social, que o fizera estrear nas letras com o *Isaías Caminha*, e não com o *Gonzaga de Sá*.[25]

A Academia, porém, não lhe quis abrir as portas. Os concorrentes eram fortíssimos, Humberto de Campos e Eduardo Ramos, ambos prestigiados dentro e fora das paredes da imortalidade. A vaga continuou aberta. O romancista conseguira somente dois sufrágios, no primeiro escrutínio. E nos três restantes, apenas um.

Este voto constante é atribuído a João Ribeiro, o mestre cético e irônico, que ainda na véspera havia escrito um artigo cheio de respeito e admiração sobre o *Gonzaga de Sá*, colocando o seu autor entre os "poucos, pouquíssimos que poderiam disputar-lhe [à Academia] essa consagração".

Apesar das restrições à vida boêmia do escritor, em contraste com o ambiente do cenáculo, que "não é nem pode ser o País da Boêmia", apesar de tudo, conclui o crítico no seu artigo, tido por alguns como um voto a descoberto: "Lima Barreto entraria pela porta principal e talvez pela minha mão se fosse ela firme, e eu pudesse estender-lha."[26]

Explicando a sua candidatura à Academia (ele fazia sempre questão de explicar as suas atitudes), Lima Barreto escreve a Monteiro Lobato:

"Nunca fui sinceramente candidato. A primeira vez que o fui, não sinceramente – é bem de ver – foi quando o Hélio [Lobo] se apresentou. Só para lhe fazer mal, porque eu o atrapalhava e me vingava das desfeitas que me fizera, tendo-me tratado antes, a modos de pessoa poderosa. A carta que enviei, embora registrada, desapareceu e Hélio, apesar do Gustavo Barroso, foi eleito maciamente. Sei bem que não dou para a Academia e a reputação da minha vida urbana não se coaduna com a sua respeitabilidade. De *motu-proprio*, até, eu deixei de frequentar casas de mais ou menos cerimônia – como é que eu podia pretender a Academia? Decerto, não."[27]

Mais de uma vez atacou rudemente a Academia. Tinha, porém, respeito à instituição. Lamentava antes o desvirtuamento da sua finalidade, transformando-se – dizia o polemista numa expressão pitoresca – numa das "escoras sabichonas" de médicos, políticos e militares que pouco ou quase nada tinham a ver com a literatura.

"A Academia Brasileira começou com escritores, tendo estes por patronos também escritores; e vai morrendo suavemente em cenáculo de diplomatas *chics*, de potentados do 'silêncio é ouro', de médicos afreguesados e juízes *tout à fait*."[28]

Sabia muito bem que jamais seria eleito. Daí o sarcasmo com que comentava, nos cafés, as consagrações extraliterárias, como por exemplo a de um Dantas Barreto, que conquistara a palma acadêmica pelos seus bordados de general.

"Esse – teria dito Lima Barreto – não levou um livro sob o braço; penetrou, em triunfo, com uma espada atravessada nos dentes!"[29]

De qualquer forma, não se pode deixar de reconhecer que Lima Barreto respeitava a Academia. Desejava, em suma, conquistar a glória literária, ainda que fosse através de um diploma. O que fora na juventude um sonho intensamente vivido se transforma, agora, na necessidade de uma reparação a um escritor, fiel à sua vocação, que construíra a sua obra à custa de tantos sacrifícios, e que, ao fim de tudo, se sentia espoliado do prestígio, do reconhecimento, da glória, pois a vida só sabia premiar aos medíocres e aos espertos.

Se não se abre por inteiro na carta a Monteiro Lobato, fa-lo-á mais tarde, num artigo, em que rebate, com violência, os silêncios ou as restrições da imprensa em torno da sua candidatura, em 1921, na última arremetida que fez para ingressar na Academia.

"Se não disponho do *Correio da Manhã* ou do *O Jornal* – diz ele, sempre se explicando – para me estamparem o nome e o retrato, sou alguma coisa nas letras brasileiras e ocultarem o meu nome ou o desmerecerem, é uma injustiça contra a qual eu me levanto com todas as armas ao meu alcance.

"Eu sou escritor e, seja grande ou pequeno, tenho direito a pleitear as recompensas que o Brasil dá aos que se distinguem na sua literatura.

"Apesar de não ser menino, não estou disposto a sofrer injúrias nem a me deixar aniquilar pelas gritarias dos jornais.

"Eu não temo abaixo-assinados em matéria de letras."[30]

Estava escrito que a Academia não lhe reconheceria o valor. Um ano antes, batera sem resultado às suas portas, para concorrer com o *Gonzaga de Sá* a um prêmio, destinado ao melhor livro publicado durante o ano. Novo fracasso. O romance, que tanto prezava como obra literária, não conseguiria mais do que uma simples menção honrosa.[31] E assim não tivera jamais a reparação desejada.

O episódio faz lembrar aquela fantasia, encaixada no primeiro capítulo do próprio *Gonzaga de Sá*, que conta a história do inventor e da aeronave. Do homem que construíra o seu aparelho de voar, com todas as minúcias da técnica, e quando ficou pronto, perfeito e admirável, à hora de fazer funcionar o motor, "a máquina não subiu..."[32]

Por culpa do Acaso ou ironia do Destino...

NOTAS

1. V. o processo da aposentadoria, no Arquivo do Ministério da Fazenda.
2. Depoimento de Antônio Noronha Santos. Foram Domingos Ribeiro Filho e Mário Galvão, colegas de Lima Barreto na Secretaria da Guerra, que o recolheram, em seguida, ao Hospital Central do Exército.
3. Col. Lima Barreto. Seção de Manuscritos da Biblioteca Nacional: V. *Correspondência*, II, p. 50.
4. O recibo de Lima Barreto ao editor Jacinto Ribeiro dos Santos, existente no arquivo da Editora A Noite, foi registrado em cartório a 7-11-1922, seis dias após a morte do romancista, conforme documento em poder do Sr. Carlindo de Lima Barreto.
5. *Diário íntimo*, p. 182.
6. Carta de Monteiro Lobato a Lima Barreto, de 2-9-1918, pertencente ao arquivo do autor. Está assim redigida:

   "São Paulo, 2. set. 918.

   Prezadíssimo Lima Barreto.

   A *Revista do Brasil* deseja ardentemente vê-lo entre os seus colaboradores. Ninho de medalhões e perobas, ela clama por gente interessante, que dê coisas que caiam no goto do público. E Lima Barreto, mais do que nenhum outro, possui o segredo de bem ver e melhor dizer, sem nenhuma dessas preocupaçõezinhas de *toilette* gramatical que inutiliza metade dos nossos autores. Queremos contos, romances, o diabo, mas à moda do *Policarpo Quaresma*, da *Bruzundanga* etc. A confraria é pobre, mas paga, por isso não há razão para Lima Barreto deixar de acudir ao nosso apelo.

Aguardamos, pois, ansiosos a resposta, uma resposta favorável.

Do confrade (a.) Monteiro Lobato.

P. S. – Pelo amor de Deus leia e rasgue isto."

Esta carta, que é inédita, não consta no trabalho de Edgar Cavalheiro, "A correspondência entre Monteiro Lobato e Lima Barreto", publicado na *Folha da Manhã*, de São Paulo, nos dias 14, 21 e 28 de setembro de 1947, mas foi incluída no volume com o mesmo título, editado posteriormente à 1.ª edição deste livro (Rio de Janeiro, Ministério da Educação e Cultura, "Os Cadernos de Cultura", nº 76, 1955). V. *Correspondência*, II, p. 49.

7. "Da minha cela", artigo de Lima Barreto. *A.B.C.*, Rio de Janeiro, 30-11-1918. V. *Bagatelas*, pp. 96-105.
8. "Sobre a carestia", artigo de Lima Barreto. *O Debate*, Rio de Janeiro, 15-9-1917. V. *Marginália*, pp. 191-194.
9. "Quem será, afinal", artigo de Lima Barreto. *A.B.C.*, Rio de Janeiro, 25-1-1919. V. *Bagatelas*, p. 134.
10. *Gonzaga de Sá*, p. 75.
11. "Graças a Deus", artigo de Lima Barreto. *Careta*, Rio de Janeiro, 17-9-1921. V. *Coisas do Reino do Jambon*, pp. 175-177.
12. "Um domingo de Páscoa", artigo de Lima Barreto. *Hoje*. Rio de Janeiro, 1-5-1919. O artigo traz a data de 2-4-1919. *Coisas do Reino do Jambon*, pp. 257-258.
13. "O prefeito e o povo", artigo de Lima Barreto. *Careta*, Rio de Janeiro, 15-1-1921. V. *Marginália*, p. 117.
14. "Aposentado e satisfeito da vida, logo, nas primeiras horas, a minha satisfação é visitálas na minha redondeza... Tem meu amigo, o Senhor Carlos Ventura, um excelente camarada e discípulo – Alípio. Prego-lhe todas as doutrinas subversivas que me vêm à cabeça; e ele me ouve e medita." "Atribulações de um vendeiro", artigo de Lima Barreto. *Careta*, Rio de Janeiro, 27-9-1919. E também: "15 de novembro", artigo de Lima Barreto. *Careta*, Rio de Janeiro, 26-11-1921. Os artigos estão, respectivamente, em *Vida urbana*, pp. 181-182, e *Marginália*, pp. 35-36.
15. Agrippino Grieco. *Vivos e mortos*, p. 84. A passagem desse livro vem como prefácio de *Marginália*, pp. 9-17.
16. *Marginália*, p. 90.
17. D. Minerva Correia da Costa, citada em duas crônicas da série: "As mágoas e os sonhos do povo", publicadas na revista *Hoje*, Rio de Janeiro, a 16-4-1919 e 8-5-1919. A série está no volume *Coisas do Reino do Jambon*, pp. 239 e segs., os artigos estão a pp. 252-256 e 262-265. "Seu" Chiquinho aparece, numa referência simpática, no artigo: "Velhos 'a pedidos' e velhos anúncios". *Brás Cubas*, Rio de Janeiro, 28-8-1918. V. *Vida urbana*, pp. 150-155.

18. *Bagatelas*, p. 166.
19. *Clara dos Anjos*, p. 94.
20. *Bagatelas*, p. 134.
21. Cartas de Monteiro Lobato a Lima Barreto e de Lima Barreto a Monteiro Lobato, em 4-12-1918 e 18-12-1918. V. *Correspondência*, II, pp. 51-53.
22. "É uma mania de todos me dizerem que eu estou decaindo. No entanto, eu te juro que o *Gonzaga de Sá* foi o único livro que eu comecei e acabei..." Carta de Lima Barreto a Carlos Süssekind de Mendonça. s. d. V. *Correspondência*, II, p. 178.
23. Documento constante do Arquivo do Exército.
24. O livro foi exposto à venda nas livrarias em fins de fevereiro e começos de março de 1919.
25. V. a ata de sessão acadêmica de 24-4-1919. Arquivo da Academia Brasileira de Letras.
26. "Crônica literária", por João Ribeiro. *O Imparcial*, Rio de Janeiro, 21-4-1919.
27. Carta de Lima Barreto a Monteiro Lobato, s.d. Cópia cedida ao autor pelo escritor Edgar Cavalheiro. Em 21-8-1917, o romancista dirigira uma carta a Rui Barbosa, apresentando a sua candidatura à vaga de Sousa Bandeira. Mas Rui Barbosa, que então presidia a Academia, não a levou ao conhecimento dos seus companheiros de cenáculo. Foi nessa ocasião que se elegeu Hélio Lobo, que era então secretário da presidência da República. O original da carta de Lima Barreto consta dos arquivos da Casa de Rui Barbosa. As duas cartas aqui referidas estão em *Correspondência*, II, p. 69, e I, pp. 194-195.
28. "Mais uma", artigo de Lima Barreto. *A.B.C.*, Rio de Janeiro, 31-3-1917. V. *Vida urbana*, p. 118.
29. "Jackson de Figueiredo", conferência de Amando Fontes. *A Ordem*, Rio de Janeiro, vol. XLII, nº 3, março de 1950, p. 150.
30. "A minha candidatura", artigo de Lima Barreto. *Careta*, Rio de Janeiro, 13-8-1921. *Marginália*, p. 44.
31. Coubera o prêmio a Ronald de Carvalho, pela sua *Pequena história da literatura brasileira*. Foi relator do concurso o acadêmico Alberto Faria (o pobre), que se demora, no seu parecer, no exame à obra de Lima Barreto. *Revista da Academia Brasileira de Letras*. Rio de Janeiro, vol. X, Ano XII, nºs 19-20, setembro-dezembro de 1921, pp. 179 e segs. Lima Barreto se candidataria pela terceira e última vez à Academia na vaga de Paulo Barreto, em 1921. Retirou, porém, a candidatura, "por motivos inteiramente particulares e íntimos", em carta que dirigiu à instituição, a 28-9-1921.V. arquivo da Academia Brasileira de Letras. V. *Correspondência*, II, p. 217.
32. *Gonzaga de Sá*, p. 45.

4

BRUZUNDANGAS

"Pode ser definida a feição geral da sociedade da Bruzundanga com a palavra – medíocre."

OS BRUZUNDANGAS, p. 108

SÓ DEPOIS DA APOSENTADORIA, a partir de 1919, como vimos, é que Lima Barreto intensifica a sua colaboração na imprensa, escrevendo na *Careta*, no *A.B.C.*, em *Hoje*, no *Rio-Jornal*, n'*A Notícia*, n'*O País*, na *Gazeta de Notícias*, pois dessa atividade tira o seu ganha-pão, além dos proventos, por sinal bem modestos, que recebia do Estado. Os artigos lhe são pagos a 50 mil-réis.[1]

Na *Careta*, tem salário fixo, como redator efetivo, assinando crônicas com o seu próprio nome ou com vários pseudônimos: L. B., J. Caminha, Lucas Berredo, João Crispim, Puck, Flick, J., Jamegão, Jonathan.[2]

A colaboração no *A.B.C.*, iniciada em 1916, só a morte vai interromper.[3] Tem um caráter menos profissional que a da *Careta*, e é por isso mesmo mais interessante. São artigos políticos e literários que constituem, na verdade, o que há de melhor no Lima Barreto polemista, a par dos que publicou em outros periódicos da época – "revistas e jornais modestos"[4], nos quais podia escrever com inteira liberdade sobre fatos, homens e coisas do tempo.

Atento a tudo, criticava severamente os costumes brasileiros; políticos e literatos, que se aboletavam nas posições de comando desta nossa República das Bruzundangas.

De tudo, ele tomou conhecimento, e comentou com um jeito muito seu, muito pessoal, de ver as coisas. Era brutal, às vezes. Mas sempre sincero.

Nunca deixou de opinar sobre os acontecimentos mais importantes do seu tempo: a Revolução Russa, a Conferência de Versalhes, a eleição de Epitácio Pessoa, as greves operárias, o feminismo, a visita do Rei Alberto, a candidatura Artur Bernardes, o futebol, a carestia da vida, as festas do Centenário...

É o mesmo maximalista de sempre. Ataca a reunião de Versalhes, que seria, para ele, um "congresso de burgueses... que não chega a nada; que nada resolve; e que se opõe a todas as inovações generosas e largas".[5] E diz, sem rebuços, o que pensa da "pachuchada de Versalhes": "dos regabofes no castelo de Luís XIV, só sairá guerra, mais guerra e sempre guerra..."[6]

Apoia a Medeiros e Albuquerque na sua campanha contra a venda aos Estados Unidos dos navios alemães, apreendidos pelo Brasil, durante a guerra. Protesta quando *A Folha* – o jornal de Medeiros – tem a sua edição apreendida pela polícia, "diante do povo bestializado".

Protesta, ao mesmo tempo, contra a apreensão dos jornais anarquistas do Rio de Janeiro e de São Paulo, *Spartacus* e *A Plebe*.[7] Acusa aos aproveitadores da guerra, que se enriqueceram subitamente à custa da fome do povo, provocando a alta do custo da vida.[8]

Fiel às suas ideias, permanece indiferente na campanha política de 1919. Rui Barbosa, que disputava pela segunda vez a presidência da República, tendo Epitácio como adversário, já não consegue mais entusiasmá-lo, nem mesmo depois da conferência que pronunciou no Teatro Lírico, no início da luta eleitoral, dedicada ao operariado, sobre a questão social.[9]

A mesma indiferença terá em 1922, em face das candidaturas Artur Bernardes e Nilo Peçanha. E justifica a sua atitude: "Seria capaz de deixar-me matar, para implantar aqui o regímen maximalista; mas a favor de Fagundes ou Brederodes não dou um pingo do meu sangue.

"Tenho para mim que se deve experimentar uma 'tábua rasa' no regímen social e político que nos governa; mas mudar só de nomes de governantes nada adianta para a felicidade de todos nós."[10]

No entanto, não há indícios de que esse maximalista rubro tivesse tomado posição na dissidência dos anarquistas brasileiros, em fins de 1921, que redundaria na organização do bloco comunista e consequente fundação do partido em março de 1922.[11]

Como sempre, Lima Barreto ficaria à margem da atividade propriamente política. Não era dos que se atirassem à ação direta, promovendo agitação, fomentando greves, jogando bombas contra os edifícios públicos.

Nada disso. O seu maximalismo não ultrapassaria os limites das crônicas incendiárias ou das conversas de café e de livraria. Chegaria mesmo a aconselhar a todos os revolucionários que, ao contrário da violência, brandissem contra os poderosos as armas da ironia. "Nada de violências, nem barbaridades. Troça e simplesmente troça, para que tudo caia pelo ridículo.

"O ridículo mata e mata sem sangue."[12]

E, usando esse processo, que certamente não contaria com a aprovação nem dos anarquistas, nem dos comunistas, escreveu, no fim da vida, uma crônica cheia de *humour*, propondo o seguinte substitutivo à lei Adolfo Gordo, restringindo a liberdade de imprensa, que então se discutia na Câmara dos Deputados:

> *"Art. 1.º) Todo o artigo deve ser acompanhado com o retrato do autor;*
>
> *Art. 2.º) O autor do artigo deve declarar que sabe ler e escrever e tem os preparatórios de Português, Aritmética, Geografia e estudou para padre;*
>
> *Art. 3.º) O signatário do articulado deve confessar que nunca foi acionista ou coisa que valha da São Paulo Railway;*
>
> *Art. 4.º) Nos artigos, nunca se deve aludir a prorrogações de contratos e outras traquibérnias parlamentares;*
>
> *Art. 5.º) O sujeito que não provar ter tido vultosas transações com companhias de estrada de ferro, não pode escrever nos jornais, nem mesmo nos 'a pedidos'."*[13]

Lima Barreto nem sempre pôde seguir pelo caminho da ironia. Era sincero demais para esconder o que sentia com um sorriso no canto dos lábios. Nas campanhas a que se entregou, muitas vezes o panfletário suplantaria o ironista.

Assim aconteceu, por exemplo, com o futebol, no início da sua ascensão. A vitória do *scratch* brasileiro no Campeonato Sul-Americano, em 1919, fora recebida pela imprensa como uma façanha patriótica. A propaganda do chamado "esporte bretão" era toda feita, com discursos de Coelho Neto, relembrando os jogos olímpicos, no mesmo tom dos oradores que pregavam o serviço militar obrigatório, nas inaugurações das linhas de tiro.

Era, a bem dizer, uma propaganda guerreira.

Nos seus artigos, Lima Barreto citava Spencer, que vira nos espetáculos esportivos uma "regressão à barbaria".[14]

Mais radical que o filósofo inglês, chegou mesmo a afirmar que o culto exagerado da educação física, através do esporte, teria contribuído em parte para o flagelo da guerra de 1914-18.[15]

No Brasil, àquele tempo, o futebol tinha ainda por cima o seu quê de aristocrático. Formava círculos fechados, nos clubes da alta roda. Em suma, era *chic* ser jogador de futebol.

Esse esnobismo fazia aumentar a implicância do escritor. Revoltava-o a atitude de Coelho Neto, prestigiando o esporte, a ponto de discursar na inauguração da piscina do elegante Fluminense Football Club. Aquilo era demais.

"O sr. Neto – escreveu Lima Barreto, indignado – esqueceu-se da dignidade do seu nome, da grandeza de sua missão de homem de letras, para ir discursar em semelhante futilidade.

"Os literatos, os grandes, sempre souberam morrer de fome, mas não rebaixaram a sua arte para simples prazer dos ricos."[16]

Com tal incentivo, o futebol ia ganhando importância. Dentro em pouco, passaria a ser um problema nacional. O presidente da República, apregoou-se na época, chegaria a intervir na organização do time brasileiro que iria, em 1921, disputar um *match* com os argentinos, recomendando que não fossem incluídos nem pretos nem mulatos na delegação.[17]

Já não se limitava o futebol a promover a dissensão entre as classes. Tornava-se, agora, um novo fator de discriminação racial. E não era só isso. No Brasil – queixava-se o escritor – "não há incentivo para as letras; para os esportes há, e demais".[18]

Não seria apenas essa conclusão melancólica que o levaria a pensar na fundação de uma Liga contra o Futebol,[19] mas também o seu horror a tudo que fosse imitação do estrangeiro.

"O futebol – dizia ele – é coisa inglesa ou nos chegou por intermédio dos arrogantes e rubicundos caixeiros dos bancos ingleses, ali, da Rua da

Candelária e arredores, nos quais todos nós teimamos em ver lordes e pares do Reino."[20]

Lima Barreto era jacobino, à sua maneira. Ou, se quiserem, à maneira de Policarpo Quaresma. E reagia contra a preocupação muito nossa de fazer bonito, diante dos outros países, ainda que escondendo as nossas misérias.

Sofríamos, como ainda hoje, de "bovarismo",[21] doença nacional, que teve força para contaminar homens eminentes, como um Rio Branco e um Lauro Müller, praticantes, no Ministério das Relações Exteriores, de uma política que Lima Barreto chamaria com certa razão de "diplomacia decorativa".[22]

Liberto do mal do pensamento, que o havia picado na adolescência, passaria a condenar, na maturidade, a todas as manifestações artificiais, copiadas dos figurinos europeu ou norte-americano, do nosso *après guerre*.

Exemplo típico do antibovarismo da última fase da vida do escritor está na crítica feroz aos primeiros arranha-céus construídos no Rio de Janeiro, logo depois da Primeira Guerra Mundial. Chamavam-nos, então, *sky scrapers*, como que para ninguém ter dúvidas da sua origem norte-americana. Lima Barreto considerava-os um verdadeiro insulto à paisagem carioca.

"Por mera imitação... – escreveu a propósito –, enchemos o Rio de Janeiro de descabelados sobrados insolentes, de cinco e seis andares, com uma base relativamente insignificante, verdadeiras torres, a esmagar os sobradinhos humildes dos tempos do Império, com os seus dous andares acanhados e decentes. Uma cidade como a nossa, semeada de colinas pitorescas, arborizadas ou não, que formam o seu verdadeiro encanto, se se seguirem tais construções, em breve ela perderá os seus horizontes originais e ficará como qualquer outra.

"Condições particulares de sua topografia obrigaram a cidade de Nova Iorque a apelar para esses estafermos de inúmeros pisos; e não se verificando elas na nossa, antes pelo contrário, não tínhamos necessidade de enfear o Rio de Janeiro, com construções que a sua natureza repele."[23]

Com ciúme de nativo, não admitia que tocassem na sua cidade, como não podia pensar na mudança da capital para o interior do País – ideia que tachou "de imitação *yankee*".[24] Também era contra a remodelação do Rio, com a derrubada de árvores, o aterro da baía da Guanabara, o arrasamento dos morros.

"Remodelar o Rio! Mas como?" – perguntava, alarmado. E respondia, ele mesmo, com tristeza: "Arrasando os morros... Mas não será mais o Rio de Janeiro; será toda outra qualquer cidade que não ele."[25]

"Uma coisa que ninguém vê e nota – observa, noutro passo – é a contínua derrubada de árvores velhas, vetustas fruteiras, plantadas há meio século, que a avidez, a ganância e a imbecilidade vão pondo abaixo com uma inconsciência lamentável."[26]

Vivíamos, então, em plena maré dos melhoramentos, iniciados, no começo do século, por Pereira Passos, com a abertura da Avenida Central, e que, depois da guerra, tomaria novo alento, com Paulo de Frontin e Carlos Sampaio. Era ainda bovarismo.

O escritor achava absurdo todo aquele sonho de grandeza num país arruinado. E atacou a "megalomania dos melhoramentos apressados, dos palácios e das avenidas – o que atraiu para as cidades milhares e milhares de trabalhadores rurais".[27]

A Prefeitura do Distrito Federal (ele preferia chamar Rio de Janeiro à sua terra natal) fazia planos mirabolantes. Pensava em construir um *stadium* no Leblon, um hotel de luxo no morro da Viúva, um restaurante *chic* no Pão de Açúcar... numa cidade pobre, sem água, sem higiene, onde começavam a proliferar mais intensamente as "favelas" no alto dos morros e nas praias abandonadas, como únicos refúgios de uma população miserável e desamparada.

"... a nossa administração – dizia Lima Barreto – ainda se guia pela estética urbana dos rajás asiáticos", onde a minoria "tem direito a tudo; e os restantes, no máximo, a vida, e são obrigados a pagar impostos para gáudio daqueles outros".[28]

O escritor tinha lá sua razão. Tudo isso era feito para arrumar a sala de visitas, para recebermos, sem fazer feio, o Rei Alberto e comemorarmos, logo depois, o centenário da independência.

Há ainda outra reação interessante do antibovarismo de Lima Barreto. É a sua oposição ao movimento feminista que surgiu no Brasil como pura macaqueação do sufragismo de Mrs. Pankhurst.

O nosso feminismo dividiu-se logo em diversas sociedades, que se atiravam umas contra as outras, sob o pretexto de defender os direitos da mulher. Havia, pelo menos, quatro grupos rivais. A Liga pela Emancipação da Mulher Brasileira, presidida pela Dra. Berta Lutz, pedia o voto feminino. O Partido Republicano Feminino, de D. Deolinda Daltro, batia-se pelo ensino obrigatório do tupi.[29] A Legião da Mulher Brasileira tinha por presidente de honra a esposa do presidente da República, D. Mary Saião Pessoa. Constituía por assim dizer o feminismo oficial, do qual se desligaria ruidosamente uma jovem poetisa de talento, Cecília Meireles, por não concordar que a associação tivesse objetivos de propaganda religiosa.[30] Existia, por fim, o grupo dirigido por Mme. Crysanthème,[NR12] cuja reivindicação suprema era ver a mulher na Academia de Letras.[31]

Paradoxalmente, Lima Barreto tomaria a defesa da mulher nessa campanha contra o feminismo. Afinal de contas, as nossas Mrs. Pankhurst punham de lado o grande problema – o divórcio – e só pareciam interessadas em competir com os homens nas repartições públicas.

Partindo do pressuposto de que o casamento significava, quase sempre, um equívoco para a mulher, dadas as condições de inferioridade em que vivia na sociedade, o romancista publicou uma série de artigos sobre uxoricídios, mostrando que não havia como justificá-los nos casos de adultério. Só mesmo a situação de semiescrava poderia estabelecer como norma o dever de o marido matar a esposa infiel.

"Toda a campanha – escreveu – para mostrar a iniquidade de semelhante julgamento não será perdida; e não deixo passar vaza que não diga algumas toscas palavras, condenando-o.

"Se a cousa continuar assim, em breve, de lei costumeira, passará a lei escrita e retrogradaremos às usanças selvagens que queimavam e enterravam vivas as adúlteras."[32]

A seu ver, tal preconceito era o quanto bastava para provar o estado de degradação a que chegara a mulher. Atendia-se apenas ao sentimento do homem que "lavava a honra, matando", enquanto que ninguém se preocupava com as razões da mulher, em face dos desajustamentos conjugais. Estes, sim, constituíam o grande problema.

NR12 – Mme. Crysanthème é o pseudônimo de Cecília Moncorvo Bandeira de Mello, autora de *Enervadas* e outros romances que merecem ser reabilitados e uma das responsáveis pelo periódico *Mundo Literário*. A mãe de Crysanthème, a escritora Carmen Dolores, jornalista de *O País* e defensora dos direitos das mulheres, inclusive o divórcio, recebe de Lima Barreto grandes elogios registrados no *Diário íntimo*, pp. 138 a 139.

Para resolvê-los, propunha a adoção do divórcio completo e sumário, podendo "ser requerido por um dos cônjuges e sempre decretado, mesmo que o motivo alegado fosse o amor de um deles por terceiro ou terceira".[33]

Fazendo-se advogado de todas as infelizes, Lima Barreto assim articulou o seu libelo antifeminista:

"Contra um ignóbil e iníquo estado de espírito dessa ordem, que tende a se perpetuar entre nós, aviltando a mulher, rebaixando-a ao estado social da barbaria medieval, de quase escrava, sem vontade, sem direito aos seus sentimentos profundos, e tão profundos são que ela joga no satisfazê-los, a vida; degradando-a à condição de cousa, de animal doméstico, de propriedade nas mãos dos maridos, com direito de vida e morte sobre ela; não lhe respeitando a consciência e a liberdade de amar a quem lhe parece melhor, quando e onde quiser; – contra tão desgraçada situação da nossa mulher casada, edificada com a estupidez burguesa e a superstição religiosa, não se insurgem as borra-botas feministas que há por aí. Elas só tratam de arranjar manhosamente empregos públicos, sem lei hábil que tal permita. É um partido de 'cavação', como qualquer outro masculino."[34]

O anarquista – anote-se a contradição – exigia que se respeitassem as leis burguesas, e foi esse um dos pontos em que se baseou no combate ao "feminismo invasor", insurgindo-se, desde logo, contra a nomeação de uma mulher para amanuense do Ministério das Relações Exteriores, ao tempo da gestão Nilo Peçanha.[35]

Como explicar tamanha agressividade contra o falso feminismo, que constituiria, como o futebol, uma das mais constantes implicâncias do escritor, no crepúsculo da vida?

De fato, fora sempre arredio com as mulheres. Evitou-as na juventude, por um pouco de timidez e muito de amor-próprio, pois temia que elas fossem um empecilho para a sua carreira literária. Sua vida sentimental limitar-se-ia, na verdade, a pequenos episódios sem importância, que nem de leve marcariam a obra do romancista.[36]

Ele próprio havia de reconhecer que a sua experiência, nesse particular, era nula.[37]

Ao contrário dos personagens masculinos, de traços vigorosos, gente viva, de carne e osso, as mulheres que transitam nos seus romances são apenas desenhadas, vagas, imprecisas, faltando-lhes a densidade, por culpa talvez desse desconhecimento da alma feminina.

Não é das mais notáveis a galeria de mulheres na obra de Lima Barreto: Leda, aquela italiana "de largas espáduas de estátua", que fazia ponto na casa da Rosalina, a cafetina que farejou logo no adolescente Isaías Caminha, quando lá apareceu pela primeira vez, "a falta de mulher"; Alcmena, do *Gonzaga de Sá*, alta, fina, "com os seus olhos negros"; Ismênia, a eterna noiva, e Olga, a doce e dedicada afilhada de Policarpo Quaresma. Houve quem visse nesses personagens certos recalques sentimentais do romancista.[38]

Teria havido outros? Pode ser que sim. O certo é que o escritor somente conseguiu dar um toque de verdade nas suas personagens femininas quando focalizou, através delas, a situação de inferioridade da mulher na sociedade brasileira. Assim foi, por exemplo, com Lívia ou com Clara dos Anjos, moças pobres, mestiças ou não, enganadas, torturadas e afinal desprezadas pelos homens da classe rica.

Esse celibatário não era, pois, um adversário intransigente. E só por *blague* poderia dizer: "Mulheres, nem como amigas, nem como inimigas."[39] Seria antes um frustrado em matéria sentimental, como o Gonzaga de Sá, do seu romance, que se lamentaria, cheio de amargura, ao fim da vida:

"Fugi das posições, do amor, do casamento, para viver mais independente... Arrependo-me!... Vênus é uma deusa vingativa."[40]

NOTAS

1. Informação de Paulo Hasslocher, confirmada por Luís Morais.
2. Carlos Drummond de Andrade, nas pesquisas que vem fazendo para um *Dicionário de pseudônimos*, relaciona mais os seguintes: Aquele, Inácio Costa, Ingênuo, J. Hurê, Naquet, Pedro Malasarte, Xim, Horácio Acácio e Tradittore.
3. Em carta a Paulo Hasslocher, datada de 29-1-1919, Lima Barreto declarou que ia suspender a sua colaboração no *A.B.C.*, por ter a revista publicado uma nota que considerava ofensiva à raça negra. O *A.B.C.* divulgou o protesto do romancista, retificando o conceito infeliz, encerrando-se assim o incidente. V. *Correspondência*, II, pp. 143-145.
4. Assim escreveu no prefácio de *Bagatelas*, livro em que reuniu grande parte da sua colaboração política na imprensa.

5. "A Guerra faliu", artigo de Lima Barreto. *Argos*, Rio de Janeiro, 19-4-1919. *Feiras e mafuás*, p. 143.
6. *Bagatelas*, pp. 262 e 263.
7. "O caso da *A Folha*", artigo de Lima Barreto. *A Patuleia*. São Paulo, 14-2-1920. *Feiras e mafuás*, pp. 251-254.
8. *Bagatelas*, pp. 213-217.
9. Esta foi a linha dos anarquistas. Em 15-3-1919, *A Plebe*, de São Paulo, recomendava aos trabalhadores que não votassem em Rui, pois era tão burguês quanto Epitácio Pessoa ou Altino Arantes. Não obstante, será interessante lembrar que Lima Barreto enviara a Rui Barbosa um cartão de felicitações, pela "honrosa eleição do Exmo. Sr. Conselheiro para a Corte Permanente de Justiça Internacional, com a qual se rejubilam todos os brasileiros". O cartão, datado de 27-9-1921, encontra-se no arquivo da Casa de Rui Barbosa. V. *Correspondência*, I, p. 195.
10. "Palavras dum simples", artigo de Lima Barreto. *Hoje*, Rio de Janeiro, 22-7-1922. *Marginália*, p. 59.
11. "Em outubro de 1921, deu-se a ruptura definitiva entre os que continuavam fiéis ao anarquismo e os que passaram a defender a nova doutrina bolchevista. Deu-se o choque por causa do fuzilamento, na Rússia, de vários anarquistas. Os meios revolucionários se agitaram no Rio, ficando a minoria anarquista contra o governo soviético, enquanto que uma maioria, que então se revelou bolchevista, permaneceria solidária com ele." Astrojildo Pereira liderou a facção da maioria – o bloco dos 12 – constituindo em novembro de 1921 o núcleo inicial do comunismo. Em março de 1922, reuniu-se o primeiro Congresso do Partido, em Niterói, que pediu e obteve, logo após, o seu registro legal. V. *História e teoria do partido político no direito constitucional brasileiro*, por Afonso Arinos de Melo Franco, pp. 114-115.
12. "Negócio de maximalismo", artigo de Lima Barreto. *Careta*, Rio de Janeiro, 20-9-1919. *Coisas do Reino do Jambon*, p. 119.
13. "Lei de imprensa", artigo de Lima Barreto. *Careta*, Rio de Janeiro, 5-8-1922. V. *Coisas do Reino do Jambon*, pp. 48-49.
14. *Bagatelas*, pp. 117 e 253.
15. O esporte e Nietzsche seriam os causadores da guerra de 1914. "Nietzsche é bem o filósofo do nosso tempo de burguesia rapinante sem escrúpulos: do nosso tempo de brutalidade, de dureza de coração, do *make money* seja como for, dos banqueiros e industriais que não trepidam em reduzir à miséria milhares de pessoas, a engendrar guerras, para ganhar alguns milhões mais", "Estudos", artigo de Lima Barreto. *Gazeta de Notícias*, Rio de Janeiro, 26-10-1920. V. *Impressões de leitura*, pp. 119-120.
16. "Histrião ou literato?", artigo de Lima Barreto. *Revista Contemporânea*, Rio de Janeiro, 15-2-1919. V. *Impressões de leitura*, p. 191. E também: "As letras na Bruzundanga", artigo de Lima Barreto. *O Parafuso*, São Paulo, 12-3-1919. V. *Os*

Bruzundangas, pp. 175-178. Coelho Neto é chamado aqui de "bobo da corte" do multimilionário Har-al-Nhardo ben Khénly. É evidente que se refere a Arnaldo Guinle em cuja chácara nas Laranjeiras fora construído o Fluminense. Segundo Bastos Tigre, Coelho Neto recusara-se a receber Lima Barreto em sua residência. A grosseria fora no entanto involuntária. Culpa exclusiva de um mal-entendido ou da estupidez da criada. No entanto, o quiproquó nunca se desfez. Não sabemos se o incidente é anterior ou posterior aos terríveis artigos acima citados. O que é certo, porém, é que Coelho Neto, logo após a morte de Lima Barreto, dedicou-lhe um artigo cheio de simpatia e compreensão, reconhecendo no adversário implacável e tenaz "romancista dos maiores que o Brasil tem tido". "A sereia", artigo de Coelho Neto. *Jornal do Brasil*, Rio de Janeiro, 5-11-1922. O incidente havido entre os dois escritores vem descrito por Bastos Tigre na reportagem: "Emílio de Meneses e a boêmia de seu tempo". *Vamos Ler!* Rio de Janeiro, 12-12-1946.

17. "Bendito *football*", artigo de Lima Barreto. *Gazeta de Notícias*, Rio de Janeiro, 1-10-1921. *Feiras e mafuás*, pp. 93-97.
18. "As glórias do Brasil", artigo de Lima Barreto. *Careta*, Rio de Janeiro, 7-1-1922. *Feiras e mafuás*, pp. 270-272.
19. A primeira notícia sobre a Liga apareceu nos jornais a 13-3-1919. Segundo a nota do *Jornal do Brasil*, nesse dia publicada, eram seus fundadores "os Srs. Drs. Mário de Miranda Valverde, médico e comissário de higiene municipal; Dr. Antônio Noronha Santos, advogado e jornalista; Dr. Coelho Cavalcanti, homem de letras e jornalista; Lima Barreto, homem de letras e funcionário público aposentado; Lício Barbosa, funcionário público". Ao *Rio-Jornal*, ainda a 13-3-1919, Lima Barreto deu uma entrevista, dizendo que um dos objetivos do movimento era combater "uma aristocracia que se baseia nas habilidades dos pés". A campanha do escritor teve a sua repercussão, chegando mesmo a interessar a gente jovem, como o estudante Carlos Süssekind de Mendonça, que publicou um livro, O *esporte está deseducando a mocidade brasileira*, cujo subtítulo era o seguinte: "Carta aberta a Lima Barreto". Rio de Janeiro, Empresa Brasil Editora, 1921.
20. "O meu conselho", artigo de Lima Barreto. *A.B.C.*, Rio de Janeiro, 1-10-1921. *Feiras e mafuás*, p. 170.
21. *Bagatelas*, p. 186.
22. *Bruzundangas*, p. 81. Em numerosos artigos, e mesmo em *Gonzaga de Sá*, Lima Barreto atacou violentamente a política do Itamarati. Volta-se contra Rio Branco, que tinha, a seu ver, honrarias excepcionais que a Inglaterra recusaria aos heróis como Wellington e a França a um estadista da estatura de Guizot. "Se a minha vida mudar de curso e se fizer menos árdua – dizia –, eu tentarei o trabalho, para que os vindouros não tenham uma noção falsa de um grande homem." *Feiras e mafuás*, p. 33. Para *Gonzaga de Sá*, Rio Branco não passava de uma "mediocridade supimpa". *Gonzaga de Sá*, p. 69.

23. *Bagatelas*, pp. 185-186.
24. "A mudança do Senado", artigo de Lima Barreto. *Brás Cubas*, Rio de Janeiro, 26-9-1918. *Feiras e mafuás*, p. 222.
25. "Megalomania", artigo de Lima Barreto. *Careta*, Rio de Janeiro, 28-8-1920. V. *Coisas do Reino do Jambon*, p. 124.
26. "A derrubada", artigo de Lima Barreto. *Correio da Noite*, Rio de Janeiro, 31-12-1914. *Marginália*, p. 87.
27. "Urbanismo e roceirismo", artigo de Lima Barreto. *A.B.C.*, Rio de Janeiro, 10-9-1921. V. *Impressões de leitura*, p. 104.
28. "Leitura de jornais", artigo de Lima Barreto. *Careta*, Rio de Janeiro, 19-3-1921, *Feiras e mafuás*, pp. 103-106.
29. D. Deolinda Daltro fora a iniciadora do feminismo entre nós. E aparece em *Numa e a ninfa*, no papel de D. Florinda Seixas, promovendo passeatas com os seus índios, pp. 219-226.
30. Cecília Meireles retirou-se da sessão inaugural, em sinal de protesto ao discurso do padre João Gualberto, propugnando que a Legião fosse baseada nos princípios da Igreja Católica. Em entrevista, que concedeu ao *Rio-Jornal*, em 13-12-1921, a poetisa se declarou partidária do budismo. Lima Barreto glosou o episódio num artigo no *A.B.C.*, "Legião da Mulher Brasileira", embora sem citar o nome da heroína, em 27-3-1920. *Coisas do Reino do Jambon*, pp. 66-69.
31. "Feminismo e voto feminino", artigo de Lima Barreto. *Careta*, Rio de Janeiro, 7-1-1922. *Feiras e mafuás*, pp. 267-269.
32. *Bagatelas*, pp. 291-292.
33. *Bagatelas*, p. 93.
34. *Bagatelas*, p. 173.
35. "A amanuensa", artigo de Lima Barreto. *A.B.C.*, Rio de Janeiro, 5-10-1918. Nesse mesmo artigo, elogia a atitude de Joaquim Murtinho, quando, no Ministério da Fazenda, indeferiu o requerimento de uma senhora que desejava ser nomeada escriturária do Tesouro. *Coisas do Reino do Jambon*, pp. 51-53.
36. Na correspondência do romancista, encontram-se dois ou três bilhetes, que poderiam ser considerados, com alguma boa vontade, como de "casos amorosos".
37. "O Triunfo", artigo de Lima Barreto. *A.B.C.*, Rio de Janeiro, 28-9-1918. V. *Impressões de leitura*, p. 127.
38. É o que sugere Elói Pontes no prefácio à segunda edição (dita terceira) de *Triste fim de Policarpo Quaresma*. São Paulo, O livro de bolso, 1943.
39. *Feiras e mafuás*, p. 265.
40. *Gonzaga de Sá*, p. 150.

SEXTA PARTE

DECLÍNIO

1

CEMITÉRIO DOS VIVOS

"... essa história de loucura, como muitas outras, é simplesmente questão de sentido da contagem; para a esquerda do O, é negativo; para a direita, é positivo. Mais nada."

BAGATELAS, p. 73

EM FINS DE 1919, repetir-se-ia o mesmo trágico episódio de 1914. Pela segunda vez, Lima Barreto seria conduzido num carro-forte da polícia para o Hospício, durante uma nova crise de loucura. Passara toda uma noite, precisamente a noite de Natal, errando pelos subúrbios, em pleno delírio.

O próprio romancista é quem descreve a crise que o fez andar ruas e caminhos, cruzando aqui e ali o leito da estrada de ferro, na doída excursão noturna. Saíra sem dinheiro, à procura de uma delegacia, que jamais encontrou, para queixar-se "das coisas mais fantásticas dessa vida, vendo as coisas mais fantásticas que se possa imaginar".

"No começo – continua a impressionante narrativa –, eu gritava, gesticulava, insultava, descompunha... Só a minha agitação, uma frase ou outra desconexa, um gesto sem explicação denunciavam que eu não estava na minha razão."[1]

Com a roupa suja e rasgada, sapatos imundos, amanhecera por fim na porta da venda de "Seu" Ventura, onde já o aguardava o irmão, Carlindo, que tentou em vão levá-lo de volta para casa. O escritor exaspera-se. Todos o perseguem. Só vê inimigos diante de si. Só o cercam pessoas que dele exigem coisas absurdas. E, apontando para a rua, deblatera contra figuras inexistentes, subitamente criadas na sua imaginação doentia.

"– Vejam! Ali fora! Aqueles sujeitos estão querendo me forçar a tocar violão, a cantar..."[2]

Delirava como o pai, doente há mais de quinze anos. João Henriques, o velho almoxarife aposentado, tinha também os seus inimigos invisíveis. E, não raro, quando as crises periódicas o atormentavam, gritos lancinantes desciam do alto da ladeira, repercutindo por toda a Rua Major Mascarenhas. Estaria Lima Barreto, como o pai, perdido para sempre? Não. Trinta dias de tratamento bastariam para que lhe dessem alta, permitindo-lhe que retomasse, logo após, a sua atividade de escritor. No Hospício, o alienista que o examinara, na Seção Pinel, anotou as seguintes observações sobre o doente:

"É um indivíduo precocemente envelhecido, de olhar amortecido, fácies de bebedor, regularmente nutrido.

"Perfeitamente orientado no tempo, lugar e meio, confessa desde logo fazer uso, em larga escala, de parati; compreende ser um vício muito prejudicial, porém, apesar de enormes esforços, não consegue deixar a bebida.

"Por este abuso já passou certa vez três meses no Pavilhão, o que, entretanto, nada adiantou, voltando desde a saída a embriagar-se. Informa que as suas perturbações, quando aparecem, são em forma de delírios, sempre consequentes a um abuso mais forte e mais demorado.

"Foi o que sucedeu desta vez, alarmando um seu irmão que julgou conveniente a sua internação, apesar de seus protestos.

"Indivíduo de cultura intelectual, diz-se escritor, tendo já quatro romances editados, e é atual colaborador da *Careta*.

"Fala em seus últimos delírios, reconhecendo perfeitamente o fundo doentio deles e diz-se certo que tal só sucedeu graças às suas perturbações mentais.

"Estes delírios, que são facilmente descritos pelo paciente, são de caráter terrificante, perseguidor etc.

"Geralmente, a amnésia em relação às fases da embriaguez é completa, porém estes últimos delírios, segundo o próprio, passaram-se sem que estivesse em completo etilismo, motivo por que é capaz de descrevê-los.

"Mãe falecida tuberculosa. Pai vivo, aposentado no serviço da administração das Colônias de Assistência a Alienados; há 18 anos não sai de casa, preso de psicastenia ou lipemania, como informa o examinado.

"São notáveis os tremores fibrilares da língua e das extremidades digitais apresentados pelo paciente, bem como abalos e tremores dos músculos da face, mormente quando fala. Palavra algo arrastada e meio enrolada, certas vezes."[3]

O escritor bem sentira a pouca importância que lhe dera o médico, para quem, conforme deixou registrado no *Diário*, os seus "méritos literários nada valiam".[4] Felizmente, poucos dias ficaria na Seção Pinel. Ao fim de uma semana, seria transferido para a Seção Calmeil, cujo alienista, sensível às coisas da arte e da literatura, dispensaria cuidados especiais ao romancista, que entrara no Hospício como indigente, e pela mão da polícia.

O carinho com que ali foi recebido chegou mesmo a surpreendê-lo. É que o alienista era o Dr. Humberto Gotuzzo, grande figura do mundanismo, que simbolizava por assim dizer o tipo fútil "botafogano", com que Lima Barreto ironizava os que hoje chamamos "grã-finos". Fora nomeado muito jovem para o Hospício, e fizera carreira brilhante e rápida. Triunfara facilmente. Era, em suma, a antítese de Lima Barreto.

No entanto, Gotuzzo tratou-o bem. Começou por citar-lhe as obras, puxando pela vaidade. O doente não disse palavra. O médico compreendeu, desde logo, que seria difícil conquistar a simpatia do escritor rebelado, que implicava certamente com o *dandy*. E facilitou-lhe tudo, oferecendo o seu próprio gabinete para que ele escrevesse as suas cartas e o seu diário. Deu-lhe livros e jornais.

Diante de tanta bondade, Lima Barreto foi cedendo aos poucos, sem permitir contudo maiores intimidades. Colocava-o sempre a distância, não prescindindo do tratamento cerimonioso de "doutor".

"Era uma boa alma – escreveu, a propósito de Gotuzzo, no 'Diário do Hospício' –, em que o dandismo era mais uma aquisição que uma manifestação de superficialidade de alma e de inteligência.

"Não me achou muito arruinado e, muito polidamente, deu-me conselhos, para reagir contra o meu vício."[5]

Neste ponto do seu "Diário do Hospício",[NR13] que tantas indicações preciosas fornece sobre o comportamento de Lima Barreto, diante da vida, o romancista confessa a sua luta para dominar o vício, que pouco a pouco o vai aniquilando:

"Oh! meu Deus! Como eu tenho feito o possível para extirpá-lo e, parecendo-me que todas as dificuldades de dinheiro que sofro são devidas a ele, por sofrê-las é que vou à bebida. Parece uma contradição; é, porém, o que se passa em mim. Eu queria um grande choque moral, pois físico já os tenho sofrido, semimorais, como toda a espécie de humilhações também. Se foi o choque moral da loucura progressiva de meu pai, do sentimento de não poder ter a liberdade de realizar o ideal que tinha na vida, que me levou a ela, só um outro bem forte, mas agradável, que abrisse outras perspectivas na vida, talvez me tirasse dessa imunda bebida que, além de me fazer porco, me faz burro." E como um grito que sai do fundo da alma, ele completa: "*Não quero morrer, não; quero outra vida.*"[6]

Quando Lima Barreto passou para a Seção Calmeil, já estava com as perturbações tóxicas muito atenuadas. Não obstante, ainda sofria algumas alucinações visuais. Via bichos, por exemplo. Uma vez aconteceu isso no próprio gabinete de Gotuzzo. À noite, era assaltado por pesadelos em que lhe apareciam não só animais – pulgas, percevejos, baratas subindo na cama –, como figuras monstruosas. Pela manhã, conservava a irritabilidade da noite maldormida. E tinha ideias delirantes, quando se referia a doentes ou enfermeiros que julgava seus desafetos.[7]

Fazia-lhe mal recordar os dias passados na Seção Pinel, onde o obrigaram a varrer o pavilhão e depois o jardim que dava para a frente do edifício.[8]

Na Seção Calmeil, o regime era diferente. E Lima Barreto pôde iniciar o seu "Diário do Hospício", anotando impressões sobre a vida no manicômio,

---

NR13 – A edição do "Diário do Hospício", publicado no volume *O cemitério dos vivos*, deve-se a trabalho de comovente dedicação do biógrafo, que teve que decifrar grande parte do manuscrito. Conhecido por sua letra de difícil leitura, nestas folhas escritas a lápis, em papel reutilizado, em circunstâncias especialmente difíceis, Lima Barreto faz observações fundamentais de forma muitas vezes ininteligíveis. O comovente manuscrito, guardado na Biblioteca Nacional, traz, a lápis, "traduções" do escrito. FAB contou, em várias ocasiões, com a colaboração de Antônio Noronha Filho e outros contemporâneos de Lima Barreto para a compreensão da caligrafia de Lima Barreto.

para um livro que pretendia escrever, logo que deixasse o lúgubre casarão da praia da Saudade, conforme anunciou em entrevista à imprensa.

Para o repórter, que foi ouvi-lo, atraído, já se vê, pelo pitoresco jornalístico, apareceu "vestindo a roupa de zuarte, usada no estabelecimento, os cabelos desgrenhados e os dedos sujos de tinta, sinal evidente de que escrevia no momento em que fora chamado".

Publicada nos últimos dias da sua permanência no hospital, feita com inteligência, essa entrevista nada tem de sensacionalismo barato. É antes documento do maior interesse para o estudo da personalidade do escritor e do seu drama íntimo. O diálogo que o repórter reproduz é simples, natural, verdadeiro.

"– Então, Lima, que é isso?

"– É verdade. Meteram-me aqui para descansar um pouco. E eu aqui estou satisfeito, pronto a voltar ao mundo.

"– Boa, então, esta vidinha?

"– Boa, propriamente, não direi; mas, afinal, a maior, senão a única ventura, consiste na liberdade; o Hospício é uma prisão como outra qualquer, com grades e guardas severos que mal nos permitem chegar à janela. Para mim, porém, tem sido útil a estadia nos domínios do Sr. Juliano Moreira. Tenho coligido observações interessantíssimas para escrever um livro sobre a vida interna dos hospitais de loucos. Leia *O cemitério dos vivos*. Nessas páginas contarei, com fartura de pormenores, as cenas mais jocosas e as mais dolorosas que se passam dentro destas paredes inexpugnáveis. Tenho visto coisas interessantíssimas.

"– Mas, afinal, como vieste parar aqui?

"– Muito simplesmente. Estando um pouco excitado, é natural, por certos abusos, resolveu meu irmão que eu necessitava descanso. E, um belo dia, meteu-me num carro e abalou comigo para cá. Quando verifiquei onde estava, fiquei indignado. Essa indignação pareceu, então, aos homens daqui, acesso furioso de loucura e o seu amigo foi, sem maiores formalidades, trancafiado num 'quarto forte'."[9]

Como se vê, é o próprio Lima Barreto a desfazer a lenda, vulgarizada nos suplementos literários da imprensa, vinte anos após a sua morte, de que era ele quem procurava espontaneamente o Hospício, para repetidas estações de cura, e ali o bondoso diretor, que se chamava Juliano Moreira, lhe oferecia o "melhor quarto", a fim de que pudesse escrever tranquilamente os seus romances.[10]

Ora, Lima Barreto só veio a conhecer Juliano Moreira na segunda vez em que, sempre pela mão da polícia, como um joão-ninguém sem eira nem beira, dera entrada no Hospício. É certo que Juliano tratou-o com simpatia, ouviu-lhe as queixas com paciência, mandando afinal que o transferissem da enfermaria de indigentes para a dos pensionistas.

"Na segunda-feira – conta o romancista no 'Diário do Hospício' –, antes que meu irmão viesse, fui à presença do doutor Juliano Moreira. Tratou-me com grande ternura, paternalmente, não me admoestou, fez-me sentar a seu lado e perguntou-me onde queria ficar. Disse-lhe que na Seção Calmeil. Deu ordens ao Sant'Ana [enfermeiro-chefe] e, em breve, lá estava eu."[11]

É esta – convém frisar – a única referência ao nome de Juliano Moreira que se encontra no "Diário do Hospício". Em *O cemitério dos vivos*, Vicente Mascarenhas é chamado à presença do diretor. No caminho, o guarda pergunta-lhe se o conhece. A resposta afirmativa deixa o enfermeiro intrigado. E o personagem, *alter ego* do romancista, continua:

"Conhecia perfeitamente o diretor e travei conhecimento com ele espontaneamente. Havia em mim uma cega atração para ele e eu me espantava que ele pudesse, sem barulho, mansamente, se fazer até onde estava. Pouco conhecia de sua vida... Todos gabavam muito o seu talento, a sua ilustração; mas – não era bem por isso que eu o amava. Nunca lhe tinha lido um trabalho, só mais tarde me foi dado fazer isso, não tinha nenhuma ilustração no assunto do seu saber para julgar; mas, conquanto sentisse logo um homem superior, eu o amava pela sua exalação de doçura."[12]

O Hospício não foi, nem poderia ter sido, para Lima Barreto, um hotel de estação de águas. Pelo contrário. O escritor guardaria sempre a dolorosa sensação de rebaixamento moral dessas sucessivas internações. À grande amargura, que ensombrava toda a sua vida, desde os primeiros anos da juventude – a doença paterna – juntaria agora mais essa carga de ressentimento.

"Digo com franqueza – escreveu no 'Diário do Hospício' –, cem anos que eu viva, nunca poderá apagar-se da minha memória essas humilhações que sofri." Era com verdadeiro pavor que pensava na possibilidade de uma nova internação: "Estou seguro que não voltarei pela terceira vez; senão saio dele [do Hospício] para o São João Batista, que é próximo."[13]

Não se conformaria jamais com a "estúpida violência policial" de que fora vítima, pois, segundo suas próprias palavras, não era nenhum "indigente" ou "desclassificado", para que a polícia o tomasse como doido e o fizesse recolher ao Hospício, "como se o casarão da praia da Saudade fosse uma prisão doméstica, e como se nós as tivéssemos na nossa legislação".

A polícia teria assim outros objetivos. Queria a desmoralização do anarquista. É esta, pelo menos, a versão autêntica, que nos insinua o escritor, no seguinte trecho do artigo que publicou no *A.B.C.*, protestando contra as suas internações no Hospício:

"A provável intromissão indébita da polícia em cousas de minha vida doméstica, assim considerada pelas leis, e, para a qual, ela não tem competência legal absolutamente, era para mim um foco de desgostos e de ralação. Abusando da inexperiência de minha irmã, nessas cousas de lei, e da simplicidade e também da ignorância dos meus irmãos, não faltava malvado aí que não lhes aconselhasse tal intromissão para a qual também eles, os meus irmãos, eram insuficientes legalmente e para o julgamento do meu estado por não sobrar, em uma, sentimento da atividade que me absorvera, em outros, de desenvolvimento mental e a instrução necessária. Serviam, sem querer, aos que me queriam desacreditar..."[14]

Esse, o estado de espírito do escritor, ao emergir do "cemitério dos vivos" para a tona dos acontecimentos cotidianos. Declarando-se vencido, como que só pensava em antecipar "o doce prazer de abraçar a Morte".[15] Suicidava-se lentamente, pois sabia que o álcool havia de matá-lo aos poucos, bebendo muito, bebendo mais do que nunca, ansioso por apressar o encontro decisivo, que o libertaria das angústias e dos sofrimentos. Chega mesmo a escrever o elogio da morte, numa página em que mais uma vez revela o sentimento da sua própria derrota: "Gosto da Morte porque ela é o aniquilamento de todos nós; gosto da Morte porque ela nos sagra." E, mais adiante, na mesma crônica: "A vida não pode ser uma dor, uma humilhação de contínuos e burocratas idiotas; a vida deve ser uma vitória. Quando, porém, não se pode conseguir isto, a Morte é que deve vir em nosso socorro."[16]

Rapidamente, Lima Barreto se aproximava do fim. Ainda não havia completado 40 anos e já parecia um velho. Um velho triste e desiludido. Assim o retrata Enéias Ferraz, que iniciava, por esse tempo, a sua carreira de escritor:

"A cabeça embranquecera e, na face, raramente havia um sorriso. Como o grande torturado de Jerusalém, ele trazia na máscara essa expressão suprema da alma humana: eu sou triste até a morte..."[17]

Noutro depoimento, correspondente à mesma época, Ribeiro Couto fala da impressionante decadência física a que chegara o romancista:

"Eu, com 20 anos, tendo lido o *Isaías Caminha*, o *Policarpo Quaresma* e o *Gonzaga de Sá*, não podia compreender como aquele grande escritor, de tão puro estilo, tão natural, precisamente o 'antimulato' em matéria de estilo, fosse o mesmo 'Lima' – 'o Lima, não sabe?' – de barba por fazer, chapéu de palhinha encardida, camisa suja e manchada no peito, roupa coçada malcheirosa, com uma morrinha que não se sabia se era de vômitos da véspera ou suor azedo. Como tanta grandeza e tanta pureza podiam viver sob aquela crosta áspera de mulataço vermelho? A vermelhidão do Lima impressionava-me também; eu ficava sem saber se era álcool ou febre. E, ao andar, uma calma perfeita, como para dominar a tendência ao cambaleio."[18]

O boêmio se despedia da vida, abolindo todas as conveniências. Monteiro Lobato, que viera ao Rio, especialmente para conhecê-lo, um ano depois do lançamento do *Vida e morte de M. J. Gonzaga de Sá*, localizara Lima Barreto numa das tascas do centro da cidade, mas em tal estado que não tivera ânimo para se apresentar àquele que considerava o maior de todos os nossos romancistas.[19]

Nos cafés e nas livrarias, antigos colegas da Escola Politécnica, medíocres inteligências, feitos então personagens importantes, evitavam-lhe o contato. Ah! os vitoriosos! Desviavam-se do encontro desagradável com aquele fantasma do passado, em cujo olhar brilharia talvez uma ponta de ironia.

É certo que nem todos o desprezariam. Houve mesmo um amigo doutros tempos que se lembraria do escritor, na hora do seu triste declínio. Ao ser eleito governador do Piauí, contam que João Luís Ferreira, companheiro dos anos da mocidade, a quem é dedicado o *Triste fim de Policarpo Quaresma*, teria convidado a Lima Barreto para ocupar o cargo de diretor da Imprensa Oficial do Estado. Dera uma desculpa. O Piauí era muito longe. Além disso, o convite poderia esconder (quem sabe?) um gesto de piedade. E gestos de piedade, mesmo na desgraça, o escritor havia sempre de repelir.[20]

De qualquer maneira, não seria capaz de morar em outra cidade senão no Rio de Janeiro, ou de deixar o pai velho e doente, que precisava do seu arrimo.

Ainda que se sentisse "como um velho tronco desenraizado num areal",[21] só poderia mesmo viver na "sua" cidade, como Lima Barreto amorosamente chamava ao Rio de Janeiro, aplicando o possessivo com a mesma ênfase com que se intitulava de boca cheia um "carioca da gema".[22]

O escritor se confundia com a cidade natal. E se completavam. Como o memorialista do *Gonzaga de Sá*, ele e o Rio se sentiam uma coisa só: "Saturei-me daquela melancolia tangível, que é o sentimento primordial da minha cidade. Vivo nela e ela vive em mim."[23]

Nos últimos anos da vida, não estaria, pois, disposto a modificar os velhos hábitos de morador dos subúrbios, a suprimir aquela mesma vidinha literária dos cafés, das livrarias e das redações de jornal. Nunca deixou de praticá-la. Ia à cidade todos os dias e ali chegando "corria peripateticamente, as suas capelinhas prediletas, demorava-se um tanto em palestra na Livraria Schettino ou ia a uma redação qualquer levar o seu último escrito. À noitinha, já com o passo pesado, quase de artrítico ou de beribérico, e com as persianas dos olhos ainda mais arriadas, retornava ao seu tugúrio distante. Nessa viagem de volta, punha-se sempre a falar sozinho, dizendo-se, em voz alta, para assombro dos demais passageiros, um grão-duque russo que corria, incógnito, o Brasil. Isso não o impedia, aliás, de proclamar-se, pouco depois, maximalista exaltado, pedindo partilha das terras e a supressão das leis..."[24]

Esse pequeno quadro, descrito por Agrippino Grieco, que bem conhecia o escritor, dá-nos uma visão perfeita de Lima Barreto, na etapa final da sua vida.

De fato, gostava de andar. Não só no centro urbano, vendo o movimento das ruas, perdido em meio à multidão, como em longas caminhadas pelos subúrbios, por todo o Rio de Janeiro. Padecia da mania ambulatória, mesmo no uso da razão, a ponto de surpreender um jovem escritor da província, Luís da Câmara Cascudo, que se dispusera a acompanhá-lo num passeio pela cidade, da Avenida Rio Branco à Gávea, passando por Copacabana, Ipanema e Leblon. Extenuado, o rapaz deixaria o romancista ao fim da maratona. Tinham chegado à Gávea, mas Lima Barreto insistia em continuar andando. É o próprio Cascudo quem o revela: "Aí, com várias explicações, deixei-o. Voltei furioso e molhado (de suor). Lima Barreto continuou, pensando, ruminando, abstraído, insensível à distância. Só se deteve, disse-me depois, na Tijuca."[25]

O andarilho tinha sempre os sapatos imundos, "em que se poderia escrever a carvão, de empoeirados".[26] E, como jamais os engraxava, assim se deixava ficar, por um instante, em determinado ponto estratégico da Rua do Ouvidor, junto à Chapelaria Watson ou à porta da Livraria Garnier, para contemplar o desfile das "melindrosas" e dos "almofadinhas", que era como chamavam à gente *chic* do tempo.

Ele, que se incluía na parte proscrita da população, fazia questão de aparecer sujo e malvestido na Rua do Ouvidor. E ali ficava, com o seu "esbodegado vestuário", que constituía, afinal, a sua elegância e a sua pose,[27] num apuro masoquista, a comparar os seus andrajos com as roupas da última moda.

"Isto acontece principalmente – confessa o romancista – nos dias em que estou sujo e barbado.

"A razão é simples. É que sinto uma grande volúpia em comparar os requintes de aperfeiçoamento da indumentária... com o meu absoluto relaxamento."[28]

Não lhe bastava escrever contra os donos da vida. Na sua decadência física, como que timbrava em personificar um protesto ao vivo à sociedade burguesa.

NOTAS

1. *O cemitério dos vivos*, p. 51. Baseado no relato de Paulo Hasslocher, assim descreve o escritor Henrique Pongetti um desses delírios: "Lima Barreto foi apanhado a correr nu sobre os trilhos do seu subúrbio, durante uma crise alcoólica, repetindo a mesma fuga de Tolstói em Isnaia Poliana durante uma crise moral provocada por brigas em família." V. "Lima Barreto", artigo de Henrique Pongetti. *O Globo*, Rio de Janeiro, 29-9-1948. É curioso notar, a propósito, a descrição que Lima Barreto faz do delírio de um dos seus personagens: "... quando o delírio alcoólico o tornava forte, despia-se todo e gritava heroicamente numa doentia e vaidosa manifestação de personalidade: – Eu sou Leonardo Flores." *Clara dos Anjos*, p. 94.

2. Depoimento de Carlindo Lima Barreto.
3. Livro de Observações nº 64, da Seção Pinel do Hospital Pedro II, pp. 144 e segs. Assinada pelo Dr. José Carneiro Airosa.
4. *O cemitério dos vivos*, p. 37.
5. *O cemitério dos vivos*, pp. 44-45.
6. *O cemitério dos vivos*, p. 45.
7. Depoimento de Humberto Gotuzzo.
8. Entrevista de Lima Barreto ao jornal *A Folha*, Rio de Janeiro, 31-1-1920. Atribuía isso ao fato de ali ter ingressado como indigente. "No Hospício, também predomina o pistolão..."
9. *Idem*, *ibidem*.
10. *Autores e livros*, suplemento literário de *A Manhã*, publicado semanalmente sob a direção de Múcio Leão (da Academia Brasileira de Letras). Rio de Janeiro, Ano III, Vol. IV, nº 13, 18-4-1943. Número especial dedicado a Lima Barreto.
11. *O cemitério dos vivos*, pp. 38-39.
12. *O cemitério dos vivos*, pp. 197-198. Tais referências de um escritor eminentemente memorialista permitiram-me chegar à conclusão de que eram bastante superficiais as relações entre Lima Barreto e Juliano Moreira. Contestou-me Jaime Adour da Câmara em entrevista concedida à imprensa logo após o aparecimento da primeira edição deste livro. Afirmando que devia existir entre ambos pelo menos "excelente camaradagem", citou o fato de ter sido levado à presença do psiquiatra pelo próprio Lima Barreto, em data que não sabe precisar. O encontro foi dos mais cordiais. Juliano recebera o romancista "com um luminoso sorriso". "Terminada a consulta – continua Jaime Adour, que ali fora como cliente-carona tratar de uma gripe –, Juliano Moreira dá ainda alguns momentos de atenção a Lima Barreto e finalmente convido o escritor a sair; este me diz que vai ficar na casa. Por alguns instantes? Não sei, nem indaguei. O certo é que voltei sozinho do Hospício". (V. "Lima Barreto e Jaime Adour". Em *Revista Branca*, Rio de Janeiro, outubro de 1952.) É bom esclarecer que Lima Barreto sempre deu entrada no Hospício, nas duas vezes que lá esteve internado, pela mão da polícia, e só da segunda, repito, conheceu Juliano Moreira. O episódio referido bem que pode ter acontecido, em 1920, já que Jaime Adour da Câmara fixou residência no Rio em fins de 1919.
13. *O cemitério dos vivos*, pp. 67 e 34.
14. *Bagatelas*, p. 137.
15. *Gonzaga de Sá*, p. 37.
16. *Marginália*, p. 42.
17. "A morte do mestre", artigo de Enéias Ferraz. *O País*, Rio de Janeiro, 20-11-1922.
18. Carta de Ribeiro Couto ao autor deste livro. Belgrado, 20-3-1950.
19. O fato foi relatado pelo próprio Lobato a Gastão Cruls, que o transmitiu ao autor.

20. Segundo o Senador Matias Olímpio, João Luís Ferreira fizera o convite, que o escritor não aceitou. Há porém outra versão, segundo a qual o convite teria ficado apenas na intenção, não fora o estado de decadência a que chegara Lima Barreto. Em carta ao romancista, datada de 29-5-1920, Francisco Schettino fala com entusiasmo da possibilidade de irem ambos para o Piauí: "Estive, anteontem, com o doutor João Luís Ferreira; disse-me que qualquer dia destes te procurará. Agora, o que, mais e muito, me obsequiarias, uma vez, era o de falar a teu e a meu respeito, no Piauí. Vamos para lá? Estou nesse firme propósito. Não o estarás tu também? Viagem, clima, aspectos, não darão motivos para um novo romance?" Col. Lima Barreto. Seção de Manuscritos da Biblioteca Nacional. V. *Correspondência*, II, p. 100. Dos amigos fiéis, não deve ser esquecido Félix Pacheco, irmão de João Luís Ferreira. Jornalista influente, senador da República e que seria ministro das Relações Exteriores no governo Artur Bernardes. Lima Barreto tratava-o afetuosamente *Zé Félix*. Não admitia que o atacassem. "Não é do Senhor Félix Pacheco; senador e redator-chefe do *Jornal do Commercio*, de quem falo. É do Félix, protetor dos escritores desprezíveis ou desprezados a quem me refiro e de quem só tenho recebido homenagens", escreveu certa vez, corrigindo um juízo de Agrippino Grieco. "Fetiches e fantoches", artigo de Lima Barreto. *Careta*, Rio de Janeiro, 2-9-1922. V. *Impressões de Leitura*, p. 170. O escritor possuiu também bons amigos entre militares, sendo de destacar os nomes dos Generais Tasso Fragoso e Leitão de Carvalho.
21. *Gonzaga de Sá*, p. 150.
22. "A mudança do Senado", artigo de Lima Barreto. *Brás Cubas*, Rio de Janeiro, 26-9-1918. V. *Feiras e Mafuás*, p. 220.
23. *Gonzaga de Sá*, p. 33. Na terceira edição, como na segunda, há um imperdoável erro de revisão, pois aparece a palavra "mocidade", em lugar de cidade. Está certo, porém, na primeira edição revista pelo autor, p. 23. O texto da Editora Brasiliense é, como cumpria, conforme com a primeira edição, v. p. 40.
24. "Lima Barreto", *Vivos e mortos*, por Agrippino Grieco, p. 85.
25. "Lima Barreto", artigo de Luís da Câmara Cascudo. *Diário de Notícias*, Rio de Janeiro, 16-10-938.
26. "O Lima Barreto que eu conheci", artigo de José Vieira. *Revista do Brasil*, Rio de Janeiro, 3ª fase, Ano VI, nº 56, dezembro de 1943, pp. 43-47.
27. *Bagatelas*, p. 138.
28. "Vestidos modernos", artigo de Lima Barreto. *Careta*, Rio de Janeiro, 22-7-1922. *Marginália*, p. 89.

2

VILA QUILOMBO

"... minha modesta residência, que para enfezar Copacabana denominei Vila Quilombo..."

MARGINÁLIA, p. 61

NOS ÚLTIMOS ANOS, como em toda a vida, Lima Barreto permanecerá fiel à sua vocação de escritor. Ao mesmo tempo em que luta para se libertar do vício que o degrada, agarra-se à literatura como a um resto de naufrágio.

Tudo lhe fora recusado: o canudo doutoral, a ascensão na burocracia, o prêmio da Academia. A lembrança dessas marcas do seu desajustamento social transmitia-lhe a sensação de que falhara para o mundo e para si mesmo. Sob o ponto de vista sentimental, sentia-se também um derrotado. "Nunca amei; nunca tive amor", diria pouco antes de morrer.[1]

Afinal, teria sido a ausência completa do amor a origem da catástrofe que, tendo desabado na juventude, repercutiria numa sucessão de desastres por toda a vida do romancista?

Ele próprio fizera a pergunta, num dos seus constantes solilóquios, por ocasião da segunda temporada no Hospício:

"Essa questão do álcool, que me atinge, pois bebi muito e, como toda a gente, tenho que atribuir as minhas crises de loucura a ele, embora sabendo bem que ele não é o fator principal, acode-me refletir por que razão os médicos não encontram no amor, desde o mais baixo, mais carnal, até a sua forma mais elevada, desdobrando-se num verdadeiro misticismo, numa divinização do objeto amado; por que – pergunto eu – não é fator de loucura também?" E, noutro passo do mesmo depoimento íntimo, renovaria a pergunta, já não mais em tese, mas tratando do seu próprio caso pessoal: "Eu me indago, de mim para mim, se, por acaso, não é o amor que me corrói. Mas vejo bem que não. Passei a idade de tê-lo, fugindo dele, para que ele não me criasse sofrimento e não prejudicasse a minha ambição de glória."[2]

Vivera sem amor. Sem o amor de mãe. Sem o amor de uma mulher, fosse amante ou esposa. Perdera a mãe, quando tinha apenas sete anos. E a sombra dolorosa da morta, impressa na alma do menino hipersensível, jamais se dissiparia pelo resto da existência.

O pai adoecera, no instante em que mais precisava dele, mal saíra o escritor da adolescência. João Henriques bem que poderia ter exercido uma grande influência na carreira do filho, ajudando-o a vencer as resistências do mundo, homem culto e sensível que era, e, portanto, capaz de compreendê-lo. Amarga ironia. Morto em vida, perdido nas trevas da demência, o velho almoxarife só contribuíra para tornar o filho mais desgraçado ainda!

É bem de ver, neste ponto, a disparidade de educação e cultura entre Lima Barreto e seus irmãos, um dos quais guarda-civil e outro, condutor de trens. Restava-lhe apenas a irmã, Evangelina, a única pessoa, naquela família humilde, que poderia dar ao romancista a impressão de que não ficara de todo abandonado e só.

Mas o carinho da irmã – carinho dividido com a devoção filial e as preocupações de enfermeira do pai doente – não bastaria àquela natureza sensível e atormentada, ávida de afeto e de ternura. Necessitava de alguma coisa mais, diferente, que o fizesse esquecer de tudo o que o cercava, transportando-o para um outro mundo que ele mesmo não sabia definir qual fosse.

Um mundo de sonhos, talvez. Daí o desespero em que vivia, a oscilar de um extremo a outro, refocilando-se nas bebedeiras que se encadeavam uma após outra, ou entregando-se por inteiro ao trabalho intelectual, trancado na sala da frente da Vila Quilombo, aquela sala que servia ao mesmo tempo de quarto de dormir e biblioteca.

No álcool, procurava anular-se por completo, ser esquecido, desaparecer. Na literatura, ao inverso, tentava afirmar-se, ser alguém, deixar em suma a marca da sua passagem na terra.

Desde 1917, na presciência da morte que se aproximava – a crônica "Elogio da morte" data do ano seguinte –, deu para organizar os seus papéis, pô-los em ordem, com o propósito de terminar os romances apenas esboçados, selecionar e depois reunir em volumes a colaboração dispersa em revistas e jornais.

O escritor começou por inventariar a biblioteca, com a ideia de posteriormente fazer um catálogo, pois era forte nesse boêmio – não fosse Lima Barreto o homem dos contrastes – o desejo de tudo metodizar. Chegou a relacionar oitocentas obras, com as indicações dos respectivos lugares em que se encontravam distribuídas pelas estantes. Em cima da mesa – lá está indicado – colocou os dicionários e os livros de consulta mais imediata.

A biblioteca era pequena, porém escolhida. Continha a "Limana", como ele carinhosamente a denominou, boa coleção de livros franceses e portugueses, sem esquecer volumes que o romancista guardava por sentimentalismo ou qualquer outro motivo de ordem pessoal. O exemplar de *As grandes invenções*, de Luís Figuier, que obtivera como prêmio de aplicação, nos primeiros anos, na escola primária de D. Teresa Pimentel do Amaral, ou os volumes encadernados do *Fon-Fon*, com a referência: "os três primeiros trimestres do 1° ano, 1907, onde está a minha colaboração"; a malograda revista *Floreal*; a tradução paterna do livrinho de Jules Claye, *Manual do aprendiz compositor*.

A "Limana" reflete, contudo, a própria formação intelectual de Lima Barreto. Ali estão os autores prediletos do escritor, a começar por Balzac e a terminar em Descartes, com o *Discours de la Méthode*, que lera ainda na juventude, na sua fugaz incursão pelos domínios do Apostolado Positivista Brasileiro. Lá também estão: Rousseau, Renan, Spencer, Taine, Brunetière, Guyau, Bouglé, para lembrar tão somente os mais constantemente citados na obra do improvisado bibliotecário, além dos teóricos ou simples vulgarizadores do socialismo ou do anarquismo, como Benoît-Malon, Ha-mon, Malato, Eltzbacher, Kropótkine.

Do grupo dos escritores de ficção, fora Balzac, encontram-se Cervantes, George Eliot, Maupassant, Anatole France, Dostoiévski, Tolstói, Tchékov, Turguêniev (este em maior escala) e o nosso Machado de Assis.

Havia ainda muita obra de crítica, de filosofia, de política. E de permeio números esparsos, quando não anos inteiros, da *Revue des Deux Mondes*, da *Revue Philosophique*, da *Revue de Paris*, revistas clássicas por assim dizer, a par de publicações anarquistas, *La Flamme*, *Na Barricada*, *A Vida*.[3]

Tudo em muita ordem e sem luxo, exatamente como na sala de estudos do venerando Gonzaga de Sá. Com os mesmos quadrinhos e as mesmas reproduções pelas paredes. Os volumes, arrumados nas estantes, à espera da mão amiga que os afagava e dos olhos curiosos que devoravam os segredos de suas páginas... "havia desordem só na grande mesa do centro, em que livros, revistas e papéis se baralhavam familiarmente".[4]

Lima Barreto colecionava artigos em cadernos, na capa dos quais colocava uma etiqueta: *Retalhos de jornal*.[NR14] Deixou numerosos desses cadernos, que atestam assim mais uma preocupação de ordem do boêmio. É que ele herdara essa mania do pai, que lhe transmitira também o gosto pela correspondência, fazendo ponto de honra em dar resposta a todas as cartas que recebia. O escritor chegava ao apuro de conservar toda a correspondência recebida, juntamente com as minutas das respectivas respostas.

Não será difícil concluir-se desse cuidado em guardar tudo o que lhe dissesse respeito do valor que Lima Barreto dava a si próprio. "Que me importa o presente! – falaria pela boca de um dos seus personagens. – No futuro é que está a existência dos verdadeiros homens."[5]

Era ali, pois, entre os seus livros, no isolamento a que se entregava dias seguidos, na sala de frente da Vila Quilombo, que encontrava, na criação literária, a razão de ser da sua vida. E assim poderia compensar-se de todas as humilhações, sublimar todos os sofrimentos. A literatura era sempre uma esperança e, mesmo no fim da vida, anunciava novos contornos no horizonte, que se desdobrariam (quem sabe lá?) somente depois da morte.

NR14 – Estes *Retalhos* contêm, inclusive, recortes de publicações estrangeiras que o escritor assinava. Neles é marcante a preocupação com tudo que era publicado sobre a questão racial.

Vila Quilombo! O nome escolhido não traduz apenas a amarga ironia de um homem desprezado. É antes um nome de guerra. O escritor como que timbrava em transformar a sua casa humilde, no alto de uma rua suburbana, no último reduto de uma resistência desesperada e vã. Ali se recolhia para lutar até o fim com a única arma que sabia manobrar: a inteligência. E trabalhava semanas a fio, sem interrupção, escrevendo contra os donos da vida. Ficava em casa sem sair, "abstêmio, voluntariamente recluso no seu gabinete, qual numa cela fradesca, escrevendo sem cessar, dia e noite, naquela letra hieroglífica que era o desespero de linotipistas e revisores".[6] Eram frequentes esses períodos de clausura doméstica. O artista fazia como o bicho-da-seda. Metia-se no casulo e produzia. Ninguém ousava interrompê-lo, a não ser a irmã, que lhe levava ao quarto o prato de comida.[7]

Nessa arrancada final, parecia dominado pelo pensamento de terminar tudo o que deixara apenas começado. Queria realizar, mais que depressa, todos os seus projetos. Na organização da "Limana", não esqueceria, por isso mesmo, de relacionar os amarrados, contendo manuscritos e originais, a contar de *Clara dos Anjos* – "romance meu, inédito e incompleto, 1904", diz a referência – e outros em que se leem etiquetas com as seguintes indicações: "Originais publicados", "Originais a aproveitar", "Papéis vários", "Originais a organizar"...[8]

Queria deixar tudo pronto, antes que fosse tarde demais, numa ânsia incontida de concluir a obra que mal havia começado, o que de certo modo vem explicar, pela pressa com que trabalhava, os descuidos, as repetições e os desconchavos dos últimos livros.

O certo é que, nos três anos derradeiros, entre 1920 e 1922, o escritor dá por concluídos nada menos de cinco volumes: *Histórias e sonhos*, *Marginália*, *Feiras e mafuás*, *Bagatelas* e *Clara dos Anjos*.[9] Mas não veria nenhum desses livros publicado, com exceção de *Histórias e sonhos*.[10] De *Feiras e mafuás*, chegaria a rever as primeiras provas.[11]

Em 1920, logo depois que deixou o Hospício, na segunda temporada, começa a escrever *O cemitério dos vivos*. Já tem editor aprazado. Contudo, não vai além das notas e rascunhos, retomando mais tarde o trabalho interrompido. Desse romance publica o primeiro capítulo, "As origens", na *Revista Sousa Cruz*, em janeiro de 1921.[12]

Pouca coisa, entretanto, acrescentará ao livro apenas esboçado, o bastante, porém, para que se deixe entrever uma obra de grande envergadura, talvez a sua obra-prima. No *Cemitério dos vivos* houve quem visse, e com acerto, "momentos de poesia, de enternecimento, e até de misticismo".[13]

Até de misticismo, sim. Dentre as contradições que agitaram a alma complexa e vária do mestiço rebelado esta é sem dúvida das mais curiosas. Nunca fora um materialista, no sentido lato da expressão. Se não tinha religião, era possuído de sentimento religioso. A sua devoção a Nossa Senhora da Glória é característica desse estado de espírito. O místico entrava em conflito com o maximalista. Este chegou a lamentar não ter visto entrarem nas janelas da guilhotina "os lindos, os alvos, os roliços pescoços" de reis, rainhas, duques e marquesas.[14]

Pura atitude. O verdadeiro Lima Barreto está contido naquela advertência do velho Gonzaga de Sá, ao deter a fúria do seu jovem amigo, Augusto Machado: "– Não; a maior força do mundo é a doçura. Deixemo-nos de barulhos..."[15]

E, de fato, em que consiste o ideal desse revolucionário, que vivia a pregar a dissolução da sociedade burguesa?

Consiste principalmente na esperança de que nalgum dia "a nossa atual concepção mecanicista do mundo será substituída por uma concepção estética", transformando-se, por sua vez, a ideia da nação no que ele chamou de "pátria estética, a cidade, a comuna, em que os seus naturais possam desde a infância conhecer as suas partes, amá-las, pois as enraizaram de recordações e de sonhos".

Como quem se deixa ficar no vago e no imponderável, conclui o anarquista-místico: "Contudo, essa estética, aplicada à concepção da Pátria, não poderá ser induzida dos documentos do passado; ela só poderá ser deduzida de um longo sonho do futuro."[16]

Repetia assim em 1919 aquela divagação altruística que está no *Gonzaga de Sá*, quando o narrador do romance fala no desejo de organizar a sua República e erguer a sua Utopia, acima de todas as injustiças, dos conceitos e dos preconceitos, das organizações e das disciplinas, vendo por instantes "resplendecer sobre a terra dias de Bem, de Satisfação e Contentamento".[17]

Isso, porém, era passageiro, esboroando-se logo, diante das incertezas, das dúvidas, que sempre o alancearam. Aqui e ali, em artigos, em contos, em pedaços de romance, Lima Barreto fala mais de uma vez no mistério que nos cerca, desse "espesso mistério impenetrável", como alguém que deseja realmente procurar uma explicação, quem sabe se através da crença em Deus, conforme deixou entrever de modo mais positivo neste pequeno trecho de *O cemitério dos vivos*:

"Repugnava-me personalizar com este ou aquele nome o desconhecido, o informe, o vago. Dar um apelido seria limitar o ilimitado, definir o indefinido, distinguir o indistinto, fazer perecível o imperecível. Sendo tudo, em face do nada, e nada, em face de tudo, esse ser não devia ter corpo, nem forma, nem extensão, nem movimento, nem outra qualidade qualquer com que nós conhecemos as cousas existentes. O nosso ideal, a nossa felicidade seria ser como ele, e, para alcançá-lo, devíamos procurar a nossa desincorporação, pela imobilidade e pela contemplação..."[18]

Mas aí quem fala não é Lima Barreto, e sim um personagem, ainda que na qualidade de porta-voz do romancista. Nada de conclusões apressadas, portanto. Em matéria de religião, o escritor não transporia jamais os limites da dúvida metafísica.

"Eu sou dado ao maravilhoso, ao fantástico, ao hipersensível – escreveu no 'Diário do Hospício' –; nunca, por mais que quisesse, pude ter uma concepção mecânica, rígida do Universo e de nós mesmos. No último, no fim do homem e do mundo, há mistério e eu creio nele. Todas as prosápias sabichonas, todas as sentenças formais dos materialistas, e mesmo dos que não são, sobre as certezas da ciência, me fazem sorrir e, creio que este sorriso não é falso, nem precipitado, ele me vem de longas meditações e alanceantes dúvidas."[19]

Permaneceria assim numa espécie de niilismo intelectual, sem acreditar em nada, além do mistério... "infelizmente, muito infelizmente mesmo – asseverou com todas as letras –, confesso que não creio, apesar da minha vaga e imponderável religiosidade".[20] E era essa vaga e imponderável religiosidade que o faria proclamar o seu culto por Nossa Senhora da Glória, a sua madrinha, culto por assim dizer ancestral, que o pregador do maximalismo confirmaria, ao fim da vida, numa carta ao Padre Assis Memória:

"O meu respeito pela Religião Católica é tão grande que, todo o dia 15 de agosto, subo o outeiro a dar uma espórtula a Nossa Senhora da Glória, que é minha madrinha, e foi sempre a devoção dos meus antepassados. Ontem, lá fui."[21]

Ontem, isto é, no dia 15 de agosto de 1920. Nem por isso deixaria ele, note-se bem, de atacar a Igreja Católica, nos seus desvios políticos, como o fizera, um ano atrás, criticando a tática seguida pelo Vaticano, que consistia, a seu ver, "em sustentar a classe poderosa no momento, com unhas e dentes, desculpar os seus erros e crimes, para poder viver; e quando ela, a classe poderosa, é derrubada e abatida, alia-se à poderosa que lhe sucede".[22]

Em 1921 – no ano seguinte à carta ao Padre Assis Memória – continuará firme no mesmo ponto de vista:

"Admiro muito a religião católica; mas sei bem que ela é uma criação social, baseada na nossa necessidade fundamental de Deus e impregnada do cesarismo romano, que a anima e a sustém no seu velho sonho de domínio universal; sei bem que ela tem sabido aproveitar as conquistas de toda a ordem obtidas por este ou aquele homem, incorporando-as ao seu patrimônio, e até aproveitou-se em seu favor, de argumentos dos seus inimigos contra ela; sei bem disso tudo.

"Porém essa admirável plasticidade da Igreja, através de quase dois mil anos de existência, amoldando-se a cada idade e cada transformação social, poderia tentar a outro, que, no assunto, tivesse verdadeira erudição pois não tenho nenhuma, a demonstrar que tem havido, desde o edito de Milão, ou mesmo antes, até hoje, várias igrejas superpostas com os afloramentos fatais das mais antigas através das mais modernas."

Assim escrevia, muito senhor das suas convicções, a propósito do livro de Perilo Gomes, *Penso e creio*, servindo-se da sua admirável intuição política e social. E estava certo.

O pensamento de Perilo Gomes enquadra-se perfeitamente no doutrinarismo de Jackson de Figueiredo, de quem Lima Barreto era amigo, embora dele divergisse fundamentalmente em matéria filosófica. O movimento iniciado por Jackson, logo depois da guerra, para a formação de um partido cristão nacionalista, colocara o romancista de sobreaviso.

"A Igreja – escreveu, comentando ainda o livro de Perilo Gomes – quer aproveitar ao mesmo tempo a revivescência religiosa que a guerra trouxe, e a recrudescência exaltada do sentimento de pátria, também consequência dela, em seu favor aqui, no Brasil.

"O tal partido, pelos seus órgãos mais autorizados, está sempre a apelar para as tradições católicas de nossa terra; e não é difícil ver nisso o desejo de riscar da carta de 24 de fevereiro a separação do poder temporal do espiritual e suas consequências, como: o casamento civil e o ensino oficial inteiramente leigo."

Tudo isso significava, para ele, nada mais que o sintoma evidente de que a classe dominante se preparava para formar um centro de resistência contra as reivindicações da classe proletária, que começavam a surgir, através das greves e dos comícios. Era, em suma, o germe do fascismo e do nazismo, que se desenvolveria com o tempo, adquirindo no Brasil a sua expressão política no integralismo. Integrado no povo, e com ele sofrendo, o romancista bem que teve a antevisão da avalancha que, alguns anos depois da paz de Versalhes, desencadearia ameaçadoramente sobre todo o mundo ocidental.

"O culto à 'brasilidade' que ele prega – observou a respeito do partido nacionalista em gestação –, é o apego à herança do passado de respeito, não só à religião, mas também à riqueza e às regras sociais vigentes, daí a aliança da jovem fortuna, representada pelos improvisados ricaços de Petrópolis, com a Igreja. Mas tal culto tende a excomungar, não o estrangeiro, mas as ideias estrangeiras de reivindicações sociais que são dirigidas contra os Cresos de toda a ordem. O Jeca deve continuar Jeca, talvez com um pouco de farinha a mais."

Esta, a posição de Lima Barreto. Profundamente anticatólica, não no sentido religioso, mas contra, decididamente contra, no sentido político, denunciando as vacilações e os desvios da Igreja, numa hora decisiva para a humanidade, em que os homens de boa vontade, os simples e os puros, da categoria de Lima Barreto, procuravam desesperadamente, tateando na escuridão, o caminho a seguir.

A voz do romancista, abafada nos jornais da época, de pouca circulação – nos jornais onde ele podia dizer toda a verdade aos poderosos (a sua verdade, pelo menos) – hoje repercute como um grito de angústia e de revolta.

"Não creio, portanto, que a Igreja – dirá finalmente – possa resolver a questão social que os nossos dias põem para ser solucionada urgentemente.

"Se os socialistas, anarquistas, sindicalistas, positivistas etc. etc. não a podem resolver, estou muito disposto a crer que o catolicismo não a resolverá também, tanto mais que nunca foram tão íntimas as relações do clero com o capital, e é contra este que se dirige toda a guerra dos revolucionários."[23]

NOTAS

1. *Impressões de leitura*, p. 140.
2. *O cemitério dos vivos*, pp. 54 e 68.
3. Os originais do inventário da "Limana", que se encontram na Seção de Manuscritos da Biblioteca Nacional, vão reproduzidos na íntegra, como apêndice deste livro. Esse gosto pelas revistas francesas, que era muito do escritor, aparece refletido em Gonzaga de Sá. "De todas – escreve o romancista, a respeito das predileções do seu personagem – a *Revue des Deux Mondes* é a que mais queria e citava." O mesmo acontecia com Lima Barreto. *Gonzaga de Sá*, p. 51.
4. *Gonzaga de Sá*. p. 83.
5. *O cemitério dos vivos*.
6. "Lima Barreto", por Agrippino Grieco. *Vivos e mortos*, p. 85.
7. Depoimento de D. Evangelina de Lima Barreto.
8. V. inventário da "Limana", reproduzido no fim do volume.
9. "Não só tenho o livro que a *Ilustração* anunciou [*Feiras e mafuás*], pronto a sair, entregue ao editor, como tenho outros. Há quatro anos que o Jacinto [Ribeiro dos Santos] anuncia as minhas *Notas sobre a República das Bruzundangas* e não as põe para fora; na *A Noite*, tenho há dois *Bagatelas* e, agora, com o Schettino, esse de que você fala – *Marginália*. Infelizmente, os meus editores não têm pressa de imprimir o que lhes entrego; e, quando o fazem, é a 'trouxe-mouxe', às pressas, de forma que a obra sai mal impressa, feia, errada, até empastelada. Que se há de fazer? É preciso lutar, para... tirar menção honrosa na Academia de Letras. Acabo um romance, que vou publicar seccionado na *Revista Sousa Cruz*, cuja diretoria me encomendou há um ano. Desenvolvi um conto, *Clara dos Anjos*, que está no meu último livro [*Histórias e sonhos*]. Saiu coisa bem diferente, se bem que o fundo seja o mesmo. O título é o do conto." Carta a Almáquio Cirne, em 5-1-1921. Cópia enviada ao autor deste livro, V. *Correspondência*, II, p. 203.

10. Lima Barreto / Histórias e sonhos / contos / "Amplius! Amplius!" / Sim; sempre mais longe / Livraria Editora / de / Gianlorenzo Schettino / Rua Sachet, 18 / Rio de Janeiro. 187 p. 19x14 cms. Este livro foi posto à venda em dezembro de 1920. Explica o escritor na errata: "Durante a impressão deste livro, por motivos totalmente íntimos, foram atormentadas as condições de vida, tanto da do autor, como da do seu amigo Antônio Noronha Santos, que se encarregou das respectivas provas."
11. Nos papéis do romancista, encontramos as provas de páginas, já numeradas, de 6 a 45, e emendadas com a letra de Francisco Schettino, compreendendo: parte do artigo "Feiras e mafuás", seguindo-se-lhe os artigos completos: "A corte do Itamarati", "Uma fita acadêmica", "Anúncios... anúncios...", "As escoras sabichonas", "Habeas corpus curioso", "Os médicos e o espírita" e parte de "O Estrela".
12. "As origens" (trecho do *Cemitério dos vivos*). *Revista Sousa Cruz*, Rio de Janeiro, Ano VI, nº 49, janeiro de 1921.
13. Lúcia Miguel Pereira. *História da literatura brasileira*, Vol. XII. Prosa de ficção (De 1870 a 1920), p. 287.
14. *Bagatelas*, p. 44.
15. *Gonzaga de Sá*, p. 135.
16. "Um livro curioso", artigo de Lima Barreto. *Argos*, Rio de Janeiro, 7-8-1919.
17. *Gonzaga de Sá*, p. 141.
18. *O cemitério dos vivos*, p. 162.
19. *O cemitério dos vivos*, pp. 50-51.
20. *Coisas do Reino do Jambon*, p. 288.
21. Carta ao Padre Assis Memória, datada de 16-8-1920. Publicada no *Jornal do Brasil*, Rio de Janeiro, 15-11-1922. V. *Correspondência*, II, pp. 231-237.
22. *Bagatelas*, p. 238.
23. "Reflexões e contradições à margem de um livro", artigo de Lima Barreto. *A.B.C.*, Rio de Janeiro. 23-4-1921. V. *Impressões de leitura*, pp. 77-86.

3

MIRASSOL

"Sou hóspede de um jovem médico, o Doutor Ranulfo Prata, que muito me admira a literatura e muito me preza. Não quer que eu beba. Ora, Ferraz! Tu sabes bem a que nós somos levados à bebida."

CARTA A ENÉIAS FERRAZ, 4-5-1921

NÃO SÓ AS CONTRADIÇÕES, mas os contrastes da vida marcariam, até o final, com a sua nota de patético, a personalidade do autor de *Isaías Caminha*. Havia de ser ele, um pobre-diabo, sem dinheiro e sem posição, quem incentivaria escritores novos, orientando-os nas suas leituras, criticando-os com benevolente compreensão e até patrocinando a publicação do livro de estreia, como aconteceu, por exemplo, com o *História de João Crispim*, de Enéias Ferraz, editado pela Livraria Schettino, a pedido e sob a responsabilidade de Lima Barreto.

"Quanto à edição do teu livro – propôs o romancista ao estreante –, vamos fazer este trato. Eu tenho um compadre que é quase dono de uma tipografia. A edição de um milheiro, edição modesta, não pode passar de 1:500$000. Tu arranjas quinhentos mil-réis, eu entrego-os ao compadre e fico fiador do resto, o qual tu pagarás aos poucos, com a venda do livro e como puderes. Hás de rir-te que eu fique fiador, pois o Rio é tão nobre cidade que eu – tu bem me conheces – posso ser fiador de muita coisa. Imagina tu que moro há cinco anos em uma casa, sem carta de fiança, a 200$000 por mês. Já fiquei devendo quase um ano e já pagamos, eu e meus irmãos. Manda o calhamaço."[1]

Jamais deixaria sem agradecimento um romance ou um volume de poesias que lhe mandassem, comunicando aos autores as suas impressões em cartas amáveis, mas que continham sempre uma opinião sincera e leal.[2, NR15]

Na correspondência, que manteve durante mais de um ano, com um desconhecido rapaz da província, o escritor revelaria todo o seu amor à coisa literária, com uma bondade e uma paciência que jamais lhe teriam propiciado no início da sua carreira. Escrevia longas cartas ao jovem, que se chamava Jaime Adour da Câmara. Estimulando-o: "Li o seu folhetim. Está muito bom e, pela maneira, adivinhei que o senhor é muito moço. Continue e estude, com afinco, pois essa a impressão que me deu o seu trabalho" (30-3-1919). Aconselhando-o: "Se o senhor me permitisse, eu lhe aconselharia a leitura e a meditação de um livro – *L'art au point de vue sociologique*. Experimente" (30-3-1919). "Leia sempre russos: Dostoiévski, Tolstói, Turgueniev, um pouco do Górki; mas, sobretudo, o Dostoiévski da *Casa dos mortos* e do *Crime e castigo*" (27-7-1919). Criticando-o: "Achei bom; mas permita que lhe diga uma coisa: as suas leituras ainda estão muito à flor da pele. É preciso arredondar mais, não deixar aparecer assim as costelas, o esterno etc. Entendeu? É preciso incorporar as suas leituras a si mesmo e elas aparecerão mais belas, pois surgirão transfiguradas por um pensamento de moço e seu" (20-6-1919). Mandando-lhe finalmente livros e revistas: "Recebeu o *Socialismo progressivo?* E a conferência do Ingenieros sobre o maximalismo?" (12-7-1919). "Hei de te mandar as melhores publicações (as baratas, bem entendido) que puder sobre coisas sociais. Há brochurazitas muito boas e baratas em espanhol, português e francês, de Kropótkine, de Hamon, de Reclus etc. Julgo indispensável ler o 'maluco' do Comte e o Spencer, *Introdução à Ciência Social* e *A Moral entre os diferentes povos*" (27-7-1919).[3]

Quantos moços, quantos literatos da província, do Rio e de São Paulo, que vieram depois dele, receberam a mensagem de simpatia de Lima Barreto! Agrippino Grieco, Mario Sete, Leo Vaz, Gastão Cruls, Teo Filho, Adelino

---

NR15 – Existe ainda correspondência ativa e passiva de Lima Barreto por ser publicada, conforme alertava Dr. Francisco e pode ser comprovado pelos arquivos da Biblioteca Nacional.

Magalhães, Murilo Araújo, Alberto Deodato, Ranulfo Prata, Olívio Montenegro, Carlos Süssekind de Mendonça, Pascoal Carlos Magno...

Quantos mais? A lista completa seria imensa. Por seu turno, a nova geração começava a compreender o escritor, reconhecendo-lhe o papel de legítimo sucessor de Machado de Assis, e até mais do que isso: "o maior e o mais brasileiro dos nossos romancistas", segundo a frase entusiástica de Agrippino Grieco.[4]

"Lembro-me – depõe Sérgio Milliet – da grande admiração que tinha por Lima Barreto o grupo paulista de 22. O *Triste fim de Policarpo Quaresma* principalmente nos entusiasmava. Alguns dentre nós, como Antônio de Alcântara Machado, andavam obcecados." Qual a razão de tanta admiração? É ainda Sérgio Milliet quem a dá. "O que mais nos espantava então era o estilo direto, a precisão descritiva da frase, a atitude antiliterária do escritor, a limpeza de sua prosa, objetivos que os modernistas também visavam. Mas admirávamos por outro lado a sua irreverência fria, a quase crueldade científica com que analisava uma personagem, a ironia mordaz, a agudeza que revelava na marcação dos caracteres."[5]

Foi com certeza essa admiração que levaria o representante do grupo paulista no Rio, Sérgio Buarque de Holanda, a oferecer-lhe um exemplar da *Klaxon*, em cujas páginas os estetas do modernismo se propunham "descoelhonetinizar" a literatura brasileira, rompendo com os cânones acadêmicos. Respeitadas as diferenças, o objetivo da *Klaxon* vinha a ser quase o mesmo da *Floreal*, a revistinha que Lima Barreto fundara no distante ano de 1907, e que não fora além do quarto número.

O modernismo estava, então, no começo, numa fase em que tudo era impreciso e informe, predominando talvez o gosto de escandalizar, o prazer de fazer uma farra literária. Além do mais, circunscrevera em São Paulo o centro da sua influência. A exposição dos quadros futuristas de Anita Malfatti ("O homem amarelo", "A mulher de cabelos verdes", "A estudante russa") pouca ou nenhuma repercussão alcançaria no Rio. Há trinta ou quarenta anos atrás (a exposição fora em 1916), doze horas de viagem de trem, no mínimo, separavam as duas cidades. Não havia avião nem rádio. E por isso talvez ninguém, ou muito pouca gente, tomaria conhecimento do furioso artigo "contra" de Monteiro Lobato, atacando a pintora e a arte moderna. No entanto, em São Paulo, esse artigo sacudira o meio literário, provocando polêmica, na imprensa e nas escolas.[6]

No Rio, tudo continuava na mesma. Os grandes nomes da revolução estética ainda não se haviam revelado. Por esse tempo, seria interessante lembrar, o mestre da música moderna no Brasil, Vila-Lobos, era um desconhecido violoncelista de *cabaret* e o grande Manuel Bandeira, que ensaiara os seus primeiros versos livres com o *Carnaval*, publicado em 1919, vivia completamente arredio à agitação da vida literária.

A verdade é que a ação dos inovadores só passaria a ser notada, no Rio de Janeiro, pelo menos, com a solidariedade de Graça Aranha, que chegaria da Europa, logo depois do armistício, com os originais de um novo livro, *A estética da vida*, falando na "unidade infinita do todo universal", no "homogêneo indefinido" que resultava no "heterogêneo definido" e outras coisas que tais.

Por outro lado, a Semana de Arte Moderna só se realizaria, em princípios de 1922, com o apoio financeiro de Paulo Prado, notável escritor sem dúvida, mas que era também um dos representantes mais típicos da plutocracia paulista. A mesma gente que Lima Barreto atacava na imprensa libertária, tachando não só os Prado, como o "seu caixeiro-viajante Graça Aranha", de exploradores da guerra, na "especulação indecente das carnes frigorificadas".[7]

Logicamente, a presença de um e de outro indisporia, desde logo, o romancista rebelde contra o que se chamava com visível impropriedade de "futurismo nacional". Não lhe agradaria também a nota esnobe do movimento, que lhe pareceria à primeira vista simples reflexo, um tanto retardado, de novidades estéticas do começo do século, importadas da Europa, na bagagem de escritores afortunados.

Enquanto Graça Aranha posasse de mestre – e não era mais do que um "companheiro mais velho", na expressão de Manuel Bandeira[8] –, perduraria o equívoco, agravado depois do rompimento do escritor de *A viagem maravilhosa* com a Academia, o que só se daria em 1924, isto é, dois anos depois da Semana de Arte Moderna e da morte de Lima Barreto.

A perspectiva seria então outra. E o modernismo poderia dar a medida da sua força, na criação de uma nova consciência artística e literária, na preparação enfim do "estado de espírito revolucionário e de um sentimento de arrebentação" que permitiam "outras manifestações sociais do país": o trabalhismo e a Revolução de 30, com as leis de assistência ao trabalhador.[9]

A arrancada modernista, que trazia no bojo esse "sentimento de arrebentação", apresentaria, além de Graça Aranha, outras coisas esquisitas. Esquisitas, é claro, para Lima Barreto.

A batalha da Semana de Arte Moderna fora travada no Teatro Municipal, em meio a um bombardeio de vaias e ovos podres. Do Teatro Municipal, reduto da arte burguesa, passaria depois para os salões da aristocracia rural – os salões de D. Olívia Guedes Penteado e Tarsila do Amaral. Eram "aristocratas tradicionais" e não "aristôs do dinheiro", justifica o grande condutor do movimento, que há de reconhecer e proclamar a importância desses salões, que propagaram os ventos destruidores da "orgia intelectual" dos rapazes paulistas pelo Brasil inteiro.[10]

Ora, a *Klaxon* apareceria logo depois da Semana de Arte Moderna. Era a nossa primeira revista modernista e por isso mesmo bem característica dessa fase inicial do movimento: destrutivo, festeiro e inconseqüente.

Recebendo-a das mãos de Sérgio Buarque de Holanda, a quem chamaria "meu simpático amigo", Lima Barreto comete um erro de julgamento, vendo em Mário de Andrade e seus companheiros nada menos que imitadores de Marinetti. E no modernismo uma simples macaqueação do futurismo.

"... esses moços tão estimáveis – pergunta o romancista – pensam mesmo que nós não sabíamos disso de futurismo? Há vinte anos, ou mais, que se fala nisto e não há quem leia a mais ordinária revista francesa ou o pasquim mais ordinário da Itália que não conheça as cabotinagens do 'il Marinetti'.

"A originalidade desse senhor consiste em negar quando todos dizem sim; em avançar absurdos que ferem, não só o senso comum, mas tudo o que é base e força da humanidade." Mas Lima Barreto, ao emitir a sua opinião sempre honesta e sincera, há de acentuar o seguinte: "O que há de azedume neste artiguete não representa nenhuma hostilidade aos moços que fundaram a *Klaxon*; mas sim, a manifestação da minha sincera antipatia contra o grotesco 'futurismo', que no fundo não é senão brutalidade, grosseria e escatologia, sobretudo esta."[11]

O pessoal da *Klaxon* não tardaria em dar a resposta ao romancista – "um Sr. Lima Barreto..." num tom impiedosamente agressivo, ainda que disfarçado pelo "sorriso de ironia" do autor do artigo. Teria sido Mário de Andrade? O que mais doera aos rapazes de São Paulo fora sem dúvida aquela comparação infeliz com o futurismo italiano.

"O Sr. Lima chama-nos de descobridores do futurismo do 'il Marinetti'. (O Sr. Barreto é incontestável a respeito de artigos.) E cansado com o descobrimento, eis o Sr. Lima azedo, objurgatoriando, mais ou menos com razão, contra Marinetti. Mas que temos nós com o italiano, oh! fino classificador? Mas o herbolário carioca sabe que certos arbustos naturais da Itália e da mesma família de apenas *alguns* registrados em *Klaxon* são comuns à Rússia, à Áustria e à Alemanha Saqueada... Em todo caso, simpático Sr. Lima, como seu artigo 'não representa nenhuma hostilidade aos moços que fundaram *Klaxon*', amigavelmente tomamos a liberdade de lhe dar um conselho: não deixe mais que os rapazes paulistas vão buscar ao Rio edições da *Nouvelle Revue*, que, apesar de numeradas e valiosíssimas pelo conteúdo, são jogadas como inúteis em baixo das bem providas mesas das livrarias cariocas. Não deixe também que as obras de Apollinaire, Cendrars, Epstein, que a Livraria Leite Ribeiro de há uns tempos para cá (dezembro, não é?) começou a receber, sejam adquiridas por dinheiros paulistas. Compre esses livros, Sr. Lima, compre esses livros!"[12]

Nesse incidente literário de pouca monta, injustiça por injustiça, exagero por exagero, Lima Barreto levaria a melhor. É possível que, a essa altura, nem tivesse lido a inopinada resposta de *Klaxon*, publicada na segunda quinzena de agosto de 1922, dois meses e meio antes da sua morte.

Era sincero quando manifestava a sua simpatia por Sérgio Buarque de Holanda e por tabela a sua não hostilidade aos "moços tão estimáveis" de São Paulo. Os seus contatos com a gente nova eram sempre cordiais, como vimos.

Do grupo paulista, além de Sérgio, conhecia também Di Cavalcanti, carioca de nascimento, mas que fora o pai da ideia da Semana de Arte Moderna. O editor Francisco Schettino fizera as apresentações, num cafezinho da Rua Sachet. E a Di Cavalcanti, Lima Barreto tratou com o mesmo carinho que não sabia recusar aos jovens talentos, talvez porque visse em cada um deles a continuação do seu próprio caso: as resistências, as incompreensões e até mesmo a má vontade dos expoentes diante dos novos. Pois no cafezinho da Rua Sachet, àquela tarde – é Di quem recorda –, o romancista foi logo falando no álbum de desenhos que acabava de publicar:

"– Vi os seus *Fantoches da meia-noite*, com o prefacinho do Ribeiro Couto. Agradeço-lhe o exemplar que me deixou."[13]

E, deixando o pintor à vontade, pôs-se a conversar sobre arte e literatura. Assim era com todos. Nada tinha de doutoral. Não queria, nem pensava, dar lições a ninguém. A sua simplicidade de maneiras permitia mesmo certas liberdades. E um dia, Peregrino Júnior, o mais jovem repórter da imprensa carioca, teria a lembrança de aconselhar o mestre a deixar a bebida, ou a beber menos, pois do contrário acabaria não produzindo mais nada, e se prejudicando como tantos outros. O romancista teria respondido com uma piada ao rapazola, olhando-o por cima: "– Que nada, menino. O que prejudica os nossos literatos não é a cachaça. É a burrice."[14]

Não seria, entretanto, de moços a sua roda habitual. Os seus companheiros de todos os dias eram outros. Jornalistas, escritores, colegas de repartição ou boêmios, simples amigos do "copito". Todos eles estarão presentes à única homenagem que Lima Barreto receberia em toda a sua vida: o almoço, promovido por Francisco Schettino, no Hotel Novo Democrata. Uma vastíssima feijoada, regada com muita cachaça, onde todos falaram, menos o homenageado, que permaneceu "mudo que nem um peixe" durante o bródio.[15]

Todos os companheiros de jornalismo ou de bar – os dos últimos anos – compareceram, a começar pelo excelente Chico Schettino: Agrippino Grieco, Amaral Ornelas, Xavier Júnior, João Bartolomeu Klier, o baiano Pinheiro Viegas, Raimundo Magalhães e o admirável polemista que se chamou Coelho Cavalcanti, o "João Barafunda", que terminaria tragicamente os seus dias, vencido pela dipsomania, no Hospício, onde morreu, depois de quinze anos de reclusão.[16]

Quem deixaria de admitir que esse "triste fim" – o de terminar os dias num quarto de hospício – não estaria também reservado a Lima Barreto? O espetáculo da sua decadência física transmitia a todos que dele se aproximavam a mesma sensação de desalento e piedade.

Era doloroso constatar-se como um grande escritor poderia ter descido tanto, a ponto de se transformar numa ruína humana, perambulando pelas ruas do Rio de Janeiro, como se fosse um pobre-diabo desconhecido, quase um mendigo, a quem os donos da vida apontavam, ora como um bêbedo qualquer, ora como um sujeito amalucado, de talento sem dúvida, mas que se deixara "perder" pela boêmia.

O encontro com Lima Barreto produziria em Ranulfo Prata, que viera de São Paulo, cheio de admiração para conhecê-lo, uma tal impressão de *débâcle* que o jovem médico e escritor tomaria a si a empreitada de tentar a recuperação do romancista. A primeira providência seria retirá-lo do Rio. E Prata convidou-o a passar uma temporada em Mirassol, pequena cidade do interior paulista, onde clinicava, acreditando que assim pudesse "salvar" o companheiro de letras, vencido pela desilusão e pelo tédio de viver.

O que mais tocara a sensibilidade de Ranulfo Prata, no caso de Lima Barreto, fora o seu drama íntimo, a sua tragédia doméstica, convivendo com o pai louco, desde a juventude, em meio a privações de toda ordem, dada a precariedade de recursos de que dispunha.

Isso foi em princípios de 1921, quando a moléstia de João Henriques atingiu o clímax. Fosse por esse motivo – a viagem seria mais uma fuga à desgraça que nunca deixou de o acompanhar –, fosse pelo desejo de uma simples aventura, Lima Barreto acolheu o convite com prazer.

Mirassol ficava nos confins de São Paulo. O nome da cidadezinha sugeria qualquer coisa de pitoresco, de bom, de saudável. Devidamente instruído pelo amigo, que em cartas sucessivas lhe mandaria o roteiro a seguir, com as respectivas baldeações em São Paulo, Araraquara, Rio Preto – e até o dinheiro para as despesas,[17] o romancista meteu-se, afinal, num vagão da Central do Brasil, envergando uma fatiota nova e um chapéu também novo, e lá se foi, rumo a Mirassol. Estava novinho em folha. Apenas a mala – "um calhambeque de mala" – não condizia com a elegância da indumentária.[18]

De passagem por São Paulo, Lima Barreto visitaria os companheiros do anarquismo, que apenas conhecia de nome, como Edgar Leuenroth e João da Costa Pimenta, na redação da *Vanguarda,*[19] e procuraria, no escritório da sua casa editora, a Monteiro Lobato, a quem pôde estreitar num abraço, tal como o autor dos *Urupês* previra numa carta:

"– Ó Lima!

"– Ó Lobato!"[20]

O encontro malogrado no Rio se concretizaria, afinal, em São Paulo. "Conheci Lobato – escreve de Mirassol a Schettino – e ele já me enviou pra aqui diversos livros editados por ele. Encontro simples e cordial."[21]

A viagem a Mirassol bem que poderia ter sido, para Lima Barreto, uma das poucas alegrias da sua vida. A pequena cidade, de aspecto ainda roceiro, era um encanto. Lá todos se conheciam. E o escritor, recebido por entre homenagens sinceras, logo fez boa camaradagem com todo o mundo. Com o advogado, o dentista, o tabelião, os quais juntamente com o médico, seu amigo, constituíam os grandes do lugar.

Obstinadamente, e com as melhores intenções, Ranulfo Prata pôs logo em execução o plano de regenerar o romancista, tirando-lhe o vício da bebida. Em primeiro lugar, determinou que tomasse leite pela manhã. Nada de álcool. Chegou mesmo a recomendar ao vendeiro que não vendesse parati ou qualquer outra bebida ao seu hóspede. Estabeleceu, em suma, um regime rigoroso. Vida ao ar livre, acordar e dormir cedo, comer bem e racionalmente.

A princípio, Lima Barreto se conteve, seguindo as prescrições do médico amigo. E, com o regime, chegou mesmo a apresentar uma fisionomia mais saudável, desaparecendo a vermelhidão das maçãs do rosto e do nariz, característicos dos alcoólatras.

Mas o inevitável acabou acontecendo. É que os amigos de Ranulfo Prata, entusiasmados com a presença do escritor, lembraram-se de promover uma conferência de Lima Barreto em Rio Preto, a cidade grande, sede da comarca, a poucos quilômetros de Mirassol.

Triste ideia! O autor consagrado da capital, que se refugiara no interior, tentando uma estação de cura, jamais havia pronunciado uma conferência. Era uma violência contra a sua natureza tímida, o seu temperamento de bicho do mato. Contudo, aceitou o convite, certo de que aquilo iria constituir, para ele, um terrível problema. E escreveu o trabalho que lhe pediram.

Dera para ficar nervoso, esperando ansiosamente o dia da conferência. E quando chegou a grande data, Lima Barreto desapareceu misteriosamente. Os amigos haviam organizado uma grande caravana para acompanhar o romancista. Iam todos de automóvel. Mas na hora de seguirem para Rio Preto, começaram a procurá-lo por todos os cantos de Mirassol. E Ranulfo Prata, após a busca, acabou encontrando o amigo, estirado numa sarjeta. Bêbedo.[22]

Lima Barreto não pôde assim pronunciar a conferência, cujo tema seria a constante preocupação de toda a sua existência: o destino da literatura. As ideias, que expôs nesse trabalho, publicado na *Revista Sousa Cruz*, são as mesmas de sempre, marcando uma admirável linha de coerência. A arte é um fenômeno social, insiste o romancista, citando Taine, Guyau, Brunetière, autores que formaram o seu espírito, desde a primeira juventude. Continua, pois, a defender a sua tese predileta, em matéria de doutrina estética, com aquela nota de sinceridade que jamais o abandonou. A literatura é a sua paixão, a sua própria razão de existir. Está tão integrado nela, que chega a dizer, com a naturalidade dos amantes que não temem o ridículo, nas suas expansões de ternura: "Mais do que qualquer outra atividade espiritual da nossa espécie, a Arte, especialmente a Literatura, a que me dediquei e com quem me casei; mais do que ela nenhum outro qualquer meio de comunicação entre os homens, em virtude mesmo do seu poder de contágio, teve, tem e terá um grande destino em nossa triste Humanidade."

Através desse casamento, conseguiria a sua própria libertação: "Quer dizer: que o homem, por intermédio da Arte, não fica adstrito aos preceitos e preconceitos de seu tempo, de seu nascimento, de sua pátria, de sua raça; ele vai além disso, mais longe que pode, para alcançar a vida total do Universo e incorporar a sua vida na do Mundo."

A literatura era, para o romancista, uma espécie de religião, que superava por assim dizer o seu agnosticismo. Se acreditava nalguma coisa era na literatura, como a única força capaz de levar a compreensão a todos os homens, criando a Pátria Estética, em que se resumia, afinal, o ideal político desse grande visionário.

"A Beleza, para Taine – diria Lima Barreto, na sua conferência escrita em Mirassol –, é a manifestação, por meio dos elementos artísticos e literários, do caráter essencial de uma ideia mais completamente do que ela se acha expressa nos fatos reais.

"Portanto, ela já não está na forma, no encanto plástico, na proporção e harmonia das partes, como querem os helenizantes de última hora e dentro de cuja concepção muitas vezes não cabem as grandes obras modernas, e mesmo algumas antigas.

"Não é o caráter extrínseco da obra, mas intrínseco, perante o qual aquele pouco vale. É a substância da obra, não são as suas aparências.

"Sendo assim, a importância da obra literária que se quer bela sem desprezar os atributos externos de perfeição de forma, de estilo, de correção gramatical, de ritmo vocabular, de jogo e equilíbrio das partes em vista de um fim, de obter unidade na variedade; uma tal importância, dizia eu, deve residir na exteriorização de um certo e determinado pensamento de interesse humano, que fale do problema angustioso do nosso destino em face do Infinito e do Mistério que nos cerca, e aluda às questões de nossa conduta na vida."[23]

Sem o saber, Lima Barreto fizera, nessa conferência, o seu testamento literário, que era também a confirmação da sua profissão de fé de escritor, fiel a si mesmo, por cujo ideal sofreu, lutou e morreu.

NOTAS

1. Carta a Enéias Ferraz. Mirassol, 4-5-1921. V. *Correspondência*, II, pp. 239-240.
2. A correspondência ativa e passiva de Lima Barreto encontra-se em grande parte na Seção de Manuscritos da Biblioteca Nacional. Graças à solicitude da irmã do escritor, D. Evangelina de Lima Barreto, salvaram-se numerosas minutas das cartas expedidas pelo romancista. Todo esse material – e mais outro tanto colhido pelo autor – constitui hoje o acervo dos dois volumes de *Correspondência*, ativa e passiva, de Lima Barreto, lançados pela Editora Brasiliense, de São Paulo.
3. "Cartas de Lima Barreto a Jaime Adour da Câmara". *O Jornal* (suplemento), Rio de Janeiro, 1-8-1948. V. *Correspondência*, II, pp. 157-172.
4. *Vivos e mortos*, por Agrippino Grieco, p. 82.
5. "Noticiário", artigo de Sérgio Milliet. *O Estado de S. Paulo*, São Paulo, 11-11-1948.
6. *O movimento modernista*, por Mário de Andrade, p. 28.
7. "Sobre a carestia", artigo de Lima Barreto. *O Debate*, Rio de Janeiro, 15-9-1917. V. *Marginália*, pp. 191-194.
8. *Apresentação da poesia brasileira*, por Manuel Bandeira, p. 143.
9. *O movimento modernista*, por Mário de Andrade, pp. 42-43. Os intelectuais modernistas de São Paulo integraram-se, quase todos, depois no Partido Democrático, organismo político do centro democrático, que se bateu pela Revolução de 30, e mais tarde nos partidos da direita (integralismo) ou da esquerda (comunismo).

10. *O movimento modernista*, por Mário de Andrade, p. 41. É bem de ver que, a princípio, não havia o menor sentimento político no movimento. Na longa correspondência entre Mário de Andrade e Manuel Bandeira, trocada no calor da revolução modernista, não há uma palavra sequer, denunciando outra preocupação que a puramente estética.
11. "O futurismo", artigo de Lima Barreto. *Careta*, Rio de Janeiro, 22-7-1922. *Feiras e mafuás*, p. 68.
12. *Klaxon*, São Paulo, 15-8-1922, p. 17.
13. "Triste Fim de Lima Barreto", artigo de Di Cavalcanti. *Dom Casmurro*, Rio de Janeiro, 24-7-1943.
14. "Anedotário de Lima Barreto", artigo de Antônio Noronha Santos. *Diário da Manhã*, Niterói, 9-10-1942.
15. "O meu almoço", artigo de Lima Barreto. *A Notícia*, Rio de Janeiro, 3-6-1920. *Feiras e mafuás*, pp. 280-286.
16. Coelho Cavalcanti morreu no Hospício em 18-11-1938. Ali fora internado em 1923, um ano depois da morte de Lima Barreto.
17. Carta de Ranulfo Prata. Mirassol, 16-3-1921. V. *Correspondência*, II, p. 246.
18. "Até Mirassol" (notas de viagem), série de três crônicas de Lima Barreto, publicada na *Careta*, Rio de Janeiro, a 23, 30 de abril e 7 de maio de 1921. *Marginália*, pp. 47-54.
19. Depoimento de Edgar Leuenroth.
20. Carta de Monteiro Lobato a Lima Barreto. São Paulo, s.d. V. *Correspondência*, II, p. 78.
21. Carta de Lima Barreto a Francisco Schettino. Mirassol, 21-4-1921. V. *Correspondência*, II, p. 122.
22. Depoimento do Dr. João Dioclécio Ramos, médico em Mirassol.
23. "O destino da literatura", conferência de Lima Barreto. *Revista Sousa Cruz*, Rio de Janeiro, ns. 58-59, outubro e novembro de 1921. V. *Impressões de leitura*, pp. 51-69.

EPÍLOGO

1

A DOENÇA

"Evaporou-se tudo, e eu só sabia dizer: a Morte! a Morte!"

GONZAGA DE SÁ, p. 116

COM O VELHO HÁBITO de fazer memórias através de artigos de jornal, Lima Barreto assim nos reporta aos primeiros dias de janeiro de 1922: "Devido a um acidente ridículo que me impediu de calçar, durante quase todo mês de dezembro último não fui à cidade. Deixei-me ficar em casa, mal saindo do meu modesto aposento, para os outros da minha humilde residência. Em começo, aborreci-me com a cousa, porque sou andarilho de vocação... Bem cedo, porém, consolei-me com os meus livros e até dei começo a um romance – *Clara dos Anjos* – que, há perto de um ano, prometi ao amigo [Herbert] Moses, a fim de ser publicado, na *Revista Sousa Cruz*. Ele vai bem adiantado..."

E observa, logo a seguir: "O consolo e o contentamento não me vieram tão somente da leitura e do trabalho; vieram-me também de não me ver envolvido nessas arruaças e correrias de que andou cheia a cidade, por causa das candidaturas presidenciais."[1]

De fato, aproximava-se a data de mais uma eleição para presidente da República. Dois eram os candidatos: Artur Bernardes e Nilo Peçanha. Naquele tempo de eleições a bico de pena, o povo pouca ou nenhuma influência exercia na escolha dos seus dirigentes. Mas a agitação era grande. Capangas saíam às ruas, promovendo desordens. Toda a cidade se transformara, no final da campanha política, segundo o próprio Lima Barreto, num vasto "campo de capoeiragem".[2]

Era, pois, preferível ficar em casa a trabalhar na novela que seria o seu canto de cisne. Em apenas dois meses escreveu *Clara dos Anjos*, reduzindo de muito o plano inicial, que fora traçado, como já ficou dito, em 1904.[3] O livro nasceu fraco. Sem o *élan* dos primeiros romances. E, mais do que qualquer outro, ressente-se da falta do polimento, quando não da precariedade da leitura dos originais.

Contudo, Lima Barreto pensa em editá-lo sem demora. Francisco Schettino, o simpático livreiro, que se tornara o grande amigo do romancista, no fim da vida, chega a anunciar o lançamento da novela, numa entrevista concedida ao *Rio-Jornal*, ao falar do seu programa de editor para 1922. O *Mundo Literário*[NR16] estampa, na mesma ocasião, o primeiro capítulo, "O carteiro", com a observação de que se trata de página inédita do romance *Clara dos Anjos*, a sair brevemente.[4]

Mas tudo há de ficar apenas em projeto. E o escritor continuaria encarcerado em casa, sempre entregue ao trabalho. Não é só o pé machucado, em consequência de uma torcedura, que o retém na Vila Quilombo. Dentro em pouco, será também o reumatismo – "infernal reumatismo" que o persegue há mais de seis anos[5] – agravado por outros padecimentos.

O álcool, que lhe consumira todas as energias vitais, estava por terminar a sua obra de devastação. Minara-lhe todo o organismo. Sentia-se esgotado, a caminho do aniquilamento total. Já não produzia como antigamente. Rendia-lhe pouco o esforço de dias, semanas, meses inteiros preso nas quatro paredes do seu quarto de dormir.

Em carta a um jovem romancista, agradecendo o livro de estreia, o escritor dá-nos a medida da depressão que o consome:

NR16 – O *Mundo Literário*, dirigido por Théo Filho e Pereira da Silva, é importante publicação da editora Leite Ribeiro, no Rio de Janeiro, dedicada à literatura, veiculado de 1922 a 1926. O prestígio de Lima Barreto entre os editores da revista comprova o que diz o autor desta biografia ao afirmar que "a nova geração começava a compreender o escritor". Em 1922, Théo Filho, que foi grande sucesso editorial em vida, envia a Lima Barreto exemplar de um de seus romances e lhe pede o favor de tentar fazer uma resenha do livro para *Careta*. O cartão, enviado junto com o volume, está no acervo da Biblioteca Nacional.

"Tinha tenção de escrever um pequeno artigo sobre a sua obra, em algum jornal ou revista daqui, mas devido à minha resolução de abandonar a imprensa de qualquer período, não o faço. A imprensa esgota, não dá remuneração que valha a pena, e desperta invejosos de maus bofes.

"Escreverei dagora em diante na *Careta*, que é imprópria para dar certas notícias que valham a pena! O senhor está moço, muito, e há de estranhar essa minha resolução, mas, quando chegar à minha idade, depois de lutas e desgostos de toda a ordem, verá como tenho razão."[6]

É de setembro, essa carta. Lima Barreto está com apenas 41 anos. Tinha chegado o momento de escrever a sua obra definitiva, mas era tarde demais para fazê-lo. Pensava realmente em acabar *O cemitério dos vivos*, o romance que concebera na segunda estada no Hospício, e logo começara em janeiro de 1920. Mais de uma vez confiara à irmã que não desejava morrer sem terminá-lo.[7]

Estava maduro para isso. Dos capítulos que deixou, os dois primeiros são realmente notáveis. Mostram-nos um Lima Barreto diferente, despojado de todo e qualquer artificialismo, voltado para temas mais profundos e mais densos, que até então não havia penetrado.

"... o meu pensamento – dirá com o narrador de *O cemitério dos vivos* – era para a humanidade toda, para a miséria, para o sofrimento, para os que sofrem, para os que todos amaldiçoam."[8]

Aí está o tema do livro, que viria a ser, por sinal, mais um romance autobiográfico, escrito porém com a sabedoria que só o sofrimento vivido (e não apenas pressentido) pode dar. *O cemitério dos vivos* constituiria, na verdade, a terceira e última parte das suas confissões, iniciadas com o *Recordações do escrivão Isaías Caminha* e depois continuadas com o *Vida e morte de M. J. Gonzaga de Sá*.

Seria, enfim, o coroamento de uma obra, toda ela dedicada à explicação de sua própria personalidade. Apenas há uma diferença essencial. Já não é mais a revolta inconsequente de Isaías Caminha. Tampouco a ironia de Gonzaga de Sá, esse filósofo "cético, regalista, voltairiano".[9] É algo mais profundo o que deseja fixar agora, através de um terceiro heterônimo, Vicente Mascarenhas, que assim falava pelo romancista:

"Eu sofria honestamente por um sofrimento que ninguém podia adivinhar; eu tinha sido humilhado, e estava, a bem dizer, ainda sendo, eu andei sujo e imundo, mas eu sentia que interiormente eu resplandecia de bondade, de sonho de atingir a verdade, do amor pelos outros, de arrependimento dos meus erros e um desejo imenso de contribuir para que os outros fossem mais felizes do que eu, e procurava e sondava os mistérios da nossa natureza moral, uma vontade de descobrir nos nossos defeitos o seu núcleo primitivo de amor e de bondade."[10]

Foi-lhe, entretanto, impossível concluir *O cemitério dos vivos*. Desde o ano anterior, agravara-se o estado de saúde de João Henriques. Procurando orientar o amigo distante no tratamento a ser dispensado ao pobre doente, escrevia-lhe Ranulfo Prata, de Mirassol: "Seu pai não tem apresentado melhora nenhuma? De conformidade com o que você me diz sobre ele, imagino a sua casa transformada num quarto de hospício. Porque não o medica o Gotuzzo,[11] para ele ter pelo menos alguns momentos de depressão? Nesse estado constante de excitação, é que ele não pode durar."[12]

De nada adiantavam os cuidados médicos. João Henriques não melhorava. Perto dos 70 anos, a demência voltava a manifestar-se com os mesmos sintomas do início. Os mesmos gritos e as mesmas imprecações. As crises amiudavam, agora, tornando ainda mais triste e sombria a Vila Quilombo.

Em meio a todos esses desgostos, acrescidos pelas dificuldades de dinheiro, doente e desamparado, Lima Barreto não podia pensar apenas em terminar *O cemitério dos vivos*. Tinha que continuar a escrever para jornais. Não podia abandonar o emprego na *Careta*. Era o seu ganha-pão, de vez que o dinheiro da aposentadoria mal dava para pagar o aluguel da casa.[13]

Esta, a realidade! "A minha pena só me pode dar dinheiro – desabafou no 'Diário do Hospício' –, escrevendo banalidades para revistas de segunda ordem. Eu me envergonho e me aborreço de empregar, na minha idade, a minha inteligência em tais futilidades. Ainda tenho alguma verve para a tarefa do dia a dia; mas tudo me leva para pensamentos mais profundos, mais doridos e uma vontade de penetrar no mistério da minha alma e do Universo."[14]

Quase todo o ano há de passar metido em casa, em fases alternadas de trabalho febril ou de simples hibernação.[15] Na *Careta* e no *A.B.C.*, comenta os acontecimentos políticos, quando não escreve por dever de ofício apenas as "banalidades" que tanto o deprimem. A verdade é que não deixa de colaborar uma semana sequer numa e noutra revista, sendo que na *Careta* há de comparecer sempre com mais de um trabalho – crônica, artigo ou simples comentário – com a sua assinatura por inteiro ou com os pseudônimos já conhecidos: L. B., Puck, Flick, Jamegão e tantos outros.

Ano intenso, esse de 1922, marcado por acontecimentos importantes na vida do país. É o ano da Semana de Arte Moderna, da Revolta de 5 de julho, das comemorações do Centenário, da fundação do Partido Comunista. De permeio, aconteceram as eleições presidenciais. A campanha fora violenta. O Clube Militar tomara partido contra um dos candidatos, Artur Bernardes, acusando-o de ter escrito cartas ofensivas ao Exército. As famosas cartas falsas publicadas no *Correio da Manhã*! Da crise militar, nascera o germe do episódio do primeiro 5 de julho.

É de admirar que tendo sido o grande cronista da época, anotando todos os fatos da vida carioca, no decorrer da sua existência, desde os acontecimentos de 1893 até as comemorações do Centenário, sem esquecer o Quebra-Lampião e a gripe espanhola, não houvesse feito Lima Barreto uma só referência ao gesto heróico dos 18 do Forte de Copacabana.

Não se diga que, estando doente em casa, deixaria de opinar sobre política. Nada disso. Em setembro, por ocasião do reconhecimento da eleição de Artur Bernardes, mostra-se o mesmo inconformista de sempre, lamentando a estreiteza dos políticos e a chicana das eleições a bico de pena.[16]

Para ele, maximalista convicto, nada adiantava trocar os homens que mandavam, mudar apenas os nomes que moravam no Palácio do Catete. A política não passava disso: "... Bernardes briga com Vertenza [Nilo Peçanha], soltam ambos belas palavras pelos seus jornais e pelos seus oradores, os bobos tomam partido, levam chanfalhadas da polícia, vão para o xadrez e... os chefes embarcam para a Europa. Viva a política!"[17]

Estaria pensando nos 18 do Forte, ao reafirmar as suas ideias revolucionárias?

Uma das últimas vezes que sairia da Vila Quilombo foi para assistir aos festejos do Centenário. Vagara pela cidade, durante todo o dia, percorrendo os pontos prediletos, como quem faz uma visita de despedidas. Era o seu adeus ao Rio de Janeiro, talvez pressentido, já que vivia a pensar constantemente na morte. Andara pelo Campo de Santana, fugindo dos batalhões militares que se dispersavam após o clássico desfile em continência ao presidente da República. Fora até a Rua do Ouvidor, àquele dia deserta: era feriado nacional...

Descera depois a Avenida, engalanada de arcos e bandeiras. Ia em direção ao Passeio Público, na esperança de ver (quem sabe lá?) "certo matiz verde que o céu toma, às vezes, ao entardecer", um dos segredos da paisagem carioca, de que só ele e Gonzaga de Sá eram sabedores.[18]

Mais tarde noitinha, teria enveredado pela Avenida Mem de Sá adentro, a caminho do Lavradio, parando aqui e ali, a contemplar com vagar algum velho sobrado colonial, dos poucos que ainda restavam, e assim mesmo ameaçados de desaparecer, em nome do Progresso e da Civilização.

Noite fechada, o romancista é visto a descer a Avenida Gomes Freire. Vai triste e solitário. "De mãos nas costas, a cabeça baixa, o passo tardo, caminhando humildemente ao longo da calçada. Dir-se-ia um sonâmbulo..."

Enéias Ferraz, o autor de *História de João Crispim*, jovem romancista que se intitulava com orgulho discípulo de Lima Barreto, saúda o mestre com efusão:

"– Ó Barreto..."

A súbita aparição como que o fez despertar do estado de sonambulismo em que parecia imerso. "Ele estacou, rápido – conta Enéias Ferraz. – Tinha o rosto contrafeito, um olhar duro mas brilhante."

Os dois escritores puseram-se a conversar por alguns instantes. Lima Barreto estava cansadíssimo:

"– As pernas doem-me, tenho o corpo alquebrado e, entretanto, sinto quase um prazer em continuar a andar."

Falou, então, da necessidade que tinha de caminhar:

"– Sinto sempre uma inquietação por ver e observar as coisas mais insignificantes. Tenho sempre uma vaga certeza de que vou ver coisas novas ou de que vou descobrir qualquer coisa. Muitas vezes, é por mania de andar simplesmente. Andando, parece que penso melhor. Bem no fundo, isso é nervo, não acha?"[19]

Animado pela loquacidade inicial do mestre, Ferraz quis prolongar o encontro. Mas Lima Barreto logo se fechou num mutismo significativo. Queria sem dúvida continuar sozinho. E prosseguiu lentamente o seu caminho rumo à Central do Brasil, onde tomaria o trem de volta à sua casa suburbana. Só. Lúcido e triste.

A doença, que o obrigava à reclusão, tivera força para modificar os hábitos do alcoólatra. Deixara de frequentar os botequins, mesmo os da redondeza. Isso o tornaria mais taciturno ainda, passando a viver quase que exclusivamente dentro de si mesmo. Em casa, pouco falava com os irmãos. Assim repartia o tempo: lendo, escrevendo ou meditando, em cismas longas e profundas.

Evangelina, que bem conhecia o irmão, tratava-o com requintes de enfermeira. Nos momentos em que a apatia parecia dominá-lo por completo, encerrando-o naquele terrível mutismo, colocava sobre o criado-mudo do escritor sem dizer palavra, um cálice de parati, como remédio. O organismo viciado tinha necessidade de álcool.[20]

Do mundo, que ficava além da Vila Quilombo, lá fora, só tinha notícia pela leitura dos jornais ou pela visita de um amigo. Eram bem poucos, agora. E cada vez mais raros. Destes, porém, nenhum se compara em constância e dedicação a Francisco Schettino. Tudo fazia para ajudar o amigo. Desde a entrega dos originais às redações ao recebimento do salário do jornalista na *Careta*; dos vencimentos de funcionário aposentado no guichê do Tesouro; dos vales de colaboração no *A.B.C.*, na *Gazeta de Notícias* ou em qualquer outro jornal.[21]

É a esse admirável amigo que Lima Barreto pede o último favor, pouco antes de falecer. Preocupado com o vencimento de uma letra no Banco de Crédito Popular,[22] apesar de doente, abalara-se do subúrbio para a cidade, a fim de conseguir o dinheiro para resgatá-la. Mas não tivera tempo de efetuar o pagamento, vencido com certeza pelo cansaço. Deixara a importância num botequim, pedindo ao dono que a entregasse ao editor. Tendo vencido o prazo, sem saber se fora ou não cumprida a sua recomendação, escreve então a Francisco Schettino o seguinte bilhete:

"*Chico.*

Você me mande dizer se recebeu 60$000 para resgatar a letra ultimamente do Crédito Popular. É isto que quero saber, para o nosso governo.

Sou de você
a) Lima Barreto.

Rio, 18-10-1922.

P. S. – Estou verdadeiramente arrebentado de todas as vísceras, órgãos e membros, por isso não pude ir até lá, segunda-feira. Deixei o dinheiro num botequim, com o Senhor Antônio. O botequim fica na Rua Luís de Camões, canto da Conceição. O Senhor Antônio ficou encarregado de mandar levar o dinheiro a você. Isto me causa apreensão. Responda e até logo.

L. B."

Na sua redação deselegante, despojada de atavios estilísticos, uma coisa ressalta nesse bilhete: a preocupação do homem de bem, que não esquece de saldar a tempo e hora os seus compromissos. Eis a verdadeira face de Lima Barreto, bem diferente da figura de boêmio das anedotas de café ou de botequim, vulgarizada pelo mau gosto de alguns dos seus contemporâneos.[23]

NOTAS

1. "Será sempre assim?", artigo de Lima Barreto. *A.B.C.*, Rio de Janeiro, 7-1-1922. V. *Marginália*, p. 170.
2. "Será sempre assim?", artigo de Lima Barreto. *A.B.C.*, Rio de Janeiro, 7-1-1922. V. *Marginália*, p. 171.

3. A informação é do próprio escritor, ao fim dos manuscritos publicados na *Revista Sousa Cruz*, logo após a sua morte: "Todos os Santos (Rio de Janeiro), dezembro de 1921 – janeiro de 1922."
4. *O Mundo Literário*, Rio de Janeiro, Ano I, nº 1, maio de 1922.
5. "Além de outros motivos, devido a um infernal reumatismo que não me deixa, há bem seis anos, e não me deixará nunca, por assim dizer não tenho arredado o pé de casa, desde que o povo do Brasil houve por bem reconhecer que estávamos independentes há um século." "Congressos", artigo de Lima Barreto. *Careta*, Rio de Janeiro, 7-10-1922. *Coisas do Reino do Jambon*, p. 116.
6. Carta a Olívio Montenegro, datada de 29-9-1922, agradecendo o recebimento do romance *Os irmãos Marçal*. *Dom Casmurro*, Recife, 15-1-1923. V. *Correspondência*, II, p. 267.
7. Depoimento de Evangelina de Lima Barreto.
8. *O cemitério dos vivos*, p. 182.
9. *Gonzaga de Sá*, p. 37.
10. *O cemitério dos vivos*, pp. 182-183.
11. Humberto Gotuzzo.
12. Carta de Ranulfo Prata a Lima Barreto, datada de Mirassol, 29-7-1921. V. *Correspondência*, II, p. 249.
13. "Lembro-te que, de acordo com a lei, ficarás apenas com o teu ordenado, que não sei se chegará para pagar o aluguel da casa em que resides." Carta de Prudêncio de Milanês a Lima Barreto, datada de 30-7-1918. V. *Correspondência*, I, p. 255.
14. *O cemitério dos vivos*, p. 68.
15. "O ritmo psíquico dos esquizotímicos oscila entre a rapidez e a indolência", ensinam os cientistas. "Os indivíduos desta categoria se ensimesmam, se encarceram num mundo de sonhos e de princípios, estranho à realidade. Eles opõem nitidamente o seu 'eu' e o mundo." Tal qual Lima Barreto. *Tratado de biotipologia e patologia constitucional*, por W. Berardinelli. 4ª edição, pp. 226 e 229.
16. "Palavras dum simples", artigo de Lima Barreto. *Hoje*. Rio de Janeiro, 22-7-1922. *Marginália*, pp. 58-60.
17. "Dissidências", artigo de Lima Barreto, publicado postumamente. *Careta*. Rio de Janeiro, 5-1-1924. V. *Coisas do Reino do Jambon*, pp. 118-119.
18. *Gonzaga de Sá*, p. 38.
19. "A morte do mestre", artigo de Enéias Ferraz. *O País*, Rio de Janeiro, 20-11-1922. Rememorando o encontro, o articulista faz questão de acentuar a data: "Foi na noite de 7 de setembro, quando toda a cidade, em uma orgia de luz e de barulho, comemorava o seu século de independência e de selvageria." Lima Barreto fugira aos festejos do centenário naquela avenida escura e silenciosa. "Não vi a parada; não vi a revista naval; não vi os fogos de bengala da Praia de Botafogo; nada vi, enfim, nem mesmo a 'exposição'..." "Congressos", artigo de Lima Barreto. *Careta*, Rio de Janeiro, 7-10-1922. V. *Coisas do Reino do Jambon*, p.116.

20. Depoimento de Evangelina de Lima Barreto.
21. É o que se evidencia pelos bilhetes de Francisco Schettino a Lima Barreto. Até roupa ao tintureiro ele levava. De fato, num dos bilhetes, sem data, lê-se o seguinte: "O paletó ficará pronto ou amanhã ou depois, porque esses 'camaradas' de tintureiros são uns..." V. *Correspondência*, II, pp. 85-134, assim como a carta ao mesmo destinatário, transcrita adiante. Schettino, porém, não substituiria a grande amizade de Antônio Noronha Santos. Este se transferira para Niterói, desde 1919, interrompendo assim o convívio quase diário com o escritor. A amizade permaneceria inalterada. Fora Santos o revisor de *Histórias e sonhos*.
22. A propósito de bancos, escreveu certa vez: "O único que conheci foi o dos Funcionários Públicos, mas esse não me deixou boas recordações." "Greve inútil", artigo de Lima Barreto. *Careta*, Rio de Janeiro, 22-5-1920. V. *Marginália*, p. 104.
23. Cabe lembrar aqui a excelente crônica de Osório Borba, mostrando o absurdo de uma das "piadas" atribuídas a Lima Barreto. "A história e os botequins". *Diário de Notícias*, Rio de Janeiro, 15-4-1943.

2

A MORTE

"Fechou-se o caixão. Houve um pequeno ruído, seco, vulgar, exatamente igual ao de qualquer caixa que se fecha... E foi só!"

GONZAGA DE SÁ, p. 125

"PARA SE COMPREENDER bem um homem não se procure saber como oficialmente viveu. É saber como ele morreu; como ele teve o doce prazer de abraçar a Morte e como Ela o abraçou."[1] Eis o que nos recomenda o biógrafo de Gonzaga de Sá, ao descrever em poucas linhas a morte do amigo, no instante em que, olhando o mar, colheu uma flor, caiu e morreu. Sigamos o conselho. Vejamos como o romancista "colheu a flor, e caiu, e morreu...".[2]

Foi também inesperada a morte de Lima Barreto, embora sem a solenidade com que se revestira a de Gonzaga de Sá. Estava enfermo, é verdade. Mas a doença não parecia grave assim, para que se pudesse supor tão próximo o desenlace. Pela manhã, Evangelina viera sentar-se à beira da cama do irmão. Tomara-lhe o pulso e a temperatura. O doente não tinha febre, havia passado bem a noite. Mais uns dias de cama – matutou com certeza – e estaria em condições de levantar-se.

A moça estava triste, não pelo irmão, mas pelo pai. João Henriques, sim, tinha as suas horas contadas. Qualquer coisa lhe prevenia que o velho almoxarife estava no fim. E Evangelina desabafou toda a sua angústia, chorando no ombro do irmão. Assim ficaram durante alguns minutos. Depois, voltando à calma, Evangelina fez menção de retirar-se, mas o irmão a deteve um instante mais:

– Quero que me perdoes tudo o que fiz. A minha vida...

Não terminou a frase, com receio talvez de evitar maiores cuidados, para ordenar num tom imperativo:

– Vai ver o nosso pai. Ele não pode ficar sozinho...

À tardinha, Evangelina voltou ao quarto do irmão, que repousava tranquilamente, em meio a uma porção de livros, revistas e jornais, espalhados na cama. Trazia-lhe uma xícara de chá, com torradas. Trocaram poucas palavras, os dois irmãos:

– Está melhor? – perguntou Lima Barreto, pensando sempre no pai.

– Piora a cada momento – foi a resposta. – Não posso deixá-lo. Tenho que voltar à sua cabeceira.

Lima Barreto sentara-se na cama, enquanto Evangelina dispunha a bandeja no travesseiro, que havia colocado sobre as pernas do doente. Uma hora depois, retornando ao quarto, encontraria o irmão morto. Continuava sentado, abraçado a um volume da *Revue des Deux Mondes*.[3]

Era dia de Todos os Santos. Chovia muito. Uma chuva miúda e persistente, chuvinha criadeira, escorrendo sem parar pela Rua Major Mascarenhas abaixo. No centro da sala de visitas da Vila Quilombo, armaram o serviço fúnebre. O enterro sairia no dia seguinte, para o Cemitério São João Batista. O escritor pedira que não o enterrassem no Cemitério de Inhaúma. Achava-o feio, "sem aquele ar de recolhimento, de resignada tristeza, de imponderável poesia do Além... com um ar sorno de repartição pública".[4] Preferia ser enterrado no São João Batista, longe do subúrbio, em pleno Botafogo, bairro de gente rica, que tanto havia ridicularizado.

À noite, começou a chegar gente para o velório. Gente desconhecida dos subúrbios. Amigos humildes, que participavam do "clâbe", formado nas mesas do botequim do "Seu" Ventura. Os compadres e os afilhados do romancista vinham até a sua casa humilde, patinhando na lama da ladeira suburbana, para prestar-lhe a última homenagem. "Ele lá estava no seu caixão modesto, dormindo serenamente o seu grande sono", assim o retrata Enéias Ferraz. "Tinha os olhos bem fechados e nos lábios finos o mesmo imperceptível sorriso da sua vida... A cabeça, tão embranquecida nestes últimos tempos, estava um pouco caída sobre o ombro, como se descansasse realmente."[5]

Durante o velório, aparecera um homem com um pequeno ramalhete de perpétuas. Ninguém o conhecia. Curvou-se diante do morto, e espalhou as flores no caixão. O depoimento pertence a Pereira da Silva e deve ser transcrito com as próprias palavras do poeta: "Quando transpusemos a sala em cujo centro jazia o cadáver, o homem correu a espalhar no caixão, votivamente, aquelas perpétuas de um roxo tão expressivo. Depois, mal contendo a comoção, descobriu-lhe o rosto, beijou-o na testa, que ainda recebeu algumas lágrimas. Uma pessoa da família dirigiu-se ao visitante. Quis saber quem ele era.

"– Não sou ninguém, minha senhora. Sou um homem que leu e amou esse grande amigo dos desgraçados."[6]

A chuvinha continuava a cair. "Lembro-me da cara branca de adolescente afoito de Enéias Ferraz – recorda Di Cavalcanti – a olhar para o caixão do seu ídolo. E me lembro também de dois guardas-civis solenes, um deles irmão do morto, montando guarda ao corpo."[7]

O caixão fora conduzido até a estação de Todos os Santos, onde esperaria uma boa meia hora o carro fúnebre da Central do Brasil.

É ainda de Enéias Ferraz a emocionante descrição do cortejo da Rua Major Mascarenhas até a *gare* suburbana. "À tarde, o enterro saiu, levado lentamente pelas mãos dos raros amigos que lá foram. Mas, ao longo das ruas suburbanas, de dentro dos jardins modestos, às esquinas, à porta dos botequins, surgia, a cada momento, toda uma *foule* anônima e vária que se ia incorporando atrás do seu caixão, silenciosamente. Eram pretos em mangas de camisa, rapazes estudantes, um bando de crianças da vizinhança (muitos eram afilhados do escritor), comerciantes do bairro, carregadores em tamancos, empregados da estrada, botequineiros e até borrachos, com o rosto lavado em lágrimas, berrando, com o sentimentalismo assustado das crianças, o nome do companheiro de vício e de tantas horas silenciosas, vividas à mesa de todas essas tabernas..."[8]

Na cidade, alguns amigos esperavam o escritor. Félix Pacheco, Paulo Hasslocher, Gastão Cruls, Olegário Mariano, José Mariano Filho.[9] E o enterro prosseguiu, com o seu pequeno cortejo, até o São João Batista. A chuva não parava.[10]

No seu leito de moribundo, João Henriques sentira que qualquer coisa diferente ocorrera na casa. Como que recobrando a razão por um instante, perguntara à filha, no dia seguinte:

– Que foi que aconteceu? Afonso morreu?[11]

Evangelina procurou acalmá-lo, mas em vão. João Henriques tinha os olhos secos e duros. Logo depois, entrava em agonia. Nada mais restava a esperar...

Morreu quarenta e oito horas depois do filho. Foi enterrado na mesma campa. E, no túmulo humilde, eles repousam para sempre, novamente unidos, na morte como na vida.

NOTAS

1. *Gonzaga de Sá*, p. 37.
2. *Gonzaga de Sá*, pp. 43 e 167.
3. "João, não. Afonso Henriques de Lima Barreto", reportagem de Sílvio Fonseca. *Vamos Ler!*, Rio de Janeiro, 10-4-1941. Entrevista com Carlindo Lima Barreto, irmão do romancista. Os demais pormenores dos últimos dias foram relatados ao autor deste livro por D. Evangelina de Lima Barreto.
4. "Os enterros de Inhaúma", artigo de Lima Barreto. *Gazeta de Notícias*, Rio de Janeiro, 24-8-1922. *Feiras e mafuás*, p. 287.
5. "A morte do mestre", artigo de Enéias Ferraz. *O País*, Rio de Janeiro, 20-11-1922.
6. "Soube então – conta ainda o poeta – que várias demonstrações semelhantes fizeram a Lima Barreto outras almas reconhecidas." "Lima Barreto", artigo de A. J. Pereira da Silva. *A Noite*, Rio de Janeiro, 7-11-1922.
7. "Triste fim de Lima Barreto", artigo de Di Cavalcanti. *Dom Casmurro*, Rio de Janeiro, 27-7-1943.
8. Enéias Ferraz. *Ob. cit.*
9. Foi José Mariano Filho quem pagou as despesas do enterro.
10. Di Cavalcanti. *Ob. cit.* Ainda sobre o enterro de Lima Barreto, há um depoimento importante a registrar. É o de Gastão Cruls, em carta a Antônio Torres, de 15-11-1922. "Pobre Lima! Fui ao seu enterro, um pobre enterro que afora Félix Pacheco, Pereira da Silva e mais dois ou três homens de letras, era apenas acompanhado por

um bocado daquela humilde gente do subúrbio, que ele descreveu tão bem nos seus romances. Nesta época de exposição e passagem de governo, a sua morte passou quase despercebida e os jornais mal tiveram lugar para lhe traçar apressados necrológios. E dizer-se que agora mesmo se cogitou da ereção de estátuas a Pinheiro Machado e Eça de Queirós!" *Antônio Torres e seus amigos*, por Gastão Cruls, pp. 321-322. Os necrológios sobre o romancista só começaram a aparecer nos jornais a 3 de novembro. Muitos amigos – e dentre eles o maior de todos: Antônio Noronha Santos – deixaram por isso de comparecer ao enterro.

11. Depoimento de D. Evangelina de Lima Barreto.

APÊNDICE

(Documento a que se refere a nota 20 do capítulo "O abismo")

CÓPIA DA OBSERVAÇÃO DE AFONSO HENRIQUES DE LIMA BARRETO, CONSTANTE DO LIVRO DE OBSERVAÇÕES CLÍNICAS DO INSTITUTO DE PSIQUIATRIA DA UNIVERSIDADE DO BRASIL

Nome: Afonso Henriques de Lima Barreto
Idade: 33 anos – Estado civil: solteiro
Nacionalidade: brasileira. – Profissão: empregado público
Entrada: em 18 de agosto de 1914
Diagnóstico: Alcoolismo

Inspeção geral:

O nosso observado é um indivíduo de boa estatura, de compleição forte, apresentando estigmas de degeneração física. Dentes maus; língua com acentuados tremores fibrilares, assim como nas extremidades digitais.

Exame da motilidade:

Marcha normal

Exame da sensibilidade:

Íntegra

Exame de reflexos:

Plantares diminuídos, patelares, cremastérico e aquileus presentes, abdominais exaltados. As pupilas em miósis não reagem à luz, reagindo lentamente à acomodação.

Aparelho digestivo:

Normal

Aparelho circulatório:

Normal

Aparelho respiratório:

Normal

Aparelho geniturinário:

Normal. – Está atualmente com blenorragia

Reação de Wassermann:

no soro sanguíneo: positiva
no líquido cefalorraquidiano: negativa
Em 25 de agosto de 1914 (as.) *M. Pinheiro*

Exame do líquido cefalorraquidiano:

Linfocitose: negativo
Reação de Nonne: negativa
Albumina: 2 divisões do tubo de Nissl
Pressão: 20 mm Hg (F)
Em 22 de agosto de 1914

Comemorativos de família:

Quanto aos antecedentes de família, informa que sua mãe morreu tuberculosa: o pai vivo *goza saúde e é robusto*. Tem três irmãos fortes. Informa depois que seu pai sofre neurastenia.

Comemorativos pessoais e de moléstia:

Cópia da guia policial: – "Nada informa aos antecedentes de hereditariedade. Acusa outros no rapto de manuscritos. Acusa insônias, com alucinações visuais e auditivas. Estado geral bom. Boa memória." Já teve sarampo e catapora, blenorragia, que ainda sofre e cancros venéreos. Confessa-se alcoolista imoderado, não fazendo questão de qualidade. Está bem orientado no tempo e meio. Memória íntegra; conhece e cita com bastante desembaraço fatos das histórias antiga, média, moderna e contemporânea, respondendo às perguntas que lhe são feitas, prontamente. Tem noções de álgebra, geometria, geografia. Nega alucinações auditivas, confirmando as alucinações visuais. Associação de ideias e de imagens perfeitas, assim como perfeitas são a percepção e atenção. Cita seus autores prediletos que são: Bossuet, Chateaubriand "*católico elegante*" [*sic*], Balzac, Taine, Daudet; diz que conhece um pouco de francês e inglês. Com relação a esses escritores faz comentários mais ou menos acertados; em suma, é um indivíduo que tem algum conhecimento e inteligente para o meio em que vive. Interrogado sobre o motivo da sua internação, refere que, indo à casa de um seu tio em Guaratiba, prepararam-lhe uma assombração, com aparecimentos de fantasmas, que aliás lhe causam muito pavor. Nessa ocasião, chegou o Tenente Serra Pulquério, que, embora seu amigo de *pândegas*, invectivou-o por saber que preparava panfletos contra seus trabalhos na vila proletária Marechal Hermes. Tendo ele negado, foi conduzido à polícia, tendo antes cometido desatinos em casa, quebrando vidraças, virando cadeiras e mesas. A sua condução para a polícia só se fez mediante o convite do comissário que lhe deu aposentos na delegacia até que transferiram-no para a nossa clínica. Protesta contra o seu "sequestro", pois vai de encontro à lei, uma vez que nada fez que o justifique. Nota de certo tempo para cá animosidade contra si, entre os seus companheiros de trabalho, assim como entre os próprios oficiais do Ministério da Guerra de onde é funcionário. Julga que o Tenente Serra Pulquério teme a sua fama "ferina e virulenta", pois, apesar de não ser grande escritor nem ótimo pensador, adota as doutrinas anarquistas e quando escreve deixa transparecer debaixo de linguagem enérgica e virulenta os seus ideais. Apresenta-se relativamente calmo, exaltando-se, contudo, quando narra os motivos que justificaram a sua internação. Tem duas obras publicadas: *Triste fim de Policarpo Quaresma* e *Memórias* [*sic*] *do escrivão Isaías Caminha*.

Marcha da moléstia e tratamento:

Purgativo – ópio

Saída:

Transferido em 27 de agosto de 1914

2.ª Entrada:

Nome: Afonso H. de Lima Barreto
Cor: parda – Idade: 38 anos – Nacionalidade: brasileira
Estado civil: solteiro. – Profissão: Jornalista
Entrada: em 25 de dezembro de 1919
Saída: Transferido em 26 de dezembro de 1919

Diagnóstico:

Alcoolismo
Confere com o original. I. Ps. da U. B. Em 14 de maio de 1948

(*a*) *Cecília de Oliveira Rocha*
auxiliar de escritório

(Documento a que se refere a nota 3 do capítulo "Cemitério dos vivos")

HOSPÍCIO NACIONAL DE ALIENADOS [SEÇÃO PINEL DO HOSPITAL PEDRO II, RIO DE JANEIRO]

Nome: Afonso H. de Lima Barreto
Filiação:
Idade: 34 anos. [*sic*]
Raça: Parda
Nacionalidade: Brasileira
Naturalidade: Carioca
Religião:
Profissão: Escritor
Estado Civil: Solteiro
Instrução:
Classe: D. F.
Número Geral:
Número do Ano:
Livro de Matrícula:
Enviado: pela Repartição Central de Polícia

Premissas Legais de Internação:
(Do Pavilhão de Observações ou certificados médicos, datas, autores)

Em branco.

Permanência Anterior, Data e Diagnóstico
Saída – Transferido para a Seção Calmeil em 29-12-1919

Anamnese

É um indivíduo precocemente envelhecido, de olhar amortecido; fácies de bebedor, regularmente nutrido.

Perfeitamente orientado no tempo, lugar e meio, confessa desde logo fazer uso, em larga escala, de parati; compreende ser um vício muito prejudicial, porém, apesar de enormes esforços; não consegue deixar a bebida.

Por este abuso já passou certa vez três meses no Pavilhão, o que, entretanto, nada adiantou, voltando desde a saída a embriagar-se. Informa que as suas perturbações quando aparecem são em forma de delírios, sempre consequentes a um abuso mais forte e mais demorado.

Foi o que sucedeu desta vez, alarmando um seu irmão, que julgou conveniente a sua internação, apesar de seus protestos.

Indivíduo de cultura intelectual, diz-se escritor, tendo já quatro romances editados, e é atual colaborador da *Careta*.

Fala em seus últimos delírios, reconhecendo perfeitamente o fundo doentio deles, e diz-se certo que tal só sucedeu graças às suas perturbações mentais.

Estes delírios que são facilmente descritos pelo paciente são de caráter terrificante, perseguidor etc.

Geralmente a amnésia em relação às fases de embriaguez é completa, porém estes últimos delírios, segundo o próprio, passaram-se sem que estivesse em completo etilismo, motivo por que é capaz de descrevê-los.

Mãe falecida tuberculosa. Pai vivo, aposentado no serviço da administração das Colônias de Assistência a Alienados; há 18 anos não sai de casa, preso de psicastenia ou lipemania, como informa o examinado.

São notáveis os tremores fibrilares da língua e das extremidades digitais apresentados pelo paciente, bem como abalos e tremores dos músculos da face, mormente quando fala. Palavra algo arrastada e meio enrolada, certas vezes. Teve blenorragia e cancro mole, icterícia e febres palustres.

26-12-19.
J. A. *

---

*Dr. José Carneiro Airosa.

NOTA – Merece assinalar que o paciente, referindo-se ao seu escrito a sair sábado, 27, na *Careta*, tendo sido feito há apenas 15 dias, está para ele completamente esquecido. Foi elaborado quando em estado de leve embriaguez.

Diagnóstico:

Alcoolismo

Prognóstico:

Em branco

Tratamento:

Purgativo. Poção gomosa de ópio

Seção Pinel do Hospital Pedro II. Livro de Observações nº 64 (4-10-1919 – 21-1-1920), pp. 144 e segs.

(Documento a que se refere a nota 8 do capítulo "Ponta do Galeão")

HOSPÍCIO NACIONAL DE ALIENADOS
[SEÇÃO PINEL DO HOSPITAL PEDRO II, RIO DE JANEIRO]

Nome: Afonso Henrique [*sic*] de Lima Barreto
Filiação:
Idade: 33 anos [*sic*]
Raça: Parda
Nacionalidade: Brasil
Religião:
Profissão: Empregado público
Estado Civil: Solteiro
Instrução: Boa
Classe: 4ª
Número Geral:
Número do Ano:
Livro de Matrícula:
Enviado: pela família

Premissas Legais de Internação:
(Do Pavilhão de Observações ou certificados médicos, datas, autores)
Em branco.

Permanência anterior, data e diagnóstico:

Entrada na seção: 27 de agosto de 1914 (de permanência atual)

Saída: 13 de outubro de 1914 (Alta a pedido)

Transferido da S. Pinel, em 29 de dezembro de 1919

Anamnese:

Este doente foi internado quando o alienista que dirige a Seção Calmeil e escreve estas linhas se achava em gozo de licença. Não o vi, portanto. Estou porém informado de que no Pavilhão de Observações, onde permaneceu cerca de um mês, teve o diagnóstico de alcoolismo.

O inspetor desta Seção conheceu seu pai, que era administrador das Colônias de Alienados da Ilha do Governador. Informa que este senhor fazia uso excessivo de bebidas alcoólicas, apresentando humor irascível e taciturno. Consta-nos ainda que o progenitor do observado se acha agora em avançado estado de demência.

O observado Afonso Henrique [*sic*] goza nos meios literários da reputação de um escritor talentoso e forte, cheio de mordacidade. Aliás, alguns de seus trabalhos evidenciam esses méritos de escritor. Parece que nas palestras de café é o observado muito querido por seus ditos chistosos e picantes.

Exame direto:

Em branco

Diagnóstico:

Alcoolismo

Prognóstico:

Em branco

Tratamento:

Em branco

Seção Calmeil do Hospital Gustavo Riedel
Livro de Observações nº 9, pp. 76 e segs.

(Documento a que se refere a nota 3 do capítulo "Vila Quilombo".)

INVENTÁRIO DA BIBLIOTECA DE LIMA BARRETO

Este livro é destinado a inventariar as obras existentes na minha pequena biblioteca. O catálogo farei depois, por intermédio dele.

Rio de Janeiro, neste lugar de Todos os Santos, em primeiro de setembro de mil novecentos e dezessete.

Afonso Henriques de *Lima Barreto*.

N. B. – A coleção chama-se *"Limana"*.

ESTANTE I

1ª Prateleira

1 –	Cartas. Mlle Lespinasse	Encadernado
2 –	Origines et Descendance de l'Homme. Haeckel et Bölche	Encadernado
3 –	De l'Allemagne. Mme de Staël	Encadernado
4 –	Le Jour sans Lendemain. J. Sandeau	Encadernado
6 –	Mélanges d'Économie Politique. Bastiat. 2 vols	Encadernado
7 –	La Contingence des Lois de la Nature. Boutroux	Encadernado
8 –	Eneida. Virgilio (em italiano)	Encadernado
9 –	La Cousine Bette. Balzac	Encadernado
10 –	Sciences des Armoiries. Maigne	Encadernado
11 –	L'Anthropologie. Topinard	Encadernado
12 –	L'Individu et les Diplômes. Abel Faure	Encadernado
13 –	Pléiades. Gobineau	Encadernado
14 –	O Abolicionismo. J. Nabuco	Encadernado
15 –	Littérature Française. Charles André	Encadernado

16 – Idem. Demogeot	Encadernado
17 – Idem. Géruzez. 2 vols.	Encadernado
19 – Idem. Brunetière (não está nesta estante; está na 2ª, 3ª prateleira)	Encadernado
20 – La Bible d'Amiens. Ruskin	Encadernado
21 – Confessions. Rousseau	Encadernado
22 – Oeuvres. Racine	Encadernado
23 – Civilização Ibérica. O. Martins	Encadernado
24 – Pensées. Pascal	Encadernado
25 – Eugénie Grandet. Balzac	Encadernado
26 – Caractères. La Bruyère	Encadernado
27 – Dominique. Eugène Fromentin	Encadernado
29 – La Révolution Française. Mignet	Encadernado
30 – Une Nichée des Gentilshommes. I. Tourgueneff	Encadernado
31 – La France d'Aujourd'hui. Barret-Wendell	Encadernado
32 – Fumée. I. Tourgueneff	Encadernado
33 – Souvenirs d'Enfance et de Jeunesse. E. Renan	Encadernado
34 – Julie de Lespinasse. M. de Ségur	Encadernado
35 – La France en 1614. G. Hanotaux	Encadernado
36 – Sargento-Mor de Vilar. A. Gama	Encadernado
37 – Diversas Novelas. Balzac	Encadernado
38-40 – Mil e Uma Noites. Galland. (Falta um volume, só estão 3). Estão na 4ª E., 2ª Prat.	Encadernado
41 – Arte de Furtar. (?). (Passou para a 4ª Est., 2ª Prat.)	Encadernado
42 – Théâtre Classique. Régnier	Encadernado
43 – La Religieuse. Diderot	Encadernado
44 – L'Apprenti Compositeur. J. Claye	Encadernado
45 – As Grandes invenções. Figuier	Encadernado

2ª Prateleira

46 – Grandezza e Decadenza di Roma. G. Ferrero (1 só volume, o 1º)	Encadernado
47 – La Vida de Lazarillo de Tormes (em espanhol)	Encadernado
48 – Diderot. A. Reinach	Encadernado

49 –	Descartes. J. Fouillée	Encadernado
50 –	De New York à la Nouvelle-Orleans. Jules Huret	Encadernado
51 –	De San Francisco au Canada. Idem	Encadernado
52 –	Enquête sur l'Invention Littéraire. Idem	Encadernado
53 –	Poésies. A. Chénier	Encadernado
54 –	Paris en Amérique. E. Laboulaye	Encadernado
55 –	Vie et Opinions de F. T. Graindorge. Taine	Encadernado
56 –	Nouveaux Essais de Critique et d'Histoire. Taine	Encadernado
57 –	Philosophie de l'Art. Taine. 2 vols.	Encadernado
63 –	La Littérature Anglaise. Taine. 5 vols.	Encadernado
64-67 –	Origines de la France Contemporaine. Idem. 4 vols. (Não está nesta estante, mas na 2ª, 4ª prateleira)	Encadernado
68 –	Le Corrège. Mme Albana	Encadernado
69 –	S. Botticelli. E. Gebhart	Encadernado
70 –	Confessions d'un Enfant du Siècle. Musset	Encadernado
71 –	Physiologie du Goût. B. Savarin. (Passou para a 1ª prat., depois do Jules Claye.)	Encadernado
75 –	Mémoires. Cardinal de Retz. 4 vols.	Encadernado
76 –	Précis de Sociologie. Palante	Encadernado
77 –	Évolution et Origine des Espèces. T. Huxley	Encadernado
78 –	Gordon Pym, etc. E. Poe	Encadernado
79 –	Sous le Ciel Vide. J. Boyer	Encadernado
80 –	História da Literatura Portuguesa. Teófilo Braga	Encadernado
81 –	Le Calvaire. O. Mirbeau	Encadernado
82 –	La Femme. Michelet	Encadernado
83 –	Les Jésuites. H. Boehmer	Encadernado
84 –	Histoire d'une Parisienne. O. Feuillet	Encadernado
85 –	Les Végétaux, leur Rôle, etc. Bois et Gadeceau	Encadernado
86 –	La Littérature Française au Moyen-Âge. G. Paris	Encadernado
87 –	Le Bovarysme. J. Gaultier	Encadernado
88 –	As Três Filosofias. L. P. Barreto	Encadernado

3ª Prateleira

89	– Mythologie de la Grèce Antique. P. Decharme	Encadernado
90	– La Révolution Française. Poujolat	Encadernado
91	– Histoire-de l'Art. A. Roux	Encadernado
92	– La Morale, L'Art et la Religion d'après Guyau. A. Fouillée	Encadernado
93	– L'Opposition sous les Césars. G. Boissier	Encadernado
94	– Gil Blas. Le Sage	Encadernado
95	– Oeuvres d'Apulée. 2 vols.	Encadernado
97	– Louis Lambert. Balzac	Encadernado
98	– History of England. Goldsmith	Encadernado
99	– Philosophie Positive. Bourdet	Encadernado
100	– Seleta Clássica. João Ribeiro	Encadernado
101	– Sur la Violence. G. Sorel	Encadernado
102	– Précis de Philosophie. R. Worms	Encadernado
103	– Gramática Portuguesa. E. Dias	Encadernado
104	– Du Style. R. Gourmont	Encadernado
105	– La Conversion de Jeanne. G. Eliot	Encadernado
106	– Brás Cubas. Machado de Assis	Encadernado
107	– Quincas Borba. Idem	Encadernado
108	– Esaú e Jacó. Idem	Encadernado
109	– Ateneu. Raul Pompéia	Encadernado
111	– Mémoires. Mme d'Épinay. 2 vols.	Encadernado
112	– Autobiographie. Booker T. Washington	Encadernado
113	– Le Fondement de la Morale. Schopenhauer	Encadernado
114	– L'Intelligence des Fleurs. Maeterlinck	Encadernado
115	– La Littérature Anglaise. A. Filon	Encadernado
116	– Civilisation en Angleterre. Buckle (só o 5º vol.)	Encadernado
117	– Pages Choisies. Nietzsche	Encadernado
118	– Les Feuilles d'Automne. V. Hugo	Encadernado
119	– Affaires de Rome. Lamennais	Encadernado
120	– Les Abencerrages, Atala, René, etc. Chateaubriand	Encadernado
121	– Le Génie du Christianisme. Chateaubriand	Encadernado

122 – Les Martyrs. Idem	Encadernado
123 – Camões. T. Braga (*Dei*)	Encadernado
124 – Oeuvres. Marat	Encadernado
125 – Du Libre Arbitre. S. Prudhomme	Encadernado
126 – Les Civilisés. C. Farrère	Encadernado
127 – La Grande Marnière. G. Ohnet	Encadernado
128 – Philosophie de Schopenhauer. Ribot	Encadernado
130 – Le Lys Rouge. Anatole France	Encadernado
131 – H. da Literatura Brasileira. S. Romero e João Ribeiro.	Encadernado

4ª Prateleira

132 – Aphrodite. Pierre Louys	Encadernado
133 – Fatos do Espírito Humano. V. de Araguaia	Encadernado
134 – Gramática Filosófica. Soares Barbosa	Encadernado
135 – L'Afrique Noire. O. Megnier	Encadernado
136 – Les Grands-Maîtres d'Art. E. Bayard	Encadernado
137 – Carnet d'un Inconnu. Dostoïevsky	Encadernado
138 – La Science et l'Hypothèse. Poincaré	Encadernado
139 – La Lutte Universelle. F. le Dantec	Encadernado
140 – L'Âme et le Corps. A. Binet	Encadernado
141 – Réputations Littéraires. - P. Stupfer	Encadernado
142 – L'Alchimie et les Alchimistes. Figuier	Encadernado
143 – Mi Viaje alrededor del Mundo. Darwin	Encadernado
144 – Le Livre des Snobs. Thackeray	Encadernado
145 – Portraits. A. Suarès	Encadernado
146 – Études Morales. Laboulaye	Encadernado
147 – Histoire Juive. M. Vernes	Encadernado
148 – Théâtre Choisi. Marivaux	Encadernado
149 – Oeuvres. Villon	Encadernado
150 – Astronomie. Delaunay	Encadernado
151 – Femmes de la Régence. P. de Musset	Encadernado
153 – Souvenirs Contemporains. Villemain. 2 vols.	Encadernado
154 – Le Socialisme Utopique. Lichtenberger	Encadernado

155 – Doctrine. Confucius Encadernado
156 – Le Lendemain de la Mort. L. Figuier Encadernado
157 – Fables. La Fontaine Encadernado
158 – Lourdes. E. Zola Encadernado
159 – Du Pape. J. de Maistre Encadernado
160 – Renée Mauperin. E. et J. de Goncourt. (Passou para a 1ª prateleira) Encadernado
161 – Charles Demailly. Idem, Idem Encadernado
162 – Terres Vierges. I. Tourgueneff Encadernado
163 – Opúsculos. 7 vols. Encadernado

Castro Lopes: Neologismos etc. – Dr. Jaguaribe: Homens e Ideias no Brasil (I) – H. G. Wells: La Découverte de l'Avenir – Afonso Celso: O Assassinato do Cel. Gentil de Castro – Anatole France: L'Église et la République – Haeckel: Le Monisme (II) – La Chanson de Roland – São Bernardo: De l'Amour de Dieu – Teixeira Mendes: O Regulamento das Escolas do Exército – Lagarrigue: A Ditadura Republicana – Diderot: Essai sur le Beau (III) – Courier: Pages Choisies – Gomes de Carmo: Reforma da Agricultura Brasileira – Araripe Júnior: José de Alencar (IV) – Robinet: La Philosophie Positive – Péladan: La Dernière Leçon de Léonard de Vinci – Couto de Magalhães: Etnografia Indígena – Clóvis Beviláqua: Filosofia Positiva no Brasil (V) – M. Renault: Épicure – P. Landorny: Descartes – Levrault: La Satire – A. Guimarães: Sílvio Romero – João Ribeiro: Colocação dos pronomes (VI). [..............] (VII).

5ª Prateleira

169 – Pièces. 6 vols.

I

1) Mme Sans-Gêne. E. Sardou et Moreau
2) La Femme Nue. H. Bataille
3) M. de Coupière. Abel Hermant
4) L'Assaut. H. Bernstein

5) Terre d'Épouvante. André de Lorde et E. Morel; et M. de Codonat. Tristan Bernard
6) Bagnes d'Enfants. André de Lorde e Pierre Chaîne
7) Jean III. Sacha Guitry; et La Joie du Sacrifice. J. J. Bernard
8) Le Scandale de Monte-Carlo. Sacha Guitry
9) Timon d'Athènes. E. Fabre
10) Vers l'Amour. Léon Gauchillot

II

1) Le Voleur. H. Bernstein
2) La Française. Brieux; et Simone, par le même auteur
4) Chacun sa vie. G. Guiches
5) La Sacrifiée. Gaston Devore
6) Coeur à Coeur. R. Coolus
7) Le Grand Soir. L. Kampf
8) Qui Perd, Gagne. P. Veber
9) L'Alibi. G. Trarieux
10) L'autre. P. e Victor Margueritte

III

1) Théodora. V. Sardou
2) Sa Soeur. T. Bernard
3) Les Plumes de Paön. Bisson et Turique
4) Sou Père. A. Guinon et A. Bouchinet
5) L'Amour Veille. Flers et Caillevet
6) L'Éventail. Idem
7) Après le pardon. M. Serac
8) Chérubin. Croisset
9) Ramuntcho. P. Loti
10) Vieil Heidelberg. Meyer-Foerster

IV

1) Samson. H. Bernstein
2) L'Affaire des Poisons. V. Sardou
3) Un Divorce. P. Bourget et André Cury
4) Les Deux Hommes. Alfred Capus
5) La Rivale. H. Kistemaekers et E. Delard
6) Adrienne Lecouvreur. Mme Sarah Bernhardt
7) L'Apprentie. G. Geffroy
8) La Belle au Bois Dormant. J. Richepin et H. Cain
9) La grande Famille. M. Arguillière

V

1) Crainquebille. A. France
2) La Préférée. L. Descaves
3) Education de Prince. M. Donnay
4) Le Réveil. Paul Hervieu
5) Les Hannetons. Brieux; et Au Petit Bonheur. A. France
6) Mlle Josette, ma femme. P. Gavault et R. Charvay
7) Le Ruisseau. P. Wolff
8) Pylade. L. Legendre; et Le Poulailler. T. Bernard
9) Le Refuge. D. Niccodemi
10) Le Martyre de St. Sébastien. G. D'Annunzio

VI

1) La Soutane. A. Bernède
2) La Loi de Pardon. M. Landay
3) Divorçons. V. Sardou
4) Le Chandelier. Alfred de Musset
5) La Veine. A. Capus
6) Gringoire. Th. Banville
7) Cyrano de Bergerac. Ed. Rostand
8) La Joie Fait Peur. Mme de Girardin

175 – Cinq-Mars. Alfred de Vigny — Encadernado
176 – Après Moi et Le Bercail. H. Bernstein — Encadernado
177 – Les Maitres Humoristes. Herman-Paul; Foraín; Abel-Faivre — Encadernado
178 – Perversions et Perversité Sexuelles. Laupts — Encadernado
179 – D. João VI. Oliveira Lima. 2 vols. — Encadernado
196 – Revista Brasileira (J. Veríssimo). 16 vols. — Encadernado
197 – D. Quijote de la Mancha. Miguel de Cervantes Saavedra — Encadernado
206 – Romans. 9 vols. — Encadernado

I

1) Les Diaboliques. J. Barbey D'Aurevilly
2) Les Rois en Exile. Alphonse Daudet
3) L'Immortel. Idem
4) Boubouroche. George Courteline
5) Mémoires d'un Jeune Homme Rangé. Tristan Bernard

II

1) Les Vacances d'un Jeune Homme Sage. Henri de Régnier
2) L'Abbé Jules. O. Mirbeau
3) Les Sous-offs. Lucien Descaves
4) La Carrière. Abel Hermant
5) La Discorde. Idem

III

1) André Cornelis. Paul Bourget
2) La Leçon d'Amour dans un Parc. René Boylesve
3) La Ruse. Paul Adam
4) L'Aventure. Pierre Veber
5) La Résurrection. Léon Tolstoi

IV

1) Du Sang, de la Volupté et de la Mort. Maurice Barrès
2) Au Service de l'Allemagne. Idem
3) Secrets d'État. Tristan Bernard
4) Indiana. George Sand
5) Fromont Jeune et Risler Aîné. Alphonse Daudet

V

1) Chronique du Cadet de Contras. Abel Hermant
2) Les Grands Bourgeois. Idem
3) Le Mariage de Minuit. Henri de Régnier
4) L'Écornifleur. Jules Renard
5) Amants. Paul Margueritte

VI

1) Le Cousin Pons. Honoré de Balzac
2) Le Petit Chose. Alphonse Daudet
3) Le Sceptre. Abel Hermant
4) La Lumière qui s'éteint, R. Kipling
5) Flirt. Paul Hervieu

VII

1) Servitude et Grandeur Militaires. A. de Vigny
2) Valentine. George Sand
3) Histoire Naturelles. Jules Renard
4) M. de Courpière Marié. Abel Hermant
5) Souvenirs du Vicomte de Courpière. A. Hermant

VIII

1) Sapho. A. Daudet
2) Germinie Lacerteux. E. et J. de Goncourt
3) Au Congo. Cel. Baratier
4) Confessions d'un Enfant d'Hier. Abel Hermant
5) Les Rentrées. Pierre Veber

IX

1) Le Passé Vivant. Henri de Régnier
2) La Petite Paroisse. Alphonse Daudet
3) Amants et Voleurs. Tristan Bernard
4) Une Passade. Pierre Veber et Willy
5) Netotchka. Dostoïevsky

ESTANTE II

1ª Prateleira

207 – Histoire Ancienne des Peuples de l'Orient. G. Maspero — Encadernado
208 – Cours d'Histoire. 4 vols. A. Malet. I – Antiquité; II – Moyen-Âge; III – Temps Modernes; IV – Époque Contemporaine — Encadernado
209 – La Psychologie Ethnique. G. Letourneau — Encadernado
210 – La Préhistoire. G. et A. de Mortillet — Encadernado
211 – Resumen de la Historia de America. Estevánez — Encadernado
212 – La Terre. Vidal de la Blache et Camena d'Almeida — Encadernado
213 – La France. Idem — Encadernado
214 – Précis d'Économie Polítique. Leroy-Beaulieu (não é meu) — Encadernado
215 – Manuel d'Histoire de la Littérature Grecque. A. et M. de Croiset — Encadernado
216 – A Ilusão Americana. E. Prado — Encadernado

217 – On Heroes. Carlyle — Encadernado
218 – Histoire de France. Choublier — Encadernado
219 – Théâtre. Aristophane — Encadernado
220 – Oeuvres. F. Rabelais — Encadernado
221 – La Linguistique. A. Hovelacque — Encadernado
222 – La Grèce Antique. André Lefèvre — Encadernado
223 – Chimie. Naquet et Henriot — Encadernado
224 – La Science Sociale. A. Fouillée — Encadernado
225 – Histoire de Law. Fouquet. A. Thiers et Savine & Bournand — Encadernado
226 – Vie des Mots. Darmesteter — Encadernado
227 – Horto de Mágoas. Gonzaga Duque — Encadernado
228 – Discours sur l'Histoire Universelle. Bossuet — Encadernado
229 – História Antiga (Oriente e Grécia). João Ribeiro — Encadernado
230 – Viagem ao Araguaia. Couto de Magalhães — Encadernado
231 – Du Morcellement du Sol en France. M. J. Piogey — Encadernado

2ª Prateleira

232 – Pequeno Panorama. M. de Azevedo — Encadernado
233 – Pierre Nozière. Anatole France — Encadernado
234 – Honoré de Balzac. Brunetière — Encadernado
235 – En France. Marius-Ary Leblond — Encadernado
236 – Roman de Léonard da Vinci. Mérejkovsky — Encadernado
237 – Les Renards. Abel Hermant — Encadernado
238 – La Biche Relancée. Idem — Encadernado
239 – Les Confidences d'une Biche. Idem — Encadernado
240 – Autres Troupiers. R. Kipling — Encadernado
241 – Simples Contes des Collines. Idem — Encadernado
242 – L'Ile de l'Aepyornis. H. G. Wells — Encadernado
243 – La Burlesque Équipée du Cycliste. Idem — Encadernado
244 – LesPremiers Hommes dans la Lune. Idem — Encadernado
245 – Le Pays des Aveugles. Idem — Encadernado
246 – Bel-Ami. Guy de Maupassant — Encadernado
247 – La Main Gauche. Idem — Encadernado

248 – Toine. Idem Encadernado
249 – Au Soleil. Idem Encadernado
250 – Miss Harriet. Idem Encadernado
251 – Yvette. Idem Encadernado
252 – La Maison Tellier. Idem Encadernado
253 – Souvenirs. Tolstoi Encadernado
254 – Port-Tarascon. A. Daudet Encadernado
256 – Ménage et Finances de Voltaire. Louis Nicolardot. 2 vols. Encadernado
257 – Viagens na Minha Terra. Almeida Garrett Encadernado
258 – Romanceiro. Idem Encadernado
259 – Les Moujiks. Tchékov Encadernado

3ª Prateleira

260 – Divina Comédia (tradução portuguesa do Barão de Vila da Barra.) Dante Encadernado
261 – Vida do Duque de Caxias. Monsenhor Pinto de Campos Encadernado
262 – L'Espèce Humaine. Quatrefages Encadernado
264 – Os Anais. Cornélio Tácito (Tradução de José Liberato Freire de Carvalho). 2 vols. Encadernado
265 – Colonies Étrangères et Haiti. Victor Schoelcher. 2 vols. Encadernado
266 – Motins Políticos. Domingos A. Raiol (só o 2º volume) Encadernado
267 – Histoire des Mathématiques. J. Boyer Encadernado
268 – Filosofia Positiva. Teófilo Braga Encadernado
269 – Ortografia Portuguesa. José F. de Castilho Encadernado
270 – Précis de Droit Maritime International et de Diplomatie. A. Le Moine Encadernado
271 – La Démocratie Devant La Science. C. Bouglé Encadernado
272 – Essais Sur le Régime des Castes. C. Bouglé Encadernado
273 – Lições de Coisas. Calkins (tradução de Rui Barbosa) Encadernado

274 – Origine des Espèces. C. Darwin Encadernado
275 – La Vie du Langage. Whitney Encadernado
276 – L'Homme Mental. Groslambert Encadernado
277 – As Mentiras Convencionais da Nossa Civilização. Max Nordau. (Tradução para o português por M. C. da Rocha) Encadernado
278 – L'Oeuvre et la Vie d'Auguste Comte (Notice sur). Robinet Encadernado
279 – La Philosophie Positive, condensation de Jules Rig (1° vol.) Encadernado
280 – L'Hérédité Psychologique. Th. Ribot Encadernado
281 – L'Imagination Créatrice. Idem Encadernado
282 – Nacionalidade, Língua e Literatura de Portugal e Brasil. Pereira da Silva Encadernado
283 – Théorie Nouvelle de la Vie. Félix le Dantec Encadernado
284 – Littérature Française. Brunetière Encadernado
285 – História de Portugal. Oliveira Martins Encadernado
286 – Aritmética. Serrasqueiro Encadernado
287 – Viagens de Gulliver (em português). J.Swift Encadernado
288 – La Morale Evolutioniste. H. Spencer Encadernado

4ª Prateleira

289 – Falas do Trono do I. do Brasil, de 1828 a 1872 Encadernado
290 – Philosophie. Janet (Paul) Encadernado
291 – Psychologie Économique. G. Tarde (só o 1°) Encadernado
292 – Marc-Aurèle. E. Renan Encadernado
293 – Le Préjugé des Races. J. Finot Encadernado
299 – História do Brasil. R. Southey (tradução do dr. Joqm. de Oliveira Castro e notas do cônego Fernandes Pinheiro). 6 vols. Encadernado
300 – Anthropologie. E. Fredault Encadernado
301 – Histoire de la Civilisation Hellénique. M. C. Paparrigopoulos Encadernado

302 – A Mulher e a Sociogenia. Tito Lívio de Castro (1ª edição, da Casa da Moeda) — Encadernado
303 – Gramática Portuguesa. Julio Ribeiro (1ª edição) — Encadernado
304 – Manual do Aprendiz Compositor. Jules Claye (tradução de J. H. de Lima Barreto) — Encadernado
305 – Histoire de la Philosophie Allemande. Willm (3º vol., só) — Encadernado
306 – Le Paradis Perdu. Milton (tradução francesa de Chateaubriand) — Encadernado
307 – Gramática Analítica. Grivet — Encadernado

ESTANTE PEQUENA III

1ª Prateleira

309 – Universo ed Umanitá (I e II). Diversos — Encadernado
310 – Publicações do Arquivo Público (vols. 4, IX e X) — Encadernado
311 – Dictionnaire des Contemporains. Vapereau (1858) — Encadernado
312 – Cartas da Índia e da China. J. I. de Andrade — Encadernado
313 – Les Contes Drôlatiques. H. de Balzac — Encadernado
314 – Le Socialisme Intégral. Benoît-Malon (2º vol.) — Encadernado
315 – Revue des Deux Mondes. (12 vols., 1851) — Encadernado
316 – L'Afrique Française etc. P. Christian — Encadernado
317 – Magnum Lexicon. M. José Ferreira — Encadernado
318 – Le Procès Bazaine — Encadernado

2ª Prateleira

319 – Retalhos (Vol. A) — Encadernado
320 – Retalhos (Vol. B) — Encadernado
321 – Imprensa Industrial (revista decenal, um tomo: de agosto de 1876 a dezembro do mesmo ano) — Encadernado
324 – Fon-Fon! (Os três primeiros trimestres do 1º ano, 1907, onde está a minha colaboração). 3 vols. — Encadernado
325 – Notícia Histórica dos Estabelecimentos do M. do Interior. Amaro Cavalcanti ou melhor Cupertino do Amaral — Encadernado

326 – Livro do Centenário da Descoberta do Brasil (3 vols.). Diversos — Encadernado

327 – O Marquês de Pombal. Obra comemorativa, publicada por ocasião do centenário da sua morte (1882), pelo Club de Regatas Guanabara. Latino Coelho, Oliveira Martins, Machado de Assis e outros. — Encadernado

328 – Recenseamento do Rio de Janeiro, em 20 de setembro de 1906. 2 vols. — Brochado

330 – Anais da Biblioteca Nacional. Vols. XXV e XXVIII — Brochado

331 – Culture et Exploitation du Caoutchouc au Brésil. Labroy et Cayla — Brochado

332 – L'Amour (revista galante). 2 vols., 1902 — Encadernado

334 – Le Vieux Marcheur. Idem — Encadernado

ESTANTE IV

1ª Prateleira

335 – Obras (Sonetos, Cantatas, Epicédios etc.) de Camões. Visconde de Jurumenha. 1 vol. — Encadernado

336 – História do Brasil. Frei Vicente do Salvador. 1 vol. — Encadernado

337 – Idem. Matoso Maia. 1 vol. — Encadernado

338 – Floreal (revista). 1 vol. — Encadernado

339 – Miguel de Cervantes. Fitzmaurice-Kelly. 1 vol. — Encadernado

340 – A Cultura dos Campos. Assis Brasil. 1 vol. — Encadernado

341 – Gramática Portuguesa. Carneiro Ribeiro. 1 vol. — Encadernado

342 – Viaje Artístico. D. P. de Madrazo. 1 vol. — Encadernado

343 – Restauração de Portugal. 1. vol. — Encadernado

344 – Memórias. Casanova. 4 vols. — Encadernado

347 – Les Sources d'Idées. (16º século). P. Villey. 1 vol. — Encadernado

348 – Gramática Italiana. Lopes — Encadernado

349 – De la Renaissance en Italie. J. Burckhardt. 2 vols. — Encadernado

351 – Entr'aide. Kropotkine — Encadernado

352 – A Bíblia	Encadernado
353 – Geografia Física do Brasil. Wappoeus	Encadernado
354 – Correspondance de Victor Jacquemont. 2 vols.	Encadernado
356 – Lettres à un Provincial. Pascal	Encadernado
357 – Farias Brito, por J. de Figueiredo e Nestor Vítor. 1 vol.	
358 – Holocausto. X. Marques; e Mota Coqueiro. J. do Patrocínio. 1 vol.	Encadernado
359 – Lusíadas. Camões. 1 vol.	Encadernado
360 – Oraisons Funèbres. Bossuet	Encadernado
361 – Novo Testamento	Encadernado
362 – Cruel Berceau. C. Mendès	Encadernado
363 – Un Début dans la Vie. Balzac	Encadernado
364 – Gouaches. J. Barreira	Encadernado
365 – A China e os Chins. H. C. Lisboa. 1 vol.	Encadernado

2ª Prateleira

367 – Química. M. Maciel	Encadernado
368 – Traité d'Hygiène. M. Lévy	Encadernado
369 – Olnarcia (poema). Luís José Pereira da Silva	
370 – Retalhos, colecionados por um desconhecido, que vieram com os livros que o Chambá me deixou, ao morrer	Encadernado
371 – História da Idade Média. J. José da Rocha	Encadernado
372 – Estrada Suave. Alexander e Hewitt	Encadernado
373 – Literatura Brasileira. Melo Morais Filho	Encadernado
374 – Gramática Inglesa. Mota	Encadernado
375 – Nuttal's Dictionary (ficou fora)	Encadernado
376 – Filosofia. Azevedo	Encadernado
377 – Exaltação. Albertina Berta	Encadernado
378 – Poems. Gray	Encadernado
379 – Um Descobrimento Prodigioso. J. Verne (?)	Encadernado
380 – Guide Médical. Rochon	Encadernado
381 – Divina Commedia. Dante (em italiano)	Encadernado

382 – Dicionário dos Verbos Irregulares Portugueses, por C. de R. Encadernado
383 – Grammaire Anglaise. A. Spiers Encadernado
384 – Grammaire Anglaise. Noel et Chapsal Encadernado
385 – Atlas. Hickmann (está fora) Encadernado
386 – La Grenadière etc. Balzac Encadernado
387 – Versions. Sedler Encadernado
388 – Émile. J. J. Rousseau. 2 vols. Encadernado
390 – As Farpas. Eça de Queirós e Ramalho Ortigão (vols. 2, 3 e 5) Encadernado
391 – Exercícios de Latinidade. Pedro Freire de Oliveira (1 vol.) Encadernado
392 – Le Darwinisme. E. Ferrière Encadernado
393 – Les Peuples de l'Asie et de l'Europe. Girard de Rialle Encadernado
394 – O Retrato de Vênus. Garrett Encadernado
395 – O Totemismo. Origem dos Arias. Frazer e Salomão Reinach Encadernado
396 – Qu'est-ce que l'Art? Tolstoi Brochado
397 – Shakespeare. Idem Brochado
398 – Mémoires Complets et Authentiques du Duc de Saint Simon. 13 vols. Encadernado
411 – L'Esthétique de Schopenhauer. André Fauconnet Brochado
412 – Boule de Suif. Maupassant Brochado
413 – Evocações. Cruz e Sousa Brochado
414 – Les Transformations du Droit. G. Tarde Brochado
415 – Le Théâtre d'Ibsen. Ossip-Lourié Brochado
416 – Eaux Printanières. I. Tourgueneff Brochado
417 – Dernières Pensées. H. Poincaré Brochado
418 – La Vie du Droit. Jean Cruet Brochado
419 – La Formation des Légendes. A. Van Gennep Brochado
420 – Venise. Charles Diehl Brochado
421 – Luís de Camões. Miguel Lemos Brochado
422 – Histoire de la Littérature Hindoue. Jean Lahar Brochado

423 – Oeuvres (Court Traité, etc.). Spinoza — Brochado
424 – Théâtre. Sophocle — Brochado
425 – Mystifications Littéraires. A. Thierry — Brochado
426 – Le Génie de Flauhert. J. de Gaultier — Brochado
427 – Sainte Marie des Fleurs.. R. Boylesve — Brochado
428 – Nos Cathédrales. A. Bousquelet — Brochado
429 – Estudos de Literatura. 3ª série. José Veríssimo — Brochado
430 – Filosofia del Anarquismo. C. Malato — Brochado
431 – El Satíricon. Petronio — Brochado
432 – Filosofia Zoológica. Juan Lamarck — Brochado
433 – El Anticristo. F. Nietzsche — Brochado
434 – Determinismo y Responsabiirldad A. Hamon — Brochado
435 – Socialismo y Anarquismo. A. Hamon — Brochado
436 – Poésies Nouvelles. A. Musset — Brochado
437 – Obras. Cláudio Manuel da Costa. 2 vols. — Brochado
439 – La Mort. M. Maeterlinck — Brochado
440 – Le Curé de Village. Balzac — Brochado
441 – Études Anglaises. P. Bourget — Brochado
442 – Dans l'Inde du Sud. M. Maindron — Brochado
443 – Le Pauvre Amour de D. Balbine. André Corthis — Brochado
444 – Literaturas Malsanas. Pompeyo Gener — Brochado
445 – Petit Jean de Sainté. A. de la Sale — Brochado

3ª Prateleira

446 – J. J. Rousseau. Auguste Dide — Brochado
447 – Les Énigmes de l'Univers. E. Haeckel — Brochado

....

551 – América Latina. Oliveira Lima. (Há um erro de três volumes. Vid. pág. 24, no fim) — Brochado
552 – História das Campanhas do Uruguai, Mato Grosso e Paraguai. Jourdain. 3 vols. — Brochado
555 – A Campanha do Uruguai. Bormann — Brochado
556 – A Base Física do Espírito. Farias Brito — Brochado

557 – O Mundo Interior. Idem — Brochado
558 – Mecânica Racional. Morais Rego (os irmãos) — Brochado
559 – A Língua dos Caxinauás. C. Abreu — Brochado
560 – L'Etat, comme Organisation Coercitive, S. Balicki — Brochado
561 – História da Cidade do Rio de Janeiro. Felisbelo Freire. 2 vols. — Brochado
563 – Anais do 1º Congresso de Geografia do Rio de Janeiro. 4 vols. — Brochado
567 – Congresso Universal de Raças. J. B. de Lacerda — Brochado
568 – Os Museus de História Natural. Idem — Brochado
569 – Problema de Filosofia Biológica. Araújo Jorge — Brochado
570 – Quadros da Natureza. Humboldt — Brochado
571 – Perfis de Intelectuais. Silva Bastos — Brochado
572 – Névrose. Émile Morel — Brochado
573 – Fromentin. G. Beaume — Brochado
574 – E. Durkheim. G. Davy — Brochado
575 – J. Jacques Rousseau. Pages Choisies — Brochado
576 – Les Cosaques etc. L. Tolstoi — Brochado
577 – La Mort des Dieux. Mérejkovsky — Brochado
578 – Silas Marner. G. Eliot — Brochado
379 – João Ribeiro. G. Portuguesa — Brochado
580 – Les Corsaires Barbaresques. J. de la Gravière — Brochado
581 – La Maison Brûlée. P. Margueritte — Brochado
582 – Lazarillo de Tormes (em português) — Brochado
583 – Análise Química. Pinto — Brochado
584 – Gram. Inglesa. Sadler — Brochado
585 – Epilogus. Rémy de Gourmont — Brochado
586 – Casos e Impressões. Adelino Magalhães — Brochado
587 – Funcionários e Doutores. Tobias Monteiro — Brochado
588 – Obras Poéticas. Garção — Brochado
589 – Voyage dans les Royaumes de Siam, Cambodge, de Laos. H. Monhot — Brochado
590 – Sans Dogme. Sienkiewicz — Brochado

591 – Les Musiciens et la Musique. H. Berlioz — Brochado
592 – Diversas Biografias — Brochado
593 – Primprinette. Willy — Brochado

5ª Prateleira

594 – Arithmétique. F. J. (F. I. C.) — Brochado
595 – O Anarquismo. Paulo Eltzbacher — Brochado
596 – Geometria Superior. Paula Sousa — Brochado
597 – Viagem ao Redor do Brasil. 2° vol. João Severiano da Fonseca — Brochado
598 – O Brasil Industrial. Vol. III — Brochado
599 – Anuário da Estatística do Rio. Vol. I — Brochado
600 – As Secas no Brasil. A. Olinto. O secular problema do Nordeste. Ildefonso Albano — Brochado
601 – Essais de Critique et d'Histoire. Taine — Encadernado
602 – Quatre-vingt-treize. V. Hugo. 2 vols. — Encadernado
604 – Opúsculos (VII). Assis Brasil – A unidade Nacional; Georges Ville – Une Révolution Agricole; Germano Vert – Almanaque do Lavrador Brasileiro; Plácido de Castro – Apontamentos Sobre a Revolução Acreana; Gérard de Nerval – La Main Enchantée; M. Bonfim – O Fato Psíquico — Encadernado
605 – Encyclopédie de Connaissances Utiles — Encadernado
606 – Anais da Imprensa Nacional. Vale Cabral — Encadernado
607 – Télémaque. Fénelon — Encadernado
609 – Viagem à Venezuela, Nova Granada e Equador. Conselheiro Lisboa — Encadernado
Encadernado
610 – Crimes Espantosos. Dez.^{or} Henrique de Oliveira — Encadernado
611 – Mille et Une Nuits. 1° vol. Trad. dr. J.C. Madrus — Brochado
612 – Visões, Cenas etc. Adelino Magalhães — Brochado
613 – Vários Escritos. Astério de Campos — Brochado
614 – Efemérides Navais. Garcez Palha — Brochado
615 – Desenho Linear. Poluceno — Brochado
616 – The Rosette Stone. Samuel Shayre — Brochado

617 – Guia de Análise Química. Stadeler	Brochado
618 – Revista Brasileira (Número do centenário de Camões)	
619 – Abastecimento d'água do Rio de Janeiro (Not). Antônio Joaquim de Almeida e Silva	Cartonado
620 – Anais da Imprensa Nacional. Vale Cabral (*dei*)	Brochado
624 – Essais sur l'Histoire d'Angleterre. 5 vols. Macaulay	Brochado
625 – Indústria Siderúrgica. F. M. de Sousa Aguiar	Brochado
626 – Teoria e Prática da Cooperação. Sarandy Raposo	Brochado
627 – A Redenção de Tiradentes	Brochado
628 – El Estado de S. Paulo	Brochado
629-630 – Revista do Instituto Histórico. Tomo 74 (2 partes).	Brochado
631 – Um lote de Revue des Deux Mondes, de 1877	Brochado
632 – Um outro do mesmo ano	Brochado
633 – Um outro, com a Revue de Paris	Brochado
634 – Um outro da Revue Philosophique (1908)	Brochado
635 – Polícia Carioca. Elísio de Carvalho	Brochado
636 – Um amarrado, com a Nouvelle Revue Française	Brochado
637 – Anuário da Escola Politécnica de São Paulo. 1908	Brochado
	Brochado

Em cima das estantes e das mesas:

638 – Petit Larousse Illustré	
640 – Dicionário Inglês-Português e vice-versa. Valdez. 2 vols.	Encadernado
642 – Dicionário Francês-Português e Português-Francês. 2 vols.	Encadernado
644 – Dicionário Universal Português. 2 vols. Francisco de Almeida	Encadernado
645 – Dicionário Português-Francês. Constâncio	Encadernado
646 – Vocabolario Italiano-Portoghese. 1 vol.	Encadernado
647 – Arquivos do Museu Nacional. Vol. XVIII	Encadernado
648 – Proménades Archéologiques. Gaston Boissier	Brochado
Um caderno com artigos da R. des Deux Mondes	Brochado

649 – La Femme et le Pantin. Pierre Louys	Brochado
Um caderno de páginas de revistas	Brochado
650 – Notre Coeur. Guy de Maupassant. Idem	Brochado
651 – Mensonges. Paul Bourget. Idem	Brochado
652 – Pêcheurs d'Island. Pierre Loti. Idem	Brochado
653 – Mon Frère Yves. O mesmo. Idem	Brochado
656 – Contos. Diversos.	Brochado
2 cadernos com páginas de revistas, tendo	
657 – Piéces. Diversos.	Brochado
1 caderno com pgs. de revistas, contendo:	
658 – Fastos do Museu Nacional. Dr. J. B. de Lacerda	Brochado
659 – Le Beau Saint Cendre. Maurice Maindron	Brochado
660 – A Língua Portuguesa. Adolfo Coelho. A Literatura Portuguesa. Por Teófilo Braga	Brochado
Um caderno com:	
667 – Retalhos de Jornais. 7 cadernos	Brochado
669 – Gazeta Literária. 2 vols.	Brochado
662 – Artigos da Revue des Deux Mondes. 3 cadernos	Brochado
664 – Anais. Duas pastas com números	Brochado
665 – Le Tout Sayoir (almanaque)	Brochado

667 – Amarrados com diversas brochuras (opúsculos)

668 – Um amarrado: Bronzino, reprodução de quadros; Holbein, idem; Le Chandelier et Louison, Musset; O Continente Negro, B. do Povo; J. J. Rousseau, G. Gampayré; Gregório de Matos, Araripe Júnior

669 – Um amarrado com as revistas: Na Barricada: La Flamme; Nuova Antologia; A Vida Fluminense. n°s 111 e 135, de 1870; A Vida e Revista Contemporânea, número dedicado a Gonzaga Duque

670 – Um amarrado com coleção de desenhos de Guillaume e B. Rabier

671 – Um amarrado, com os romances: Mme Gervaisais, de E. et J. de Goncourt; Poil de Carotte, de Jules Renard; e Les Amants Singuliers, de Henri de Régnier

672 – A Festa Literária, por ocasião de fundar-se a A. dos Homens de Letras, em 1883

673 – Opúsculos (VIII vol.). Une Idylle de la Décadence, E. Tissot; Constituição da República; A Moral dos Jesuítas, por um antigo discípulo da Companhia; Consolidação das Leis Rurais, Crisanto Freire; Um Episódio da Regência, Baltazar da Silveira

674 – Toutes les Femmes. Amédée Vignola — Brochado

675 – Teoria das Quantidades Negativas. Benjamin Constant Botelho de Magalhães — Brochado

676 – Obras de Magnus Söndhal — Brochado

677 – Teoria das Funções. Licínio Cardoso — Brochado

678 – Une Vieille Maîtresse. J. Barbey d'Aurevilly — Brochado

679 – À travers l'Afrique. Baratier — Brochado

680 – Um amarrado com: Essais, de Montaigne; Voyage Autour de ma Chambre, por Xavier de Maistre; Philippiques, de Demosthène; Le Vieux Célibataire, etc., de Collin d'Harleville; e Contos, de Perrault — Brochado

681 – Il Secolo XIX. L'Esposizione Mondiale de 1900 in Parigi — Brochado

682 – Idem. Architettura. Archeologia — Brochado

683 – Idem. L'Astronomia. La Fisica Terrestre — Brochado

684 – Idem. Cronistoria — Brochado

685 – Idem. Parigi. Contemporanea — Brochado

686 – Idem. Le Scoperte Geografiche — Brochado

687 – Idem. L'Agricoltura. Industria. Commercio — Brochado

688 – Idem. La Storia. La Marina e Gil Eserciti — Brochado

689 – Idem. La Musica; Musica Comica e Coreografica — Brochado

690 – Idem. La Biologia; Medicina e Chirurgia Brochado

691 – Idem. Storia Naturale Brochado

692 – Dizionario di Coltura Universale (vol. I e parte do II)

694 – Universo ed Umanitá (vol. IV e V) Brochado

695 – Trattato di Costruzioni Civili (fascículos desencontrados) Brochado

696 – Uma pasta com mapas, cartas e plantas: Cidade do Rio de Janeiro; do Extremo Oriente; do Município do Rio de Janeiro; do Est. do Rio Grande do Sul; da Algéria, Marrocos e Saara; dos limites entre o Ceará e o Rio Grande do Norte; de Portugal e Espanha; da Palestina; do Piauí; do teatro da guerra entre Espanha e os Estados Unidos; da fronteira entre o Brasil e a Bolívia; das E. de F. do Rio, Minas e São Paulo; da E. F. C. do Brasil; da cidade de São Paulo Brochado

697 – Vários artigos: I – Notícia sobre as Poesias de Francisco Otaviano, por G. Bellegarde; Rosminé e a Sociedade Brasileira, por A. H. de Sousa Bandeira; Notícia sobre os Cromos, de B. Lopes (1881), sem autor declarado; L'Odeur de Sainteté, por George Dumas; Uma Noite Histórica, Raul Pompéia; e Uma Paixão no Deserto, por H. de Balzac. II – O Gentio do Brasil Atual, sem autor declarado; Resumo da Revolução dos Farrapos, pelo Gal. Carlos de Campos; e O Fetichismo dos Negros no Brasil; pelo padre Étienne Brasil

699 – Um amarrado com as revistas: Revue des Cours; La Revue; Boletim da U. Pan-Americana; La France de Demain; A Lanterna (jornal de estudantes, onde escrevi) e O Diabo (onde também escrevi)

714 – As Grandes Invenções. Luís Figuier. Trad. Encadernado

Manuscritos e Originais

I – Clara dos Anjos, romance meu (inédito e incompleto) 1904
II – Recordações do Escrivão Isaías Caminha, romance meu (publicado em 1909, a 1ª edição; em 1917, a 2ª ed.)
III – Policarpo Quaresma, romance meu (Publicado no Jornal do Comércio, ed. da tarde, 1911; e em livro, 1916)
IV – Numa e a Ninfa, romance meu (publicado em A Noite, em 1915; e em fascículos, em 1917)
V – Originais Publicados
VI – Originais a Aproveitar
VII – Papéis vários
VIII – Originais a Organizar
IX – Originais a Aproveitar
X – Numa e a Ninfa (em provas revistas)

700	– Contrat Social. J. J. Rousseau e outras obras	Brochado
701	– Escritos Diversos. Almeida Garrett	Brochado
702	– O Mestre de Campo. Afonso Arinos	Brochado
703	– A Grande Ilusão. Norman Angel	Brochado
704	– O Bailio de Leça. Arnaldo Gama	Encadernado
705	– Quadros da História Portuguesa. Silveira da Mota	Brochado
706	– Que é a Literatura. José Veríssimo	Brochado
707	– Le Feu. Henri Barbusse	Brochado
708	– Urupês. Monteiro Lobato	Brochado
709	– Faits et Commentaires. H. Spencer	Encadernado
711	– Mémoires. Barras	Encadernado
712	– Les Maladies de la Volonté. Th. Ribot	Encadernado
713	– Cartas do Meu Moinho. A. Daudet (tradução)	Encadernado
714	– La Morale Anglaise. M. Guyau	Encadernado

715 – Obras Escogidas (Novelas Ejemplares). Cervantes — Encadernado
716 – Sol de Portugal. José Vieira — Brochado
717 – Saneamento do Brasil. Belisário Pena — Brochado
718 – As Desencantadas. Pierre Loti — Encadernado
719 – Antropologia. Carrestini — Encadernado
720 – Senzalas. Alberto Deodato — Brochado
721 – O "S" e o "Z" em Português. A. de A. de Melo Carvalho — Brochado
722 – Matercracia. J. T. Portugal Freiser — Brochado
723 – Psicologia Mórbida na Obra de Machado de Assis. Dr. Luís Ribeiro do Vale — Brochado
733 – Histoire de l'Art. A. Michel
734 – Guzmán de Alfarache. Mateo Alemán — Encadernado
737 – Histoire de la Philosophie Moderne. Höffding — Encadernado
738 – L'Angleterre au XIXe Siècle. Philarète Chasles — Encadernado
740 – Novas Telas Literárias. A. F. de Castilho — Encadernado
741 – Descartes. Luís Dimier — Brochado
742 – Le Sens de la Mort. Bourget — Brochado
743 – A Morte da Polidez. Bandeira de Melo — Brochado
744 – Filosofia da Arte. V. Licínio Cardoso — Brochado
745 – História do Brasil. Frei Vicente do Salvador. 2ª edição — Brochado
748 – Histoire das États Unis. E. Laboulaye. 3 vols. — Encadernado
749 – L'État et ses Limites. Ed. Laboulaye — Encadernado
750 – Política. Aristóteles — Encadernado
751 – Ensinamentos Psicológicos da Guerra Europeia. G. Le Bon — Brochado
752 – As Lições da Guerra Mundial. H. Hamon — Brochado
753 – Les Idéologiques. F. Picavet — Encadernado
773 – Dicionário e Enciclopédia de J. Jackson — Encadernado
775 – Romans. Voltaire
786 – Livre des Masques. Rémy de Gourmont
787 – Capitania de Sergipe. Ivo do Prado
788 – Coivara. Gastão Cruls

789 – Rua da Paz: Visc. de Saussay
790 – Negrinha. M. Lobato
791 – Fidelino de Figueiredo: A Crítica Literária como Ciência
792 – Funcionários e Doutores, Tobias Monteiro; Notas de Pedagogia e Psicologia Normal e Patológica, Plínio Olinto; Vocábulos e Locuções da Língua Portuguesa, Guilherme Bellegarde, trazendo a polêmica dele e de Laet com Camilo Castelo Branco
793 – Physique (pequena). Ganot
794 – Senhora de Engenho. Mário Sete
795 – As Virgens Amorosas. Teo Filho
796 – Terras do Demo. Aquilino Ribeiro
797 – Máximas do Marquês de Maricá
798 – Manual de Estética
799 – Discours de la Méthode
800 – Storia della Litteratura Italiana. Francesco de Sanctis

SINOPSE CRONOLÓGICA

1881 – *13 de maio* – No Rio de Janeiro, à Rua Ipiranga, nº 18, nasce Afonso Henriques de Lima Barreto, filho legítimo de João Henriques de Lima Barreto e Amália Augusta Barreto.

– *13 de outubro* – É batizado na igreja matriz de N. S. da Glória, no Rio de Janeiro.

1887 – *dezembro* – Falece, no Rio de Janeiro, Amália Augusta Barreto, mãe do escritor.

1888 – *março* – Começa a frequentar a Escola Pública, regida pela professora Teresa Pimentel do Amaral, à Rua do Resende, nº 143-A, Rio de Janeiro.

1889 – *agosto* – João Henriques, pai do escritor, é promovido de chefe de turma a mestre das oficinas de composição da Imprensa Nacional.

1890 – *11 de fevereiro* – João Henriques é demitido da Imprensa Nacional.

– *5 de março* – João Henriques é nomeado escriturário das Colônias de Alienados da Ilha do Governador.

– *novembro* – Afonso recebe, como prêmio escolar, um exemplar da obra de Luís Figuier: *As grandes invenções*.

1891 – *março* – Matricula-se, como aluno interno, no Liceu Popular Niteroiense, dirigido por William Cunditt.

– *20 de março* – João Henriques é promovido a almoxarife das Colônias de Alienados da Ilha do Governador.

1893 – *30 de dezembro* – João Henriques é nomeado administrador das Colônias.

1895 – *12 de janeiro* – Afonso faz exame de Português, no Ginásio Nacional, Rio de Janeiro. Aprovado simplesmente.

– *17 de agosto* – Faz exame de Francês. Aprovado simplesmente.

1896 – *10 de janeiro* – Faz exames de História Geral e do Brasil. Aprovado simplesmente.

– *29 de janeiro* – Faz exame de Aritmética. Aprovado simplesmente.

– *março* – Matricula-se, como aluno interno, no Colégio Paula Freitas, no Rio de Janeiro, à Rua Haddock Lobo (curso anexo de preparatórios à Escola Politécnica).

1897 – *28 de janeiro* – Faz exame de Desenho Geométrico Elementar, na Escola Politécnica (exame vestibular). Aprovado simplesmente.

– *5 de fevereiro* – Faz exame de Inglês, no Ginásio Nacional. Aprovado simplesmente.

– *16 de março* – Faz exames de Álgebra, Geometria, Trigonometria Retilínea e Álgebra Superior, na Escola Politécnica (vestibular). Aprovado simplesmente em todas essas cadeiras.

– *1º de abril* – Faz exame de Física e Química, no Ginásio Nacional. Aprovado simplesmente.

– *2 de abril* – Matricula-se; como ouvinte, na segunda cadeira do segundo ano do Curso de Engenharia Agronômica da Escola Politécnica (Zoologia).

– *7 de abril* – Faz exame de História Natural, no Ginásio Nacional. Aprovado.

– *10 de abril* – Matricula-se no primeiro ano do Curso Geral da Escola Politécnica.

– *novembro* – Faz exame das cadeiras do primeiro ano. Aprovado em Física. Reprovado nas demais.

1898 – *abril* – Matricula-se novamente no primeiro ano da Politécnica.

– *novembro* – Faz exames de Cálculo e Geometria Descritiva, cadeiras que faltam para completar o primeiro ano. Reprovado em ambas.

1899 – *15 de fevereiro* – Faz exames de segunda época. Aprovado em Geometria, reprovado em Cálculo.

– *1º de maio* – Renova a matrícula no primeiro ano. Matricula-se no segundo, como ouvinte.

– *novembro* – Faz exame de Cálculo. Reprovado.

1900 – *15 de fevereiro* – Faz exame de Cálculo em segunda época. Nova bomba.

– Viagem a Barbacena, em exercícios práticos da cadeira de Topografia.

– *novembro* – Faz exame de Cálculo mais uma vez, sendo aprovado. Faz, ao mesmo tempo, exame das cadeiras do segundo ano. É aprovado em todas, exceto em Mecânica Racional.

1901 – *21 de fevereiro* – Faz exame de Mecânica, em segunda época. Reprovado.

– *abril* – Matricula-se no segundo ano, pois continua repetente em Mecânica. Matricula-se também no terceiro ano, como ouvinte.

1902 – *março* – Reprovado novamente em Mecânica.

– *agosto* – João Henriques, pai do escritor, enlouquece.

– *30 de agosto* – Lima Barreto inicia a sua colaboração n'*A Lanterna*, jornal de estudantes.

– A família Lima Barreto muda-se da Ilha do Governador para o Rio de Janeiro, indo residir no Engenho Novo, à Rua Vinte e Quatro de Maio, nº 123.

– *10 de outubro* – João Henriques tira uma licença de três meses, para tratamento da saúde.

– *novembro* – Lima Barreto presta novo exame de Mecânica. Nova reprovação.

– Com Bastos Tigre, edita um periódico de efêmera duração: *A Quinzena Alegre*.

1903 – *2 de março* – Decreto, aposentando João Henriques de Lima Barreto do cargo de administrador das Colônias de Alienados da Ilha do Governador.

– *12 de março* – Lima Barreto é reprovado em Mecânica, pela quinta vez.

– *31 de março* – Matricula-se novamente no segundo ano, e como ouvinte, no terceiro.

– Colabora no *Tagarela*, jornal humorístico de Raul, Klixto e outros, sob o pseudônimo de Rui de Pina.

– *18 de junho* – Inscreve-se no concurso para o preenchimento de uma vaga de amanuense na Diretoria do Expediente da Secretaria da Guerra.

– *9 de julho* – É classificado em segundo lugar no concurso para a Secretaria da Guerra, com 6 7/20; o primeiro colocado obtivera 6 11/20.

– *12 de agosto* – Aparecimento do semanário *O Diabo*, de Bastos Tigre e outros; deu apenas quatro números e contou com a colaboração de Lima Barreto.

– *27 de outubro* – Nomeado amanuense da Diretoria do Expediente da Secretaria da Guerra.

– *28 de outubro* – Toma posse do cargo.

– Passa a residir em Todos os Santos, à Rua Boa Vista, nº 76.

– Durante alguns meses, exerce as funções de secretário da *Revista da Época*, dirigida por Carlos Viana.

1904 – Começa a escrever *Clara dos Anjos* (primeira versão).

1905 – *28 de abril* – Inicia no *Correio da Manhã* uma série de reportagens, sem assinatura, sob o título: “Os subterrâneos do morro do Castelo”.

– *3 de junho* – Publica no *Correio* a última das reportagens da série acima referida.

– *12 de julho* – Data do prefácio das *Recordações do escrivão Isaías Caminha*: por essa época provavelmente começou a escrever o livro.

1906 – *8 de outubro* – Data do prefácio de *Vida e morte de M. J. Gonzaga de Sá*; tudo indica que escreveu este livro, que só veio a ser publicado em 1919, em fins de 1906 e parte de 1907.

– *10 de outubro* – Entra em licença para tratamento da saúde, até 15 de janeiro de 1907 (fraqueza geral, diz o exame médico).

1907 – *abril* – Começa a trabalhar na revista *Fon-Fon*, como redator.

– *20 de junho* – Em carta a Mário Pederneiras, demite-se da redação da *Fon-Fon*.

– *25 de outubro* – Primeiro número da *Floreal*, onde inicia a publicação do *Recordações do escrivão Isaías Caminha*.

– *12 de novembro* – Segundo número da *Floreal*.

– *1º de dezembro* – Terceiro número da *Floreal*.

– *31 de dezembro* – Quarto e último número da *Floreal*.

1909 – *fevereiro* – Antônio Noronha Santos segue para a Europa, levando os originais do *Recordações do escrivão Isaías Caminha*, entregues ao editor A. M. Teixeira, em Lisboa.

– *dezembro* – É posta à venda, no Rio de Janeiro, a primeira edição do *Recordações do escrivão Isaías Caminha*.

– Com Antônio Noronha Santos, edita um panfleto contra a candidatura de Hermes da Fonseca à presidência da República. Intitula-se O *Papão:* Semanário dos bastidores da política, das artes e... das candidaturas.

1910 – *setembro* – Toma parte no júri da Primavera de Sangue.

– Viagem a Juiz de Fora.

– *1º de dezembro* – Entra em licença na Secretaria da Guerra, para tratamento da saúde, até 28 de fevereiro de 1911. Impaludismo, diz o exame médico.

1911 – *janeiro* – Começa a escrever o *Triste fim de Policarpo Quaresma*.

– *março* – Termina o *Triste fim de Policarpo Quaresma*.

– *20 de abril* – Começa a colaborar na *Gazeta da Tarde*, cujo redator-chefe é Vítor Silveira.

1911 – *11 de agosto* – O *Jornal do Commercio* (edição da tarde), inicia a publicação em folhetins do *Triste fim de Policarpo Quaresma*.

– *12 de agosto* – Participa do movimento para a criação da Academia dos Novos, patrocinada pelo jornal *A Imprensa*, de Alcindo Guanabara.

– *19 de outubro* – O *Jornal do Commercio* (edição da tarde) publica o último folhetim do *Triste fim de Policarpo Quaresma*.

1912 – *1º de fevereiro* – Licença para tratamento da saúde até 30 de abril do mesmo ano (reumatismo poliarticular, hipercinese cardíaca).

– *27 de junho* – É posto à venda O *Chamisco ou o Querido das mulheres*.

Assim o anuncia *O Riso*: "*O Chamisco ou o querido das mulheres*. O *nec plus ultra* da literatura brejeira. Desopilante história de um conquistador irresistível. Este belo livrinho contém cinco nítidas gravuras. Preço 1$500. Pelo correio, 2$000. Pedidos a A. Reis & Cia. R. do Rosário, 99. Telef. 3803. Rio de Janeiro."

– *setembro* – Publica os dois fascículos conhecidos das *Aventuras do Doutor Bogóloff*: I – Fiz-me, então, diretor da Pecuária Nacional, e II – Como escapei de "salvar" o estado dos Carapicus.

– *10 de setembro* – Aparece *Entra, Senhórr!...*, edição da revista *O Riso*. No anúncio, publicado na mesma revista, lê-se o seguinte: "*Entra, Senhórr!...* Sensacional romance humorístico. Narrativa de episódios interessantes, passados na alcova de uma horizontal. Belíssimas fotografias ornam esse hilariante romance. Preço 1$500. Pelo correio, 2$000. Pedidos a A. Reis & Cia. R. do Rosário, 99. Telef. 3803. Rio de Janeiro."

1913 – *13 de setembro* – Muda-se para a Rua Major Mascarenhas, nº 42, em Todos os Santos.

1914 – *19 de junho* – Começa a escrever, diariamente, uma crônica para o *Correio da Noite*, jornal de Vítor Silveira, secretariado por Emílio Alvim.

– *julho* – Participa do movimento para a fundação da Sociedade dos Homens de Letras.

– *18 de agosto* – Primeira estada no Hospício, de 18 de agosto a 13 de outubro.

– *1º de novembro* – Licença para tratamento da saúde, até 31 de janeiro do ano seguinte (neurastenia, segundo o exame médico).

1915 – *15 de março* – O jornal *A Noite* inicia a publicação, em folhetins, de *Numa e a ninfa*.

– *27 de março* – Inicia a primeira fase da sua longa colaboração na *Careta*, que vai até 24-6-1916.

1916 – *26 de fevereiro* – Aparecimento, em volume, do *Triste fim de Policarpo Quaresma*.

– *junho* – Viagem a Ouro Fino (Minas Gerais).

– *16 de junho* – Licenciado para tratamento da saúde, até 17 de julho do mesmo ano (neurastenia, com anemia pronunciada, opina a junta médica que o examinou).

– *25 de dezembro* – Inicia a sua colaboração no *A.B.C.*, semanário político, dirigido a princípio por Ferdinando Borla e depois por Paulo Hasslocher e Luís de Morais.

1917 – *julho* – Recolhido, enfermo, ao Hospital Central do Exército.

– Entrega ao editor Jacinto Ribeiro dos Santos os originais de *Os Bruzundangas*, que só aparecerão em volume em dezembro de 1922, um mês após a morte do escritor.

– *21 de agosto* – Em carta a Rui Barbosa, declara-se candidato à Academia Brasileira de Letras, na vaga existente com a morte de Sousa Bandeira. A inscrição não foi considerada.

– *setembro* – Aparecimento da segunda edição do *Recordações do escrivão Isaías Caminha*.

– Aparecimento de *Numa e a ninfa*, em volume.

1918 – *17 de janeiro* – Começa a publicar no vespertino *Lanterna* uma série de crônicas, sob o pseudônimo de Dr. Bogóloff.

– *11 de maio* – Lança no *A.B.C.* o seu manifesto maximalista, que termina com o grito de guerra: *"Ave, Rússia!"*

– *25 de julho* – Num artigo, publicado no semanário *Brás Cubas*, sob o título: "Vera Zassúlitch", manifesta a sua simpatia pela Revolução Russa ("Não posso esconder o desejo de ver um [movimento] semelhante aqui.").

– *29 de julho* – Requer aposentadoria do seu cargo na Secretaria da Guerra, "julgando-se inválido para o serviço público e contando mais de 10 anos, nos termos da Constituição e das leis".

– *17 de agosto* – Submete-se à primeira junta médica, que o examinou e que o considera inválido para o serviço público, por "sofrer de epilepsia tóxica".

– *1º de setembro* – Licenciado para tratamento da saúde, até 27 de dezembro do mesmo ano.

– *4 de novembro* – É recolhido ao Hospital Central do Exército com a clavícula fraturada. Ali fica até 5 de janeiro de 1919.

– *9 de novembro* – Remete a Monteiro Lobato os originais do *Vida e morte de* M. J. Gonzaga de Sá.

– *27 de novembro* – Segundo exame médico, para efeito da aposentadoria. Resultado idêntico ao primeiro.

– *26 de dezembro* – Decreto do presidente da República, aposentando Afonso Henriques de Lima Barreto, terceiro oficial da Diretoria do Expediente do Ministério da Guerra. Tempo líquido de serviço público: 14 anos, 3 meses e 12 dias.

– Muda-se para a Rua Major Mascarenhas, nº 26.

1919 – *1º de fevereiro* – Suspende a sua colaboração no *A.B.C.*, pelo fato de ter sido publicado nessa revista um artigo contra a raça negra.

– *22 de fevereiro* – É posta à venda a primeira edição do *Vida e morte de M. J. Gonzaga de Sá.*

– *24 de fevereiro* – Candidato à Academia, na vaga de Emílio de Meneses, obtém dois votos nos primeiro e segundo escrutínios e apenas um voto nos terceiro e quarto.

– *20 de março* – Começa a publicar no semanário *Hoje* uma série de crônicas de folclore urbano, intituladas "As mágoas e sonhos do povo".

– *13 de setembro* – Inicia a segunda fase da sua colaboração na *Careta*, só interrompida com a morte.

– *30 de outubro* – Nova eleição para a vaga de Emílio de Meneses. É eleito Humberto de Campos.

– *25 de dezembro* – Segunda estada no Hospício, até 2 de fevereiro de 1920.

1920 – *4 de dezembro* – Apresenta-se candidato ao prêmio da Academia Brasileira de Letras para o melhor livro publicado no ano anterior, com o *Vida e morte de M. J. Gonzaga de Sá.*

– *dezembro* – Aparece, nas livrarias, *Histórias e sonhos.*

– *dezembro* – Entrega ao editor Schettino os originais de *Marginália*, que se perderam.

1921 – *janeiro* – Publica um trecho do romance: *O cemitério dos vivos* – "As origens", na *Revista Sousa Cruz.*

– *abril* – Viagem a Mirassol (estado de São Paulo).

– A Academia Brasileira de Letras concede menção honrosa ao *Vida e morte de M. J. Gonzaga de Sá.*

– *junho* (?) – Aparece o *Gonzaga de Sá* "de roupa nova" (expressão de Monteiro Lobato); o editor trocara a capa, colocando os dizeres: "menção honrosa da Academia Brasileira de Letras" e pôs o livro novamente em circulação.

1921 – *1º de julho* – Apresenta-se candidato à Academia, na vaga de Paulo Barreto (João do Rio).

– *agosto* – Entrega ao editor os originais de *Bagatelas*, que só vão aparecer em 1923.

– *28 de setembro* – Retira a sua candidatura à Academia, na vaga de Paulo Barreto, "por motivos inteiramente particulares e íntimos".

– *outubro e novembro* – Publica na *Revista Sousa Cruz* a conferência: "O Destino da Literatura", a única que fez e que deveria ter sido pronunciada em Rio Preto (Estado de São Paulo), por ocasião da sua estada em Mirassol.

– *dezembro* – Começa a escrever *Clara dos Anjos* (segunda versão), que terminou em janeiro do ano seguinte.

1922 – (?) – Entrega ao editor Schettino os originais de *Feiras e mafuás*.

– *maio* – Na revista *O Mundo Literário*, publica o primeiro capítulo do romance inédito: *Clara dos Anjos* – "O Carteiro".

– *1º de novembro* – Falece, no Rio de Janeiro, à Rua Major Mascarenhas, nº 26, às 17 horas (gripe torácica e colapso cardíaco).

– *3 de novembro* – Falece, no Rio de Janeiro, o pai do escritor.

BIBLIOGRAFIA

Todas as notas do autor onde são citadas as obras de Lima Barreto referem-se à edição: OBRAS DE LIMA BARRETO, organizadas sob a direção de Francisco de Assis Barbosa, com a colaboração de Antônio Houaiss e M. Cavalcanti Proença. São Paulo, Editora Brasiliense, 1956.

Fazem parte das OBRAS DE LIMA BARRETO os seguintes volumes, com as indicações classificatórias que constam da edição:

I – *Recordações do escrivão Isaías Caminha*. Romance. Prefácio de Francisco de Assis Barbosa.

II – *Triste fim de Policarpo Quaresma*. Romance. Prefácio de M. Oliveira Lima.

III – *Numa e a ninfa*. Romance. Prefácio de João Ribeiro.

IV – *Vida e morte de M. J. Gonzaga de Sá*. Romance. Prefácio de Alceu de Amoroso Lima (Tristão de Ataíde).

V – *Clara dos Anjos*. Romance. Prefácio de Sérgio Buarque de Hollanda.

VI – *Histórias e sonhos*. Contos. Prefácio de Lúcia Miguel Pereira.

VII – *Os Bruzundangas*. Sátira. Prefácio de Osmar Pimentel.

VIII – *Coisas do reino do Jambon*. Sátira. Prefácio de Olívio Montenegro.

IX – *Bagatelas*. Artigos. Prefácio de Astrojildo Pereira.

X – *Feiras e mafuás*. Artigos e Crônicas. Prefácio de Jackson de Figueiredo.

XI – *Vida urbana*. Artigos e Crônicas. Prefácio de Antônio Houaiss.

XII – *Marginália*. Artigos e Crônicas. Prefácio de Agrippino Grieco.

XIII – *Impressões de leitura*. Crítica. Prefácio de M. Cavalcanti Proença.

XIV – *Diário íntimo*. Memórias. Prefácio de Gilberto Freyre.

XV – *O cemitério dos vivos*. Memórias. Prefácio de Eugênio Gomes.

XVI – *Correspondência*. Ativa e passiva. 1° tomo. Prefácio de Antônio Noronha Santos.

XVII – *Correspondência*. Ativa e passiva. 2° tomo. Prefácio de B. Quadros.

OBRAS DE LIMA BARRETO[NR17]

Impressas

ROMANCES

Recordações do escrivão Isaías Caminha. Lisboa, Livraria Classica Editora, de A. M. Teixeira & Cia., Praça dos Restauradores, 20, 1909. 316p. 19x12cm.

Triste fim de Policarpo Quaresma. Rio de Janeiro, Typ. Revista dos Tribunais, Rua do Carmo, 55, 1915. 352p. 19x13,5cm.

Numa e a Ninfa. Romance da vida contemporânea. Escrito especialmente para *A Noite*. Rio de Janeiro, Officinas d'*A Noite*, Rua Julio Cesar, 29 e 31, 1915. 73p. 27x18cm.

Recordações do escrivão Isaías Caminha. 2ª edição, revista e aumentada. Rio de Janeiro, Typ. Revista dos Tribunais, Rua do Carmo, 55, 1917. xiii, 234p. 18x11cm.

Recordações do escrivão Isaías Caminha. 2ª edição, revista e aumentada. Rio de Janeiro, A. de Azevedo & Costa Editores, Rua Uruguaiana, 29 e Rua Senador Dantas, 120, Rio de Janeiro, 1917. [Nova tiragem, trazendo na capa o retrato do autor.] xiii, 234p. 18x11cm.

Vida e morte de M. J. Gonzaga de Sá. São Paulo, Edição da Revista do Brasil, 1919. [Capa com desenho de W. R.]. 203p. 19x14cm.

Vida e Morte de M. J. Gonzaga de Sá. São Paulo, Edição da Revista do Brasil, 1919. [Nova tiragem, com a seguinte indicação na capa: Romance, menção honrosa da Academia Brasileira de Letras.] 203p. 17,3x12cm.

Numa e a ninfa. Romance da vida contemporânea. Escrito especialmente para *A Noite*. Rio de Janeiro, Oficinas d'*A Noite*, Rua Julio Cesar, 29 e 31, 1915. [Nova tiragem, com capa desenhada por Ivan, contendo os seguintes dizeres: Romance sugestivo de escândalos femininos.] 73p. 24,7x16,7cm.

Recordações do escrivão Isaías Caminha. 3ª edição [*sic*]. Algumas palavras de Elói Pontes. São Paulo, O Livro de Bolso, 1943. [Capa em cores, com desenho sem assinatura, presumivelmente de Belmonte.] 233p. 15,5x10,5cm.

NR17-Publicadas até 1953, conforme consta na 5ª edição.

O triste fim de Policarpo Quaresma. 3ª edição [*sic*]. Antes do romance [,] de Elói Pontes. São Paulo, O Livro de Bolso, 1943. [Capa em cores, com desenho sem assinatura, presumivelmente de Belmonte.] 253p. 16x10,5cm.

Vida e morte de M. J. Gonzaga de Sá. 3ª edição [*sic*]. Algumas palavras de Elói Pontes. São Paulo, O Livro de Bolso, 1943. [Capa em cores, com desenho assinado por Dorca.] 191p. 16x11cm.

Triste fim de Policarpo Quaresma. São Paulo, Gráfica Editora Brasileira Ltda., 1948. [Edição especial, privativa dos sócios do "Livro do Mês".] 297p. 19,5x13cm.

Clara dos Anjos. Rio de Janeiro, Editora Mérito S. A., s.d. [1948]. [Capa com desenho sem assinatura, de autoria de Caribé. Além da novela, esta edição contém os contos publicados na primeira edição do *Triste fim de Policarpo Quaresma*.] 303 p. 22x14,3cm.

Triste fim de Policarpo Quaresma. Rio de Janeiro, Editora Mérito S. A., s.d. [1948]. [Capa com desenho assinado por S. R.] 297p. 22x14,3cm.

Recordações do Escrivão Isaías Caminha. Rio de Janeiro, Editora Mérito S. A., s.d. [1949]. [Edição privativa dos sócios do Círculo Literário do Brasil.] 282p. 20x13,5cm.

Recordações do escrivão Isaías Caminha. Rio de Janeiro, Editora Mérito S. A., s.d. [1949]. [Capa com desenho assinado por S. R.] 282p. 22x14,3cm.

Vida e morte de M. J. Gonzaga de Sá. Rio de Janeiro, Editora Mérito S. A., s.d. (1949]. [Além do romance, esta edição contém numerosos contos, uns inéditos e outros apenas publicados na imprensa, em vida do autor.] 301p. 20,6x14cm.

Numa e a ninfa. (Romance). Rio de Janeiro, Gráfica Editora Brasileira Ltda., s.d. [1950]. [Esta edição contém, além do romance, as *Aventuras do Doutor Bogóloff*.] 306p. 20,6x14cm.

HUMORISMO

Aventuras do Dr. Bogóloff. Publicação semanal, às terças-feiras. Original de Lima Barreto. Episódios da vida de um pseudorrevolucionário russo. Narrativas humorísticas. Rio de Janeiro, Edição de A. Reis & C., s.d. [1912]. [O primeiro fascículo se intitula: Fiz-me, então, Diretor da Pecuária Nacional.] [Capa em cores com desenho de Klixto.] 15p. 23x16cm.

Aventuras do Dr. Bogolóff, por Lima Barreto. Resumo do Capítulo I... Fascículo II. Como escapei de "salvar" o Estado dos Carapicus... Rio de Janeiro, Edição de A. Reis & C., s.d. [1912]. [Capa em cores com desenho de Klixto.] 15p. 23x16cm.

CONTOS

Histórias e sonhos. Contos. Rio de Janeiro, Livraria Editora de Gianlorenzo Schettino, Rua Sachet, 18, s.d. [1920]. [Na capa, há um retrato a traço do autor.] 186p. 19x14cm.

Histórias e sonhos. Contos. Rio de Janeiro, Gráfica Editora Brasileira Ltda., s.d. [1952]. [Além dos contos publicados na primeira, esta edição contém: Outras histórias e Contos argelinos.] 319p. 21x114cm.

SÁTIRAS

Os Bruzundangas. Rio de Janeiro, Jacintho Ribeiro dos Santos Editor, Rua São José, 82, 1922. 191p. 19x13cm.

Os Bruzundangas, 2ª edição. Rio de Janeiro, Jacintho Ribeiro dos Santos Editor, Rua São José, 37, 1930. 191p. 18,2x12,2cm.

Bruzundangas. São Paulo-Rio de Janeiro, Editora Mérito S. A., s.d. [1952]. [Esta edição contém: Explicação necessária, por Francisco de Assis Barbosa; I Parte – Notas sobre a República das Bruzundangas; II Parte – Coisas do Reino do Jambon.] 284p. 21x14cm.

CRÔNICAS

Bagatelas. Rio de Janeiro, Empresa de Romances Populares, Rua do Carmo, 35, 1923. 217p. 22,9x15 3cm.

Feiras e mafuás. São Paulo-Rio de Janeiro, Editora Mérito S.A., s.d. [1953]. [Com uma Nota Explicativa, assinada por Francisco de Assis Barbosa.] 312p. 21x14cm.

Marginália. São Paulo-Rio de Janeiro, Editora Mérito S.A., s.d. [1953]. [Esta edição contém: I – Marginália; II – Impressões de leitura; III – Mágoas e sonhos do povo.] 320p. 21x14cm.

MEMÓRIAS

Diário íntimo. São Paulo-Rio de Janeiro, Editora Mérito S. A., s.d. [1953]. [Esta edição contém: Nota Prévia, assinada por Francisco de Assis Barbosa; I – Diário Íntimo; II – Diário do Hospício; III – Cemitério dos Vivos; IV – Inventário da biblioteca.] 330p. 21x14cm.

OBRAS CONSULTADAS

ANDRADE, Mário de. *O movimento modernista*. Rio de Janeiro, Casa do Estudante do Brasil, 1942.

BACKHEUSER, Everardo. *O professor*. Rio de Janeiro, Livraria Agir Editora, 1947.

BANDEIRA, Manuel. *Apresentação da poesia brasileira*. Rio de Janeiro, Casa do Estudante do Brasil, 1946.

BERARDINELLI, W. *Tratado de biotipologia e patologia constitucional*. 4ª edição. Rio de Janeiro, Livraria Francisco Alves s.d. [1942] Ilus.

BRITO, Carvalho. *O civilismo em Minas*. Rio de Janeiro, Casa Rui Barbosa, 1949.

CARDOSO, Leontina Licínio. *Licínio Cardoso*. Rio de Janeiro, Zélio Valverde, 1914. Ilus.

CARVALHO, Elísio de. *As modernas correntes estéticas na literatura brasileira*. Rio de Janeiro, H. Garnier, 1907.

CELSO, Afonso. *Visconde de Ouro Preto*. (Excertos biográficos). Porto Alegre, Livraria do Globo, 1935. Ilus.

CLAYE, Jules. *Manual do aprendiz compositor*. Traduzido da língua francesa, por J. H. de Lima Barreto, chefe de turma da Imprensa Nacional. Rio de Janeiro, Imprensa Nacional, 1888.

COSTA, M. Amoroso. *Conferência sobre Oto de Alencar*. Rio de Janeiro, Tipografia Leuzinger, 1918.

CRULS, Gastão. *Aparência do Rio de Janeiro*. Rio de Janeiro, Livraria José Olympio Editora, 1949. 2 vol. Ilus.

——. *Antônio Torres e seus amigos*. São Paulo, Companhia Editora Nacional, s.d. [1950] Ilus.

EDMUNDO, Luís. *O Rio de Janeiro do meu tempo*. Rio de Janeiro, Imprensa Nacional, 1938. 3 vols. Ilus.

FONSECA, Gondin da. *Santos Dumont*. Rio de Janeiro, Casa Editora Vecchi, 1940. Ilus.

FORT., J. A. *Anatomie descriptive et dissection*. Paris, Vigot Frères, 1902. 2 vol. Ilus.

FRANCO, Afonso Arinos de Melo. *História e teoria do partido político no direito constitucional brasileiro*. Rio de Janeiro, s.c.p., 1948.

GALVÃO, Jesus Belo. *Fenômenos de sintaxe ideológica e afetiva na língua portuguesa*. Rio de Janeiro, 1949. [Exemplar mimeografado, pertencente ao autor.]

——. *Subconsciência e afetividade na língua portuguesa*. Rio de Janeiro, Edição da Organização Simões, 1954.

GAULTIER, Jules de. *Le bovarysme*. Nouvelle édition. Paris, Mercure de France, 1921.

GRIECO, Agrippino. *Vivos e mortos*. 2ª edição, revista. Rio de Janeiro, Livraria José Olympio Editora, 1947.

LAET, Carlos de. *A imprensa* (1889-1899). *In*: A Década Republicana, II volume. Rio de Janeiro, Companhia Tipográfica do Brasil, 1899, pp. 67 a 191.

LIMA, Alceu Amoroso. *Estudos*. Segunda série. 2ª edição. Rio de Janeiro, Civilização Brasileira S. A., 1934.

——. *Primeiros estudos*. Rio de Janeiro, Livraria Agir Editora, 1948.

MAUDSLEY, H. *Le crime et la folie*. Paris, Librairie Gumer Ballière, 1874.

MENDES, R. Teixeira. *Resumo Cronológico da evolução do positivismo no Brasil*. Rio de Janeiro, Templo da Humanidade, 1930.

MENDONÇA, Carlos Süssekind de. *O sport está deseducando a mocidade brasileira*. Carta aberta a Lima Barreto. Rio de Janeiro, Empresa Brasil Editora, 1921.

MORAIS, Evaristo de. *Reminiscências de um rábula criminalista*. Rio de Janeiro, Livraria Leite Ribeiro, 1922.

NABUCO, Joaquim. *Um estadista do Império*. São Paulo, Companhia Editora Nacional, 1936. 2 vol. Ilus.

NEVES, Fernão. *A Academia Brasileira de Letras*. Notas e documentos para a sua história. (1896-1940). Rio de Janeiro, Publicações da Academia Brasileira, 1940. Ilus.

PEREGRINO JÚNIOR. *Interpretação biotipológica das Artes Plásticas*. Rio de Janeiro, s.c.p., 1936.

PEREIRA, Astrojildo. *Interpretações*. Rio de Janeiro, Casa do Estudante do Brasil, 1944.

PRADO, Eduardo. *Fastos da ditadura militar no Brasil*, por Frederico de S. [pseud.] 1ª série. 3ª edição. S.l., s.c.p., 1890.

RIBEIRO, João. *História do Brasil*. 5ª edição revista e melhorada. Rio de Janeiro, Francisco Alves & Cia., 1914.

RIO, João do (Paulo Barreto). *O momento literário*. Rio de Janeiro, H. Garnier, s.d.

SEABRA, J. J. *Relatório apresentado ao presidente da República* pelo Dr. J. J. Seabra, ministro de Estado da Justiça e Negócios Interiores, em abril de 1903. Rio de Janeiro, Imprensa Nacional, 1903.

SERPA, Phocion. *Lima Barreto*. S.l., s.c.p., 1943 [Separata de Cadernos nº 7, da Academia Carioca de Letras].

SOUTO, Luís Filipe Vieira. *Estudo biográfico sobre o Dr. Manuel Feliciano Pereira de Carvalho*. S.l., s.c.p., 1930.

TORRES, João Camilo de Oliveira. *O positivismo no Brasil*. Petrópolis, Editora Vozes Limitada, 1943.

VERÍSSIMO, José. *Estudos de literatura brasileira*. 4ª série. Rio de Janeiro, H. Garnier.

——. *Estudos de literatura brasileira*. 6ª série. Rio de Janeiro, H. Garnier, 1907.

VIANA FILHO, Luís. *A vida de Rui Barbosa*. Edição do centenário, São Paulo, Companhia Editora Nacional, s.d. [1949].

PERIÓDICOS CITADOS

Almanaque Brasileiro Garnier. Rio de Janeiro, 1903, 1905/1907. B.N.

Almanaque Laemmert. Rio de Janeiro, 1879. B.N.

Almanaque d'A Noite. Rio de Janeiro, 1917. Biblioteca da Câmara dos Deputados.

Almanaque Portugal-Brasil. Prefaciado por Lima Barreto. Rio de Janeiro, 1921. Col. do autor.

Anais do Senado Federal. Rio de Janeiro, 1910-1911. Biblioteca da Câmara dos Deputados.

REVISTAS

A.B.C. Rio de Janeiro, 1918/1922. B.N.

Argos. Rio de Janeiro, 1903. B.N.

Avenida (A). Rio de Janeiro, 1903. B.N.

Barricada (Na). Rio de Janeiro, 1915. Col. do autor.

Brás Cubas. Rio de Janeiro, 1918. B.N.

Careta. Rio de Janeiro, 1910, 1920/1922, 1924. B.N.

Cruzeiro (O). Rio de Janeiro, 1949-1950. Col. do autor.

Debate (O). Rio de Janeiro, 1917-1918. Col. do autor.

Diabo (O). Rio de Janeiro, 1903. A.B.I.

Diretrizes. Rio de Janeiro, 1942. Col. Astrojildo Pereira.

Estação Teatral (A). Rio de Janeiro, 1911. B.N.

Floreal. Diretor: Lima Barreto. Rio de Janeiro, 1907. Col. do autor.

Fon-Fon. Rio de Janeiro, 1907.

Hoje. Rio de Janeiro, 1919, 1922. B.N.

Lanterna (A). Rio de Janeiro, 1901/1904. A.B.I.

Lusitânia (A). Rio de Janeiro, 1916. B.N.

Ordem (A). Rio de Janeiro, 1950. Col. do autor.

Pan-Estadual. Rio de Janeiro, 1942. Col. Antônio Noronha Santos.

Pau (O). Rio de Janeiro, 1905. A.B.I.

Quilombo. Rio de Janeiro, 1949. Col. do autor.

Revista da Academia Brasileira de Letras. Vol. X. Rio de Janeiro, 1921. Biblioteca da Academia Brasileira de Letras.

Revista da Academia Piauiense de Letras. Ano VIII. Teresina, 1924. Col. Odilo Costa, filho.

Revista do Brasil. Terceira fase. Rio de Janeiro, 1941, 1943. Col. do autor.

Revista Contemporânea. Rio de Janeiro, 1921. B.N.

Revista da Época. Rio de Janeiro, 1917, 1918. B.N.

Revista Siniátrica. Rio de Janeiro, 1931. Col. Luís Filipe Vieira Souto.

Revista Sousa Cruz. Rio de Janeiro, 1921, 1926-1927. B.N.

Riso (O). Rio de Janeiro, 1912. B.N.

Semana Ilustrada (A). Rio de Janeiro, 1860. B.N.

Tagarela (O). Rio de Janeiro, 1903. B.N.

Universal (A). Rio de Janeiro, 1901. B.N.

Vamos ler! Rio de Janeiro, 1940-1941. B.N.

Vida (A). Rio de Janeiro, 1914. Col. do autor.

Vida nova. Rio de Janeiro, 1936. B.N.

Klaxon. São Paulo, 1922. Col. Sérgio Buarque de Holanda.

JORNAIS

Arabi. Rio de Janeiro, 1949. Col. do autor.

Autores e livros. Suplemento literário de *A Manhã*. Rio de Janeiro, 1943. Col. Breno Pinheiro.

A Capital. Rio de Janeiro, 1916. Col. Antônio Noronha Santos.

Cidade do Rio. Rio de Janeiro, 1897. B.N.
Correio da Manhã. Rio de Janeiro, 1905, 1909-1910, 1951. B.N.
Correio Mercantil. Rio de Janeiro, 1867. B.N.
Correio da Noite. Rio de Janeiro, 1914-1915. B.N.
D. Casmurro. Recife, 1923. Col. Astrojildo Pereira.
D. Casmurro. Rio de Janeiro, 1943. B.N.
Diário da Manhã. Niterói, 1943. Col. Antônio Noronha Santos.
Diário de Notícias. Diretor: Pedro Moacir. Rio de Janeiro, 1909. B.N.
Diário de Notícias. Diretor: O. R. Dantas. Rio de Janeiro, 1938, 1943. Col. do autor.
Época (A). Rio de Janeiro, 1916. B.N.
Estado (O). Niterói, 1920. B.N.
Estado de São Paulo (O). São Paulo, 1948. Col. do autor.
Folha (A). Rio de Janeiro, 1920. B.N.
Folha do Dia. Rio de Janeiro, 1910. B.N.
Folha da Manhã. São Paulo, 1947. Col. do autor.
Folha de Minas. Belo Horizonte, 1949. Col. do autor.
Gazeta de Notícias. Rio de Janeiro, 1879, 1920-1921. B.N.
Gazeta da Tarde. Rio de Janeiro, 1911. B.N.
Globo (O). Rio de Janeiro, 1933, 1946. Col. do autor.
Imparcial (O). Rio de Janeiro, 1916, 1919. B.N.
Imprensa (A). Rio de Janeiro, 1911. B.N.
Jornal (O). Rio de Janeiro, 1948. Col. do autor.
Jornal do Brasil. Rio de Janeiro, 1903, 1919, 1922, 1936. B.N.
Jornal do Comércio. Rio de Janeiro, 1889, 1949. B.N.
Jornal do Comércio. Edição da tarde. Rio de Janeiro, 1911. B.N.
Lanterna. Rio de Janeiro, 1919. B.N.
Letras e Artes. Suplemento literário de *A Manhã*. Rio de Janeiro, 1949. Col. do autor.
Noite (A). Rio de Janeiro, 1915, 1922. B.N.
Notícia (A). Rio de Janeiro, 1909, 1910, 1920. B.N.
País (O). Rio de Janeiro, 1922. B.N.
Palavra (A). Niterói, (s.d.). Col. do autor.
Parafuso (O). São Paulo, 1919. Col. Edgar Leuenroth.
Patuléia (A). São Paulo, 1920. Col. Edgar Leuenroth.
Plebe (A). São Paulo, 1919. Col. Edgar Leuenroth.

Reforma (A). Rio de Janeiro, 1869. B.N.
Rio-Jornal. Rio de Janeiro, 1919, 1921. B.N.
Rua (A). Rio de Janeiro, 1916. B.N.
Rua do Ouvidor. Rio de Janeiro, 1898. B.N.
Suburbano (O). Rio de Janeiro, 1900. B.N.
Tribuna. Rio de Janeiro, 1890. B.N.
Tribuna da Imprensa. Rio de Janeiro, 1950. Col. do autor.
Tribuna Liberal. Rio de Janeiro, 1889. B.N.
Voz do Trabalhador. Rio de Janeiro, 1913. B.N.

BIBLIOGRAFIA COMPLEMENTAR

OBRA DE LIMA BARRETO
Edição posterior à publicação de *A vida de Lima Barreto*.

LIMA BARRETO, *O subterrâneo do morro do Castelo*. Organização, introdução e notas de Beatriz Resende. Rio de Janeiro, Dantes, 1997. 2ª ed., 1999.

REEDIÇÕES MAIS IMPORTANTES

LIMA BARRETO: *Prosa seleta*. Volume único. Organização e introdução e organização da Fortuna Crítica de Eliane Vasconcellos. Inclui: Romances: *Recordações do escrivão Isaías Caminha*, *Triste fim de Policarpo Quaresma*, *Numa e a ninfa*, *Vida e morte de M. J. Gonzaga Sá* e *Clara dos Anjos*. Sátiras: *Os Bruzundangas* e *Coisas do Reino do Jambon*. Contos: *Histórias e sonhos* e *outros contos*. Memorialística: *Diário íntimo* e *Cemitério dos vivos*. Rio de Janeiro, Nova Aguilar/Códice/Minc — Fundação Biblioteca Nacional — Departamento Nacional do Livro, 2001.

LIMA BARRETO. *Um longo sonho do futuro*. Diários, cartas, entrevistas e confissões dispersas. (Contendo o *Diário íntimo*, *Diário do hospício*, 2 entrevistas, 27 cartas e 16 crônicas republicadas das Obras de Lima Barreto.) Introdução de Bernardo de Mendonça. Rio de Janeiro, Graphia, 1993.

LIMA BARRETO. *A nova Califórnia e outros contos*. Seleção e apresentação de Flávio Moreira da Costa. Rio de Janeiro, Revan, 1993.

LIMA BARRETO. *Diário do hospício* e *Cemitério dos vivos*. Anexo: "Como o homem chegou". Conto. Prefácio de Ana Lúcia Machado de Oliveira e Rosa Maria de Carvalho Gens. Rio de Janeiro, Prefeitura da Cidade do Rio de Janeiro, Secretaria Municipal de Cultura. Departamento Geral de Informação Cultural. 1ª ed., 2ª tiragem, 1993.

TRADUÇÃO

ALEMÃO

Das traurige Ende des Policarpo Quaresma [*Triste fim de Policarpo Quaresma*]. Trad. de Berthold Zilly. Zurique, Ammann Verlag, 2001.

CHECO-ESLOVACO

Smutny Konec Snaîivého Pçoliapa [*Triste fim de Policarpo Quaresma*]. Trad. de Prelozila Jamila Vojtiíková. Praga, Odeon, 1974. (Svetová Cêtba Svazek, 446.)

ESPANHOL

Dos novelas: Recuerdos del escribiente Isaías Caminha — El triste fin de Policarpo Quaresma. Introdução e cronologia de Francisco de Assis de Barbosa. Caracas, Biblioteca Ayacucho, 1978.

La Nueva California — El hombre que sabía javanés. Trad. de Maria Teresa Fernández Beyro e Manuel Graña Etcheverry. Buenos Aires, Centro de Estudios Brasileños, 1981.

FRANCÊS

L'Homme qui savait le javanais. *Elle*, Paris, nº 354, 8 sept. 1952. p. 56-7.

Son excellence. In: *FLEUR, télephone et jeune fille... et autres contes brésiliens*. Ed. bilingue. Trad. de Catherine Orfila. Paris: L'Alphée, 1980. p. 28-39. (Supplément à l'Alphée, Cahier de litterature, 1.)

Souvenirs d'un gratte-papier [*Recordações do escrivão Isaías Caminha*]. Trad. de Monique Le Moing e Marie-Pierre Mazéas. Paris, L'Harmattan, 1989.

Sous la bannière étoilée de la Croix du Sud [*Triste fim de Policarpo Quaresma*]. Trad. de Monique Le Moing e Marie-Pierre Mazéas. Paris, L'Harmattan, 1992. (L'Autre Amérique.)

Vie et mort de Gonzaga de Sá. Trad. de Monique Le Moing e Marie-Pierre Mazéas. Paris, L'Harmattan, 1994.

Le fils de Gabriela et deux autres contes. Trad. de Monique Le Moing. Cherves, Rafael de Surtis, 1998.

Un amer tourment: et trois autres contes. Trad. de Monique Le Moing. Cherves, Rafael de Surtis, 1998.

La Nouvelle Californie: et trois autres contes. Trad. de Monique Le Moing. Cherves, Rafael de Surtis, 1998.

INGLÊS

"The Sad End of Policarpo Quaresma". Trad. de Gregory Rabassa. In: ——. *Borzoi Anthology of Latin American Literature*. Nova York, Rodriguez Monegal and Thomas Colchie, 1977.

The Patriot [*Triste fim de Policarpo Quaresma*]. Trad. de Robert Scott-Buccleuch. Londres, Rex Collings, 1978.

Clara dos Anjos. Trad. de Earl E. Fitz. In: *Lima Barreto Bibliography and Translations*: Boston, Maria Luisa Nunes, 1979. (The Yale Series of Afro-American Reference Publications.)

The life and death of M. J. Gonzaga de Sá. Trad. de Rosa Veloso Dwyer e John P. Dwyer. In: *Lima Barreto Bibliography and Translations*. Boston, Maria Luisa Nunes, 1979. (The Yale Series of Afro-American Reference Publications.)

JAPONÊS

Java gowo shaberú otoko [*O homem que sabia javanês*]. In: Brasirú bungaku tainhen chú. Trad. de Hirokawa Kazuco. Tóquio, Sinshe Kaisha, 1977. p. 57-65. (Latin American novel.) (Antologia do conto brasileiro org. por Diná Silveira de Queiroz e Renard Perez.)

RUSSO

Zapiski arkivariussa. [*Recordações do escrivão Isaías Caminha*]. 1965.

SUECO

"Ett Nytt Kalifornien" [*A nova Califórnia*]. Trad. de Arne Lundgren. In: *Den Blodig amidsommarnallen*. Estocolmo, Fabians, 1988.

POLONÊS

Smutny Konied Polikrpa Quaresmy [*Triste fim de Policarpo Quaresma*]. Trad. de Janina Zolia Klave. Cracóvia, Wydawnietwo Literackie. 1984.

ROMENO

Tristul Sfirsit lui Policarpo Quaresma. [*Triste fim de Policarpo Quaresma*]. Trad. de Alenxadru Lincu. Bucareste, Sturion, 1991.

ADAPTAÇÃO

TEATRO

Triste fim de Policarpo Quaresma, de Lima Barreto. Grande Companhia Tragi-Cômica Jaz o Coração. Dir. e adapt. de Buza Ferraz, 1978.

Cemitério dos vivos. Adapt. João Batista. Companhia Ensaio Aberto. Fórum de Ciência e Cultura da UFRJ, 1993.

Lima Barreto ao terceiro dia: Dir. Aderbal Freire-Filho. Adapt. Luís Alberto de Abreu. Encenada no Centro Cultural Banco do Brasil, 1995.

FILME

Osso, amor e papagaios. Dir. de Carlos Alberto de Sousa Barros e César Mêmolo Júnior. Cinematográfica Brasil Filme, 1956. 1 filme. (102 min.), p&b, 16/35 mm.

Quelé do Pajeú. Versão de "A Nova Califórnia". História original, argumento e primeiro roteiro de Lima Barreto. Dir. e roteiro definitivo Anselmo Duarte, 1969.

Lima Barreto: Trajetória. Dir. de Júlio Bressane. Prod. David Neves e Júlio Eduardo. Fotógrafo Afonso Beato. Montador Eduardo Escorel, 1970. 1 filme (11 min), son., p&b., 35 mm.

Policarpo Quaresma, herói do Brasil. Dir. de Paulo Tiago. Roteiro de Alcione Araújo. Vitória Produções, 1998. 1 filme, son., color, 35 mm.

O homem que sabia javanês. Dir. e roteiro de Maurício Buffa. Phos Produção de Filmes, 1998. 1 filme. (13 min.), color, 35 mm.

VÍDEO

A volta de Lima Barreto ao país dos Bruzundangas. Dir. de José Maria Bezerril. Rio de Janeiro, TVC Produções Cinematográficas e Retina Filmes, 1993. 1 fita de vídeo, VHS, son., color.

EXPOSIÇÃO

Lima Barreto: centenário de nascimento. Rio de Janeiro, Biblioteca Nacional, 1981.

O Rio de Janeiro de Lima Barreto. Rio de Janeiro, Prefeitura da Cidade, 1981.

LIVROS E TESES

AIEX, Anoar. *As ideias socioliterárias de Lima Barreto*. São Paulo, Vértice, 1990. (Formação do Brasil, 7.)

ALVES, Henrique L. *Lima Barreto aos 100 anos*. São Paulo, Secretaria de Estado da Cultura, 1981.

ANDRADA, Vanessa Escobar de. *Oposições binárias na obra literária de Lima Barreto*. Tese (Corso di Laurea in Lingua e Letteratura Straniere Moderne) — Facoltá di Lettere e Filosofia, Universitá Deglistudi di Roma, Roma, 1977.

ANTONIO, João (org.). *Calvário e porres do pingente Afonso Henriques de Lima Barreto*. Rio de Janeiro, Civilização Brasileira, 1977. (Vera Cruz Literatura Brasileira, 237.)

ATANÁSIO, Enéas. *A patina do tempo*; Lima Barreto e Monteiro Lobato. Blumenau, Fundação Casa Dr. Blumenau, 1984.

——. *O mulato de Todos os Santos*. Pinhais, *Veja*, 1982.

BARBOSA, Francisco de Assis. *A vida de Lima Barreto* (1881-1922). Rio de Janeiro, J. Olympio, 1952. (Documentos Brasileiros, 70.); 7ª ed., Belo Horizonte, Itatiaia; São Paulo, USP, 1988. (Reconquista do Brasil, 2ª ser., 140.). A partir da 8ª ed. (2003), volta a ser publicado pela editora José Olympio.

——. *Lima Barreto e a reforma da sociedade*. Recife, Pool, 1987.

——. *A vida de Lima Barreto* (em quadrinhos). Adapt. de A. Miranda Bastos. Des. de Ramon Llampaya. Rio de Janeiro, Brasil-América, [1977?]. (Clássicos Ilustrados, 5.)

BEIGUELMAN, Paula. *Por que Lima Barreto*. São Paulo, Brasiliense, 1981.

BIBLIOTECA NACIONAL. *Lima Barreto 1881-1922*: catálogo da exposição comemorativa do centenário de nascimento, organizado pela Seção de Promoções Culturais. Apres. Plínio Doyle. Pref. Francisco de Assis Barbosa. Rio de Janeiro, Biblioteca Nacional, 1981.

CAMPOS, Maria Teresa R. A. *Lima Barreto*. São Paulo, Ática, 1988.

CARVALHO, Fernando. *Lima Barreto*. 1994. Tese (Livre Docência em Literatura Brasileira) — Centro de Estudos Básicos, Universidade Federal de Santa Maria, Santa Maria, 1974. (mimeo.)

CAVALHEIRO, Edgar. *A correspondência entre Monteiro Lobato e Lima Barreto*. Rio de Janeiro, MEC, Serviço de Documentação, 1955. (Os Cadernos de Cultura, 76.)

COELHO, Haydée Ribeiro. *Retórica da ficção e do nacionalismo em "Triste fim de Policarpo Quaresma"*: a construção narrativa de Lima Barreto. Dissertação (Mestrado) — Faculdade de Letras, Universidade Federal de Minas Gerais, Belo Horizonte, 1981.

CURI, Maria Zilda Ferreira. *Um mulato no Reino de Jambom*: as classes sociais na obra de Lima Barreto. São Paulo, Cortez, 1981.

DUGGAN, Vicente Paul. *Social Themes and Political Satire in the Short Stories of Lima Barreto*. 1976. Dissertação (Doutorado) — Graduate Faculty in Comparative Literature, The City University of New York, Nova York, 1976. (mimeo.)

FANTINATI, Carlos Erivany. *O profeta e o escrivão*: estudo sobre Lima Barreto. São Paulo, Hucitec; Assis, Instituto de Letras, História e Psicologia de Assis, 1978.

FIGUEIREDO, Carmem Lúcia Negreiros de. *Trincheiras de sonho*: ficção e cultura em Lima Barreto. Rio de Janeiro, Tempo Brasileiro, 1998.

——. *O fim do sonho republicano*: o lugar da ironia em Lima Barreto. Rio de Janeiro, Leviatã, 1994.

FIGUEIREDO, Maria do Carmo Lana. *O romance de Lima Barreto e sua recepção*. Belo Horizonte, Lê, 1995.

GERMANO, Idilva Maria Pires. *Alegorias do Brasil*: imagens de brasilidade em *Triste fim de Policarpo Quaresma* e *Viva o povo brasileiro*. Fortaleza, Secretaria da Cultura e Desporto; São Paulo, Annablume, 2000.

GICOVATI, Moisés. *Lima Barreto*, uma vida atormentada. São Paulo, Melhoramentos, 1952. (Grandes Vultos das Letras, 10.)

HERRON, Robert. *The Individual, Society, and Nature in the Novels of Lima Barreto*. 1968. Dissertação (Doutorado) — University of Wisconsin, Madison, 1968. (mimeo.)

HOSSNE, Andrea Saad. *A angústia da forma e o bovarismo. Lima Barreto romancista*. Tese (Doutorado). São Paulo, Faculdade de Filosofia, Letras e Ciências Humanas da USP, 1999. (mimeo.)

LINS, Osman. *Lima Barreto e o espaço romanesco*. São Paulo, Ática, 1976. (Ensaios, 20.)

LOPES, Ângela Maria Teresa. *O Rio de Lima Barreto*: modernização e modernidade. 1993. Dissertação (Mestrado) — Instituto de Letras, UERJ, 1993.

MARCONDES FILHO, Ciro Juvenal Rodrigues. *Elementos para uma estética sociológica*; um estudo de Lima Barreto. Dissertação (Mestrado) — Departamento de Ciências Sociais da Faculdade de Filosofia, Letras e Ciências Humanas, USP, São Paulo, 1975. (mimeo.)

MARTA, Alice Áurea. *A tessitura satírica em Numa e a Ninfa*. São Paulo, Ilpha; Assis, Hucitec, 1987.

MEIRA, Clóvis. *Três faces de Lima Barreto*. São Paulo, Scortecci, 1994.

MENESES, Lilia Almeida. *O Rio de Janeiro de Lima Barreto*. Rio de Janeiro, Prefeitura da Cidade, 1981. Catálogo de exposição.

MORAIS, Régis de. *Lima Barreto*. Caricatura de Emílio Damiani. São Paulo, Brasiliense, 1983.

NASCIMENTO, Flávio do. *Lima Barreto*: espaço interno. 1977. Dissertação (Mestrado) — Departamento de Letras e Artes, Pontifícia Universidade Católica do Rio de Janeiro, Rio de Janeiro. 1977.

OAKLEY, R. J. *The Case of Lima Barreto and Realism in the Brazilian* Belle-Époque. Lewiston, Queenston, Lampeter (Reino Unido), The Edwin Mellen Press, 1998.

OLIVEIRA, Fátima Maria. *Correspondência de Lima Barreto*: à roda do quarto no palco das letras. 2000. Dissertação (Mestrado) — Departamento de Letras, Pontifícia Universidade Católica Rio de Janeiro, Rio de Janeiro, 2000.

OLIVEIRA, Ione Dias Aires de. *Uma leitura de "Sua Excelência"*. São Paulo, Unesp; Assis, Instituto de História, Filosofia e Letras de Assis, 1983.

OLIVEIRA, Lorene Figueiredo de. *A crítica de Lima Barreto, a modernização do Rio de Janeiro do início do século em* Triste fim de Policarpo Quaresma *e* Vida e morte de M. J. Gonzaga de Sá. Rio de Janeiro, UFRJ, Instituto de Filosofia e Ciências Sociais, 1995.

OSWALD, Maria Luísa Magalhães Bastos. *Aprender com a literatura*: uma literatura benjaminiana de Lima Barreto. Tese (Doutorado) — Departamento de Letras, Pontifícia Universidade Católica do Rio de Janeiro, Rio de Janeiro, 1997.

PEREIRA, Marcus Vinícius Teixeira Quiroga. *Como era gostoso o meu javanês*: estudo da linguagem do jeitinho na obra de Lima Barreto. Rio de Janeiro, UFRJ, 1993.

PRADO, Antônio Arnoni (org.). *Lima Barreto*. Seleção de textos, notas, estudos de Antônio Arnoni Prado. São Paulo, Abril Cultural, 1980. (Literatura comentada.)

——. *Lima Barreto*: o crítico e a crise. Rio de Janeiro, Cátedra; Brasília, INL, 1976.

RESENDE, Beatriz Vieira de. *Lima Barreto e o Rio de Janeiro em fragmentos*. Rio de Janeiro, UFRJ; Campinas, Unicamp, 1993.

——. *Lima Barreto, crítico da modernidade*. 1980. Dissertação (Mestrado) — Departamento de Letras Vernáculas, Faculdade de Letras, UFRJ, Rio de Janeiro, 1980. (mimeo.)

SANTOS, Afonso Carlos Marques (coord.). *O Rio de Janeiro de Lima Barreto*. Rio de Janeiro, Rioarte, 1983. il. 2v. (Roteiro Literário e Artístico do Rio.)

SANTOS, André Luiz dos. *A casa do louco*. Dissertação (Mestrado), Instituto de Letras da UERJ, 2001. (mimeo).

SERPA, Phocion. *Lima Barreto*. Rio de Janeiro, Sauer, 194.

SEVCENKO, Nicolau. *Literatura como missão*: tensões sociais e criação cultural na Primeira República. São Paulo, Brasiliense, 1983.

SILVA, H. Pereira da. *Maldito de Todos os Santos*: Lima Barreto. Rio de Janeiro, Divulgadora Nacional, 1981. (Peça com duração de 1h30min.)

——. *Lima Barreto*: escritor maldito. Rio de Janeiro, MAFC, 1976.

SIMON, Luiz Carlos Santos. *A torre e o porão*: trajetórias de Lima Barreto e Oscar Wilde. Rio de Janeiro, UFRJ, 1992.

VASCONCELOS, Eliane. *Entre a agulha e a caneta*: uma leitura da obra de Lima Barreto. Rio de Janeiro, Lacerda, 1999.

VECCHIO, Roberto. *L'estetica della ribellione*: la letteratura militante di Lima Barreto. S.l.: Pangloss Cultura, [1994?].

ARTIGOS PUBLICADOS EM LIVROS OU PERIÓDICOS

ABREU, Modesto de. A "chave" do Isaías. *Jornal do Brasil*, Rio de Janeiro, 16 fev. 1936, p. 14. Suplemento.

ACABA de aparecer: *Vida e morte de M. J. Gonzaga de Sá*, romance de Lima Barreto. *Rio Jornal*, Rio de Janeiro, 11 mar. 1919.

ADONIAS FILHO. Uma biografia. *Jornal de Letras*, Rio de Janeiro, nov. 1952.

AFONSO CELSO, Conde de. *Vida e morte de M. J. Gonzaga de Sá. Jornal do Brasil*, Rio de Janeiro, 20 mar. 1919.

——. Cotas aos casos: notas sobre Policarpo Quaresma. *Jornal do Brasil*, Rio de Janeiro, 28 mar. 1916.

ALBUQUERQUE, Medeiros e. *O triste fim de Policarpo Quaresma. A Noite*, Rio de Janeiro, 30 set. 1916. Crônica Literária.

——. Isaías Caminha. *A Notícia*, Rio de Janeiro, 15 dez. 1909.

ALMEIDA, Paulo de. Entre Machado de Assis e Lima Barreto. *Dom Casmurro*, Rio de Janeiro, 12 fev. 1944.

ALVES, Odair Rodrigues. Lima Barreto: o precursor do romance social brasileiro. *Diário Popular*, São Paulo, 13 maio 1981, p. 19.

AMADO, Jorge. Lima Barreto, escritor popular. *A Manhã*, Rio de Janeiro, 2 jul. 1935.

AMORA, Antônio Soares. Afonso Henriques de Lima Barreto. In: ——. *História da Literatura Brasileira*. São Paulo, Saraiva, 1967. p. 136-137.

——. O mulato que se vestiu. *O Estado de S. Paulo*, São Paulo, nº 294, 25 ago. 1962. Suplemento literário.

ANDRADE, Carlos Drummond de. Histórias do jornalismo por dentro. *Jornal do Brasil*, Rio de Janeiro, 3 maio 1983.

——. Fotos 3x4, de ontem. *Jornal do Brasil*, Rio de Janeiro, 23 jul. 1981.

——. Entre Machado e Lima Barreto. *Jornal do Brasil*, Rio de Janeiro, 14 maio 1981.

ANTÔNIO, João. Lima Barreto, pingente. *Correio do Povo*, Porto Alegre, 16 out. 1976.

APOCALIPSE, Raul. Diário íntimo. *A Gazeta de Ouro Fino*, Minas Gerais, 22 dez. 1957.

——. Sobre Lima Barreto. *A Gazeta de Ouro Fino*, Minas Gerais, 16 jun. 1957.

ARAÚJO, Murilo. Lima Barreto em silhueta. *Revista Sousa Cruz*, Rio de Janeiro, v. 8, nº 92, 6 ago. 1924, p. 6.

ATAÍDE, Austregésilo de. Histórias e sonhos. *Tribuna*, Rio de Janeiro, 18 jan. 1921, p. 2.

ATAÍDE, Tristão de. Ver LIMA, Alceu Amoroso.

ATANÁSIO, Enéas. Perfil de Lucrécio. *Minas Gerais*, Belo Horizonte, 28 jul. 1979, nº 669. Suplemento literário, p. 3.

——. Lima Barreto. *Minas Gerais*, Belo Horizonte, nº 568, 20 ago. 1977. Suplemento literário, p. 8.

AUGUSTO, Sérgio. E isso é isso. *O Pasquim*, Rio de Janeiro, nº 207, 19-25 jun. 1973.

AUTORES E LIVROS. *Lima Barreto*. Rio de Janeiro, *A Manhã*, ano 3, v. 10, nº 17, 23 maio 1943. Suplemento literário semanal.

BAIRÃO, Reinaldo. A redescoberta de um precursor do romance social urbano. *O Globo*, Rio de Janeiro, 1º maio 1972, p. 33.

BANDEIRA, Manuel. Lima Barreto. In: —. *Noções de histórias das literaturas*. São Paulo, Nacional, 1940. p. 491.

BARBOSA, Francisco de Assis. Afonso Henriques de Lima Barreto (1881-1922). In: SOLE, Carlos A.; ABREU, Maria Isabel. *Latin american writers*. Nova York, Charles Scribner's Sons, 1989. v. 2. p. 565-573.

——. A missão de Lima Barreto. *Caderno Cultural*, Departamento de Imprensa Nacional, Brasília, ano 2, nº 5, jun./jul. 1988. p. 565-573.

——. Lima Barreto, precursor do romance moderno. *Boletim Bibliográfico*, Biblioteca Mário de Andrade, São Paulo, v. 42, nº 3, jul./set. 1981. p. 9-41. (Número especial: Lima Barreto.)

——. O escritor e a posteridade. *O Estado de S. Paulo*, São Paulo, v. 1, nº 48, 10 maio 1981. Cultura, p. 5-7.

——. Um vasto painel literário da Primeira República. *Jornal do Brasil*, Rio de Janeiro, 9 maio 1981. Caderno B, p. 12.

——. O triste fim do militante e panfletário Lima Barreto. *Jornal do Brasil*, Rio de Janeiro, 28 out. 1972. Dossier Livro, p. 2.

——. O biógrafo fala do biografado: o que eu não disse sobre Lima Barreto. *Jornal de Letras*, Rio de Janeiro, nº 39, 1952, p. 16.

——. Lima Barreto, precursor do romance social. *Revista do Livro*, Rio de Janeiro, v. 2, nº 8, p. 123-131, dez. 1957. Publicado em *Achados ao vento*. Rio de Janeiro, MEC, 1958. p. 95-116.

——. As duas chaves do Isaías Caminha. *Diário de Notícias*, Rio de Janeiro, 20 mar. 1949. Letras e Artes, p. 1.

——. Introdução. In: BARRETO, Lima. *Recordações do escrivão Isaías Caminha*. 4 ed. Rio de Janeiro, Mérito, 1949. p. 9-17.

BEIGUELMAN, Paula. Lima Barreto e o grande realismo literário. *Jornal do Brasil*, Rio de Janeiro, 17 jun. 1978. Livro p. 6.

BELO, José Maria. Lima Barreto. In: ——. *Imagens de ontem e de hoje*. Rio de Janeiro, Ariel, 1936. p. 57-60.

——. Lima Barreto. In: ——. *À margem dos livros*. Rio de Janeiro, Anuário do Brasil, 1923. p. 154-156.

BERTOLI FILHO, Cláudio; MEIHY, José Carlos Sebe Bom. Morte e sociedade em Lima Barreto. In: MARTINS, José de Sousa (org.). *A morte e os mortos na sociedade brasileira*. São Paulo, Hucitec, 1983. p. 142-169.

BEZERRA, João Clímaco. Lima Barreto: o infeliz. *Jornal de Letras*, Rio de Janeiro, nº 93, abr. 1957.

BIBLIOTECA MÁRIO DE ANDRADE. *Boletim Bibliográfico*, São Paulo, v. 42, nº 3, jul./set. 1981. (Número especial: Lima Barreto.)

BORBA, Osório. A história e os botequins. *Diário de Notícias*, Rio de Janeiro, 15 abr. 1943. Seção, p. 1.

——. O inexplicável ostracismo de Lima Barreto. In: ——. *A comédia literária*. Rio de Janeiro, Alva, 1941. p. 111-115.

BOSI, Alfredo. As letras na Primeira República. In: FAUSTO, Bóris (dir.). *História geral da civilização brasileira* (período republicano). São Paulo, Difel, 1977. t. 3, v. 2, p. 307-310.

——. O romance social. In: ——*A história concisa da Literatura Brasileira*. São Paulo, Cultrix, 1970. p. 355-365.

——. Lima Barreto e Graça Aranha. In: ——. *A Literatura Brasileira*, o pré-modernismo. São Paulo, Cultrix, 1966. p. 93-104. (Roteiro das Grandes Literaturas, 5).

BRANDÃO, Otávio. Lima Barreto. In: ——. *Os intelectuais progressistas*. Rio de Janeiro, Simões, 1956. p. 127-156.

BRAYNER, Sônia. Lima Barreto: mostrar ou significar? In: ——. *Labirinto do espaço romanesco*: tradição e renovação da Literatura Brasileira (1880-1920). Rio de Janeiro, Civilização Brasileira; Brasília, INL, 1979. p. 145-176.

——. A mitologia urbana de Lima Barreto. *Tempo Brasileiro*, Rio de Janeiro, nº 33-34, p. 66-82, abr./jun. 1973.

BROCA, Brito. Lima Barreto. In: ——. *A vida literária no Brasil — 1900*. Rio de Janeiro, José Olympio, 1960. p. 156-157.

——. Lima Barreto e o esporte. *A Gazeta*, São Paulo, 8 jun. 1958, p. 2.

——. Documentário carioca. In: ——. *Horas de leitura*. Rio de Janeiro, MEC; INL, 1957, p. 155-163.

——. A tragédia de Lima Barreto. *A Gazeta*, São Paulo, 25 out. 1952.

——. O subúrbio e a cidade. *A Gazeta*, São Paulo, 24 jan. 1949.

——. Perspectivas de um romancista. *A Gazeta*, São Paulo, 22 jan. 1949.

——. A vagabundagem lírica de Lima Barreto. *A Gazeta*, São Paulo, 26 ago. 1939.

BROOKSHAW, David. A tradição do escritor negro. In: ——. *Raça e cor na Literatura Brasileira*. Trad. de Marta Kirt. Porto Alegre, Mercado Aberto, 1983. p. 164-170.

CAMBARÁ, Isa. Hélio Silva lembra as conversas de bar. *Folha de S. Paulo*, São Paulo, 13 maio 1981, p. 27.

CANDIDO, Antonio. Os olhos, a barca e o espelho. *O Estado de S. Paulo*, São Paulo, ano 1, nº 1, 17 out. 1976. Suplemento Cultural, p. 3-4. Publicado em *A educação pela noite e outros ensaios*. São Paulo, Ática, 1989. p. 39-50.

CARPEAUX, Oto Maria. Lima Barreto. In: ——. *Pequena bibliografia crítica da literatura*. Rio de Janeiro, Letras e Artes, 1964. p. 257-260.

CARVALHO, Fernando. Lima Barreto. *Revista Brasiliense*, São Paulo, nº 13, set./out. 1956, p. 97-102.

CASTELO, José Aderaldo. *Aspectos do romance brasileiro*. Rio de Janeiro, MEC, Serviço de Documentação, s.d. p. 127-128; 139.

——.; SOUSA, Antonio Candido Melo. Lima Barreto. In: ——. *Presença da Literatura Brasileira*. São Paulo, Difel, 1964. v. 2. p. 330-332.

CASTRO, Moacir Werneck de. O país da bruzundanga. *Jornal do Brasil*, Rio de Janeiro, 23 ago. 1989.

CAVALHEIRO, Edgar. Correspondência entre Monteiro Lobato e Lima Barreto. *Folha da Manhã*, São Paulo, 14/21/28 set. 1947. 4º Caderno, p. 8.

CIANCIO, Nicolau. A verdade sobre Lima Barreto. *Vamos Ler!*, Rio de Janeiro, 29 ago. 1940, p. 23; 61.

CIRNE, Almáquio. *Numa e a ninfa*. *Ilustração Pelotense*, Pelotas, RS, v. 2, n. 17, 1 set. 1920, p. 9.

——. *Vida e morte de M. J. Gonzaga de Sá*. *O Tempo*, Rio Grande, RS, 5 abr. 1919. Literatura Brasileira, p. 1.

——. *Recordações do escrivão Isaías Caminha*. *O Tempo*, Rio Grande, RS, 5 abr. 1919. Literatura Brasileira, p. 1.

——. *Triste fim de Policarpo Quaresma*. *O Tempo*, Rio Grande, RS, 5 abr. 1919. Literatura Brasileira, p. 1.

COELHO NETO. A sereia. *Jornal do Brasil*, Rio de Janeiro, 5 nov. 1922. Publicado em *Feira livre*. Porto, Chandron, 1926. p. 33-38. Reproduzido em *Boletim Bibliográfico*, Biblioteca Mário de Andrade, São Paulo, v. 42, nº 3, jul./set. 1981. p. 43-45. (Número especial: Lima Barreto.)

COELHO, Haydée Ribeiro. Retórica do nacionalismo. *Ensaios de Semiótica*, Cadernos de Linguística e Teoria da Literatura, Faculdade de Letras da UFMG, Belo Horizonte, n. 6, 1982, p. 33-47.

CONDÉ, João. Arquivos implacáveis. *O Cruzeiro*, Rio de Janeiro, 29 maio 1954.

COTRIM, Álvaro. Lima Barreto: há 100 anos nascia o escritor que os artistas do traço não descobriram em vida. *Jornal do Brasil*, Rio de Janeiro, 1 maio 1981. Caderno B, p. 1. il.

COUTINHO, Carlos Nelson. Cultura brasileira: um intimismo deslocado à sombra do poder? *Cadernos de Debate*, São Paulo, nº 1, 1976, p. 65-67.

——. Um novo Lima Barreto. *Movimento*, São Paulo, nº 1, 1976, p. 65-67.

——. O significado de Lima Barreto na Literatura Brasileira. In: *et alii. Realismo e antirrealismo na Literatura Brasileira*. Rio de Janeiro, Paz e Terra, 1974. p. 1-56.

CUNHA, Maurício. Intimidade, memória e história em Lima Barreto. *Vozes*, Petrópolis, v. 81, nº 1, jan./fev. 1987, p. 53-69.

CURY, Maria Zilda Ferreira. Lima Barreto e a Primeira República. *Boletim Bibliográfico*, Biblioteca Mário de Andrade, São Paulo, v. 42, n. 3, jul./set. 1981. p. 83-92. (Número especial: Lima Barreto.)

DAMASCENO, Darci. Arquivo Lima Barreto. *Anais da Biblioteca Nacional*, Rio de Janeiro, v. 105, 1985, p. 3-87.

DI CAVALCANTI, Emiliano. *Reminiscências líricas de um perfeito carioca*. Rio de Janeiro, Civilização Brasileira, 1964. p. 31-32; 47-48.

——. Triste fim de Lima Barreto. *Dom Casmurro*, Rio de Janeiro, v. 7, nº 311, 24 jul. 1943, p. 1.

DICIONÁRIO crítico do moderno romance brasileiro. Belo Horizonte, Grupo Gente Nova, 1970. p. 73-75.

DIMMICK, Ralph E. Social Satire in the work of Lima Barreto. In: The International Coloquium on Luso-Brazilian Studies. 1950, Washington, D.C. *Proceedings*... Nashville, The Vanderbilt University Press, 1953, p. 155-156.

DUQUE, Gonzaga. Até que um dia! *Diário do Commercio*, Rio de Janeiro, 4 fev. 1909.

DUQUE-ESTRADA, Joaquim Osório. *Triste fim de Policarpo Quaresma*, romance de Lima Barreto. *O Imparcial*, Rio de Janeiro, 18 set. 1916.

EDUARDO, Carlos. Lima Barreto: *Triste fim de Policarpo Quaresma. Gazeta de Notícias,* Rio de Janeiro, 14 jun. 1916.

EFEGÊ, Jota, pseud. Lima Barreto: futebol ganhou inimigo com a discriminação. *O Globo*, Rio de Janeiro, 7 nov. 1972.

EM DEFESA do Rio e seus horizontes. *Jornal do Brasil*, Rio de Janeiro, 28 out. 1972. Dossier Livro, p. 2.

FACIOLI, Valentim. Prefácio. Por que não me ufano de meu país. In: BARRETO, Lima. *Os bruzundangas*; incluindo "Outras histórias dos bruzundangas". São Paulo, Ática, 1985.

FERRAZ, Enéas. A morte do mestre. *O País*, Rio de Janeiro, 20 nov. 1922. Reproduzido em Boletim *Bibliográfico*, Biblioteca Mário de Andrade, São Paulo, v. 42, nº 3, jul./set. 1981. p. 51-55. (Número especial: Lima Barreto.)

FERRAZ, Zagus. Lima Barreto. O que eu penso de sua literatura hoje. *Festa*, Rio de Janeiro, 1. fase, v. 1 nº 3, dez. 1927, p. 14.

FIGUEIREDO, Jackson de. Impressões literárias. *Lusitânia*, Rio de Janeiro, v. 1, nº 2, 10 jun. 1916, p. 48-50.

FONSECA, Sílvio da. João, não, Afonso Henriques de Lima Barreto. *Vamos Ler!*, Rio de Janeiro, 10 abr. 1941, p. 18-19.

FONTES, Hermes. Letras. *Diário de Notícias*, Rio de Janeiro, 23 jan. 1910.

FREITAS, Bezerra de. *Forma e expressão no romance brasileiro*: do período colonial à época pós-modernista. Rio de Janeiro, Pongetti, 1947. p. 286-293.

FREIRE, Gilberto. O *Diário íntimo* de Lima Barreto. In: ——. *Vida, forma e cor*. Rio de Janeiro, J. Olympio, 1962. p. 330-336. Reprodução do texto publicado em ——. Prefácio. In: BARRETO, Lima. *Diário íntimo*. São Paulo, Brasiliense, 1956, v. 14.

GALVÃO, Jesus Belo. *Subconsciência e afetividade em língua portuguesa*. Rio de Janeiro, Simões, 1954. p. 60-63.

GIFFONI, O. Carneiro. *Estética e cultura*. São Paulo, Continental, 1944. p. 114-125.

GODOI, Adoasto de. O triste fim de Lima Barreto. *Boletim de Ariel*, Rio de Janeiro, v. 1, nº 2, nov. 1932, p. 30.

GOES, Fernando. Afonso Henriques de Lima Barreto. In: PAES, José Paulo; MOISÉS, Massaud (org.). *Pequeno dicionário de Literatura Brasileira*. São Paulo, Cultrix, 1969. p. 51.

GOMES, Celuta Moreira. *O conto brasileiro e sua crítica, bibliografia* (1841-1947). Rio de Janeiro, Biblioteca Nacional, 1977. v. 1. p. 83-85.

GOMES, Eugênio. Lima Barreto. In: COUTINHO, Afrânio (dir.). *A literatura no Brasil.* Rio de Janeiro, J. Olympio; Niterói, Eduff, 1986. p. 218-224.

——. *Aspectos do romance brasileiro*. Salvador, Progresso, 1958. p. 155-173.

GRIECO, Agrippino. *Evolução da prosa brasileira*. Rio de Janeiro, J. Olympio, 1947. p. 102-103. (Obras Completas de Agrippino Grieco, 3).

——. O mais brasileiro dos nossos romancistas. *A Manhã*, Rio de Janeiro, v. 4, nº 13, 18 abr. 1943, p. 202. Suplemento literário.

——. Lima Barreto. In: ——. *Vivos e mortos*. Rio de Janeiro, Schmidt, 1931. p. 115-126.

HERRON, Robert. The Individual Society and Nature in Lima Barreto's Theory of Literature. *Revista de Letras da Universidade de São Paulo*, São Paulo, nº 2, fev. 1974, p. 218.

——. Lima Barreto y *Clara dos Anjos* su "mulatismo" erróneo você su feminismo. *El Comercio*, Quito, 23 jan. 1972, p. 10.

——. Lima Barreto's *Isaías Caminha* as a Psychological Novel. *Luso-Brazilian Review*, Madison, Wiscosin, v. 8, nº 2, 1971, p. 26-38.

HOLANDA, Sérgio Buarque de. Sobre Lima Barreto. *Diário Carioca*, Rio de Janeiro, 5 out. 1952.

——. Ainda Lima Barreto. *Diário de Notícias*, Rio de Janeiro, 30 jan. 1949. Letras e Artes, p. 1.

——. Em torno de Lima Barreto. *Diário de Notícias*, Rio de Janeiro, 23 jan. 1949. Letras e Artes, p. 1.

HOUAISS, Antônio. Sobre Lima Barreto e seu biógrafo. In: ——. *Crítica avulsa*. Salvador, Universidade da Bahia, 1960. p. 272-282.

HULET, Claude L. Afonso Henriques de Lima Barreto. In: ——. *Brazilian literature* (1880-1920). Washington D.C., Georgetown University, 1975. v. 2. p. 258-269.

IANI, Otávio. A questão racial no Brasil. *Folha de S. Paulo*, São Paulo, 13 maio 1985.

INOJOSA, Joaquim. Lima Barreto e o modernismo. *Jornal do Commercio*, Rio de Janeiro, 31 maio 1975.

IVO, Ledo. A autoridade do malogro. *O Estado de S. Paulo*, São Paulo, v. 1, nº 48, 10 maio 1981. Cultura, p. 2-4.

KINNEAR, J. C. The "sad end" of Lima Barreto's Policarpo Quaresma. *Bulletin of Hispanic Studies*, Liverpool, University Press, nº 51, jan. 1974, p. 60-75.

KÖPKE, Carlos Burlamaqui. Lima Barreto. *Diário de São Paulo*, São Paulo, 26 jun. 1949.

LEONEL, Maria Célia de Moraes. Lima Barreto, obra e contexto. *Boletim Bibliográfico*, Biblioteca Mário de Andrade, São Paulo, v. 42,nº 3, jul./set. 1981. p. 93-98. (Número especial: Lima Barreto).

LIMA BARRETO — *Vida e morte de J. M. Gonzaga de Sá. A Época*, Rio de Janeiro, v. 14, nº 83, 30 abr. 1919, p. 21.

LIMA Barreto no hospício, uma interessante palestra com o notável romancista. *A Folha*, Rio de Janeiro, 31 jan. 1920, p. 4.

LIMA, Alceu Amoroso. A consagração da posteridade. In: ——. *Revolução suicida, testemunho do tempo presente*. Rio de Janeiro, Brasília/Rio, 1977. p. 201-204.

——. A voz da posteridade. *Jornal do Brasil*, Rio de Janeiro, 2 jun. 1965.

——. O Carlito brasileiro. *Jornal do Brasil*, Rio de Janeiro, 1º jul. 1965, p. 6.

——. Um discípulo de Machado. In: ——. *Primeiros estudos I:* contribuição à história do Modernismo (1919-1920). Rio de Janeiro, Agir, 1966. p. 63-65.

——. Lima Barreto. *O Jornal*, Rio de Janeiro, 26 nov. 1922. Reproduzido em *Boletim Bibliográfico*, Biblioteca Mário de Andrade, São Paulo, v. 42, nº 3, jul./set. 1981. p. 57-62. (Número especial: Lima Barreto). Reproduzido também in: ——. *Estudos 1922*. Rio de Janeiro, Agir, 1966. p. 748-753.

LIMA, Manuel de Oliveira. O novo romance do Sr. Lima Barreto. *O Estado de S. Paulo*, São Paulo, 18 ago. 1917, p. 3.

——. *O triste fim de Policarpo Quaresma. O Estado de S. Paulo*, São Paulo, 13 nov. 1916.

LIMA, Raul. O personagem sumido. *Leitura*, Rio de Janeiro, v. 19, nº 59, 26 maio 1962.

LINHARES, Teresa. Só agora Lima Barreto?, *Diário de São Paulo*, São Paulo, 6 jun. 1976.

LINS, Osman. Lima Barreto: interprete de la realidad brasileña. *Latinoamérica*, México, nº 10, 1977, p. 275-284.

——. "Uma manhã no hospício com o lúcido Lima Barreto". *Jornal da Tarde*, São Paulo, 15 maio 1976.

——. Lima Barreto: um cronista que não silenciou sobre o seu tempo. *Jornal do Brasil*, Rio de Janeiro, 13 maio 1976. Caderno B, p. 4. il. Publicado como Não silenciou sobre o seu tempo. In: ——. *Problemas inculturais brasileiros*. São Paulo, Summus, 1977, p. 171-175.

——. Policarpo Quaresma e os perigos da ação. *O Estado de S. Paulo*, São Paulo, nº 879, 2 jun. 1974. Suplemento literário.

——. Narração e personagens nas *Recordações do escrivão Isaías Caminha. O Estado de S. Paulo*, São Paulo, nº 873, 21 abr. 1974. Suplemento literário.

LOBATO, Monteiro. *Vida e morte de M. J. Gonzaga de Sá. Revista do Brasil*, São Paulo, nº 39, mar. 1919, p. 352.

LOUSADA, Wilson. Um inimigo de Brillat-Savarin. In: ——. *O caçador e as raposas*. Rio de Janeiro, MEC, Serviço de Documentação, 1953. p. 12-20.

LOUSADA FILHO, O. C. Um preconceito que a literatura não consegue disfarçar. In: ——. *Crítica e tempo*. São Paulo, Hucitec, 1980. p. 47-51.

LUCAS, Fábio. *O caráter social da Literatura Brasileira*. Rio de Janeiro, Paz e Terra, 1970. p. 63-65.

LUZ, Fábio. Lima Barreto: *Numa e a ninfa*. In: ——. *Estudos de literatura*. Rio de Janeiro, Ginásio, 1927. p. 147-148.

——. Lima Barreto: *Triste fim de Policarpo Quaresma*. In: ——. *Estudos de literatura*. Rio de Janeiro, Ginásio, 1927. p. 143-147.

MAGALHÃES JÚNIOR, Raimundo. Um romance político da República Velha. *Diário de Notícias*, Rio de Janeiro, 6 jan. 1957.

——. Bicho e polícia. *Diário de Notícias*, Rio de Janeiro, 26 out. 1956. Letras e Artes, p. 1.

MAIA, Alcides. Crônica literária. *Diário da Noite*, Rio de Janeiro, 16 dez. 1909.

MANDATTO, Jácomo. Lima Barreto, um porre de calvários. *Minas Gerais*, Belo Horizonte, nº 579, 5 nov. 1977. Suplemento literário.

MAROTTI, Giorgio. Lima Barreto: o del problema della negritude. In: ——. *Il negro nel romanzo brasiliano*. Roma, Bulzoni, 1982. p. 211-251.

MARTA, Alice Áurea Penteado. Policarpo Quaresma: a história carnavalizada. *Revista de Letras*, Faculdade de Filosofia, Ciências e Letras de Assis, Assis, SP, nº 32, 1992, p. 119-25.

——. O avesso do mito em *Numa e a ninfa. Revista de Letras*, São Paulo, v. 29, 1989, p. 103-115.

——. A gênese híbrida de *Numa e a ninfa. Revista Unimar*, Maringá, PR, v. 10, nº 1, out. 1988, p. 95-102.

MARTINS, Luís. O suburbano Lima Barreto. In: ——. *Homens e livros*. São Paulo, Conselho Estadual de Cultura, 1962. p. 23-26.

——. Lima Barreto e o feminismo. In: ——. *Homens e livros*. São Paulo, Conselho Estadual de Cultura, 1962. p. 27-30.

MARTINS, Wilson. *História da inteligência brasileira*. São Paulo, Cultrix, 1978. v. 4; v. 6.

——. Um romance compensatório: *Triste fim de Policarpo Quaresma*, de Lima Barreto. *O Estado de S. Paulo*, São Paulo, nº 16, 26 jan. 1957. Suplemento literário.

——. Lima Barreto ou o falso boêmio. *O Estado de S. Paulo*, São Paulo, 30 nov. 1952. Terceiro Caderno, p. 61.

MENESES, Djacir. Lima Barreto. In: ——. *Evolução do pensamento brasileiro*. Rio de Janeiro, Simões, 1954. p. 299-302.

——.Lima Barreto e Machado de Assis. In: ——. *Evolução do pensamento brasileiro*. Rio de Janeiro, Simões, 1954. p. 302-305.

MENESES, Raimundo de. Lima Barreto. *O Estado de S. Paulo*, São Paulo, 29 set. 1948. Artes e Artistas, p. 6.

MÉIER, João Duque Estrada. Lima Barreto, um autor em crescente aceitação. *O Globo*, Rio de Janeiro, 12 maio 1981, p. 27.

MÉRIAN, Jean-Yves. La Condition de l'intellectuel brésilien mulâtre: un exemple: *Recordações do escrivão Isaías Caminha. Études Portugaises et Brésiliennes*, Université de Haute Bretagne, nouvelle serie 5, nº 19, mar. 1983, p. 53-74.

MILLIET, Sérgio. *Diário crítico*. São Paulo, Martins, 1955. v. 6. p. 302.

——. Lima Barreto. *O Estado de S. Paulo*, São Paulo, 17 set. 1952.

——. Últimos livros. *O Estado de S. Paulo*, São Paulo, 17 set. 1952, p. 6. Reproduzido em *Boletim Bibliográfico*, Biblioteca Mário de Andrade, São Paulo, v. 42, nº 3, jul./set. 1981. p. 67-70. (Número especial: Lima Barreto.)

MONTELO, Josué. Lima Barreto na Academia. *Jornal do Brasil*, Rio de Janeiro, 12 maio 1981. Reproduzido em *Boletim Bibliográfico*, Biblioteca Mário de Andrade, São Paulo, v. 42, nº 3, jul./set. 1981. p. 71-73. (Número especial: Lima Barreto.)

——. Lima Barreto em Londres. *Jornal do Brasil*, Rio de Janeiro, 1 jul. 1965.

——. Lima Barreto. In: ——. *Caminho da fonte*; estudos de literatura. Rio de Janeiro, MEC; INL, 1959. p. 329-334. (Biblioteca de Divulgação Cultural, série A, 24.)

MONTENEGRO, Olívio. Lima Barreto. In: ——. *O romance brasileiro*. Rio de Janeiro, J. Olympio, 1953. p. 143-163. (Documentos Brasileiros, 10.)

MORREU Lima Barreto: morreu no Brasil, o romance naturalista. *Hoje*, Rio de Janeiro, 4 nov. 1922, p. 5.

MOUTINHO, Nogueira. Lima Barreto, um brasileiro: há cem anos nascia no Rio o escritor que buscaria em sua obra e na vida, a identificação com seu povo. *Folha de S. Paulo*, São Paulo, 13 maio 1981, p. 27. il.

MURICI, Andrade. Livros de Lima Barreto. In: ——. *O suave convívio*. Rio de Janeiro, Anuário do Brasil; Lisboa, Seara Nova; Porto, Renascença Portuguesa, 1922. p. 96-99.

NAVA, José. Recordações do escritor Afonso Henriques. *Folha de Minas Literária*, Belo Horizonte, 12 jun. 1949, p. 8.

NONATO, Raimundo. Atualidade do romance de Lima Barreto. In: ——. *Província literária*. Rio de Janeiro, Pongetti, 1963. p. 28-31.

OAKLEY, R. J. Lima Barreto's Menippean Satire *Numa e a ninfa* in Its Historical Context. In: EARLE, T. F.; GRIFFIN, Nigel. *Portuguese, Brazilian and African Studies*: Studies Presented to Clive Willis on His Retirement. Warminster, Aris & Philips, 1995. p. 255-74.

——. *Triste Fim de Policarpo Quaresma* and the Shadow of Spencerism. In: *New Frontiers in Hispanic & Luso-Brazilian Scholarship*. Como Se Fue El Maestro: for Derek W. Lomax in Memorian, ed. by Trevor J. Dadson, R. J. Oakley & P. A. Odber de Baubeta. Lewiston, Queenston, Lampeter, 1994. p. 255-74.

——. Alfa e ômega: *Clara dos Anjos*, um romance revisitado. *Minas Gerais*, Belo Horizonte, 7 set. 1991. Suplemento literário.

——. The Reader and the Writer in *Recordações do escrivão Isaías Caminha. Portuguese Studies*, nº 3, Londres, 1987, p. 126-48.

——. *Vida e Morte de M. J. Gonzaga de Sá*: a Carlyleian View of Brazilian History. *Bulletin of Hispanic Studies*, nº 63, 1986, p. 339-53.

——. El-Dorado revisitado: uma leitura de "A nova Califórnia". *Minas Gerais*, Belo Horizonte, 2 jun. 1984. Suplemento literário, p. 8-9.

——. Lima Barreto e o destino da inteligência: uma leitura de "A Biblioteca". *Minas Gerais*, Belo Horizonte, 15 out. 1983. Suplemento literário, p. 8-9.

——. *Triste Fim de Policarpo Quaresma* and the "New California". *Modern Language Review*, nº 78, 1983, p. 838-849.

——. Ambientação nos romances de Lima Barreto. *O Globo*, Rio de Janeiro, 15 set. 1952. O Globo nas Letras, p. 6.

OITICICA, José. Lima Barreto: o *Triste fim de Policarpo Quaresma. A Rua*, Rio de Janeiro, 25 maio 1916, p. 4.

OLINTO, Antônio. A vida de Lima Barreto. *O Globo*, Rio de Janeiro, 15 set. 1952. O Globo nas Letras, p. 6.

OLIVEIRA, Franklin de. Lima Barreto: há cem anos nascia o fundador do romance social brasileiro. *O Globo*, Rio de Janeiro, 13 maio 1981, p. 27. il.

PARDAL, Paulo. Vida acadêmica e Lima Barreto e a Politécnica. In: ——. *Memórias da Escola Politécnica do Rio de Janeiro*. Rio de Janeiro, Xerox do Brasil; UERJ, Escola de Engenharia, 1984.

PEIXOTO, Afrânio. Afonso Henriques de Lima Barreto. In: ——. *Panorama da Literatura Brasileira*. São Paulo, Nacional, 1947. p. 501. (Obras-Primas da Literatura Nacional, 2.)

PEREIRA, Astrojildo. Lição de Lima Barreto. In: ——. *Crítica impura*. Rio de Janeiro, Civilização Brasileira, 1963. p. 263-265.

——. Posições políticas de Lima Barreto. In: ——. *Crítica impura*. Rio de Janeiro, Civilização Brasileira, 1963. p. 34-54.

——. Confissões de Lima Barreto. In: ——. *Interpretações*. Rio de Janeiro, Casa do Estudante do Brasil, 1944. p. 114-132.

——. A máscara do Dr. Bogóloff. In: ——. *Interpretações*. Rio de Janeiro, Casa do Estudante do Brasil, 1944. p. 133-144.

——. Romancistas da cidade: Macedo, Manuel Antônio e Lima Barreto. In: ——. *Interpretações*. Rio de Janeiro, Casa do Estudante do Brasil, 1944. p. 49-113. Publicado em HOLANDA, Aurélio Buarque de. *O romance brasileiro*: *de 1752 a 1930*. Rio de Janeiro, *O Cruzeiro*, 1952. p. 37-74.

PEREIRA, Lúcia Miguel. Lima Barreto. In: ——. *História da Literatura Brasileira*. Prosa de ficção (de 1870 a 1920). Rio de Janeiro, J. Olympio, 1950. p. 284-313.

——. Prefácio. In: BARRETO, Lima. *Clara dos Anjos*. Rio de Janeiro, Mérito, 1948. p. 13-21.

PEREZ, Mário Arias. Lima Barreto: necessariamente o primeiro modernista. *Correio do Povo*, Porto Alegre, 27 mar. 1976.

PESQUISADOR descobre a casa de Lima Barreto. *Faperj 2000*, Rio de Janeiro, jul. 2001, ano 3, p. 22-23. Edição especial.

PICCHIO, Luciana Stegagno. Da Lima Barreto ad Adelino Magalhães: romanzo social e ed esercizi nella penombra. In: ——. *La letteratura brasiliana*. Firenze, Sansoni; Milano, Accademia, 1972. p. 440-444. (Le Letterature del Mondo.)

PIMENTEL, Osmar. Notícias de Lima Barreto. In: ——. *Apontamentos de leitura*. São Paulo, Conselho Estadual de Cultura, 1959. p. 121-128.

PINTO, Rolando Morel. *Triste fim de Policarpo Quaresma*. In: PAES, José Paulo; MOISÉS, Massaud (org.). *Pequeno dicionário de Literatura Brasileira*. São Paulo, Cultrix, 1969. p. 252.

PONGETTI, Henrique Feltrine. Lima Barreto. *O Globo*, Rio de Janeiro, 29 set. 1948.

PONTES, Elói. *Vida e morte de M. J. Gonzaga de Sá*. Lima Barreto. *A Notícia*, Rio de Janeiro, 17 mar. 1919. No Mundo das Letras, p. 2.

PORTELA, Bastos. Cenas da nossa vida literária. *Vamos Ler!*, Rio de Janeiro, 22 fev. 1945, p. 50-51.

PRADO, Antônio Arnoni. Mágoas de perto e de longe (Lima Barreto). In: GALVÃO, Walnice Nogueira; GOTLIB, Nádia Batela. *Prezado senhor, prezada senhora*. São Paulo, Companhia das Letras, 2000. p. 185-192.

——. O escritor sitiado. *Jornal da Tarde*, São Paulo, 9 maio 1981, p. 2.

PROENÇA, M. Cavalcanti. Impressões de leitura: In: ——. *Estudos literários*. Rio de Janeiro, J. Olympio; Brasília, INL, 1974. p. 316-346. Reprodução do texto publicado em Prefácio. In: BARRETO, Lima. *Obras Completas*. São Paulo, Brasiliense, 1956. v. 18: *Impressões de leitura*.

——. Lima Barreto. In: ——. *Augusto dos Anjos e outros ensaios*. Rio de Janeiro, Grifo; Brasília, INL, 1973, p. 45-86.

QUEIROZ, Rachel de. Lima Barreto. *Diário de Notícias*, Rio de Janeiro, 14 set. 1952. Letras e Artes, p. 1.

RABASSA, Gregory. Lima Barreto. In: ——. *O negro na ficção brasileira*: meio século de história literária. Trad. de Ana Maria Martins. Rio de Janeiro, Tempo Brasileiro, 1965. p. 363-401.

RABELO, Sílvio. Lima Barreto. *Revista do Brasil*, São Paulo, 1ª fase, v. 22, nº 88, abr. 1923, p. 328-332.

RAWET, Samuel. Nasci sem dinheiro, mulato e livre. Escreveu um homem chamado Lima Barreto. Minas Gerais, Belo Horizonte, nº 577, 22 out. 1977. Suplemento Literário.

REGO, José Lins do. Biografia de Lima Barreto. In: ——. *A casa do homem*. Rio de Janeiro, Simões, 1954. p. 187-189.

——. Lima Barreto em livro de bolso. In: ——. *Poesia e vida*. Rio de Janeiro, Universal, 1945. p. 67-69.

REIS, Zenir Campos. Lima Barreto e a utopia e o navegante. *Boletim Bibliográfico*, Biblioteca Mário de Andrade, São Paulo, v. 42, nº 3, jul./set. 1981. p. 75-82. (Número especial: Lima Barreto.)

RESENDE, Beatriz. A representação do Rio de Janeiro nas crônicas de Lima Barreto. In: Fundação Casa de Rui Barbosa. *Sobre o pré-modernismo*. Rio de Janeiro, FCRB, 1988. p. 107-114.

——. Memórias da casa do louco. *Revista do Tempo Brasileiro nº 95*. Rio de Janeiro, Tempo Brasileiro, out-dez. 1988. p. 139-149.

——. Lima Barreto: a opção pela marginália. In: SCHWARZ, Roberto (org.). *Os pobres na Literatura Brasileira*. São Paulo, Brasiliense, 1983. p. 73-78.

——. "Lima Barreto's *Triste Fim de Policarpo Quaresma*: The exclusion of the hero full of character. In: João Cézar de Castro Rocha (org.). *Brazil 2000. A Revisionary History of Brazilian Literature & Culture — Portuguese Literary & Culture Sudies*. Dartmouth, University of Massachussetts, 2000. p. 157 a 166.

A REVOLTA de um precursor. *Veja*, Rio de Janeiro, nº 41, jun. 1969, p. 64.

RIBEIRO, João. Perfil do escritor. *O Estado de S. Paulo*, São Paulo, 23 jul. 1929.

——. Gonzaga de Sá. *O Imparcial*, Rio de Janeiro, 21 abr. 1919.

——. *Numa e a ninfa*. *O Imparcial*, Rio de Janeiro, 7 maio 1917.

——. Lima Barreto. In: ——. *Crítica*; autores de ficção. Rio de Janeiro, Academia Brasileira de Letras, 1959. v. 3. p. 89-103. (Reproduz os três artigos acima.)

RIBEIRO, Leo Gibson. Lima Barreto: altamente inovador. E quase desconhecido. *Jornal da Tarde*, São Paulo, 9 set. 1981.

RIEDEL, Dirce Cortes. A mal-amada de Lima Barreto. *Revista do Brasil*, Rio de Janeiro, v. 4, nº 8, 1989, p. 57-61.

——. O bandido tímido. *Revista do Brasil*, Rio de Janeiro, v. 2, nº 4, 1985, p. 90-97.

RODRIGUES, Nelson. O bêbedo humilhado. *Última Hora*, Rio de Janeiro, 21 ago. 1952.

RÓNAI, Paulo. Prefácio a um volume de Lima Barreto. In: ——. *Encontros com o Brasil*. Rio de Janeiro, INL, 1958. p. 35-46. (Biblioteca de Divulgação e Cultura, série A, XVII.) Reprodução do texto publicado como prefácio em: BARRETO, Lima. *Vida e morte de M. J. Gonzaga de Sá*. 2ª ed. Rio de Janeiro, Mérito, 1949, p. 9-16.

——. À margem de *Vida e morte de M. J. Gonzaga de Sá*. *Diário de Notícias*, Rio de Janeiro, 22 set. 1946. Letras e Artes, p. 1.

SAMPAIO, Castelar. Voz de bronze. *Revista do Brasil*, 1ª fase, nº 111, jan./abr. 1925, p. 275-277.

SANT'ANNA, Affonso Romano de. Quem é inteligente no Brasil. *Jornal do Brasil*, Rio de Janeiro, 5 jul. 1983.

SANTIAGO, Silviano. Uma ferroada no peito do pé (Dupla leitura de *Triste fim de Policarpo Quaresma*). In: ——. *Vale quanto pesa:* ensaios sobre questões político-culturais. Rio de Janeiro, Paz e Terra, 1982. p. 163-181.

SANTOS, Antônio Noronha. Legenda de Lima Barreto. *Dom Casmurro*, Rio de Janeiro, v. 7, nº 6, 22 maio 1943, p. 6.

——. Lima Barreto, o anedotário. *Diário da Manhã*, Niterói, 9 out. 1942.

——. Primeiro contato com Lima Barreto. *Vida Nova*, Rio de Janeiro, v. 11, nº 279, 25 jan. 1936, p. 23-24.

SANTOS, Joel Rufino dos. Revisita ao escritor negro Lima Barreto. *Cadernos Cândido Mendes*: estudos Afro-Asiáticos, Rio de Janeiro, v. 4, nº 63, 1980, p. 63-70.

SENA, Homero. Literatura: a prosa. In: *BRASIL 1900-1910*. Rio de Janeiro, Biblioteca Nacional, 19890, v. 2. p. 103-104.

SERPA, Phocion. Lima Barreto, romancista carioca. *Federação das Academias de Letras*, Rio de Janeiro, 1940, p. 167-215. (Conferências, 4.)

——. Lima Barreto. *Publicações da Academia Carioca de Letras*, Rio de Janeiro, v. 1, nº 2, 1935, p. 27-35.

SILVA, J. A. Pereira da. Lima Barreto. *A Noite*, Rio de Janeiro, 7 nov. 1922. Segundo Caderno, p. 2. Reproduzido em *Boletim Bibliográfico*, Biblioteca Mário de Andrade, São Paulo, v. 42, nº 3, jul./set. 1981, p. 47-50. (Número especial: Lima Barreto.)

SILVA, Maximiano de Carvalho e. *Sousa da Silveira. O homem e a obra*: sua contribuição à crítica textual no Brasil. Rio de Janeiro, Presença; Brasília, INL, 1984. p. 15 *passin.*

SILVA, Raimundo. O anedotário de Lima Barreto. *Vamos Ler!,* Rio de Janeiro, 18 jul. 1940, p. 22-23.

SILVEIRA, Tasso da. Lima Barreto. In: ——. *Definição do modernismo brasileiro.* Rio de Janeiro, Forja, 1932. p. 60-64.

SODRÉ, Nelson Werneck. *História da Literatura Brasileira*: seus fundamentos econômicos. Rio de Janeiro, J. Olympio, 1960. p. 461-463.

——. Lima Barreto. *Correio Paulistano*. São Paulo, 5 fev. 1948.

SOUSA, Galante de. Lima Barreto. In: ——. *O teatro no Brasil*. Rio de Janeiro, MEC; INL, 1960. t. 2. p. 104.

SOUSA, Eliézer Leal de. *Histórias e sonhos*. *Revista Sousa Cruz*, Rio de Janeiro, MEC; INL, 1960. t. 2. p. 104.

TEIXEIRA, Vera Regina. Clara dos Anjos de Lima Barreto: biópsia de uma sociedade. *Luso-Brazilian Review*, Madison, Wisconsin, v. 17, nº 1, Summer 1980, p. 41-50.

——. Translation. *World Literature Today*, Oklahoma, v. 54, nº 3, Summer 1980.

——. Lima Barreto: Dead or Alive. *World Literature Today*, Oklahoma, v. 53, nº 1, Winter 1979, p. 36-40.

TELES, Gilberto Mendonça. O "Hamlet" da ficção nacional. In: ——. *A escrituração da escrita*. Petrópolis, Vozes, 1996. p. 398-400.

——. As recordações de um *gratte-papier*. *Jornal de Letras*, Rio de Janeiro, jul. 1900, p. 2.

TINHORÃO, José Ramos. A modinha. In: ——. *Pequena história da música popular*: da modinha ao tropicalismo. São Paulo, Art, 1986. p. 11-46.

——. *A música popular no romance brasileiro*: século XX. São Paulo, Editora 34, 2000.

TORRES, Antônio. Prêmios literários. *A Notícia*, Rio de Janeiro, 19 ago. 1917.

——. *Triste fim de Policarpo Quaresma*. *A Notícia*, Rio de Janeiro, 27 jul. 1916.

TORRES, J.C. Machado de Assis e Lima Barreto. *Folhas de Minas*, Belo Horizonte, 20 dez. 1948.

VASCONCELOS, Eliane. Uma das utopias de Lima Barreto. *Letras de Hoje*, Porto Alegre, v. 3, nº 1, mar. 1998, p. 147-458.

——. "Não as matem!". *Carmina*, Revista Semestral de Cultura, Rio de Janeiro, nº 8, 1997, p. 75-84.

——. A mulher na obra de Lima Barreto. *Travessia*, Florianópolis, nº 25, 2º sem. 1992, p. 70-79.

——. Lima Barreto: misógino ou feminista? Uma leitura de suas crônicas. In: CANDIDO, Antonio *et alli*. *A crônica*: o gênero, sua fixação e suas transformações no Brasil. Campinas, Unicamp; Rio de Janeiro, Fundação Casa de Rui Barbosa, 1992.

VELOSO, Mônica Pimenta. As tradições populares e o subúrbio: a visão de Lima Barreto. In: ——. *As tradições populares na* belle-époque *carioca*. Rio de Janeiro, Funarte, 1988. p. 39-51.

VERÍSSIMO, José. *Últimos estudos de Literatura Brasileira.* 7ª série. Belo Horizonte, Itatiaia; São Paulo, Universidade de São Paulo, 1979. p. 239-240.

VERÍSSIMO, José. O Modernismo. In: ——. *História da Literatura Brasileira.* 5ª ed. Rio de Janeiro, J. Olympio, 1969. p. 228-236.

VIANA, Dulce Maria. A consciência trágica: reflexões sobre o intelectual personagem. Fortaleza, Secretaria de Cultura e Desporto, 1985. p. 19-41.

VIANA, Vítor. *Vida e morte de M. J. Gonzaga de Sá. Jornal do Commercio*, Rio de Janeiro, 1º abr. 1919. Livros Novos.

——. *Numa e a ninfa. Jornal do Commercio*, Rio de Janeiro, 1º maio 1917. Livros Novos.

——. *Triste fim de Policarpo Quaresma. Jornal do Commercio*, Rio de Janeiro, 9 abr. 1916. Livros Novos.

VIEIRA, José. O Lima Barreto que eu conheci. *Revista do Brasil*, Rio de Janeiro, ano 6, 3ª fase, v. 56, dez. 1943, p. 43-47. Reproduzido em *Boletim Bibliográfico*, Biblioteca Mário de Andrade, São Paulo, v. 42, nº 3, jul./set. 1981. p. 63-66. (Número especial: Lima Barreto.)

VÍTOR, Nestor. *Vida e morte de M. J. Gonzaga de Sá* por Lima Barreto: In: ——. *Cartas à gente nova.* Rio de Janeiro, Anuário do Brasil, 1924. p. 146-158.

WASSERMAN, Renata R. Mautner. Lima Barreto, the Text and the Margin: on Policarpo Quaresma. *Modern Language Studies*, nº 22, 1992, p. 53-69.

ÍNDICE ONOMÁSTICO

Este livro foi impresso no
Sistema Digital Instant Duplex
da Divisão Gráfica da Distribuidora Record
Rua Argentina, 171 – Rio de Janeiro, RJ
para a
Editora José Olympio Ltda.
em maio de 2012

*

80º aniversário desta Casa de livros, fundada em 29.11.1931